# Genießer unterwegs
# DEUTSCHLAND

# Genießer unterwegs
# DEUTSCHLAND

Rezepte und kulinarische Notizen

Text und Rezepte
MONIKA KELLERMANN

Fotografie
ARMIN FABER
THOMAS POTHMANN

## CHRISTIAN VERLAG

NORDSEE

SCHLESWIG-
HOLSTEIN

KIEL

ROSTOC

BREMEN

HAMBURG

NIEDERSACHSEN

NIEDERLANDE

MÜNSTERLAND

DEUTSCHLAND

SACHSEN-
ANHALT

LEIPZI

KÖLN

NORDRHEIN-WESTFALEN

THÜRINGEN

BELGIEN

HESSEN

RHEINLAND-PFALZ

FRANKFURT

LUXEM-
BURG

NÜRNBERG

SAARLAND

FRANKEN

WÜRTTEMBERG

KM
0    50    100    150    200

BAYERN

STUTTGART

MÜNCHEN

FRANKREICH

BADEN

SCHWABEN

SCHWEIZ

# Inhalt

EINFÜHRUNG
*Die deutsche Küche*
11

SUPPEN UND EINTÖPFE
*Mal Auftakt eines Menüs, mal sättigende Mahlzeit*
19

BROTZEIT, VESPER UND ABENDBROT
*Kalt oder warm, herzhaft oder leicht*
55

AUS MEER UND FLÜSSEN
*Sanft pochiert, saftig gebraten oder gedämpft*
87

FLEISCH, GEFLÜGEL UND WILD
*Gebraten, gesotten und geschmort*
117

GEMÜSE UND KRÄUTER
*Mehr als nur eine Beilage*
163

KNÖDEL, KLÖSSE UND SPÄTZLE
*Typisch deutsch, regional geprägt*
195

SÜSSE GERICHTE UND DESSERTS
*Mehlspeisen, Cremes, Kuchen und Plätzchen*
215

GLOSSAR
*Zutaten und Grundrezepte*
246

REGISTER
252

# EINFÜHRUNG

## Die deutsche Küche

Noch nie hat man in Deutschland so gut gegessen wie zurzeit. Vieles hat sich in den letzten Jahrzehnten geändert. Was nicht heißen soll, dass man die etwas üppige Küche unserer Großmütter völlig vergessen hat – ganz im Gegenteil! Junge Köche haben die köstlichen traditionellen Rezepte lediglich unseren heutigen Bedürfnissen und dem Zeitgeist angepasst. Mit Eckart Witzigmann, der Anfang der 1980er-Jahre als Erster für Deutschland drei Michelin-Sterne erkochte, begann eine neue Ära deutscher Küche. Köche, Schüler oder Bewunderer des großen Meisters am Herd entdeckten plötzlich, wie abwechslungsreich auch unsere heimische Küche ist. Und so wurde, quer durchs Land, so manche Bauernwirtschaft vom Junior, der seine Nase in andere Kochtöpfe gesteckt hatte, zu einer Oase feiner regionaler Kochkunst umgewandelt. Denn eine deutsche Küche gibt es genauso wenig wie eine italienische oder französische. So wie unsere Landschaft geprägt ist von reizvollen Gegensätzen – weites Meer und hohe Gebirge, blühende Heidelandschaften und dichte Tannenwälder, romantische, mit Weinreben bestückte Hügellandschaften und ineinander verschmolzene Städte mit riesigen Industriezentren –, so vielfältig und abwechslungsreich ist auch unsere Küche. Jede Region ist kulinarisch geprägt von ihrer Geschichte, ihrer Kultur, den Eigenheiten der Menschen und natürlich vom Klima und den damit verbundenen Anbaumöglichkeiten. Ein Flickenteppich unterschiedlichster Gerichte, von der Aalsuppe bis zur Schweinshaxe. Und diese unglaubliche Vielfalt macht eine kulinarische Entdeckungsreise durch Deutschland so reizvoll.

**Links:** Eine Gänseschar an einem Wald nahe Potsdam. **Oben:** Rote Backsteine sind typisch für die Architektur im Norden Deutschlands. **Unten:** Das schmiedeeiserne Schild verspricht gepflegte Gastlichkeit.

Es trifft sicherlich zu, dass im Gegensatz zu Frankreich und Italien die kulinarische Tradition in Deutschland jahrhundertelang ein Schattendasein führte. Zwar wurde an den Höfen der Herzöge und Fürstbischöfe sowie in den Küchen der Klöster auch im Mittelalter aufwendig gebraten, gesotten und gebacken, aber das einfache Volk war arm und ernährte sich erbärmlich. Der Unterschied zwischen Arm und Reich spiegelte sich ganz deutlich beim Essen wider. So spielte Fleisch nur an der Tafel der Privilegierten, meist Angehörige des adeligen oder geistlichen Standes, denen die Bauern abgabeverpflichtet waren, eine wichtige Rolle. Für die Bauern und die unteren städtischen Bevölkerungsschichten waren Fleisch und Wurst ein eher seltener Genuss. Sie ernährten sich vorwiegend von Getreidebreien, Gemüse, frischen und getrockneten Früchten. Da auch das Jagd- und Fischrecht zu den Privilegien des Adels zählte, waren Hirsch, Gams, Wildschwein und frisch gefangene Fische ebenfalls nur den

Herrentischen vorbehalten. Die enormen sozialen Unterschiede zeigten sich auch beim Brot. Die feine Gesellschaft aß Weißbrot, die einfachen Leute das gröbere Hafer- und Roggenbrot.

Lange Zeit war man auch der Ansicht, dass man Kochen nur durch Zuschauen und Nachmachen erlernen könne. Es wurden zwar Gedanken über Kochgewohnheiten, Bekömmlichkeit und Wohlbefinden durch die richtigen Speisen publiziert, aber es dauerte lange, bis man Kochrezepte veröffentlichte. Zu den ersten Kochbüchern zählt das 1691 erschienene »Nürnberger Kochbuch«, das den poetischen Untertitel trug: »Der aus dem Parnasso ehemals entlaufenen vortrefflichen Köchin ..., woraus zu erlernen, wie man anderthalb Tausend, so wol gemeine, als rare Speisen zubereiten solle«. Dieses Kochbuch richtete sich an adelige und großbürgerliche Haushalte, weil nur dort die Frauen die Schulbildung hatten, um lesen und schreiben zu können. Zahlreiche, heute noch berühmte und nachschlagenswerte Kochbücher folgten, wie das »Praktische Kochbuch für die gewöhnliche und feinere Küche« von Henriette Davidis. Die erste Ausgabe erschien 1844 und danach folgten zahlreiche überarbeitete Auflagen. Bis heute sind ihre Bücher Klassiker der deutschen Kochkunst, ebenso wie ab 1858 die Kochbücher der feinen und der gutbürgerlichen Küche von Johann Rottenhöfer.

**Oben:** Im ganzen Land, insbesondere in der Lüneburger Heide, sieht man wieder Schäfer, die mit riesigen Schafherden von Weideplatz zu Weideplatz ziehen. **Rechts:** In großen Holzfässern werden im Spreewald Gurken in den verschiedensten Geschmacksrichtungen eingelegt.

Diese Kochbücher sind ein deutlicher Beweis, wie abwechslungsreich und modern zu dieser Zeit in Deutschland gekocht wurde. Sie sind ein wahrer Schatz für alle, die sich für kulinarische Genüsse in Deutschland interessieren. Mich begeistert es, in diesen alten Kochbüchern zu stöbern und dabei zu entdecken, wie facettenreich und raffiniert damals unsere Küche war. Viele Kräuter und Gewürze, die wir als Neuentdeckung empfinden, wurden damals schon verwendet, wie zum Beispiel Ingwer oder Estragon. Abgesehen von den vagen Mengenangaben und der manchmal doch sehr reichlichen Verwendung von Fett, sind viele dieser Zubereitungen noch heute en vogue. So manche Rezepte junger deutscher Köche, die fremdartig anmuten, stammen aus dieser kreativen Zeit, deren Küche leider – überschattet durch die beiden Kriege – jahrzehntelang viel von ihrem Charme verloren hatte.

In den schrecklichen Kriegs- und Nachkriegszeiten war für die Menschen nur eines wichtig – das Überleben. Vorratshaltung half die kargen Wintermonate besser zu überstehen. Im Sommer und Herbst wurde deshalb das reichlich vorhandene Gemüse und Obst eingelagert, eingekocht, in Essig eingelegt, zu Marmelade verarbeitet oder getrocknet. Wie man aus »Max und Moritz« von Wilhelm Busch weiß, gab es damals in jedem Haushalt ein Krautfass:

> »Eben geht mit einem Teller
> Witwe Bolte in den Keller,
> Dass sie von dem Sauerkohle
> Eine Portion sich hole ...«

Vorratshaltung war durch die Jahrhunderte ein wichtiges Kapitel in allen Kochbüchern, denn sie erforderte viel Wissen über die Beschaffenheit der Produkte und die richtige Dosierung von Zucker, Salz oder Essig. Eine revolutionäre Wende brachte Anfang des 19. Jahrhunderts eine Entwicklung der Firma Weck. Sie brachte Gläser auf den Markt, die unter Hitze und Ausnutzung des Luftdrucks mithilfe eines Gummirings verschlossen wurden. Diese Methode setzte sich in Windeseile durch

und schon bald war »Einwecken« der gängige Begriff für Einkochen.

Heute, im Zeitalter der Tiefkühlkost und ständigen Verfügbarkeit fast aller Produkte, ist Vorratshaltung zwar keine Notwendigkeit mehr, aber eine selbst eingekochte Konfitüre oder ein nach dem Rezept der Großmutter eingelegter süßsaurer Kürbis haben einfach den Reiz des Besonderen. Etwas, das man nicht kaufen kann, ist gerade in der heutigen Zeit ein begehrtes Geschenk. Zudem genießt man selbst eingelegtes Gemüseallerlei oder selbst eingekochte Preiselbeeren auch mit ein bisschen Stolz. Ich möchte nie auf den Duft einer frisch gekochten Erdbeerkonfitüre verzichten – wunderschöne Kindheitserinnerungen werden wach ...

Ob gute oder schlechte Zeiten – Land und Leute prägen die Kochkultur. Im weltoffenen Hamburg isst man eben völlig anders als in der bodenständigen und von der Sonne verwöhnten Pfalz; die sparsamen Schwaben kochen anders als die von Frankreich beeinflussten Badener; süßsauer abgeschmeckte Gerichte, wie man sie in Schleswig-Holstein liebt, sind für den fränkischen, auf Herzhaftes programmierten Gaumen gewöhnungsbedürftig; und die deftige Berliner Küche unterscheidet sich von der ländlichen Küche Westfalens ebenso wie die würzige Thüringer Bratwurst von den Frankfurter Würstchen, die lediglich den Namen »Wurst« gemeinsam haben. In den elf deutschen Weinregionen kocht man seit jeher gerne mit Wein und liebt Speisen, die einen edlen Tropfen gut begleiten, andernorts trinkt man zum Essen Bier und, wenn's mal sehr fett war, gerne noch einen Klaren hinterher.

Kulinarischer Streifzug durch die
Regionen von Nord nach süd

Hamburg, die Hafenstadt am Unterlauf der Elbe, ist gekennzeichnet von Tradition und Weltoffenheit. Handel und Wandel brachten es mit sich, dass fremdländische Einflüsse hier viel rascher Fuß fassten als anderswo. Exotische Gewürze, Kaffee und Tee landeten in den Häfen der Hansestädte Hamburg, Bremen und Lübeck und beeinflussten wesentlich die Lebensart der Hanseaten. Die Handelsreisenden brachten aber nicht nur neue Produkte, sondern auch neue Lebensweisen mit. In den üppigen Frühstücksgewohnheiten mit schwarzem Tee und Sahne erkennt man die Vorliebe der Hanseaten für britische Lebensart. Das Hamburger Börsenfrühstück ist

ebenfalls pures Understatement – es ist ein kleines Mittagessen, am liebsten mit Austern vorweg und Roter Grütze zum Abschluss. Nicht nur in Hamburg und Schleswig-Holstein, sondern überall entlang der Küste ist die Rote Grütze fester Bestandteil des Speisezettels. Heute findet man diesen erfrischenden Nachtisch auf allen Speisekarten von Flensburg bis München, wenn er für Hanseaten manchmal auch kaum noch wieder zu erkennen ist.

Das nahe liegende Meer sorgt für eine lückenlose Versorgung mit Fischen und Meeresfrüchten, und vor den Toren der Stadt in Vierlanden und Schleswig-Holstein liegen riesige Anbaugebiete für Gemüse und Obst – ein wahres Paradies für Feinschmecker. Eine für Nicht-Hamburger sehr eigenwillige Geschmackskombination ist das keineswegs sparsame Abrunden herzhafter Speisen mit Zucker »broken Söt« genannt. Auch der Zusammenklang von Früchten und Rauchfleisch, wie in den norddeutschen Rezeptklassikern »Bohnen, Birnen und Speck« oder von Fisch und Dörrobst in der berühmten »Aalsuppe« sind im Süden eher ungewöhnlich.

Rügen mit seinen berühmten Kreidefelsen, den Buchten mit vorgelagerten kleinen Inseln und der sanft hügeligen Seenlandschaft – das ist typisch für das zauberhafte Mecklenburg-Vorpommern. Ackerbau und Viehzucht prägten seit jeher die Essgewohnheiten der Menschen. Hier kocht man bodenständig und deftig. An der Küste sind es Meeresfische, im Landesinnern Süßwasserfische, die hier, ebenso wie Gänse- oder Schweinefleisch, meist von Kartoffeln begleitet werden. Weltweit berühmt wurde die Rügenwalder Teewurst, und wer die hübsche Region bereist, wird die Liebe der Mecklenburger zu Backpflaumen entdecken.

In Berlin sollte nach dem Willen Friedrichs des Großen jeder nach seiner Fasson selig werden. Die wechselvolle Geschichte der deutschen Hauptstadt bestätigt dies. Denn die Stadt inmitten der fruchtbaren Mark Brandenburg war immer ein Auffangbecken für Flüchtlinge, Vertriebene und Arbeitssuchende. Dies ist bis heute so geblieben, nicht zuletzt deshalb, weil die Berliner kontakfreudig, offen und vor allem humorvoll sind. Die Berliner Küche ist ein bunter Mix aus bodenständigen Gerichten der Mark Brandenburg mit unterschiedlichsten fremdländischen Einflüssen. Da gibt es deftiges Eisbein mit Sauerkraut ebenso wie das noble Berliner Hühnerfrikassee, dass an seinen französischen Ursprung erinnert. Die von den gewitzten Berlinern so geliebten Eclairs tauften sie kurzerhand in »Liebesknochen« um. Und ganz wichtig: Die »jut jebratene Jans« muss unbedingt aus Pommern sein, und klassischerweise wird sie an Weihnachten mit Rotkohl serviert.

Bremen, Hansestadt wie Lübeck und Hamburg, und zugleich kleinstes Bundesland, hat seit Jahrhunderten einen regen Warenverkehr mit der ganzen Welt. Herrlich frischer Fisch ist eine Selbstverständlichkeit, aber auch Muscheln und Austern werden gezüchtet und das Angebot an frischen Krabben ist hier sensationell. In der Stadt liebt man die feine Küche, wie etwa das Bremer Kükenragout, zubereitet mit Stubenküken, die früher auf den Bauernhöfen in der warmen Stube aufgezogen wurden. Angereichert wird das Ragout mit Morcheln, Champignons, Kalbsbries und -zunge. Anders isst man auf dem weiten umliegenden ostfriesischen und oldenburgischen Flachland mit den weißen reetgedeckten Bauernhäusern. Hier wächst auch die »ostfriesische Palme«, wie der Grünkohl liebevoll genannt wird, und der hier zum Winter gehört wie der Schnee zum Hochgebirge. Grünkohlessen, beginnend mit dem ersten Frost, geht zumindestens in Bremen weit über eine herzhafte Wintermahlzeit hinaus. Es ist ein gesellschaftliches Ereignis, das durch alle Einkommensschichten gleichermaßen gefeiert wird.

Kulinarisch interessant, vor allem wegen der feinen Würste und des knochenlosen, zarten Schinkens, ist das oldenburgische Ammerland. Lang ist es her, dass die Hansestadt Lüneburg wegen der kostbaren Salzquellen eine sehr reiche Stadt war. Heute erfreuen sich die Besucher an der ruhigen, rosalila blühenden Heidelandschaft und an den würzigen, an Wildfleisch erinnernden Heidschnucken (gehörnte kleine Wildschafe), die sich von salzwürzigen Gräsern und Kräutern der Heide ernähren. Rund um die niedersächsische Landeshauptstadt, in der das reinste Hochdeutsch gesprochen wird, werden wunderbare Würste produziert, die in ganz Deutschland mit Genuss verzehrt werden: saftige Göttinger, Braunschweiger Leber- oder Streichmettwurst oder die aromatische Cervelat, um nur einige zu nennen. Im nahe liegenden Harz stellt man die kleinen Sauermilchkäse her, die als Harzer Käse, Olmützer Quargel und Korbkäse vermarktet werden. Diese urdeutsche Käseherstellung ist für alle Kalorienzähler eine herzhafte, magere Ergänzung des Speiseplans. In der Region legt man den fettarmen Käse auf ein mit Gänse- oder Griebenschmalz bestrichenes Bauernbrot und trinkt ein schäumendes Bier, selbstverständlich ein »Einbecker«, dazu.

Typisch ostfriesisch ist die Einladung zum Tee. Jedem Gast wird als Erstes heißer Tee angeboten, gesüßt mit Kandis und mit flüssiger Sahne dazu – ihn auszuschlagen, gilt als äußerst unhöflich.

**Links oben:** Sylt unter einer dicken Schneedecke – ein wahrhaft seltener Anblick. **Links unten:** Heidschnucken sind gehörnte, robuste Schafe, die sich den Bedingungen der Heidelandschaft besonders gut angepasst haben. **Rechts oben:** Feine Käsesorten von kleinen Produzenten werden immer beliebter. **Rechts unten:** Petri Heil – solch ein prächtiger Hecht ist der Stolz des Anglers.

In Westfalen, dem » Vaterland des Schinkens«, so Heinrich Heine, wird die Küche weitgehend vom Schwein geprägt. Würste jeglicher Art und herzhafte Eintöpfe lieben die naturverbundenen Westfalen über alles und natürlich, nicht zu vergessen, ihren Pumpernickel. Auf dieses fast schwarze Brot werden nicht nur geräucherte Schinkenscheiben, sondern auch Kartoffelpuffer gelegt. Während es in Westfalen eher ruhig und bedächtig zugeht, herrscht im nahe liegenden Ruhrgebiet hektisches Treiben. In das größte Industriegebiet Deutschlands haben die eingewanderten Arbeiter aus Schlesien und Polen ihre landestypischen Rezepte mitgebracht, die sich dann im Laufe der Zeit mit der heimischen Küche vermischten. Man schätzte Brieftauben, die »Rennpferde des Bergmanns«, die, wenn sie nicht zum Fliegen eingesetzt wurden, ebenso in den Kochtopf wanderten wie die von jedem Bergmann zu diesem Zweck gehaltenen Stallhasen.

**Oben:** Zahlreiche Burgen und Schlösser schmiegen sich entlang des Rheins, hier die Burg Gutenfels und das Städtchen Kaub.
**Rechts:** Schuhplatt'ln unter dem neu aufgestellten Maibaum (immer am 1. Mai) ist eine urbayerische Tradition.

Zwischen Bingen und Köln präsentiert sich die viel besungene Romantik des Rheins am schönsten. Eine Schifffahrt entlang der Loreley, dem Siebengebirge und den vielen burgengekrönten und mit Weinreben bestockten Hügeln ist ein einmaliges Erlebnis. Die fröhlichen und lebenslustigen Rheinländer hatten bereits unter römischer Herrschaft mit den welschen Genussfreuden Bekanntschaft gemacht. Wer die typischen rheinländischen Spezialitäten kennen lernen will, der geht am besten in die zahlreichen Kneipen der Kölner oder Düsseldorfer Altstadt. Eine »Flönz« oder »Blootwoosch« (Blutwurst) muss man auf jeden Fall verkosten, und wenn man in einer Kneipe »Kölsche Kaviar« bestellt, dann handelt es sich keineswegs um sündhaft teure Störeier, sondern um Blutwurst mit Zwiebelwürfeln, Düsseldorfer Senf und einem »Röggelchen« (Roggenbrötchen). Weiter Richtung Westen sind die Aachener Printen, mit Schokolade überzogene Lebkuchen, in die Geschichte deutscher Weihnachtsbäckerei eingegangen.

In der sonnenverwöhnten Pfalz gedeihen nicht nur beeindruckende Weine, hier gibt es auch die gemütlichsten Weinstuben und eine besonders schmackhafte Küche. Berühmt ist die Region vor allem für ihren Pfälzer Saumagen – klingt eigentlich ein wenig abschreckend, schmeckt aber, wenn vom richtigen Koch oder Metzger zubereitet, ausgesprochen gut. Anders als im angrenzenden, ebenfalls vom mediterranen Klima stark beeinflussten Baden, kocht man in der Pfalz deftig und bodenständig. Die badische Küche hingegen, die unter Genießern als beste Küche Deutschlands gilt, begeistert durch ihre Vielfalt und Finesse. Die Menschen hier sind – meiner Meinung nach – durch und durch Genussmenschen, die hundertprozentig von ihrer heimischen Küche überzeugt sind. Nirgendwo habe ich so viele Leute kennen gelernt, die mir begeistert von ihren Rezepten vorgeschwärmt haben, mir auf Anhieb zahlreiche Tipps für gute Restaurants gaben und die so gut über ihre heimischen Produkte informiert waren wie im sonnigen Baden. Nicht umsonst findet man in dieser Region auch die meisten Sterne-Restaurants.

Im Schwabenländle wird der Euro schon mal umgedreht. »Schaffe, schaffe Häusle baue«, heißt hier die Devise, was aber nicht heißen soll, dass man hier schlecht isst. Wer jemals richtig gute schwäbische Käsespätzle oder Maultaschen gegessen hat, der wird niemals auf die Idee kommen, dass es Spargerichte waren. Dazu einen Trollinger, den typischen Rotwein der Region, der diese herzhaften Mehlspeisen perfekt begleitet: Ein Genuss!

Fruchtbares Ackerland, Weinberge und Teiche voller Karpfen bieten eine gute Basis für die schmackhafte fränkische Küche. Nürnberg war im 15. Jahrhundert ein wichtiger Umschlagplatz für die kostbaren Gewürze am Ende der venezianischen Handelsstraße. Kein Wunder also, dass hier die berühmten gewürzduftenden Nürnberger Lebkuchen entstanden sind. Alljährlich lockt der schönste deutsche Weihnachtsmarkt zahlreiche Touristen an. Man darf keinesfalls verpassen, hier die echten Nürnberger Rostbratwürstchen zu essen, die nicht länger und nicht dicker als ein kleiner Finger sein dürfen. Sie werden stückweise mit Sauerkraut und Kren, wie der Meerrettich hier genannt wird, serviert.

In der Nachbarregion Thüringen sind die Bratwürste größer, werden ebenfalls über einem Holzkohlengrill knusprig gebräunt und dann in ein aufgeschnittenes Brötchen mit einem Klecks Senf gepackt, um sofort aus der Hand gegessen zu werden. Noch bekannter als die Thüringer Bratwurst sind die Thüringer Kartoffelklöße. Sie sind die Urklöße schlechthin und die Kunst ihrer Zubereitung wird den Thüringer Mädchen schon von Kindesbeinen an beigebracht. Ihre Zutaten: Kartoffeln und Salz, und – je nach Familienrezept – ein Löffelchen

Quark, Grießbrei oder Kartoffelpüree, und – das richtige Händchen!

Denke ich an Sachsen, fallen mir in erster Linie die unglaublich verlockenden, unwiderstehlichen Kuchen ein. Angefangen beim köstlichen Baumkuchen, über die Dresdner Eierschecke, bis hin zum Dresdner Christstollen, ohne den ich mir gar kein Weihnachtsfest vorstellen kann. Sachsen ist das süße Paradies Deutschlands.

Zu guter Letzt auf meiner Stippvisite durch die kulinarischen Regionen Deutschlands ein letzter Stopp in meiner bayerischen Heimat. Natürlich denkt jeder unweigerlich sofort an Weißwürste mit süßem Senf und Brezen, Schweinshaxen mit Kartoffel-Gurkensalat, Leberkäse und natürlich an das Oktoberfest mit den frisch gegrillten Hendln, dem Ochsen vom Grill und an die frisch gezapfte

Wiesnmaß. All das mag ich als g'standene Bayerin natürlich auch, aber ich liebe noch mehr die leider ein wenig in Vergessenheit geratenen Köstlichkeiten aus Innereien, wie saures Lüngerl, kälberne Milzwurst, gebackener Kalbskopf oder säuerlich abgeschmeckte Kutteln und vieles mehr. Die Brotzeiten mit Freunden unter schattigen Kastanienbäumen in den Münchner Biergärten sind für mich der Ausdruck bayerischer Lebensfreude schlechthin.

# SUPPEN UND EINTÖPFE

*Mal
Auftakt eines Menüs,
mal
sättigende Mahlzeit*

Um dampfende Suppen ranken sich zahllose Geschichten, und das ist nicht verwunderlich, sind sie doch die erste, aus mehreren Zutaten zubereitete Nahrung der Menschheit. Wann genau die Geburtsstunde der Suppe war, ist nicht eindeutig geklärt. Sicher ist aber, dass es 7500 Jahre vor Christus im Vorderen Orient bereits Gefäße aus gebranntem Ton gab, die zum Kochen verwendet wurden. Was man zu jener Zeit aus Körnern, Wurzeln und Wasser kochte, glich eher einem Brei, der mit den Händen gegessen wurde – eine Tischsitte, die bis ins Mittelalter hinein beibehalten wurde. Dieser Brei war der Sattmacher schlechthin!

Im 16. Jahrhundert wurde die Suppe allmählich hoffähig und hielt Einzug in Königshäuser und Adelskreise. Noble Zutaten wanderten in den Suppentopf, und auch die Manieren hatten sich geändert: Gegessen wurde die opulente Suppe von feinen Porzellantellern mit goldenen Löffeln.

Ende des 18. und Anfang des 19. Jahrhunderts gehörten angesichts der wirtschaftlichen Not, infolge von Kriegen und Arbeitslosigkeit, magere Suppen zu den Überlebensrationen. Aus dieser Zeit stammt zum Beispiel die berühmte Rumfordsuppe, die der amerikanische Physiker Benjamin Thompson, der als Graf von Rumford in den bayerischen Adelsstand erhoben wurde, erfand, um die hungrige Bevölkerung zu sättigen. Bestehend aus Graupen, gelben Erbsen, Kartoffeln, etwas frischem Gemüse sowie Speckwürfeln entspricht diese Suppe exakt den heutigen Vorstellungen der Vollwertküche.

Das Image des kostengünstigen Sattmachers haftete den Suppen bis in die 1960er-Jahre hinein an. Ganz allmählich wurden sie von kreativen Köchen wieder entdeckt, die sie schlanker und raffinierter zubereiteten und als feinen Auftakt, als kleines Intermezzo oder als erfrischend fruchtiges Dessert servierten. Die Vielfalt deutscher Suppen ist grenzenlos, jede Region kocht ihr eigenes Süppchen. Hamburger lieben ihre Aalsuppe, Berliner ihre Löffelerbsen, Schwaben ihre Flädlesuppe, Hessen ihre Gemüsesuppe und Bayern ihre Leberknödelsuppe, um nur einige Beispiele zu nennen. Lediglich Kartoffelsuppe wird von Nord nach Süd und von Ost nach West mit anhaltender Begeisterung gekocht: überall ein wenig anders, aber immer aus mehlig kochenden Kartoffeln. Schon Wilhelm II. war von dieser Suppe so angetan, dass er sie bei großen festlichen Anlässen in Berlin auftischte: mit Sahne verfeinert, mit Nudeln angereichert und nicht selten auch mit Kaviar garniert. Seinen Soldaten scheint er sie aber doch ein wenig zu häufig (oder nicht nobel genug) vorgesetzt zu haben, denn sie sangen murrend: »Kartoffelsupp, Kartoffelsupp, den ganzen Tag Kartoffelsupp.«

Für die heutigen modernen Köche ist die Kartoffelsuppe eine willkommene Spielwiese für ihre Kreativität: schaumig aufgeschlagen und mit Streifen von Edelfischen, gegarten Briesstückchen oder gebratenen Steinpilzen verfeinert und raffiniert abgeschmeckt mit frischen Kräutern wie Kerbel, Bärlauch oder Dill, wird sie zu einer feinen Vorspeise: Die gute alte Kartoffelsuppe, kaum wiederzuerkennen!

Egal ob schick aus einer zierlichen Suppentasse in einem Sterne-Restaurant gelöffelt oder herzhaft mit Majoran gewürzt und mit gebratenen Wurstringen angereichert, für jeden Geschmack und für jeden Anlass gibt es die passende (Kartoffel-)Suppe.

Grundlage für die meisten Suppen und Eintöpfe ist eine kräftige Brühe, bei der mehr Augen heraus- als hineinschauen sollen, wie der Volksmund sagt. Eine gehaltvolle Consommé aus Rindfleisch oder aus dem guten alten Suppenhuhn wirkt wie eine belebende Infusion. Ich erinnere mich lebhaft an den Duft einer stundenlang vor sich hin simmernden Hühnersuppe in meiner Kindheit. Eine alte Suppenhenne musste es sein, die in den Kochtopf gesteckt wurde und dann mit Wurzelwerk und ein paar Kräutern vor sich hin köchelte, bis ein gelb schimmerndes Konzentrat entstand. Nach dem Erkalten wurde die Fettschicht bis auf einige appetitlich goldgelbe Augen entfernt, das ausgekochte Fleisch der Katze gegeben und die Brühe mit selbst gemachten Eiernudeln und größtem Genuss verspeist.

Für eine delikate klare Fleischbrühe gilt eins: Gut Ding will Weile haben! Es sind schon einige Stunden bei sanfter Temperatur nötig, damit sich Extraktstoffe aus Fleisch und Knochen im Wasser lösen und ihr Aroma abgeben. Wer dieses Geschmackserlebnis jedoch kennt, wird sich nicht mehr mit Brühwürfeln anfreunden können.

Die unterschiedlichsten Einlagen, wie Grießnockerl, Flädle, Maultaschen, Schwemm- und Markklößchen, Milzschnitten, Eierstich, Leberspätzle, Bratnockerl, Schöberl, Backerbsen oder fein geschnittenes altes Brot, sorgen für ein spannendes, abwechslungsreiches Suppenvergnügen.

Der Suppengenuss ist stark an die Jahreszeiten gebunden. Hochkonjunktur haben deftige Suppen oder Eintöpfe im Herbst und Winter. Wenn es draußen stürmisch und kalt ist, sehnt man sich nach

**Links oben:** Die kräftige Brühe verlockt zum Löffeln, und eine Hühnersuppe gilt als wahres Wundermittel bei Erkältungen. **Oben:** Eine glückliche, frei laufende Henne. **Unten:** Eine Häuserzeile in Potsdam. Im nahe gelegenen Schloss Sanssouci wurde unter Friedrich Wilhelm IV. (1795–1861) gerne »Suppe, frische Muscheln, Hammelcarrés, Grünkohl mit Gans und Kastanie, gebratene Rebhühner, Kuchen, Compot und Sallat« kredenzt.

einer wärmenden Suppe. Sie darf ruhig etwas kräftiger und gehaltvoller sein.

In Berlin sind es auf jeden Fall die Berliner Löffelerbsen, die richtig einheizen, am liebsten mit Schweineohren und -schnauze. Dazu ein kerniges Bauernbrot, eine Molle (Bier) darf auch dabei sein, und wenn's doch ein wenig schwer im Magen liegt, hilft ein Korn. Der »Aschinger« war berühmt für dieses Gericht, eine Traditionsbierkneipe, die 1892 mit der Philosophie eröffnet wurde, der Gast solle möglichst schnell und preisgünstig satt werden. Die Löffelerbsen passten genau in dieses Konzept, ein Teller kostete 35 Pfennig, die Schrippen gab es umsonst, und das Geschäft blühte. Rasch schossen Filialen aus dem Boden, die alle ein begehrtes Ziel für hungrige Studenten, für Künstler und Touristen waren. Nach dem Zweiten Weltkrieg verblasste der Glanz dieser beliebten Bierquelle und eine Filiale nach der anderen schloss ihre Pforten.

In Niedersachsen und in Schleswig-Holstein ist man gerade dabei, der guten alten Steckrübe, auch Wruken oder »Dithmars'sche Ananas« genannt, ein modernes, zeitgemäßes Image zu verleihen. Einige Köche der Region setzen Steckrübengemüse, -suppe oder -eintopf mit Stolz wieder auf die Speisekarte, wo man sie jahrelang vergeblich suchte.

Auch die Linsensuppe war lange Zeit bei Gourmets verpönt, bis Witzigmann und Co. sie – auf-

gemöbelt mit gebratenen Fasanen- oder Wachtelbrüstchen, Entenleber oder gar Hummerstückchen – sternefähig machten. Gleichzeitig stieg durch diese Karriere ihr Ansehen in der heimischen Küche. Quer durch die Regionen wird die Suppe, die dann schon eher einem Eintopf gleicht, mit Frankfurter Würstchen und Salzkartoffeln gegessen. Viele schmecken mit Essig ab, aber nur die Schwaben mischen handgeschabte Spätzle unter ihren Linseneintopf.

Suppen und Eintöpfe aus Gemüse spielen in der deutschen Küche eine große Rolle – aber es gibt keine einheitliche Gemüsesuppe quer durch alle Regionen. Im Rheinland, im Saarland und auch in der Pfalz ist die Schnippelbohnensuppe auch heute noch eine beliebte Mahlzeit. Die Hessen, und insbesondere die Frankfurter, sind stolz auf ihre Franzosensupp, die, je nachdem was der Garten oder der Markt bietet, unterschiedlich zusammengesetzt ist und mal mit, mal ohne Rindfleisch aufgetischt wird. Gerne reichert man die aromatische Gemüsesuppe mit zarten Eierschwämmchen an.

In Bayern und im Badischen schichtet man verschiedene, in Würfel geschnittene Fleischsorten abwechselnd mit Gemüse und Kartoffeln in einen gut verschließbaren Schmortopf und lässt das Ganze sanft garen. In der Weinregion Baden darf das Fleisch ein Weinbad nehmen, bevor es dann zusammen mit Gemüse und Kartoffeln im Ofen schmort und als Bäckerkartoffeln serviert wird. Im Bayerischen Wald, der Heimat des Pichelsteiners, garen Fleisch und Gemüse in einer kräftigen Fleischbrühe.

Frühling ist die Zeit der frischen Kräutersuppen, und das nicht erst, seit die Nouvelle Cuisine sie entdeckt hat. In alten Kochbüchern findet man die erlesensten Suppen aus Petersilie, Kerbel, Sauerampfer, Ysop und Pimpernelle, mit Sahne und Eigelb legiert und mit Muskat gewürzt. In Thomas Manns »Buddenbrooks« setzt die Lübecker Kaufmannstochter Tony Buddenbrook ihrem frisch angetrauten bajuwarischen Ehemann eine solche Sauerampfersuppe mit Korinthen vor – und wird sich dabei der ganzen Unvereinbarkeit nord- und süddeutscher Geschmäcker bewusst.

Nicht nur in den klassischen Spargelgebieten Baden, Bruchsal, Ingelheim und Schrobenhausen genießt man mit großer Begeisterung von Ende April bis Mitte Juni klare oder cremig-samtige Suppen aus dem edlen Gemüse. Die weißen und mittlerweile auch die grünen Stangen haben die Suppenküchen im ganzen Land erobert.

In Bayern und auch in Berlin hat die Biersuppe, süßlich abgeschmeckt und mit krossen Brotwürfeln angerichtet, eine lange Tradition. Als Pendant dazu gibt es in fast allen Weinbauregionen heiße Weinsuppen, auf denen oft kleine Makronen schwimmen.

Wenn's richtig warm ist, sind Sommersuppen angesagt. Die Menschen im hohen Norden freuen sich auf eine fruchtige Kirsch-, Pfirsich-, Apfel- oder Fliederbeer-Kaltschale. Mit Fruchtpüree, Sago oder Stärke angedickt und mit Schneeklößchen oder Grießklößchen als Einlage, werden diese kalten Suppen mittags auch gerne als leichte Mahlzeit gelöffelt oder als Nachtisch gereicht. Jenseits des Mains findet man weniger Gefallen an diesen süßen Suppen. Aber die Köche sind gerade dabei, den Bayern, Schwaben und Franken Fruchtsuppen als leicht bekömmliches Dessert schmackhaft zu machen.

## Münchner Suppenküche

Wie sehr Suppen – heiß oder kalt – im Trend liegen, beweist das Konzept der Münchner Suppenküche, die vor 23 Jahren am Münchner Viktualienmarkt eröffnete. Immer mehr Menschen schätzen eine Suppe als schnelle, aber dennoch kreative, sinnliche, qualitäts- und figurbewusste Mahlzeit. Jenseits der üblichen Fastfood-Pfade gibt es mittlerweile zwei Suppenküchen-Filialen, und weitere sind in

anderen Teilen des Landes geplant. Selbst auf dem Münchner Oktoberfest sind herzhafte Suppen und Eintöpfe gefragt, ist doch eine kräftige Suppe die beste Grundlage, um die eine oder andere Maß Bier zu trinken. Und was hilft besser nach einem feuchtfröhlichen Abend als eine gehaltvolle Brühe! Die Suppenküche bietet täglich sechs bis acht verschiedene Suppen und Eintöpfe an. Jede Woche wechselt die Suppenkarte, nur Hühner-, Fleisch- und Gemüsebrühe sind immer im Angebot und dazu sucht sich jeder nach persönlichem Gusto seine Lieblingseinlage von der Maultasche bis zum Leberknödel aus.

Eines steht fest: Das Stiefmütterchendasein der Suppen ist Vergangenheit. Delikate Süppchen werden von Genießern mit Wonne gelöffelt.

**Links oben:** Quer durch das Land bieten Kleinbauern auf den Wochenmärkten regionale Gemüse der Saison zum Kauf an. **Oben:** Spargelstechen ist eine anstrengende, mühevolle Handarbeit. **Unten:** Schwimmen macht hungrig! Das »Müller'sche Volksbad« – Münchens ältestes Hallenbad.

*schwaben*

# Schwäbische Hochzeitssuppe

*Wenn in Schwaben gefeiert wird, dann richtig – und dann wird auch nicht gespart. Das beginnt schon mit der Suppe. Viererlei verschiedene Einlagen müssen in der klaren, konzentrierten Fleischbrühe schwimmen. Welche in die Suppe kommen, unterscheidet sich von Koch zu Koch, aber Flädle sind meistens dabei. Wenn es besonders festlich sein soll, füllt man die gebackenen Pfannkuchen vor dem Aufschneiden mit frischem Brät. Weitere typische Einlagen: Backerbsen, Milzschnitten, Grießnocken und Markklößchen.*

### FÜR DIE BRÜHE:

*700 g Beinscheibe*

*2 Markknochen*

*2 Suppenknochen*

*2 Bund Suppengrün*

*1 Zwiebel*

*1 Lorbeerblatt*

*Einige Petersilienstängel*

*Einige Pfefferkörner*

*Salz*

*1 küchenfertiges Suppenhuhn*

### FÜR DEN BRÄTSTRUDEL:

*200 ml Milch*

*2 Eier*

*80 g Mehl*

*1 Prise Salz*

*Frisch geriebene Muskatnuss*

*Öl zum Braten*

*200 g Kalbsbrät (beim Metzger vorbestellen)*

*1 kleines Ei*

*1 EL gehackte Petersilie*

*Frisch geriebene Zitronenschale*

*1 EL frisch geriebene Semmelbrösel*

*Salz*

### AUSSERDEM:

*1 Bund Schnittlauch, fein geschnitten*

◆ Das Fleisch und die Knochen waschen und in einen großen Kochtopf geben. Gewaschenes Suppengrün, ungeschälte Zwiebel, Lorbeerblatt, Petersilienstängel, Pfefferkörner und Salz hinzufügen und mit 4 Liter Wasser bedecken. Zum Kochen bringen und den sich dabei bildenden Schaum abschöpfen. Bei schwacher

Hitze 2 Stunden köcheln lassen, dabei den Deckel so auflegen, dass ein kleiner Spalt offen bleibt.

◆ Nach 2 Stunden das gewaschene Suppenhuhn dazugeben und weitere 1 ½ Stunden köcheln lassen.

◆ Während die Suppe gart, die Einlagen zubereiten. Für den Brätstrudel Milch, Eier und Mehl mit dem Handrührgerät zu einem glatten Teig vermischen. Den Teig, falls nötig, durch ein Sieb streichen, die Petersilie dazugeben, mit Salz und Muskat würzen und kurz ruhen lassen.

◆ Das Brät in eine Schüssel geben und das Ei und so viel Semmelbrösel unterrühren, bis eine glatt streichbare Masse entstanden ist. Mit Petersilie, Zitronenschale, Muskat und, falls nötig, mit Salz abschmecken.

◆ In einer großen, beschichteten Pfanne etwas Öl erhitzen. Die Hälfte des Pfannkuchenteigs hineingießen und unter Drehen der Pfanne den Teig gleichmäßig verteilen, dabei die eine Seite goldbraun braten. Mit einem Pfannenwender oder gekonntem Schwung den Eierkuchen wenden, und die zweite Seite goldbraun braten. Auf diese Weise auch den zweiten Pfannkuchen backen. Nebeneinander liegend abkühlen lassen. Die Pfannkuchen mit der Brätmasse gleichmäßig bestreichen und aufrollen. Jede Rolle in Alufolie hüllen, dabei die Enden gut zudrücken. Die Rollen in kochendem Salzwasser 10 Minuten garen und anschließend in der Folie abkühlen lassen. Kurz vor dem Servieren den Strudel in ½ cm dicke Scheiben schneiden.

◆ Die weiteren Einlagen nach der Anleitung im Glossar zubereiten.

◆ Das Fleisch und das Suppenhuhn mit einem Schaumlöffel aus der Brühe heben und für ein anderes Gericht aufbewahren. Die Brühe durch ein Sieb gießen, etwas einkochen lassen und in eine Terrine füllen. Die diversen Einlagen hineingeben und mit Schnittlauch bestreut servieren.

*Für 8 Personen*

*Häufig schwimmen im Schwaben-ländle anstelle des Brätstrudels herzhaft gefüllte Maultaschen (Rezept Seite 210) in der Hochzeitssuppe.*

*Hessen*

## Frankfurter Gemüsesuppe

*Dieser Suppenklassiker (oben im Bild) ist auch unter der Bezeichnung »Quer durch de Garde« oder »Franzosensupp« bekannt. Er ist eine der kulinarischen Hinterlassenschaften aus den Zeiten der französischen Besatzung in Hessen. Die Auswahl der Gemüsesorten ist variabel und richtet sich nach der jeweiligen Jahreszeit.*

100 g durchwachsener Speck, gewürfelt

2 EL Öl

1 große Zwiebel, gewürfelt

1 Stange Lauch

3 junge Möhren, geputzt und gewürfelt

1 Kohlrabi, geschält und in Stifte geschnitten

2 Selleriestangen, in Scheiben geschnitten

100 g Brechbohnen, geputzt und in Stücke geteilt

¼ Blumenkohl, in kleine Röschen zerteilt

1 Hand voll Zuckerschoten

2 Tomaten, gehäutet, entkernt und gewürfelt

Salz und frisch gemahlener Pfeffer

1 ½ l Fleischbrühe, möglichst selbst gemacht, siehe Grundrezept im Glossar

2 EL Schnittlauch, fein geschnitten

◆ Die Speckwürfel in einem großen Kochtopf im Öl anbraten, die Zwiebelwürfel hinzufügen und dünsten. Dann die Gemüsesorten bis auf die Zuckerschoten und die Tomaten dazugeben und miteinander anschwitzen. Mit Salz und Pfeffer kräftig würzen und das Ganze mit der Fleischbrühe aufgießen.

◆ Die Brühe bei schwacher Hitze etwa 20 Minuten leise köcheln lassen. Nun die Zuckerschoten und die Tomatenwürfel dazugeben und in weiterer 5–10 Minuten garen. Das Gemüse sollte weich sein, aber noch Biss haben.

◆ Die Suppe auf vier tiefe Teller verteilen und mit Schnittlauch bestreut servieren.

*Für 4–6 Personen*

Wenn sie die Fleischsuppe selbst zubereiten, schneiden sie das gekochte Fleisch in kleine Würfel und mischen es unter die fertige Gemüsesuppe.
In Hessen wird die Gemüsesuppe oftmals auch mit Eierschwämmchen (Rezept siehe Glossar) serviert.

## Ruhrgebiet und Westfalen

## Schnippelbohnensuppe

*Anstelle rankender Zierpflanzen schmückten früher Stangenbohnen die Zäune und Hausmauern im Ruhrgebiet, und es gab keinen Schrebergarten ohne hohe, sich oben überkreuzende Stangen, an denen sich die Bohnen hochräkelten. Schmackhafte Suppen und Eintöpfe mit Bohnen waren im Sommer deshalb an der Tagesordnung. Was übrig blieb, wurde eingeweckt oder in großen Steintöpfen mit Salz eingelegt, um damit den Gemüsebedarf für den Winter zu decken. Die Hausfrauen in diesen Regionen haben zum Schneiden der Bohnen spezielle Schnippelmaschinen.*

*100 g durchwachsener Räucherspeck, gewürfelt*

*2 EL Öl*

*1 große Zwiebel, geschält und gewürfelt*

*500 g Stangenbohnen, entfädelt und geschnippelt*

*300 g mehlig kochende Kartoffeln, geschält und gewürfelt*

*3–4 Stängel frisches Bohnenkraut*

*Salz*

*Frisch gemahlener Pfeffer*

*1 knapper EL Mehl*

*1,2 l Fleischbrühe, möglichst selbst gemacht, siehe Grundrezept im Glossar*

*4 geräucherte Mettwürstchen*

*2 EL gehackte Kräuter (Petersilie, Kerbel, Schnittlauch und Bohnenkraut)*

◆ Die Speckwürfel in einem großen Kochtopf im Öl anbraten, die Zwiebelwürfel dazugeben und glasig dünsten. Die in schräge, schmale Streifen geschnittenen Bohnen, die Kartoffelwürfel und das Bohnenkraut mit andünsten. Mit Salz und Pfeffer würzen, mit Mehl bestäuben und kurz anschwitzen.

◆ Die Fleischbrühe angießen und aufkochen lassen. Bei schwacher Hitze ca. 20 Minuten köcheln lassen.

Die Mettwürstchen mit einer Gabel mehrmals einstechen, in die Suppe geben und in weiteren 10 Minuten fertig garen.

◆ Mit frisch gehackten Kräutern bestreuen und servieren.

*Für 4 Personen*

*Mit knusprigen Roggenbrötchen ist die Suppe eine kleine Mahlzeit.*

## Bayern und Baden

## Spargelsuppe mit Kalbsnockerl

*Üblicherweise werden in Spargelgebieten aus den weniger schönen Spargelstangen feine Suppen zubereitet – früher meist auf der Basis einer Mehlschwitze. Diese kalorienarme Spargel-Consommé hier entspricht mehr dem heutigen Geschmack. Das herrliche Spargelaroma kommt sogar noch besser zur Geltung. Die Kalbsnockerl sind eine elegante Ergänzung zum zarten Spargelaroma.*

*250 g Kalbsknochen*

*Einige Petersilienstängel*

*Salz*

*250 g weißer Spargel, eventuell auch Bruchspargel*

*20 g Butter*

*1 Prise Zucker*

*Für die Kalbsnockerl:*

*150 g Hackfleisch (vom Kalb)*

*2 EL Crème fraîche*

*1 TL Speisestärke*

*Salz*

*Frisch gemahlener weißer Pfeffer*

*Cayennepfeffer*

*Etwas abgeriebene Zitronenschale*

*1 EL frische Kerbelblätter*

◆ Die Kalbsknochen waschen und mit den Petersilienstängeln in einen Kochtopf geben. Mit 1,2 Liter Wasser begießen, salzen und zum Kochen bringen.

◆ Den Spargel waschen, schälen, die holzigen Enden abschneiden und Schalen und Abschnitte in die Brühe geben. Butter und Zucker hinzufügen, 30 Minuten kochen lassen, dann mit einem Schaumlöffel herausheben. Die Stangen ohne Köpfe in die Brühe geben und in 15–20 Minuten bissfest kochen. Nach 10 Minuten die Köpfe dazugeben.

◆ Für die Nockerl das Kalbshackfleisch mit Crème fraîche und Stärke verrühren. Mit Salz, Pfeffer, Cayennepfeffer und Zitronenschale würzig abschmecken und olivengroße Nockerl daraus formen.

◆ Die Brühe durch ein Sieb gießen und noch etwas einkochen lassen. Die Nockerl darin gar ziehen lassen. Die Spargelstangen in mundgerechte Stücke schneiden und mit den Köpfen in die Consommé geben. Auf vier tiefe Teller verteilen und mit den Kerbelblättern bestreut servieren.

*Für 4 Personen*

## Bayerisch genießen auf noble Art im Gut Apfelkam

Der 1838 erbaute Landgasthof Gut Apfelkam – wunderschön gelegen im Voralpenland in der Nähe von Rosenheim – ist ein Ort des Genießens mit allen Sinnen. Beeindruckend ist hier nicht nur die Schönheit der Natur, sondern auch das Tradition und Eleganz vereinende Ambiente der Gasträume und des gepflegten Gartens – und nicht zuletzt natürlich die Kochkunst von Stephan Brandl. Der gebürtige Niederbayer hat, bevor er das schmucke Gut Apfelkam 2001 entdeckte und liebevoll restaurierte, als Küchenchef im berühmten Drei-Sterne-Restaurant »Schiffchen« von Jean-Claude Bourgueil wertvolle Erfahrungen in der Top-Gastronomie gesammelt.

Hier nun, in seinem eigenen Refugium, vereint er mutig, aber sehr harmonisch, regionale, gut bürgerliche Küche mit der Grande Cuisine. Vorwiegend frische, heimische Produkte der umliegenden Bauernhöfe verarbeitet der leidenschaftliche Koch zu raffinierten Gerichten, denen er gerne eine mediterrane Note verleiht. Was hier, vor den Toren des italophilen Münchens, sehr gut ankommt. Stephan Brandl pflegt aber auch die klassische bayerische Küche – natürlich kreativ und auf hohem Niveau verfeinert. So findet man auf der Speisekarte neben »Kalbskopfsalat in Rotweinvinaigrette« auch »Suprême vom Bauernhähnchen auf grünem Spargel mit Morcheln« oder »Arme Ritter mit Rumtopf von Dörrpflaumen und Vanilleeis«. Schon fast ein »must« ist seine Sauerkrautsuppe, in der sich feine Edelfische tummeln. Das Rezept für diese außergewöhnliche Suppe hat uns Stephan Brandl verraten, und es lohnt sich, sie nachzukochen: Der Erfolg ist garantiert.

Auf Gut Apfelkam wird das Brot noch selbst gebacken, der Senf selbst zubereitet, und auch Pralinen und Eis kommen aus hauseigener Produktion.

Madlen Plato, die Lebensgefährtin von Stephan Brandl, sorgt dafür, dass sich die Gäste drinnen wie draußen im romantischen Biergarten rundherum wohl fühlen. Wer möchte, kann hier auch ein kühles Helles trinken, oder sich getrost auf die fachmännisch-charmante Weinempfehlung der Servicechefin verlassen.

Gut Apfelkam
Unterapfelkam 3
83101 Rohrdorf/Apfelkam
Tel.: 08032 / 5321
Fax: 08032 / 707638
info@gut-apfelkam.de

*Bayern*

## Sauerkrautsuppe
## mit Simseefischen

*Von Stephan Brandl, Gut Apfelkam*

100 g Schweineschmalz

500 g Zwiebeln, in feine Streifen geschnitten

¾ l trockener Weißwein (Riesling)

500 g Sauerkraut, grob zerschnitten

1 Karotte, geschält und geviertelt

3 Knoblauchzehen, gehackt

300 g Schalotten, in Scheiben geschnitten

40 g Butter, Meersalz

½ l Fischfond, siehe Glossar oder aus dem Glas

300 g eiskalte Sauerrahmbutter

1 Spritzer Himbeeressig

Frisch gemahlener weißer Pfeffer

6 Saiblingsfiletstücke à 30 g

6 Hechtfiletstücke à 30 g

6 Forellenfiletstücke à 30 g

6 kleine Babyaalfilets

6 kleine Flusskrebse, ausgelöst

4 EL geschlagene Sahne

2 EL gehackte Kräuter, Forellenkaviar zum Garnieren

◆ Das Schmalz erhitzen und die Zwiebeln darin glasig dünsten. Mit ¼ Liter Weißwein ablöschen, das Sauerkraut, die Karotte und den Knoblauch dazugeben. Butterbrotpapier auf das Sauerkraut legen und das Ganze 1 Stunde bei schwacher Hitze zugedeckt garen.

◆ Die Schalotten in der Butter glasig dünsten und mit dem restlichen Weißwein ablöschen. Auf die Hälfte einkochen lassen und den Fischfond dazugießen. Etwa 40 Minuten ziehen lassen.

◆ Die Flüssigkeit durch ein feines Sieb passieren, die eiskalte Butter in kleinen Stückchen unterschlagen und mit Himbeeressig, Salz und Pfeffer herzhaft abschmecken. Erneut erwärmen und ein Drittel davon in eine flache Sauteuse geben. Die Fischfilets und Flusskrebse darin in 1–3 Minuten gar ziehen lassen.

◆ Das Sauerkraut auf sechs Teller verteilen, die Fischstücke mit einem Schaumlöffel aus dem Sud heben und auf dem Kraut arrangieren. Die Sahne unter den Sud ziehen, mit dem Pürierstab aufmixen und über dem Kraut verteilen. Mit Kräutern und Kaviar garniert servieren.

*Für 6 Personen*

*Diese Suppe steht während der kühlen Jahreszeit immer auf der Speisekarte.*

*Berlin und Mark Brandenburg*

## Berliner Löffelerbsen

*Diese dicke Suppe aus getrockneten Erbsen hat ein Mönch des Zisterzienserklosters Lehnin in der Mark Brandenburg vor über 500 Jahren erfunden. Und wahrscheinlich, weil in dieser Region diese Suppe so gerne gelöffelt wurde, war es ein Berliner, der 1870 das erste Instant-Produkt, die Erbswurst, erfand. Sie war lange Zeit das erfolgreichste Fertigprodukt in Deutschland.*

> *350 g getrocknete gelbe Erbsen*
> *2 ½ l Wasser, Salz*
> *1 Stück Speckschwarte*
> *500 g gepökelter Schweinebauch, Haxe oder Rippchen*
> *1 Lorbeerblatt*
> *3–4 frische Majoranzweige*
> *Einige Pfefferkörner*
> *100 g Räucherspeck, gewürfelt*
> *2 EL Öl*
> *1 Zwiebel, geschält und gewürfelt*
> *1 Bund Suppengrün, geputzt und gewürfelt*
> *400 g Kartoffeln, geschält und gewürfelt*
> *Frisch gemahlener Pfeffer*
> *½ Bund Petersilie, fein gehackt*

◆ Die Erbsen waschen, in einem Sieb abtropfen lassen und über Nacht in kaltem Wasser einweichen.

◆ Die Erbsen am nächsten Tag mit dem Einweichwasser in einen Kochtopf geben, salzen, das Fleisch und die Aromen dazugeben und bei schwacher Hitze etwa 2 Stunden köcheln lassen.

◆ Den Speck im Öl anbraten, Zwiebeln, Suppengrün und Kartoffeln mit andünsten. Sobald die Erbsen fast weich sind, die Speckmischung in die Suppe geben und weitere 30 Minuten köcheln lassen.

◆ Das Fleisch herausnehmen, in kleine Würfel schneiden und wieder in die Suppe geben. Mit frisch gemahlenem Pfeffer würzen und mit fein gehackter Petersilie bestreut servieren.

*Für 4 Personen*

*Traditionelle Fleischeinlage:*
*Schweineohren und -schnauze!*

*Hessen*

## Linsensuppe

*Linsensuppen waren vor allem in Kriegszeiten eine wichtige Mahlzeit, um satt zu werden. Quer durch das ganze Land entwickelten die Hausfrauen daraus regional geprägte Rezepte: In Bayern mischt man gekochte Kartoffeln darunter, im Norden fügt man Backobst hinzu und schmeckt sie süßsauer ab, die Hessen peppen die Suppe mit Frankfurter Würstchen auf.*

> *250 g Tellerlinsen*
> *100 g Räucherspeck, gewürfelt*
> *4 EL Öl*
> *1 große Zwiebel, geschält und gewürfelt*
> *2 Petersilienwurzeln, geschält und gewürfelt*
> *2 Möhren, geschält und gewürfelt*
> *Salz*
> *Frisch gemahlener Pfeffer*
> *1 Glas Rotwein*
> *2 Thymianzweige*
> *1 Lorbeerblatt*
> *1 ½ l Fleischbrühe (Instant)*
> *1–2 EL Rotweinessig*
> *4 Paar Frankfurter Würstchen*
> *1 TL gerebelter Majoran*
> *½ Bund Petersilie, gehackt*

◆ Die Linsen waschen, dabei oben schwimmende Samen entfernen.

◆ Den Speck in 2 EL Öl anbraten. Zwiebel- und Gemüsewürfel hinzufügen und mit anschwitzen. Mit Salz und Pfeffer würzen und mit Rotwein ablöschen. Thymian und Lorbeerblatt dazugeben, dann die Fleischbrühe angießen. Bei schwacher Hitze etwa 40–50 Minuten köcheln lassen. Die Linsen sollen innen weich sein, aber nicht aufplatzen. Die Kräuter herausfischen und die Suppe mit Essig und, falls nötig, mit Salz und Pfeffer herzhaft abschmecken.

◆ Die Frankfurter Würstchen in Scheiben schneiden. Das restliche Öl in einer Pfanne erhitzen und die Würstchenscheiben mit dem Majoran darin anbraten.

◆ Die Suppe auf vier tiefe Teller verteilen, die Würstchen in die Mitte geben und mit Petersilie bestreuen.

*Für 4 Personen*

## Mecklenburg-Vorpommern

# Betenbarschsuppe

*Diese winterliche, wärmende Gemüsesuppe ist dem russischen Borschtsch sehr ähnlich. Die Betenbarschsuppe ist aber mittlerweile auch ein fester Bestandteil der regionalen Küche Mecklenburg-Vorpommerns. Rote Bete, die lange Zeit ein Schattendasein führte, wird allmählich von Gourmets wieder entdeckt, da sie nicht nur gut schmeckt, sondern auch überaus gesund ist.*

*1 kg Rindfleisch zum Kochen, z. B. Brust oder Beinscheibe*

*2 Suppenknochen*

*Salz und frisch gemahlener Pfeffer*

*1 Zwiebel*

*2 Bund Suppengrün, in Stücke geschnitten*

*1 Lorbeerblatt*

*800 g Rote Bete*

*½ TL Kümmelsamen*

*2 EL Rotweinessig*

*½ TL Zucker*

*½ TL gerebelter Majoran*

*125 g Schmand oder Crème fraîche*

*1 EL Dill, fein geschnitten*

◆ Suppenfleisch und Knochen waschen, in einen Kochtopf geben und mit 2 ½ Liter Salzwasser bedecken. Die ungeschälte Zwiebel halbieren und mit Suppengrün und Lorbeerblatt dazugeben. Alles bei schwacher Hitze etwa 2 Stunden kochen lassen, dabei den sich bildenden Schaum abschöpfen.

◆ Rote Bete waschen, in einen Topf geben, Kümmel hinzufügen und mit Wasser bedeckt garen. Anschließend das Kochwasser abgießen, die Rote Bete kalt abschrecken und sofort schälen. Die Hälfte davon auf einer Reibe grob raspeln, die andere Hälfte im Mixer mit einem Liter Fleischbrühe fein pürieren. Die Mischung in einen Kochtopf geben, die geraspelte Rote Bete untermischen und mit Essig, Zucker, Majoran, Salz und Pfeffer herzhaft abschmecken.

◆ Das weich gekochte Rindfleisch in kleine Würfel oder Streifen schneiden, in die Suppe geben und wenige Minuten durchkochen lassen. Die Suppe auf vier tiefe Teller verteilen, jeweils in die Mitte einen Löffel Schmand oder Crème fraîche geben und spiralförmig unterziehen. Mit Dill bestreuen.

*Für 4 Personen*

## Thüringen

# Petersilienwurzelsuppe mit Möhrenchips

*Es ist wirklich schade, dass diese aromatische Wurzel vorwiegend als Bestandteil des Suppengrüns bekannt ist. Dabei schmeckt sie pur unglaublich fein, zum Beispiel als lockeres Püree, blanchiert und vermischt mit Möhren als Gemüsesalat oder als samtiges Süppchen. In Thüringen und auch im nahen Hessen hat man der unscheinbaren Wurzel schon immer große Aufmerksamkeit geschenkt.*

*400 g Petersilienwurzeln, geschält und gewürfelt*

*20 g Butter*

*2 EL Öl*

*Salz und frisch gemahlener Pfeffer*

*1 l Hühnerbrühe*

*1 Bund Petersilie*

*100 g Sahne*

*1 Eigelb*

*Frisch geriebene Muskatnuss*

*2 Möhren, geschält und in dünne Scheiben geschnitten*

*Öl zum Frittieren*

◆ Die Petersilienwurzeln in einer Mischung aus Butter und Öl anschwitzen, mit Salz und Pfeffer würzen und mit Hühnerbrühe aufgießen. In etwa 30 Minuten weich kochen, dann im Mixer fein pürieren. Die Suppe zurück in den Kochtopf gießen und kurz köcheln lassen.

◆ Die Petersilienblätter abzupfen und mit der Sahne und dem Eigelb ebenfalls im Mixer pürieren. Die Mischung unter die Suppe rühren, aber nicht mehr kochen lassen.

◆ Die Möhrenscheiben im heißen Fett knusprig frittieren und über die Suppe streuen.

*Für 4 Personen*

## Gastro-Kultur

Je netter die Stimmung in geselliger Runde, umso besser schmeckt es. Freude beim Essen ist wie das Salz in der Suppe. Und deshalb haben die typischen Wirtshäuser, Kneipen, Biergärten und Straußwirtschaften immer Hochkonjunktur. Lustig muss es zugehen, das Essen gut und auch nicht zu knapp bemessen sein, und je nach Region gibt es Bier oder »Äbbelwoi« vom Fass oder Wein direkt vom Winzer.

### Strauß- und Besenwirtschaften im Südwesten

Wer hat's erfunden? Karl der Große war es, der den Weinbau vorantrieb und den Ausschank des Eigenbauweins genehmigte. 40 Sitzplätze, Öffnungszeiten begrenzt auf höchstens vier Monate im Jahr – üblicherweise verteilt auf Frühjahr und Herbst –, das waren und sind noch immer

**Unten:** Hübsche Schilder – oftmals kleine Kunstwerke – locken die Gäste zur Einkehr. **Rechts:** Jung und alt fühlen sich in den zahlreichen bayerischen Biergärten gleichermaßen wohl.

die gesetzlichen Vorgaben. Das Konzept ist auch heute noch stimmig, vor allem weil das Viertele Gutedel oder Müller-Thurgau deutlich günstiger ist als in den Restaurants. Anfang der 1980er-Jahre begannen einige Winzer diese Tradition wieder zu beleben: im Herbst mit dem »Federweißen«, dem »Suser« oder »Sauser«, im Frühjahr, um den neuen fertigen Wein zu präsentieren.

In die Scheune oder den Weinkeller werden Tische gestellt, Mutter bereitet badische Spezialitäten zu, und der Winzer kredenzt seine selbst gekelterten Weine. Mittlerweile gibt es im Badischen etwa 80 Höfe, unterschiedlich konzipiert, die mit einem geschmückten Besen an der Zufahrt signalisieren, dass man für eine zünftige Jause gerüstet ist.

Weinfreaks schlagen auf jeden Fall zwei Fliegen mit einer Klappe: Bei badischem Rindfleischsalat, »Bibbeleskäs mit Brägele« oder Flammekuchen testen sie genussvoll und ohne Kaufzwang die Weine, die, wenn sie munden, anschließend gekauft werden. Meist liegen die Höfe sehr idyllisch im Weinberg oder an einem Bach, wie das Weingut »Schlachthof« im Sankt Ulricher Tal, nahe Freiburg, wo man, wie der Name schon verrät, Fleisch von Weidekälbern bekommt und Brot und Kuchen aus der eigenen Backstube. Bekannt für köstlichen Flammekuchen und sehr gute Weine ist das Weingut Michel in Achkarren, um nur einige der hübschen Einkehrplätze zu nennen.

### Äbbelwoistuben im Frankfurter Raum

Die Frankfurter gehen ein »Stöffche« trinken und am liebsten »Dribbdebach« – auf Hochdeutsch: Sie bevorzugen den Apfelwein in den Wirtschaften auf der anderen Seite des Mains zu trinken, in Sachsenhausen und noch lieber in Bornheim, Griesheim oder Zeilsheim, weil die Orte vom Tourismusrummel verschont sind. Für Fremde ist das herbe, leicht säuerliche Getränk gewöhnungsbedürftig. Man sagt, vom fünften Schöppche an hat man's. Äbbelwoi-Saison ist das ganze Jahr, aber besonders spannend ist es natürlich im Herbst, wenn die Kelteräpfel im Odenwald und im Taunus geerntet werden. Als Erstes gibt es den »Süßen«, einen reinen, noch alkoholfreien Apfelmost. Nach acht- bis 14-tägiger Gärung wird der prickelnde »Rauscher« ausgeschenkt, der, ebenso wie der »Federweiße«, mit Vorsicht zu genießen ist. Ende Dezember ist die Gärung im Holzfass abgeschlossen und der »Neue« wird ausgeschenkt, der dann bis zur nächsten Ernte ausgetrunken sein sollte.

In den typischen Wirtschaften wird das goldbraune Getränk in großen, mehrere Liter fassenden »Bembeln« ausgeschenkt, das sind graublaue, salzglasierte bauchige

Krüge, die aus dem Kannebäcker Land kommen und schon ebenso lange hergestellt werden wie der Apfelwein, nämlich über 500 Jahre.

Getrunken wird das »Frankforder« Lieblingsgetränk aus standfesten Schoppengläsern und dazu gibt's »Klaanigkeiten«, aber das sollte man nicht wörtlich nehmen. Das können Brezeln oder Wasserwecken sein, aber auch Schlachtplatten von gigantischen Ausmaßen, mit Kraut und den berühmten Frankfurter Worschigkeiten oder Harzer Käse mit Musik, das heißt, herzhaft mariniert mit Essig und Öl sowie mit reichlich rohen Zwiebelringen bedeckt.

## Kölsche Kneipen & Düsseldorfer Altbierlokale

»Jeder Jeck is anders«, heißt es im Rheinland. Und unter diesem toleranten Motto hockt man abends vergnügt bei Altbier oder Kölsch – am liebsten am Tresen. Allein die Theken von Köln sollen aneinander gereiht eine Länge von zehn Kilometern haben.

Ob »Alt«, wie das Altbier genannt wird, oder »Kölsch«, es wird vom Zappes direkt vom Fass gezapft und dann vom Kellner, der hier »Köbes« (kommt von Jakob) heißt, in den typischen schmalen 0,2-l-Stangengläsern serviert. Beides sind obergärige Biere, das Altbier ist dunkler, von bernsteinfarben über kupferrot bis dunkelbraun und schmeckt malziger, das goldgelbe Kölsch ist etwas hopfenbetonter und daher herber.

Obwohl Bier als flüssiges Brot bezeichnet wird, es macht dennoch hungrig. Deshalb gibt es in den rheinischen Bierkneipen als herzhafte Begleitung etwa Soleier in Gläsern, Kölsche Kaviar (Roggenbrötchen mit Blutwurst), Halve Hahn (Roggenbrötchen mit altem Gouda oder Limburger Käse belegt und mit Senf bestrichen) oder knusprig gebackene Rievkooch (Kartoffelpuffer).

Niemals vergesse ich, wie ich in Düsseldorf einen Taxifahrer nach einer typischen Kölsch-Kneipe fragte. Ich hatte Mühe, dass er mich nicht des Autos verwies und mich zu Fuß gehen ließ. Mit viel gutem Zureden und Erklärungen, dass ich doch aus München komme und keine Ahnung habe, war er bereit, mir diese »Sünde« noch einmal zu verzeihen.

## Bayerische Wirtshaus- und Biergartenkultur

»Essen und Trinken hält Leib und Seele zusammen«, sagt man in Bayern und deshalb ging man nach der Sonntagsmesse zum Frühschoppen ins Wirtshaus direkt neben der Kirche. Und am Abend dann zum Dämmerschoppen, um das Tagesgeschehen ausgiebig bei einer Maß Bier zu diskutieren. Es war immer was los in Bayerns Wirtshäusern. Manchmal wurde auch sauber g'rauft, weil die Nahrung in der Hauptsache stark und flüssig war. Heute hat der Genuss in den Wirtshäusern Vorrang, und der Übergang von den traditionellen Spezialitäten zur bayerischen Haute Cuisine ist fließend. Beiden gemein sind die typischen, hochwertigen regionalen und saisonalen Zutaten, die jeder bayerischen Gegend ihren unverwechselbaren kulinarischen Charakter verleihen. In Bayern gehört der Genuss zur Kultur. Und das ist traditionell – vom Brauereigasthof bis zum Biergarten.

Bayerns Küchenkultur hat sich auf dem Land entwickelt: mit Braten, Knödeln und Mehlspeisen für die Großgrundbesitzer und dünnen Brotsuppen für die Kleinbauernfamilien. Schmankerl wie saures Schweinefleisch, Nierchen oder gebackener Kalbskopf kamen erst Anfang des 19. Jahrhunderts auf den Tisch, wurden in den 1970er und 80er-Jahren aber bereits wieder sträflich vernachlässigt. Zum Glück werden sie, dank junger Köche, die alte Rezepte unserer veränderten Ernährung anpassen, allmählich wieder modern.

Und immer in Mode sind die Münchner Biergärten. Sie entstanden einstmals, um unter den schattigen Bäumen das Bier in den darunter liegenden Kellern im Sommer möglichst kühl zu halten. Die Brauereien nutzten den Ausschank dort als zusätzliche Einnahmequelle, sie durften aber kein Essen verkaufen. Deshalb brachte man die Brotzeit mit, wie es heute noch Brauch ist. Ein schattiger Platz unter einer ausladenden Kastanie und eine fesche Kellnerin, die das Bier bringt, sind keine Träumereien, sondern handfeste Realität. Schließlich ist ein Biergarten ein Fest für alle Sinne: Bier und Wurstsalat erfreuen den Gaumen, das Klingen der Maßkrüge beim Zuprosten die Ohren, der Duft vom Brathendl die Nase und die hübschen Dirndl die Augen …

*Thüringen, Bayern und Schwaben*

# Kräutersuppe
## oder Gründonnerstagsuppe

*Traditionsgemäß kam in vielen Regionen Süddeutschlands am Gründonnerstag diese grüne, frisch-aromatische Kräutersuppe auf den Tisch. Einerseits der zum Tag passenden Farbe wegen, andererseits aber auch, um damit den Frühling einzuläuten. Damals wurde die Suppe aus den ersten wild wachsenden Kräutern wie Sauerampfer, Schafgarbe, Löwenzahn, Brennnessel, Gänseblümchen, Erdbeerblättern und Brunnenkresse zubereitet. Heute empfiehlt es sich, einen frischen Kräuterbund auf dem Bauernmarkt zu kaufen.*

*1 große mehlig kochende Kartoffel, geschält und in Stücke geschnitten*

*1 Schalotte, geschält und fein gewürfelt*

*50 g Butter*

*2 Hand voll Spinatblätter, verlesen und gewaschen*

*½ l Hühnerbrühe*

*Salz*

*Frisch geriebene Muskatnuss*

*1 Bund frische Kräuter (z. B. Sauerampfer, Kerbel, Löwenzahn, Brunnenkresse, Dill, Petersilie, junge Brennnesseln, Basilikum und Estragon)*

*200 g Sahne*

*2 Eigelbe*

*2 Scheiben Toastbrot, in kleine Würfel geschnitten*

*Kerbelzweige zum Garnieren*

◆ Die Kartoffelstücke mit den Schalottenwürfeln in der Hälfte der Butter andünsten. Die grob zerschnittenen Spinatblätter hinzufügen und kurz mit anschwitzen. Mit der Brühe aufgießen, mit Salz und Muskat würzen, aufkochen lassen und bei schwacher Hitze etwa 20–25 Minuten köcheln lassen. Anschließend mit dem Stabmixer fein pürieren.

◆ Die Kräuter verlesen, die groben Stiele entfernen und in einen Mixbecher geben. Mit dem Stabmixer fein pürieren und dabei nach und nach die Sahne und die Eigelbe hinzufügen. Die Mischung unter die heiße Suppe rühren und vorsichtig erhitzen, dabei nicht mehr kochen lassen. Kurz vor dem Servieren mit dem Stabmixer aufschäumen.

◆ Die Brotwürfel in der restlichen Butter goldbraun braten. Die Suppe auf vier tiefe Teller verteilen, Brotwürfel in die Mitte geben und mit Kerbel garnieren.

*Für 4 Personen*

*Baden*

# Bärlauchsuppe
## mit Kartoffelcroûtons

*Wie kaum ein anderes Kräutlein hat der Bärlauch in den vergangenen Jahren eine kulinarische Renaissance erlebt. Kaum ein gut geführter Gemüseladen, in dem es im Frühjahr nicht das nach Knoblauch duftende Kraut gibt. Ob zu Suppen, Brotaufstrichen oder Saucen verarbeitet – Bärlauch ist beliebt und zudem sehr gesund. Noch besser schmeckt das Süppchen (im Bild), wenn man die jungen zarten Blätter selbst in schattigen Laubwäldern gesammelt hat.*

*1 großes Bund Bärlauch, in Streifen geschnitten*

*2 Schalotten, geschält und gewürfelt*

*30 g Butter*

*Salz*

*Frisch gemahlener weißer Pfeffer*

*Frisch geriebene Muskatnuss*

*100 ml trockener badischer Weißwein, z.B. Gutedel*

*400 ml Hühnerfond, aus dem Glas*

*2 mittelgroße fest kochende Kartoffeln, geschält und in winzig kleine Würfel geschnitten*

*2 EL Öl*

*200 g Sahne*

*2 Eigelbe*

*8 Gänseblümchen*

*Einige Schnittlauchstängel*

◆ Die Bärlauchstreifen mit den Schalottenwürfeln in der aufgeschäumten Butter andünsten. Mit Salz, Pfeffer und Muskat würzen und mit dem Wein ablöschen. Ein wenig einkochen lassen, den Hühnerfond angießen und 3–4 Minuten köcheln lassen.

◆ Inzwischen die Kartoffelwürfel im heißen Öl goldbraun und knusprig braten.

◆ Die Bärlauchsuppe mit einem Stabmixer fein pürieren. Die Sahne in einen hohen Becher gießen, die Eigelbe dazugeben und mit dem Stabmixer verquirlen. Die Mischung unter die heiße Suppe rühren, vorsichtig erhitzen, aber nicht mehr kochen lassen.

◆ Kurz vor dem Servieren die Suppe mit dem Stabmixer aufschäumen, auf vier tiefe Teller verteilen und die Kartoffelwürfel in die Mitte geben. Mit den Gänseblümchen und den grob geschnittenen Schnittlauchstängeln garnieren.

*Für 4 Personen*

## Vielfalt der Kartoffelsuppen

Kartoffelsuppen sind ein deutsches Nationalgericht. Schon zu Zeiten Kaiser Wilhelms II. durfte selbst bei Festessen am Hofe die Kartoffelsuppe niemals fehlen: zubereitet aus kräftiger Fleischbrühe mit Ochsenfleisch und Huhn, gab es als Einlage erstaunlicherweise schmale Eiernudeln. Seine Untertanen bereiteten die Kartoffelsuppe zwar nur mit Wasser zu, besserten sie aber dafür mit prallen Bockwürstchen auf.

Die wohlschmeckende Suppe kommt in allen Regionen – immer ein wenig anders zubereitet – auf den Tisch. Und auch die Beilagen unterscheiden sich von Ost nach West und von Nord nach Süd. In Niederbayern mag man die Suppe mit Schuxen, einem Schmalzgebäck aus Roggenmehl. Im Badischen, in Hessen und im Rheinland isst man Apfelkuchen, Zwetschgendatschi oder Kirscheierkuchen dazu. In Berlin müssen es Schrippen sein, die diese Suppe begleiten. Ähnlich ist es mit den Einlagen: Während die Mecklenburger Backobst in die Suppe geben, reichert man in Hamburg die Suppe gerne mit frischen Krabben an, und in Bayern schwimmen oft gebratene Wurstscheiben darin.

Um eine köstliche Kartoffelsuppe zuzubereiten, genügen eine Hand voll Kartoffeln, ein bisschen Suppengrün und natürlich eine große Portion kulinarische Fantasie. Hier eine kleine Auswahl an Kartoffelsuppenrezepten quer durchs Land.

### Schleswig-Holstein und Hamburg

## Kartoffelsuppe mit Krabben

*300 g Nordseekrabben mit Schale*

*250 g Hühnerklein*

*1 Bund Suppengrün, gewaschen, klein geschnitten*

*1,2 l Wasser*

*500 g mehlig kochende Kartoffeln, geschält und in Stücke geschnitten*

*1 Scheibe frische Ingwerwurzel, 1 cm dick, geschält und in Streifen geschnitten*

*1 Estragonzweig*

*30 g Butter*

*100 g Sahne*

*Salz*

*Frisch gemahlener weißer Pfeffer*

*Zitronensaft*

*Dillzweige*

◆ Die Krabben pulen und die Schalen mit dem Hühnerklein und dem Suppengrün in einen Topf geben, mit Wasser begießen und 30 Minuten köcheln lassen. Anschließend in ein Sieb abgießen.

◆ Die Kartoffeln mit Ingwer und Estragon in Butter anschwitzen und mit der vorbereiteten Brühe aufgießen. In etwa 25 Minuten weich kochen. Die Suppe durch eine Flotte Lotte drehen oder ein Sieb streichen und erneut erhitzen. Die Sahne hinzufügen und kurz durchkochen lassen. Mit Salz und Pfeffer würzig abschmecken.

◆ Die Krabben mit etwas Zitronensaft beträufeln, auf vier Suppenteller verteilen und die heiße Suppe darüber geben. Mit Dill garnieren.

*Für 4 Personen*

### Berlin und Mark Brandenburg

## Berliner Kartoffelsuppe

*20 g Butter*

*2 EL Öl*

*100 g durchwachsener Räucherspeck*

*1 große Zwiebel, geschält und gewürfelt*

*500 g mehlig kochende Kartoffeln, geschält, gewürfelt*

*1 Bund Suppengrün, gewaschen, klein geschnitten*

*1 Lorbeerblatt*

*2–3 frische Majoranzweige*

*Einige Pfefferkörner*

*½ TL Kümmel*

*1,2 l Wasser*

*4 Bockwürstchen*

*1 Bund Schnittlauch, fein geschnitten*

◆ Die Butter mit dem Öl in einem Kochtopf erhitzen und die Speck- und Zwiebelwürfel darin anbraten. Kartoffeln und Suppengrün dazugeben und mit anschwitzen. Die Kräuter und Gewürze hinzufügen und mit Wasser aufgießen. Zum Kochen bringen und bei schwacher Hitze so lange köcheln lassen, bis die Kartoffeln weich sind.

◆ Etwa die Hälfte der Suppe mit dem Stabmixer fein pürieren. Noch einmal würzig abschmecken und die Würstchen im Ganzen oder in Scheiben geschnitten in die Suppe geben.

◆ Die Suppe auf vier tiefe Teller verteilen, mit Schnittlauch bestreut servieren und Schrippen dazu reichen.

*Für 4 Personen*

*Franken*

## Fränkische
## Kartoffelcremesuppe

*600 g mehlig kochende Kartoffeln, geschält und in Stücke geschnitten*

*1 Petersilienwurzel, geschält und gewürfelt*

*1 große Zwiebel, geschält und gewürfelt*

*1 dünne Lauchstange, in Scheiben geschnitten*

*50 g Räucherspeck*

*2 frische Majoranzweige*

*40 g Butter*

*1 Glas trockener Weißwein, z. B. Silvaner*

*1,2 l Hühnerbrühe*

*Salz*

*Frisch gemahlener Pfeffer*

*100 g Sahne*

*1 große Kartoffel, geschält und in winzige Würfel geschnitten*

*2 EL Öl*

*1 TL frisch gehackte Majoranblätter*

◆ Die Kartoffeln, Petersilienwurzel, Zwiebel, Lauch und Speck mit den Majoranzweigen in der aufgeschäumten Butter anschwitzen. Mit Weißwein ablöschen, mit der Hühnerbrühe aufgießen und mit Salz und Pfeffer würzen. Bei mittlerer Hitze in etwa 25 Minuten weich kochen. Durch die Flotte Lotte drehen oder mit dem Stabmixer fein pürieren. Erneut erhitzen und dabei die Sahne unterrühren. Noch einmal mit Salz und Pfeffer würzig abschmecken.

◆ Die Kartoffelwürfel im heißen Öl goldbraun braten, den Majoran hinzufügen und kurz mitbraten.

◆ Die Suppe auf vier tiefe Teller verteilen und die Kartoffelwürfel in die Mitte geben.

*Für 4 Personen*

*Ganz besonders raffiniert schmeckt die Suppe, wenn man kleine Stücke einer frisch geräucherten Forelle als Einlage hinein gibt.*

*Baden*

## Kartoffelsuppe
## mit Brunnenkresse

*400 g mehlig kochende Kartoffeln, geschält und in Stücke geschnitten*

*1 dicke Lauchstange, geputzt und in Scheiben geschnitten*

*1 Bund Brunnenkresse, Blätter von den Stielen gezupft*

*40 g Butter*

*1 l Hühnerbrühe*

*Salz, frisch gemahlener weißer Pfeffer*

*Frisch geriebene Muskatnuss*

*1 Eigelb*

*125 g Sahne*

◆ Die Kartoffeln, den Lauch und die Stiele der Brunnenkresse in der aufgeschäumten Butter anschwitzen. Mit der Brühe aufgießen und mit Salz, Pfeffer und Muskat würzen. In etwa 25 Minuten weich kochen.

◆ Die Suppe durch die Flotte Lotte drehen oder mit dem Stabmixer fein pürieren und zusätzlich durch ein feines Sieb streichen.

◆ Die Brunnenkresseblätter grob hacken. Das Eigelb mit der Sahne verquirlen und mit der Kresse unter die Suppe rühren. Das Ganze wenige Minuten erhitzen, dabei aber nicht mehr kochen lassen.

*Für 4 Personen*

## Hamburg

# Hamburger Aalsuppe

*1 ½ kg Rindfleisch sowie Knochen und Schwarte eines Räucherschinkens*

*2 ½ l Wasser*

*Je ein Salbei- und Thymianzweig*

*1 Bund Suppengrün*

*Salz, schwarze Pfefferkörner*

*2 Karotten, geschält und in Scheiben geschnitten*

*1 Lauchstange, geputzt und in Scheiben geschnitten*

*1 Stück Knollensellerie, in Würfel geschnitten*

*500 g frischer, gehäuteter Aal, in 3 cm dicke Stücke geschnitten*

*½ l Wasser und 1 EL Weißweinessig*

*1–2 Lorbeerblätter*

*Salz, weiße Pfefferkörner*

*500 g feste Birnen, geschält, vom Kernhaus befreit und halbiert (oder 250 g Dörrobst, über Nacht eingeweicht)*

*¼ l Weißwein*

*Schale einer halben Zitrone*

*Schwemmklößchen (Rezept siehe Glossar)*

*4 EL gehackte Petersilie*

◆ Rindfleisch, Knochen und Schwarte in einen großen Topf geben und mit Wasser bedecken. Die Kräuter, Suppengrün, Salz und einige Pfefferkörner dazugeben und 1 ½ Stunden sanft köcheln lassen. Die Brühe durch ein Sieb gießen (das Kochfleisch wird für dieses Rezept nicht weiter verwendet) und erneut in einen großen Topf geben. Karotten, Lauch und Sellerie in die Brühe geben und etwa 30 Minuten sanft kochen lassen.

◆ Während die Brühe köchelt, in einem weiteren Topf das Wasser und den Weinessig erhitzen, Pfefferkörner, Lorbeerblatt und Salz hinzufügen sowie die Aalstücke einlegen. Deckel auflegen und den Aal ca. 15 Minuten gar ziehen, aber nicht kochen lassen. Warm halten.

◆ Weißwein und Zitronenschale in einem weiteren Topf erhitzen und die Birnen (oder das eingeweichte Dörrobst) darin zugedeckt ca. 5 Minuten weich dämpfen, warm halten.

◆ Die Schwemmklößchen nach Anweisung im Glossar zubereiten und in Salzwasser garen.

◆ Kurz vor dem Anrichten den Aal in die Brühe einlegen und die Birnen mit dem Weißwein hinzufügen. Die Suppe in eine Terrine füllen, die Schwemmklößchen hineingeben und mit der gehackten Petersilie bestreuen.

*Für 4 Personen*

*Baden*

## Schneckenrahmsüppchen

*Schnecken gab es in den Weinbergen Badens immer in Hülle und Fülle, und deshalb hat man in dieser Gourmetregion die glitschigen Kriechtierchen seit jeher zu köstlichen Speisen verarbeitet. Nicht nur Schnecken mit Kräuterbutter, auch leckere Schneckenrahmsüppchen findet man heute noch auf allen Speisekarten guter Restaurants – und davon gibt es im Badischen viele. Wer nicht in einer Weinregion lebt, oder wem das Einsammeln zu mühsam ist, der greift auf Schnecken aus der Dose zurück.*

> *36 Weinbergschnecken, aus der Dose*
> *4 Schalotten, geschält und gewürfelt*
> *2 Karotten, geschält und gewürfelt*
> *2 Knoblauchzehen, geschält und gewürfelt*
> *2 EL Petersilie, gehackt*
> *50 g Butter*
> *Salz*
> *Frisch gemahlener Pfeffer*
> *Cayennepfeffer*
> *200 ml badischer Wein, z. B. Weißburgunder*
> *400 ml Kalbsfond, aus dem Glas*
> *8 kleine Scheiben Weißbrot*
> *150 g Sahne*
> *2 Eigelbe*
> *½ Bund gemischte Frühlingskräuter, gehackt*

◆ Die Schnecken über einem Sieb abtropfen lassen, den Saft aufbewahren. Die Schnecken grob hacken und mit Schalotten, Karotten, Knoblauch und Petersilie in 30 g Butter anschwitzen. Mit Salz, Pfeffer und Cayennepfeffer würzen und mit Wein ablöschen. Die Flüssigkeit etwas einkochen lassen, mit dem Kalbsfond aufgießen. Das Ganze etwa 10 Minuten bei schwacher Hitze köcheln lassen.

◆ Die Weißbrotscheiben in der restlichen Butter goldbraun und knusprig braten und auf vier tiefe Teller oder Suppentassen verteilen.

◆ Die Sahne mit Eigelben, Kräutern und Schneckensaft verquirlen. Die Mischung unter die Suppe rühren, erhitzen, dabei aber keinesfalls kochen lassen.

◆ Die Suppe über die Brotscheiben gießen und sofort mit einem Glas badischen Weißburgunder servieren.

*Für 4 Personen*

*Mark Brandenburg*

## Kürbissuppe

*Die orangefarbenen Riesengemüsekugeln gab es früher vorwiegend in der Mark Brandenburg. Heute haben Kürbisfrüchte in allen Formen und Farben quer durch alle Regionen Fuß gefasst. Dies verdankt die »Melone des Nordens« der Neugier und Kreativität junger deutscher Köche.*

> *1 Knoblauchzehe, fein gehackt*
> *1 kleine Zwiebel, geschält und gewürfelt*
> *30 g Butter*
> *500 g Kürbisfleisch, in kleine Stücke geschnitten*
> *½ TL Currypulver*
> *⅛ l trockener Weißwein*
> *½ l Hühnerbrühe*
> *Salz*
> *Frisch geriebener Pfeffer*
> *125 g Sahne*
> *2 EL Kürbiskernöl*
> *2 EL Kürbiskerne, gehackt*

◆ Knoblauch und Zwiebeln in Butter glasig dünsten. Das Kürbisfleisch dazugeben, mit Curry bestäuben und mit anschwitzen. Mit Wein ablöschen und mit Brühe aufgießen. Mit Salz und Pfeffer würzen und in etwa 20 Minuten weich kochen.

◆ Das Kürbisgemüse mit der Sahne im Mixer fein pürieren. Auf vier Teller verteilen, das Kürbiskernöl spiralförmig unterrühren und mit den gehackten Kernen bestreut sofort servieren.

*Für 4 Personen*

# Genießen kann man lernen!

## Genuss mit allen Sinnen

Geschmacksschulung beginnt bereits im Baby-Alter. Aber ein Baby kann sich nicht wehren, und wenn es nicht das Glück hat, Genießer-Eltern zu haben, wird es schwierig. Geschmackserziehung im Elternhaus ist eine wichtige Grundlage für eine vernünftige, natürliche und schmackhafte Ernährung. Selbst wenn Jugendliche phasenweise Fast Food toll finden – irgendwann besinnen sie sich wieder auf die feinen Aromen ihrer Kindheit.

Zum wahren Genuss gehört aber auch Wissen. Deshalb sind Geschmacksschulungen bei Kindern und Jugendlichen wie auch bei Erwachsenen enorm wichtig für ein gesundes Feinschmeckerleben. Nur wer weiß, wie frisch zubereitetes Gemüse schmeckt, woran man die Frische eines Fisches erkennt und was hochwertiges Fleisch auszeichnet, wird bewusst und mit Freude essen. Die Initiativen der Eurotoques-Köche sind ein wichtiger Schritt in diese Richtung.

## Schmecken auf dem Stundenplan ...

Das mag vielleicht noch ein wenig eigenartig klingen, aber in einigen Schulen und Kindergärten ist es heute schon Realität. Dank der Organisation »Eurotoques«, die die Idee des Geschmacksunterrichts aus Frankreich übernommen hat, trainieren seit einigen Jahren deutsche Chefköche Schüler unterschiedlicher Altersgruppen. Diese Unterrichtsstunden sind keineswegs trockene Lehrveranstaltungen, sondern spannende, abwechslungsreiche Geschmacksparcours. Fünf ganz unterschiedliche Kostproben in den Geschmacksrichtungen süß, sauer, salzig, bitter und scharf-

aromatisch verkosten die Kinder und erzählen anschließend, was sie geschmeckt haben. Außerdem lernen sie auf spielerische Weise zwischen frischen Produkten und Konservenware zu unterscheiden. Mit verbunden Augen werden auch Äpfel und Birnen verkostet: Viele Kids können die Früchte geschmacklich nicht mehr unterscheiden. Der künstliche Geschmack, der die meisten Fertigprodukte prägt, hat zur Gewöhnung und Geschmacksverirrung geführt. Natürliche Aromen werden daher oft nicht mehr erkannt und der oftmals intensivere, künstliche Geschmack wird bevorzugt.

Diese Geschmacksschulungen sind ein Lichtblick. Will man die Ess- und Lebenskultur in Deutschland erhalten und noch weiter ausbauen, muss schon bei Kindern Qualitätsbewusstsein für heimische Produkte sowie Sensibilität für guten Geschmack geweckt werden.

In fast allen deutschen Regionen unterrichten Eurotoques-Köche in ihrer ohnehin knappen Freizeit Kinder und Jugendliche, aber auch Erwachsene in puncto Riechen, Schmecken und Genießen. Die Köche sind selbst begeistert, wie fasziniert, neugierig und vorbehaltlos die Schüler probieren. Aha-Erlebnisse wie »Ich wusste nicht, dass mir Krabben schmecken«, oder dass frisch gekochte Bohnen allen viel besser geschmeckt haben als die aus der Dose, ermutigen die Lehrer des guten Geschmacks zum Weitermachen. Die auf frischen Geschmack und natürliche Aromen sensibilisierten jungen Menschen werden auch in Zukunft kritisch auf Qualität und Frische achten, sei es zu Hause beim Selberkochen oder auch in Restaurants und Gasthäusern.

## Was bedeutet »Eurotoques«?

Eurotoques leitet sich vom französischen »toques« für Kochmütze ab und ist eine nichtkommerzielle Organisation, die 1986 von Drei-Sterne-Koch Pierre Romeyer aus Belgien und Jaques Delor, dem damaligen EU-Präsidenten, sowie namhaften europäischen Spitzenköchen – darunter Paul Bocuse aus Frankreich, Gualtiero Marchesi aus Italien, Mari Arzak aus Spanien und Eckart Witzigmann aus Deutschland – gegründet wurde. Ihr gemeinsames Bestreben ist es, die jeweils landestypischen Produkte zu verteidigen, zu bewahren und das Bewusstsein dafür speziell auch bei der jüngeren Generation zu schärfen. Mehr als 2700 Spitzenköche, über 50 Unternehmen und Erzeuger sowie zahlreiche private Genießer gehören dieser Organisation an und wachen weltweit über die Echtheit von Lebensmitteln, unterstützen den Erhalt traditioneller Erzeugnisse in den verschiedenen Regionen und setzen sich mit viel Engagement für unverfälschte Naturprodukte ein.

In Deutschland gibt es in jeder Region verantwortungsbewusste Köche, die sich Eurotoques angeschlossen haben und damit verpflichten, ausschließlich qualitativ hochwertige Lebensmittel zu verwenden, kleine Produzenten aus der Umgebung zu fördern und eine umweltschonende Landwirtschaft zu unterstützen. Selbstverständlich sind Eurotoques gegen genmanipulierte Lebensmittel, und sie sagen außerdem »nein« zum Geschmacksverstärker Glutamat. Mitstreiter von Eurotoques verpflichten sich, einen

zehn Artikel umfassenden Ehrenkodex einzuhalten, wobei an erster Stelle die Wahrung des kulinarischen Erbes steht.

## »Slow Food«

Auch die in Italien, genauer gesagt im Piemont, als Gegenbewegung zu Fast Food gegründete Vereinigung »Slow Food« – Erkennungszeichen ist eine Schnecke – ist seit 1992 in Deutschland aktiv in Sachen guter Geschmack und intelligenter Genuss.

»Slow Food« Deutschland besteht aus 48 Convivien, das sind über das ganze Land verteilte Regionalverbände, die Veranstaltungen rund um heimische Produkte und qualitätsorientierten Genuss inszenieren. Immer nach dem Motto: sensibel werden, bewusst essen und trinken und Lust am sinnlichen Genießen haben. Geschmacksschulungen für Kinder stehen natürlich auch bei Slow Food auf dem Programm.

Derzeit machen die Slow-Food-Mitglieder mobil für akademische Perspektiven der Kulinarik. Das bedeutet, dass – nach Italien und Frankreich, wo bereits die ersten Vorlesungen beginnen – auch in Deutschland Studiengänge für gastronomische Wissenschaften eingerichtet werden sollen.

## »Jeunes Restaurateurs d'Europe«

»Was die Kochkunst angeht, so kann Gott heute auch getrost in Deutschland leben« – ein schönes und zutreffendes Zitat des französischen Champagnerbotschafters Henri François-Poncet, das auf diese Gruppierung engagierter Köche, die 1991 gegründet wurde, hundertprozentig zu-

trifft: Drei talentierte Köchinnen und 47 männliche Kollegen tragen derzeit das Emblem der »Jeunes Restaurateurs d'Europe Deutschland« stolz auf ihren Kochjacken. Von Nord nach Süd verwöhnen sie Genießer mit individuellen kulinarischen Kreationen, geprägt von Tradition und Innovation gleichermaßen. Ziel ist, ein »kulinarisches Netzwerk« in Deutschland aufzubauen. Ein wichtiges Anliegen ist die intensive Förderung der Kommunikation sowie des Austauschs von Spitzenköchen in ganz Europa.

**Links:** Mitgliedsköche der Eurotoques-Bewegung schulen in ihrer kostbaren Freizeit Kindergarten- und Schulkinder darin, blind zu erkennen, ob es süß, salzig, sauer oder bitter schmeckt. **Oben:** Früh übt sich, was ein Genießer werden will! Eurotoques-Köche im Einsatz mit »Nachwuchsgenießern«. **Rechts unten:** Eine weitere Vereinigung, die sich dem Erhalt der kulinarischen Kultur verschrieben hat.

## Bayern

# Leberknödelsuppe

*Leberknödel sind in Bayern nicht nur eine beliebte Suppeneinlage, man isst sie auch gerne mit Sauerkraut. In manchen Ecken Bayerns werden die Leberknödel paniert und in heißem Schmalz ausgebacken – nicht gerade kalorienarm, aber unglaublich gut.*

*4 Semmeln (Brötchen) vom Vortag*

*Salz*

*Frisch geriebene Muskatnuss*

*Ca. 125 ml lauwarme Milch*

*1 kleine Zwiebel, geschält und gehackt*

*2 EL Petersilie, gehackt*

*1 EL Majoran, frisch gehackt oder 1 TL getrockneter Majoran*

*20 g Butter*

*300 g Rinderleber, fein püriert*

*2 Eier*

*Frisch gemahlener Pfeffer*

*1 l kräftige Fleischbrühe, siehe Glossar*

*1 Bund Schnittlauch, fein geschnitten*

◆ Die Semmeln in dünne Scheiben schneiden, in eine Schüssel geben, mit Salz und Muskat würzen und mit lauwarmer Milch übergießen. Etwa 15 Minuten durchziehen lassen.

◆ Die Zwiebelwürfel mit Petersilie und Majoran in der Butter andünsten und zu den eingeweichten Semmeln geben. Die Leber und die Eier hinzufügen und rasch mit den Händen zu einem glatten Knödelteig verarbeiten. Mit Pfeffer und, falls nötig, mit Salz würzig abschmecken.

◆ Acht kleine oder vier große Knödel aus der Masse formen und in siedendem Salzwasser in etwa 20 Minuten gar ziehen lassen. Es ist ratsam, zuerst einen kleinen Probeknödel zu kochen. Falls der Teig zu weich ist, kann man noch etwas Semmelbrösel oder Mehl untermischen. Darauf achten, dass das Knödelwasser nicht kocht.

◆ Die Knödel mit einem Schaumlöffel herausheben und in der heißen Fleischsuppe mit Schnittlauch bestreut servieren.

*Als Suppengang für 8 Personen,*
*als kleine Mahlzeit für 4 Personen*

## Mecklenburg-Vorpommern

# Graupensuppe mit Kräuterschmand

*»Kälberzähne« nannte man zu Kriegszeiten die großen, aufgequollenen Graupen. Und so mancher kann sich deshalb auch heute noch nicht mit dieser Suppe anfreunden. Die zarten Perlgraupen haben aber wenig gemeinsam mit dem damaligen Produkt, und kreative Köche verhalfen der Suppe zu einem neuen Image. In Mecklenburg genießt man die Suppe traditionell mit gekochten Backpflaumen – hier eine neue Version mit frischen Kräutern.*

*1 Stange Lauch, geputzt und gewürfelt*

*2 Karotten, geschält und gewürfelt*

*1 Zwiebel, geschält und gewürfelt*

*50 g durchwachsener Räucherspeck, gewürfelt*

*30 g Butter*

*120 g Perlgraupen*

*1 l Hühnerbrühe*

*1 Lorbeerblatt*

*1 Thymianzweig*

*FÜR DEN KRÄUTERSCHMAND:*

*200 g Schmand oder Crème fraîche*

*1 Bund gemischte Frühlingskräuter, fein gehackt*

*Etwas abgeriebene unbehandelte Zitronenschale*

*Salz und frisch gemahlener Pfeffer*

◆ Lauch-, Karotten-, Zwiebel- und Speckwürfel in der Butter andünsten. Die Graupen dazugeben und einige Minuten mit anschwitzen, die Brühe angießen und die Kräuter dazugeben, aufkochen lassen und bei schwacher Hitze in etwa 45 Minuten weich garen.

◆ Inzwischen Schmand oder Crème fraîche mit den Kräutern und der Zitronenschale verrühren. Mit Salz und Pfeffer herzhaft würzen und kalt stellen.

◆ Die Graupensuppe auf vier tiefe Teller verteilen und jeweils in die Mitte einen Löffel Kräutercreme häufen und spiralförmig durch die Suppe ziehen.

*Für 4 Personen*

*Mischt man zusätzlich klein geschnittenes Hühnerfleisch unter die Suppe, hat man eine sättigende Mahlzeit.*

Die Brotvielfalt in Deutschland ist einzigartig – es gibt mehrere hundert Sorten.

## Bayern

# Aufgeschmalzene Brotsuppe

*Brot wegzuwerfen galt früher als sündhaft, und sicherlich tut es vielen älteren Menschen heute noch weh, wenn sie sehen, wie achtlos manchmal mit Brot umgegangen wird. Brotsuppe ist die Ursuppe schlechthin, sie war im ganzen Land eine beliebte Art der Resteverwertung. Die Brotscheiben wurden, je nach Wohlstand, mit Fleischbrühe, Gemüsebrühe oder nur mit heißem Wasser begossen. Hier die niederbayerische Variante, wie ich sie von zu Hause kenne. Ganz besonders liebte ich diese Suppe im Winter, da meine Mutter dann noch gebratene Leber- oder Blutwurst darüber verteilte.*

Ca. 400 g altbackenes Bauernbrot

Ca. 200 ml Starkbier oder Bockbier

100 g Schweineschmalz

4 große Zwiebeln, geschält und in Ringe geschnitten

½ TL Kümmel

Salz und frisch gemahlener Pfeffer

1,2 l kräftige Fleischbrühe

1 Bund Schnittlauch, fein geschnitten

◆ Das Brot mit einem Sägemesser oder einer Brotmaschine in dünne, kleine Scheiben schneiden. Das Bier in einen tiefen Teller gießen und die Brotscheiben kurz eintauchen. Etwa 40 g Schmalz in einer Eisenpfanne erhitzen und die Brotscheiben darin auf beiden Seiten knusprig und goldbraun braten.

◆ Die Zwiebelringe mit dem Kümmel im restlichen erhitzten Schmalz goldbraun braten und mit Salz und Pfeffer würzen.

◆ Die Fleischbrühe in einem Topf erhitzen.

◆ Die Brotscheiben auf vier tiefe Teller verteilen, die Zwiebeln darauf häufen und mit der kochend heißen Brühe übergießen. Mit Schnittlauch bestreuen und sofort servieren.

*Für 4 Personen*

*Mancherorts wird die Suppe püriert und mit Essig abgeschmeckt oder mit Sahne verfeinert.*

*Hamburg und Schleswig-Holstein*

## Kirschkaltschale mit Schneeklößchen

*Wie unterschiedlich die Essgewohnheiten in Deutschland sind, merkt man ganz deutlich bei den Kaltschalen. Im Norden werden kalte Suppen heiß geliebt. Diese hübsche Kaltschale (oben im Bild) findet sicher auch im Süden Anklang, allerdings wohl eher als Dessert.*

*300 g Sauerkirschen, entsteint*

*200 g süße Herzkirschen, entsteint*

*¼ l Rotwein, z. B. Spätburgunder aus Baden*

*¾ l Kirschsaft*

*Einige aufgeschlagene Kirschkerne*

*1 Stückchen Zimtstange*

*1 Stückchen unbehandelte Zitronenschale*

*1 Zitronenmelissezweig*

*120 g Zucker, 1 EL Vanillezucker*

*1 EL Speisestärke*

*2 Eiweiße*

*60 g Zucker*

*Abgeriebene Schale von ½ unbehandelten Zitrone*

*1 EL Pistazien, fein gerieben*

◆ Sauer- und Herzkirschen in einen Topf geben, mit Rotwein und Kirschsaft begießen und die Kerne, die Zimtstange, Zitronenschale, Zitronenmelisse, Vanillezucker und Zucker untermischen und zum Kochen bringen. Etwa 15 Minuten sanft köcheln lassen. Kirschkerne, Zimtstange, Zitronenschale und den Zweig Zitronenmelisse entfernen.

◆ Die Speisestärke mit wenig kaltem Wasser anrühren und mit dem Kirschsaft verrühren. Einige Male aufkochen, dann von der Kochstelle nehmen und abkühlen lassen. Anschließend für einige Stunden in den Kühlschrank stellen.

◆ Für die Schneeklößchen die Eiweiße zu sehr steifem Schnee schlagen und dabei nach und nach den Zucker und die abgeriebene Zitronenschale hinzufügen. So lange weiterschlagen, bis die Masse fest und glänzend ist.

◆ In einem flachen Topf Wasser zum Kochen bringen. Mit zwei Teelöffeln Nocken von der Eischneemasse abstechen und in das siedende Wasser setzen. In etwa 5 Minuten zugedeckt gar ziehen lassen.

◆ Die kalte Kirschsuppe auf vier tiefe Teller verteilen, die Schneeklößchen darauf setzen und mit den Pistazien bestreuen.

*Für 4 Personen*

## Hamburg und Schleswig-Holstein

# Fliederbeersuppe

*Obwohl in allen Teilen des Landes Holundersträucher in den Gärten oder wild wachsen, bereitet man aus den schwarz-violetten Beeren nur im Norden – wo sie Fliederbeeren heißen – süße Suppen zu. Sie kommen im Herbst mal heiß, mal kalt auf den Tisch.*

*1 kg frische Fliederbeeren (Holunderbeeren)*

*1 l Wasser*

*Abgeriebene Schale von ½ unbehandelten Zitrone*

*Abgeriebene Schale von ½ unbehandelten Orange*

*2 Gewürznelken*

*1 Stückchen Zimtstange*

*1 Stückchen frische Ingwerwurzel, geschält*

*120 g Zucker*

*2 aromatische Äpfel, z. B. Boskop*

*⅛ l halbtrockener Weißwein*

*Saft von ½ Zitrone*

*1 EL Speisestärke*

*Einige frische Zitronenmelisseblätter, fein geschnitten*

◆ Die Fliederbeeren mit einer Gabel von den Dolden streifen. Das Wasser mit den Aromen und dem Zucker zum Kochen bringen. Die Beeren hinzufügen und bei sehr schwacher Hitze in etwa 30 Minuten weich kochen.

◆ Inzwischen die Äpfel schälen, halbieren und entkernen. Die Hälften längs in schmale Spalten schneiden und in wenigen Minuten in der Mischung aus Weißwein und Zitronensaft bissfest kochen.

◆ Die gegarten Holunderbeeren durch ein Sieb streichen. Den Fruchtsaft erneut aufkochen lassen. Die Speisestärke mit etwas kaltem Wasser anrühren und unter die Beerensuppe rühren. Einige Male aufkochen, damit die Stärke ausquellen kann, dann abkühlen lassen. Mehrere Stunden in den Kühlschrank stellen.

◆ Kurz vor dem Servieren die Apfelspalten als Einlage in die Suppe geben und mit fein geschnittenen Zitronenmelisseblättern bestreut servieren.

*Für 4 Personen*

## Fruchtsuppen und Kaltschalen

Im Norden sind sie heiß geliebt, auch wenn sie meist kalt serviert werden. Im Süden hingegen löffelt man sie weniger gerne, obwohl man in den alten süddeutschen Kochbüchern zahlreiche Rezepte für süße Suppen und Kaltschalen findet, zum Beispiel Kirschsuppen, Milch- und Biersuppen. Auch in alten Berliner Kochbüchern findet man Rezepte für süße Biersuppen und im Badischen und in der Pfalz gab und gibt es die dampfend heißen Weinsuppen, mit Eischaum verfeinert und ein wenig mit Zimt abgeschmeckt, die an kühlen Tagen richtig einheizen.

In und um Hamburg und Schleswig-Holstein sind die fruchtigen Kaltschalen auch heute noch ein willkommener Essensauftakt. Ganz oben in der Beliebtheitsskala der süßen Suppen steht die Fliederbeersuppe, auch »Knicksupp« genannt. Aus vollreifen Holunderbeeren gekocht und mit Grieß- oder Schneeklößchen serviert, kommt sie meist gut gekühlt, wenn es aber draußen regnet und stürmt, auch einmal heiß auf den Tisch. Kirschen oder Äpfel werden im hohen Norden gerne zu Kaltschalen verarbeitet und selbst Weinsuppen lieben die Hanseaten seit jeher. In früheren Zeiten dickte man die Flüssigkeit mit Sago oder Grütze an, heute püriert man einen Teil der Früchte, gibt nur etwas Stärke zu und sorgt auf diese Weise für eine kalorienarme Bindung.

Sterneköche sind in den vergangenen Jahren zunehmend auf den süßen, fruchtigen Geschmack gekommen und kreieren Fruchtsuppen aus Kirschen, Pfirsichen oder Quitten, die sie dann häufig nicht als Suppe vorweg reichen, sondern gerne als leicht bekömmliches und fruchtig-frisches Dessert zum Abschluss eines Menüs.

## Bayern

## Pichelsteiner

*Seit 1874 wird in Büchelstein, einem kleinen Ort in der Nähe von Regen im Bayerischen Wald, traditionell ein großes Pichelsteiner-Fest gefeiert, denn dort wurde der heute in ganz Deutschland geschätzte Eintopf (im Bild vorne) erfunden. Natürlich gibt es mittlerweile diverse Variationen, aber ein Muss sind dreierlei Fleischsorten und Kartoffeln. Die Auswahl der Gemüse hängt von der jeweiligen Jahreszeit ab, und wer kein Mark mag, kann stattdessen eine Speckschwarte nehmen.*

*je 250 g Kalbs-, Rinderbrust und Schweinehalsgrat*

*Salz und frisch gemahlener Pfeffer*

*4 EL Öl*

*40 g Rindermark, in Scheiben geschnitten*

*4 große Kartoffeln, geschält, in Scheiben geschnitten*

*4 Karotten, geschält, in Scheiben geschnitten*

*½ Wirsingkopf, in Würfel geschnitten*

*1 Stange Lauch, geputzt, in Scheiben geschnitten*

*2 Petersilienwurzeln, geschält, in Scheiben geschnitten*

*1 große Zwiebel, geschält und gewürfelt*

*½ Sellerieknolle, geschält und in Stifte geschnitten*

*2 Kohlrabi, geschält und in Stifte geschnitten*

*1 TL Kümmel*

*½ l Fleischbrühe*

*½ Bund Petersilie, gehackt*

◆ Das Fleisch in große Würfel schneiden, mit Salz und Pfeffer würzen und im heißen Öl rundherum scharf anbraten. Den Backofen auf 180 °C vorheizen.

◆ Einen großen Schmortopf mit der Hälfte der Rindermarkscheiben belegen. Darauf abwechselnd Kartoffeln, Gemüse und Fleisch schichten und jede Lage mit Salz, Pfeffer und Kümmel würzen. Mit Brühe begießen und mit den übrigen Markscheiben bedecken.

◆ Den Topf verschließen und im heißen Backofen auf der mittleren Schiene in 1½ Stunden garen. Dabei nicht umrühren, lediglich den Topf ab und zu rütteln.

◆ Am besten im Topf mit reichlich frisch gehackter Petersilie bestreut servieren.

*Für 4 Personen*

*Dazu gibt's ein herzhaftes Bauernbrot und ein kühles Bier.*

## Sachsen

## Leipziger Allerlei

*Wer das köstlichste aller Mischgemüse erfunden hat, ist nicht sicher. Vermutlich war es ein Leipziger Koch, der dieses Gericht (im Bild hinten) anlässlich eines Festessens kreiert hat. Während der kulinarischen Blütezeit Deutschlands, vor dem Ersten Weltkrieg, war es in Berlin eine geschätzte Speise bei Staatsempfängen. Was heute in Dosen als Leipziger Allerlei angeboten wird, hat wenig mit dem ursprünglichen Rezept zu tun, das niemals als Beilage, sondern immer als raffinierter Zwischengang serviert wurde.*

*250 g junge, möglichst runde Karotten, geputzt*

*250 g weiße mittelstarke Spargelstangen, geschält*

*2 junge Kohlrabi, geschält und in Stifte geschnitten*

*250 g ausgelöste junge Erbsen oder Zuckerschoten, geputzt*

*1 kleiner Blumenkohl oder Romanesco, geputzt und in kleine Röschen zerteilt*

*250 g frische Morcheln, geputzt oder 50 g getrocknete Morcheln, gründlich gesäubert*

*Salz*

*20 g Butter*

*120 g Krebsbutter, fertig gekauft*

*16 gekochte Flusskrebse, ausgelöst*

*Einige Kerbelzweige, Blätter abgezupft*

◆ Die verschiedenen Gemüsesorten getrennt in wenig kochendem Salzwasser bissfest kochen oder in einem Dampfgarer übereinander garen.

◆ Getrocknete Morcheln mindestens 30 Minuten in kaltem Wasser einweichen. Die Morcheln in Butter anschwitzen und mit wenig Wasser (bei getrockneten das abgeseihte Einweichwasser) begießen und ein paar Minuten dünsten.

◆ Die Krebsbutter in einer tiefen Pfanne aufschäumen lassen und die Krebsschwänze darin schwenken. Die gegarten Gemüse und die Morcheln dazugeben und durch Rütteln der Pfanne vermischen. Mit den abgezupften Kerbelblättern bestreuen und entweder mit Blätterteig-Fleurons oder Grießklößchen (Rezept siehe Glossar) genießen.

*Für 4 Personen*

*Auch ohne Flusskrebse ist Leipziger Allerlei eine edle Beilage, beispielsweise zum Kalbssteak.*

## Westfalen und Ruhrgebiet

# Dicke Bohnen mit Speck

*»Dicke Bohnen« oder »Saubohnen«, so nennt man die Kerne einer speziellen Bohnensorte, die vor allem in Nordrhein-Westfalen die Gartenzäune der Schrebergärten hochklettert. Nur wenige Wochen gibt es die zarten, buttrigen Bohnenkerne frisch, und das ist dort der Anlass, um große Bohnenfeste zu arrangieren. »Saubohnen satt« heißt das Motto. Hier ein schmackhafter Eintopf mit Mettwürstchen, ein wenig auf den heutigen Geschmack abgestimmt.*

*150 g Räucherspeck, in schmale Streifen geschnitten*

*30 g Schweineschmalz*

*2–2 ½ kg frische Dicke Bohnen
(enthülst etwa 700 g)*

*4 mittelgroße mehlig kochende Kartoffeln, geschält und gewürfelt*

*2 Bund junge Frühlingszwiebeln, geputzt und nur das letzte Drittel des Grüns entfernt*

*2 Karotten, geschält und gewürfelt*

*2–3 Stängel Bohnenkraut*

*Salz*

*Frisch gemahlener Pfeffer*

*½ l Fleischbrühe*

*2 EL Crème fraîche*

*4 geräucherte Mettwürstchen*

*½ Bund Petersilie, fein gehackt*

◆ Den Räucherspeck im heißen Schmalz glasig dünsten. Die Bohnen und die Kartoffeln dazugeben und mit anschwitzen. Die Frühlingszwiebeln im Ganzen oder, falls sie sehr groß sind, längs halbiert untermischen, danach die Karotten und das Bohnenkraut dazugeben. Mit Salz und Pfeffer herzhaft würzen und mit Fleischbrühe begießen. Zugedeckt etwa 40 Minuten bis eine knappe Stunde garen lassen. Die Garzeit hängt vom Alter der Bohnenkerne ab. Zwischendurch immer wieder mal eine Garprobe machen.

◆ Die Crème fraîche unter die gegarten Bohnen rühren und die mit einer Gabel rundherum eingestochenen Würstchen darauf legen. Zugedeckt etwa 5–10 Minuten erhitzen. Den Eintopf mit fein gehackter Petersilie bestreut servieren.

*Für 4 Personen*

*Dazu gibt es natürlich ein frisch eingeschenktes Pils.*

## Niedersachsen und Schleswig-Holstein

# Steckrübeneintopf

*Auch wenn man nicht überall in Deutschland mit den großen, harten Rüben – auch als Wruken oder Kohlrüben bekannt – etwas anfangen kann, in Niedersachsen mag man den feinen, leider oftmals verkannten Geschmack der Steckrüben und nennt sie liebevoll auch »Dithmars'che Ananas«. Erfreulicherweise findet man wieder öfter auf den Speisekarten der dortigen Landgasthöfe diverse Gerichte aus Steckrüben, zum Beispiel einen herzhaften Eintopf.*

*600 g gepökelter Schweinehalsgrat*

*1 Lorbeerblatt*

*2 Thymianzweige*

*1 Zwiebel, ungeschält*

*1 kg Steckrüben, geschält und in 2 cm große Würfel geschnitten*

*Salz*

*Frisch gemahlener Pfeffer*

*Frisch geriebene Muskatnuss*

*½ l Fleischbrühe*

*400 g vorwiegend fest kochende Kartoffeln, geschält und in 2 cm große Würfel geschnitten*

*4 große Karotten, geschält, in Scheiben geschnitten*

*4–5 Kerbelzweige, gehackt*

*Etwas abgeriebene unbehandelte Zitronenschale*

*30 g kalte Butter*

◆ Den Schweinehalsgrat in einen Kochtopf geben, Lorbeerblatt, Thymian und Zwiebel hinzufügen, mit Wasser bedecken und 20 Minuten leise kochen lassen. Die vorbereiteten Steckrüben hinzufügen und mit Salz, Pfeffer und Muskat herzhaft würzen. Mit Fleischbrühe begießen und weitere 30 Minuten zugedeckt köcheln lassen.

◆ Kartoffeln und Karotten untermischen und etwa 30 Minuten oder so lange sanft weiter garen, bis die Steckrüben weich sind.

◆ Den Kerbel und die Zitronenschale mit der Butter verkneten und diese in kleinen Stücken unter den Eintopf rühren. Die Kochplatte ausschalten und alles noch einige Minuten durchziehen lassen.

◆ Das Fleisch herausnehmen, in Scheiben schneiden und mit der Steckrübenmischung anrichten.

*Für 4 Personen*

Baden

## Badische Bäckerkartoffeln

*Verschiedene Fleischsorten werden nach einem ausgiebigen Weißweinbad abwechselnd mit Kartoffeln und Gemüse in einen Steinguttopf geschichtet und – früher beim Bäcker, heute im eigenen Herd – langsam und schonend gegart. Das Rezept (unten im Bild) stammt ursprünglich aus dem nahen Elsass, aber im Zuge des kleinen Grenzverkehrs wurde der Eintopf rasch auch in den badischen Dörfern entlang der französischen Grenze beliebt. Hier wie dort brachten die Hausfrauen ihren vorbereiteten Eintopf zum Bäcker, der gerne die Restwärme nach dem Brotbacken zur Verfügung stellte – kaufte man doch das passende Bauernbrot beim Abholen gleich mit.*

*Je 400 g Lamm- und Rindfleisch ohne Knochen, in mundgerechte Würfel geschnitten*

*1 Bund Suppengrün, klein geschnitten*

*½ l badischer Wein, z. B. Ruländer*

*1 Lorbeerblatt, 2 Thymianzweige*

*8 Pfefferkörner*

*3–4 Wacholderbeeren*

*40 g Schweineschmalz*

*800 g vorwiegend fest kochende Kartoffeln, geschält, in Scheiben geschnitten*

*400 g Zwiebeln, geschält, in Scheiben geschnitten*

*400 g Karotten, geschält, in Scheiben geschnitten*

*Salz und frisch gemahlener Pfeffer*

*1 Bund Petersilie*

◆ Die Fleischwürfel und das Suppengrün in einen Steinguttopf legen und mit Wein begießen. Die Aromen untermischen und zugedeckt über Nacht an einem kühlen Ort marinieren.

◆ Am nächsten Tag den Backofen auf 180 °C vorheizen. Eine feuerfeste verschließbare Auflaufform mit gut der Hälfte des Schweineschmalzes ausstreichen und nacheinander erst Kartoffeln, dann Zwiebeln, Karotten und die gut abgetropften Fleischwürfel in den Topf füllen. Jede Schicht mit Salz und Pfeffer würzen und so fortfahren, bis alles verbraucht ist. Mit der durchgeseihten Marinade begießen und das restliche Schmalz in kleinen Flocken obenauf verteilen. Zugedeckt (und am besten noch zusätzlich mit Alufolie abgedichtet) im Backofen etwa 3 Stunden garen. Mit Petersilie bestreuen und im Topf servieren.

*Für 6 Personen*

# Westfälisches Blindhuhn

*Alles Mögliche findet man in diesem Eintopf, aber garantiert kein Huhn … Dafür schon eher alles, was einst der Garten einer bodenständigen westfälischen Hausfrau bot. Und damit es auch richtig satt machte, kochte man natürlich ein Stück Speck, Kasseler oder Gänsekeulen mit.*

200 g weiße Bohnen

700 g rohes Kasseler mit Knochen

1 Thymianzweig

250 g grüne Bohnen, geputzt, in Stücke gebrochen

250 g Karotten, geschält, in Scheiben geschnitten

500 g Kartoffeln, geschält, in Scheiben geschnitten

2 frische Bohnenkrautstängel

Salz

Frisch gemahlener Pfeffer

30 g Butter

1 TL Zucker

2 aromatische Äpfel, z. B. Boskop, geschält und geachtelt

1 große, aromatische, feste Birne, z. B. Gute Luise, geschält und geachtelt

1 EL Zitronensaft

1 Bund Schnittlauch

◆ Die weißen Bohnen mit 1 Liter Wasser bedeckt über Nacht einweichen.

◆ Am nächsten Tag die Bohnen mit dem Einweichwasser aufkochen und das Kasseler und den Thymianzweig dazugeben. Etwa 1 ½ Stunden zugedeckt bei schwacher Hitze köcheln lassen.

◆ Das vorbereitete Gemüse, die Kartoffeln und das Bohnenkraut dazugeben, mit Salz und Pfeffer würzen und weitere 30 Minuten bei schwacher Hitze garen.

◆ Inzwischen die Butter mit Zucker in einer Pfanne leicht karamellisieren lassen und die mit Zitronensaft marinierten Fruchtspalten darin rundherum anbraten. Die Früchte unter den Eintopf mischen und etwa 10 Minuten mitgaren.

◆ Das Kasseler mit einem Schaumlöffel herausheben, vom Knochen lösen und in Scheiben oder Würfel schneiden. Das Fleisch mit dem Eintopf auf Tellern anrichten, mit Schnittlauch bestreuen und servieren.

*Für 4 Personen*

# Holsteiner Bohnen, Birnen und Speck

*Einer der Klassiker aus dem hohen Norden ist auch als »Gröner Hein« (rechts im Bild) bekannt. Mag die Zusammenstellung für manche ungewöhnlich klingen, es lohnt sich, zu probieren. Der Eintopf schmeckt lecker und sollte mit kleinen, festfleischigen Birnen zubereitet werden – also am besten im Spätsommer kosten, wenn die heimischen Augustbirnen (Bergamottebirnen) reif sind.*

4 dicke Scheiben Räucherspeck, je 125 g

1 EL Öl

800 g grüne Bohnen, geputzt und entfädelt

2 Stängel Bohnenkraut

½ l Fleischbrühe (Instant)

8 kleine feste Birnen

Salz

Frisch gemahlener Pfeffer

Frisch geriebene Muskatnuss

600 g kleine fest kochende Kartoffeln, gewaschen

½ Bund Petersilie, gehackt

◆ Die Speckscheiben quer in 1 cm breite Streifen schneiden und im heißen Öl anbraten. Die Bohnen zwei- bis dreimal durchbrechen und auf den Speckstreifen verteilen. Das Bohnenkraut darauf legen und mit der Fleischbrühe begießen. Das Ganze einmal aufkochen lassen und die von Blüte und Stielansatz befreiten Birnen obenauf legen, mit Salz, Pfeffer und Muskat würzen und zugedeckt bei schwacher Hitze etwa 35–40 Minuten garen.

◆ In der Zwischenzeit die Kartoffeln in wenig Salzwasser garen, etwas abkühlen lassen und pellen.

◆ Die Petersilie unter den Bohnen-Birnen-Eintopf mischen und mit den Kartoffeln anrichten.

*Für 4 Personen*

Man kann die Speckscheiben auch im Ganzen braten, aber – so oder so – stets trinkt man dazu ein frischherbes Pils und anschließend einen Korn.

*schwaben*

## Gaisburger Marsch

*Das Gasthaus Bäcke-Schmiede in Gaisburg, heute ein Stadtteil von Stuttgart, zu Zeiten des Ersten Weltkriegs weit vor den Toren der Stadt gelegen, war im ganzen Umkreis berühmt für »Schnitz und Spätzle«, einen kräftigen Eintopf. Die Offiziersanwärter der Stuttgarter Bergkaserne waren besonders von diesem Gericht angetan und – militärisch vorbildlich – gingen nicht einfach so dort hin, sondern formierten sich am Feierabend zum »Gaisburger Marsch«, und bald wurde der sättigende Eintopf aus Kartoffeln und Spätzle in der ganzen Gegend so genannt.*

*2 Suppenknochen*

*1 Markknochen*

*1 Bund Suppengrün, klein geschnitten*

*1 Zwiebel*

*1 Lorbeerblatt*

*6–8 Pfefferkörner*

*750 g Rinderbrust*

*Salz*

*800 g Kartoffeln, geschält und geachtelt*

*½ Rezept Spätzle, siehe Seite 206*

*Frisch gemahlener Pfeffer*

*Frisch geriebene Muskatnuss*

*2 große Zwiebeln, geschält, in Scheiben geschnitten*

*30 g Butterschmalz*

*½ Bund Schnittlauch, fein geschnitten*

◆ Die Knochen waschen und mit Suppengrün, der ungeschälten, halbierten Zwiebel, Lorbeerblatt und Pfefferkörnern in einen Kochtopf geben und mit 2 ½ Liter Wasser bedecken. Zum Kochen bringen und den sich bildenden Schaum abschöpfen. Das Fleisch dazugeben, salzen und bei schwacher Hitze in etwa 2 Stunden weich garen.

◆ Das Fleisch herausnehmen und die Brühe durch ein Sieb in einen Topf gießen. Die Kartoffelschnitze in der Brühe in etwa 20 Minuten weich kochen.

◆ Die Spätzle nach Anweisung zubereiten.

◆ Das Fleisch in Würfel oder Streifen schneiden und mit den Spätzle unter die gegarten Kartoffeln mischen. Mit Salz, Pfeffer und Muskat herzhaft würzen.

◆ Die Zwiebeln im heißen Butterschmalz goldbraun braten und mit dem Schmalz über dem Eintopf verteilen. Mit Schnittlauch bestreut servieren.

*Für 6 Personen*

*Rheinland*

## Himmel und Erde

*Im Rheinland sagt man »Himmel un Äd« zu dem mit Äpfeln vermischten Kartoffelpüree, das immer mit Blutwurst und Röstzwiebeln serviert wird. Himmel und Erde deshalb, weil die Äpfel unter dem Himmel wachsen und die Kartoffeln unter der Erde. Am besten schmeckt das Gericht im Herbst, wenn es die mehlig kochenden Spätkartoffeln gibt.*

*1 kg mehlig kochende Kartoffeln, geschält und in Stücke geschnitten*

*Salz*

*1 Lorbeerblatt*

*800 g feinsäuerliche Äpfel, geschält, entkernt und in Würfel geschnitten*

*50 g Butter*

*1 TL Zucker*

*1 Thymianzweig, Blätter abgezupft*

*100 g durchwachsener Räucherspeck, gewürfelt*

*1 EL Öl*

*4 große Zwiebeln, geschält und in nicht zu kleine Würfel geschnitten*

*Ca. 200 ml heiße Milch*

*Frisch geriebene Muskatnuss*

*4 kleine Blutwürste, je ca. 125 g*

◆ Die Kartoffeln in Salzwasser mit dem Lorbeerblatt in etwa 30 Minuten weich kochen. Die Apfelwürfel in 30 g aufgeschäumter Butter mit Zucker und den Thymianblättern goldgelb anbraten.

◆ Die Speckwürfel im erhitzten Öl anbraten, die Zwiebelwürfel dazugeben und goldgelb braten.

◆ Die Kartoffeln ausdampfen lassen und mit einem Kartoffelstampfer nicht zu fein zerstampfen. Die heiße Milch und die restliche Butter unterrühren und mit Salz und Muskat würzen. Die gebratenen Apfelwürfel mit dem Bratfett untermischen. Die Zwiebel-Speck-Mischung mit einem Schaumlöffel herausheben und gut abgetropft unter das Kartoffelpüree mischen.

◆ Die Blutwürste in dicke Scheiben schneiden und im Bratfett der Zwiebeln etwa 2 Minuten anbraten.

◆ Himmel und Erde auf Teller verteilen und mit den Blutwurstscheiben belegt servieren.

*Für 4 Personen*

## Hamburg

# Labskaus

*Entlang der Küste liebt man den Eintopf aus Pökelfleisch und Hering, und er fehlt auf keiner Speisekarte eines traditionsbewussten hanseatischen Restaurants. Nach Meinung echter Labskaus-Fans schmeckt er am nächsten Tag aufgewärmt noch besser.*

- *800 g gepökeltes Rindfleisch*
- *2 Lorbeerblätter*
- *2 Wacholderbeeren*
- *2 Zwiebeln, geschält und in Stücke geschnitten*
- *1 kg mehlig kochende Kartoffeln, geschält und in Stücke geschnitten*
- *Salz*
- *Frisch gemahlener Pfeffer*
- *2 Rote Beten, gekocht und geschält*
- *4 mittelgroße Essiggurken*
- *2 EL Öl*
- *4 Eier*
- *8 Matjesfilets*
- *½ Bund Petersilie, gehackt*

◆ Das Pökelfleisch mit Lorbeerblättern, Wacholderbeeren und Zwiebeln in einen Kochtopf geben, mit Wasser bedecken und in etwa 1 ½ Stunden bei schwacher Hitze weich kochen.

◆ Die Kartoffeln in einem zweiten Topf in wenig Salzwasser garen. Gut abdampfen lassen und mit einem Kartoffelstampfer nicht zu fein zerstampfen.

◆ Fleisch und Zwiebeln ohne die Aromen durch die grobe Scheibe des Fleischwolfs drehen und unter die Kartoffeln mischen. So viel von der Pökelbrühe dazugießen, bis eine geschmeidige Masse entsteht. Mit Salz und Pfeffer würzen und erhitzen.

◆ Die Roten Beten und die Essiggurken in kleine Würfel schneiden und vermischen. Das Öl in einer beschichteten Pfanne erhitzen und die aufgeschlagenen Eier darin braten. Mit Salz und Pfeffer würzen.

◆ Auf vier Tellern jeweils etwas von der Kartoffel-Fleisch-Mischung häufen, mit dem Löffelrücken flach drücken und jeweils ein Spielgelei darauf anrichten. Die Gurken-Rote-Bete-Mischung und je zwei Matjesfilets daneben anrichten. Mit Petersilie bestreuen.

*Für 4 Personen*

Blick vom Hamburger Kibbelsteg auf St. Katharinen.

*Der Name stammt vom englischen »lobs-cou(r)se«, was in etwa bedeutet: »Speise für derbe Männer«.*

# BROTZEIT, VESPER UND ABENDBROT

*Kalt oder warm,
herzhaft oder leicht*

Die Kleinigkeiten, Vorspeisen genannt, die vor allem in mediterranen Ländern Auftakt zu jedem Essen sind, gab es in der deutschen Alltagsküche lange Zeit nicht. Wenn überhaupt vor dem Hauptgang etwas serviert wurde, dann höchstens eine Suppe. Dennoch gibt es sie auch bei uns, die unwiderstehlichen kleinen Gerichte, aber man isst sie lieber zum Abendessen oder auch gerne zwischendurch und sagt dazu: Vesper oder Brotzeit.

Im Süden und Südwesten ist die Gewohnheit, nachmittags oder auch vormittags eine kleine, herzhafte Mahlzeit einzunehmen, viel ausgeprägter als im Norden oder Osten des Landes. Entlang der Küste zieht man es vor, sich nachmittags zur Teestunde zu treffen. Traditionell reicht man zum Tee das klassische Teegebäck, aber manchmal auch belegte Brötchen oder herzhafte Häppchen. Diese Teestunden waren im 19. Jahrhundert aus der feinen Gesellschaft nicht wegzudenken. Sie waren eine elegante Zeremonie, bei der selbst die Art und Weise, wie der Tee eingeschenkt wurde, von Bedeutung war. Anfang des 20. Jahrhunderts wurde Tee allmählich auch für die einfacheren Leute erschwinglich – der Fünf-Uhr-Tee und die Tanztees kamen in Mode. In feinen Hotels, Salons oder Cafés konnte man nachmittags das Tanzbein schwingen – und da Tanzen ja bekanntlich hungrig macht, stärkte man sich mit kleinen süßen oder würzigen Schnittchen.

In Berlin kehrt man nachmittags gerne in eine der urgemütlichen Kneipen ein oder holt sich an der nächsten Würstchenbude eine »Currywurst mit Pommes«, eine »Schmalzstulle mit Harzer«, »Hackepeter-Schrippen«, »Soleier« oder »Buletten«. Dazu trinkt man frisch gezapftes Pils und dann wird geschwooft … Am besten schmecken diese urigen Imbisse natürlich so gegen fünf Uhr, gleich nach der Arbeit, und nicht selten sind sie der Auftakt eines gemütlichen und langen Abends.

»Halwe Hahn«, »Kölsche Kaviar« oder »Frikadellche« sind nur einige der pikanten Snacks, die man in Düsseldorf und Köln zum Altbier oder Kölsch und zu jeder Tages- und Nachtzeit zwischendurch lustvoll schnabuliert. Die kleinen »Verführungen« liegen meist schon vorbereitet auf der Theke, da man erfahrungsgemäß nach einigen Bierchen Appetit bekommt. Die sprichwörtliche Freude an der Geselligkeit bewirkt, dass es an heimeligen Eckkneipen in den rheinischen Städten nicht mangelt.

Ein Paradebeispiel der besonderen Art für besagte Zwischenmahlzeiten am Nachmittag ist die Bergische Kaffeetafel – »Koffedrenken met allem Dröm on Dran«! Hier gibt es eine Vielfalt an kleinen süßen und herzhaften Verlockungen, die man sich selbst vom Büfett holt, und dazu schenkt man sich dann aromatischen Kaffee von der »Dröppelmina«, einer rheinischen Verwandten des Samowars, ein. Milchreis mit Honig und Zimt, Waffeln mit

Apfelkraut, Buchweizenpfannkuchen, die möglichst »dróg« (knusprig) aufgetischt werden sollen, findet man auf diesen üppig gedeckten Tischen ebenso wie »Näcke Hännes« (Blutwurst mit Zwiebeln, bei der die Haut abgezogen wurde), »Wisse Hännes« (Leberwurstsalat mit Zwiebeln, Senfkörnern, Essig und Öl) oder »Kottenbutter« (Brot mit Butter, geräucherter Mettwurst, Senf und Zwiebeln). Es lohnt sich einzukehren, wenn Sie das Schild »Bergische Kaffeetafel« vor einer Gaststätte sehen. Ganz schnell wird hier aus der Mahlzeit für Zwischendurch ein sättigendes Abendmahl …

Überall wo Wein wächst, ist die Kultur des Vesperns besonders ausgeprägt: Kein Wunder, Wein macht Appetit. Und speziell die Pfälzer vespern ganz besonders gerne. Kaum irgendwo anders gibt es so viele urgemütliche Weinstuben wie in der Pfalz, wo man bei einem »Schoppa« gemütlich beieinander sitzt und dazu die bodenständigen Pfälzer Spezialitäten genießt. Neben der einfach fantastischen Pfälzer »Lewwerworscht« und dem »Spundekäs« (würzig angemachter Quark) ist vor allem der berühmte Pfälzer Saumagen ein fester Bestandteil der Vesperkarte. Das Pfälzer Nationalgericht ist ebenso bekannt wie verkannt. Fremden vergeht oft schon der Appetit, wenn nur der Begriff genannt wird, weil sie unterstellen, sie müssten sozusagen den Magen der Sau nebst Inhalt aufessen. Gegen soviel Vorurteil muss angegangen werden, sagten sich die fröhlichen Pfälzer, und so wurde von der Pfalz-Werbung gemeinsam mit der Redakteurin Judith Kauffmann eine Art »Aufklärungsbuch« entwickelt, gespickt mit zahlreichen Rezepten berühmter Pfälzer Köche. Und um es definitiv klarzustellen: Natürlich handelt es sich um den Magen der Sau, der jedoch sorgfältig gereinigt, mit den unterschiedlichsten Ingredienzien untadeliger Herkunft prall gefüllt und dann schonend gegart wird. Schlichte Hülle mit köstlichem Inhalt! Der Saumagen wird auch in der Pfalz nicht mehr im Privathaushalt hergestellt. Man kauft ihn beim Metzger – und da hat jeder so seine speziellen Vorlieben. Die Bedeutung dieses Gerichts unterstreicht ein jährlich im November stattfindender Saumagen-Wettbewerb.

Der Pfälzer Volksmund sagt: »Der Magen der Sau, das Herz der Frau, der Inhalt der Worscht bleiben ewig unerforscht.«

Geht man ein wenig weiter südlich nach Baden, dann geht das zünftige »Veschpern« weiter. Das »Viertele« wird hier gerne in den Straußenschänken oder in rustikalen Gastwirtschaften getrunken und natürlich gibt's dazu Schwarzwälder Schinken mit herzhaftem Bauernbrot, Badischem Wurstsalat mit »Burewecke« (Roggenbrötchen) oder im Herbst

**Links:** Weinlese ist eine anstrengende Arbeit und das Vespern zwischendurch somit wohlverdient. **Rechts oben:** Frisch aufgeschnittener, saftiger Saumagen – die Leibspeise der Pfälzer. **Rechts unten:** Eine heitere Stammtischrunde lässt sich »dat leckere Dröppke« im »Uerige«, einer traditionsreichen Düsseldorfer Altbierkneipe, schmecken.

eine lauwarm servierte Zwiebelwähe und »Käschte« – das sind geröstete Esskastanien. Wie beliebt im Alemannischen diese Zwischenmahlzeiten sind, verrät die Tatsache, dass es mehrere bestimmte Zeiten dafür gibt: »Z'Nüne (ab neun Uhr), »Z'Viere« (vier Uhr nachmittags) und »Z'Obe« (am Abend). Bleibt die Frage, wann man dort die Hauptmahlzeiten einnimmt …

»Mir saufet unsern Wein selber«, sagen die Schwaben und das tun sie natürlich nicht, ohne etwas Deftiges dazu zu essen. Zum Trollinger, dem Hauswein der Baden-Württemberger, gibt's hausgemachte Bauernwürste, Backsteinkäse, Laugenbrezeln (die in Bayern »Brezen« heißen) und »Luckeleskäse« (angemachter Quark), um nur einige der Köstlichkeiten zu nennen.

Niemals vergesse ich die Begebenheit, die ich im schönen Augustiner Biergarten mitten in München erlebt habe. Am runden Wirtshaustisch unter den schattigen Kastanien genossen wir das frisch gezapfte Bier und bestrichen unsere frischen Brezen mit herzhaftem Obatzda, als wir am Nebentisch einen Touristen seine Bestellung aufgeben hörten: »Eine Portion Schmankerl, bitte!« Die g'standne Kellnerin war einen Moment sprachlos, was bei dieser Spezies nicht so leicht vorkommt, und stammelte dann: »Ois auf da Kartn san Schmankerl!« Diese Aussage löste dann an unserem bayerischen Stammtisch eine

Diskussion aus, und schnell versuchte jeder, dem hungrigen Gast am Nebentisch seine persönliche »Schmankerlversion« zu verraten. Meine Freundin meinte, dass Sigi Sommer, der beliebte Münchner Autor und ein echtes Münchner Original, es so formulierte: »Schmankerl sind ein Fleißbilettl für den Gaumen. Oder anders rum gesagt: ein Mittelding zwischen Magentratzerl und Leibspeise. Also zum Hungrigbleiben zu viel und zum Sattwerden zu wenig.« Ein Geschichtsbelesener aus unserer Runde erklärte, er habe mal gelesen, dass der Begriff Schmankerl ursprünglich nur für Edles und Feines stand – also würden Presssack und Leberkäse demnach nicht mehr zwangsläufig dazu zählen. Mag sein, aber der ausschließlich in Bayern häufig gebrauchte Begriff »Schmankerl« bezieht sich heute auf alles, was man zu einer Brotzeit bestellen kann. Angefangen bei der Weißwurst und den anderen Wurstspezialitäten, zum Beispiel der Wollwurst, auch »G'schwollne« genannt, bis hin zur Knöcheloder Bratensülze und nicht zu vergessen dem würzigen Romadur und Obatzda. Klassische Schmankerl, die es früher vormittags in jedem Wirtshaus gab, geraten ein wenig in Vergessenheit, beispielsweise das saure Lüngerl, saure Kutteln und das Kronfleisch (fleischige, weich gekochte Teile des Zwerchfells) mit Kren.

Aber – ob warm oder kalt – Brezen gehören immer zur bayerischen Schmankerl-Brotzeit.

Während Ober- und Niederbayern diese kleinen Zwischendurch-Mahlzeiten als »Brotzeit« bezeichnen, sagt man weiter nördlich im Frankenland wieder »Vesper« dazu. Und die Franken vespern am liebsten ihre fränkischen blauen Zipfel mit frisch geriebenem Kren. Typisch nürnbergerisch sind die Rostbratwürstchen, die nicht länger und nicht dicker als der kleine Finger sein dürfen und die man stückweise bestellt. Traditionell werden sie

auf einem Zinnteller mit Sauerkraut oder Kartoffel-salat und natürlich mit Kren serviert, der in bester Qualität rund um Erlangen gedeiht. Um Würzburg, die Metropole des Frankenweins, herum gibt es zahlreiche Weinstuben mit umfangreicher Vesper-Karte. An erster Stelle steht die »Häcker-Brotzeit« (Häcker sind Winzer), bestehend aus »Bauernseuf-zern« (roh geräucherte dünne Würste) oder anderen geräucherten Schweinereien, »Nackerten« (rohes Bratwurstbrät, das man sich aufs Brot streicht) und Presssack mit Musik (marinierter, in dünne Scheiben geschnittener Pressack) oder auch Ochsenmaulsalat, der hier »Gwärch« genannt wird.

Und dazu gibt es wahlweise fränkischen Silvaner, Müller-Thurgau oder einen knackigen Riesling, und natürlich auch Bier. Franken ist nämlich das zweitgrößte Hopfenanbaugebiet Deutschlands und Heimat großer Brauereikultur: Wer kennt nicht das Kulmbacher Pils und das Bamberger Rauchbier. Die fränkische Vesper ist deshalb so ausgerichtet, dass sowohl Wein als auch Bier bestens dazu passen.

Die Brotzeit- und Vespertradition verliert an Be-deutung, je weiter man in die östlichen Regionen kommt. In Thüringen holt man sich schon mal zwischendurch eine echte Thüringer Rostbratwurst von einem der überall zu findenden Bratwurst-stände, die dann, mit einem Klecks Senf, in ein aufgeschnittenes Brötchen gelegt und genussvoll aus der Hand gegessen wird.

In Sachsen und Mecklenburg-Vorpommern zieht man den Nachmittagskaffee mit selbst gebackenem Kuchen vor.

Quer durch das ganze Land haben sich natürlich mittlerweile auch Vorspeisen durchgesetzt, vor allem in den gehobenen Restaurants. Junge, kreative Köche setzen hier bereits seit vielen Jahren Akzente. All die genannten regionalen Köstlichkeiten stehen heute, oft nur ein wenig, aber dafür sehr raffiniert verfeinert, auf den Speisekarten der Spitzenrestaurants. Nicht nur Salate mit feinwürzigen Dressings und belegt mit gebratenem Bries, Kalbsleber oder edlen Fischen werden heute angeboten. Köche mit Liebe zu deutschen Produkten und Gerichten wagen sich im Süden auch an Kalbskopf, Sülze und sogar an den Saumagen.

**Links oben:** Die Schwarzwaldlandschaft hüllt sich stimmungs-voll in Nebelschwaden und lädt zum Winterspaziergang ein. **Links unten:** Kerniges, frisch gebackenes Brot darf auf keinem Versperbrett fehlen. **Rechts oben:** Auch wenn sie sich auf den ersten Blick recht ähnlich sehen – bei Würsten ist in Deutschland Abwechslung garantiert. **Rechts unten:** Im Freien schmeckt ein kleiner Imbiss besonders gut.

## Baden

# Kaiserstühler Löwenzahnsalat

*Sobald die ersten frischen Triebe des Löwenzahns sprießen, beginnt in und um den Kaiserstuhl die kurze Saison dieses köstlichen Frühlingssalats (im Bild vorne), angereichert mit Brotwürfeln, Speck und gehackten Eiern. Sie können den Salat natürlich auch mit gekauftem Löwenzahn zubereiten, aber am besten schmeckt er aus den ersten zarten Blättern.*

250 g junge Löwenzahnblätter

2 Scheiben Toastbrot, in kleine Würfel geschnitten

6 EL Traubenkernöl

100 g durchwachsener Räucherspeck, gewürfelt

2–3 EL Weißweinessig

2–3 EL Fleischbrühe oder Weißwein

1 TL Dijonsenf

Salz

Frisch gemahlener Pfeffer

2 hart gekochte Eier, geschält und gehackt

2 EL gehackte Petersilie

◆ Die Löwenzahnblätter verlesen, waschen und trockenschleudern. Die Brotwürfel in 3 EL Traubenkernöl goldbraun und knusprig braten. Die Speckwürfel im restlichen Öl glasig braten. Essig, Brühe oder Wein, Senf sowie Salz und Pfeffer dazugeben und aufkochen lassen. Die abgekühlte Marinade über die Löwenzahnblätter gießen und sorgfältig vermischen.

◆ Den Salat auf vier Teller verteilen und mit den Brotwürfeln, den gehackten Eiern und der Petersilie bestreut servieren.

*Für 4 Personen*

*In manchen Straußenwirtschaften wird der feine Frühlingssalat oft noch mit geräucherter Schweinebacke oder Schweinerippchen belegt. Gut schmeckt der Salat auch, wenn man ihn mit gebratenen Kartoffelwürfeln anstelle der Brotwürfel anreichert.*

## Westfalen

# Bunter Salat mit Ziegenkäse

*Die Ziege, früher ein wenig abwertend als »Eisenbahnerkuh« bezeichnet, erlebt seit einigen Jahren eine Renaissance: Mehr noch als das zarte Fleisch junger Ziegen schätzen Feinschmecker den Käse aus der aromatischen Ziegenmilch. Quer durchs Land entstehen immer mehr kleine Käsereien, die sich ausschließlich mit der Herstellung feiner Ziegenkäsesorten beschäftigen. Und in vielen regionalen Restaurants bereiten kreative Köche schmackhafte Gerichte daraus zu. Hier eine herbstliche Salatversion (im Bild hinten).*

1 Eichblattsalat, geputzt und gewaschen

1 Bund Rucola, geputzt

1 kleiner Chicorée, geputzt und Blätter abgelöst

100 g Knollensellerie, in feine Stifte geschnitten

1 kleine Zwiebel, gewürfelt

20 g Butter

200 g Pfifferlinge, geputzt

2 EL Portwein

Salz

Frisch gemahlener Pfeffer

1 TL mittelscharfer Senf

2–3 EL Rotweinessig

3 EL Traubenkernöl

2 EL Walnussöl

8 kleine runde Ziegenfrischkäse

8 hauchdünne Scheiben Räucherspeck

2 EL Öl

100 g blaue Trauben, halbiert und entkernt

8 Walnusshälften, grob gehackt

◆ Eichblattsalat, Rucola und Chicorée mischen und den Sellerie darüber verteilen.

◆ Die Zwiebelwürfel in Butter glasig dünsten, die Pilze dazugeben und einige Minuten anbraten. Mit Portwein ablöschen, mit Salz und Pfeffer würzen und beiseite stellen. Senf und Salz verrühren, nach und nach den Essig und die Öle dazugießen.

◆ Jeden Ziegenkäse mit 1 Speckscheibe umwickeln, im heißen Öl auf jeder Seite 2 Minuten anbraten.

◆ Den Salat mit der Vinaigrette beträufeln. Pfifferlinge, Weintrauben und Walnüsse darüber verteilen und mit den gebratenen Ziegenkäsetalern belegen.

*Für 4 Personen*

## Räuchern – Haltbarmachen mit Geschmacksgarantie

Räuchern ist eine der ältesten Methoden, frisch gefangene Fische für einen längeren Zeitraum haltbar zu machen. Man vermutet, dass diese Konservierungsmethode bereits in der Antike durch Zufall entstand. Unter den Fischen, die man zum Trocknen aufhängte, machte man Feuer, um die Insekten zu vertreiben. Irgendwann haben unsere Vorfahren entdeckt, dass auf diese Weise der Fisch einen wunderbaren Geschmack bekommt.

Es gibt zwei verschiedene Räucherverfahren: Heiß- und Kalträuchern. Beim Heißräuchern werden die gesäuberten Fische ein bis mehrere Stunden, je nach Größe, in eine milde Salzlake gelegt und anschließend in einem Räucherofen bei 70 bis 90 Grad maximal vier Stunden geräuchert. Am Ende der Räucherzeit drosselt man die Luftzufuhr, und die Fische werden mit feuchten Holzspänen bedeckt. Dadurch wird die goldgelbe Farbe und das feine Raucharoma intensiviert. Welche Holzspäne, welche Gewürze und wie lange geräuchert wird, das sind die Geheimnisse des jeweiligen Fischhändlers. Heiß geräucherte Fische halten sich im Kühlschrank drei bis fünf Tage.

Kalt geräucherter Fisch ist bis zu zwei Wochen haltbar. Ausgenommen und gewürzt hängen die Fische bei einer Temperatur von 15 bis 20 °C je nach Sorte einen bis sechs Tage in speziellen Räucheröfen.

Weltweit die Nummer eins unter den Räucherfischen ist der Räucherlachs, den es in sehr unterschiedlichen Qualitäten gibt. Unvergleichlich im Geschmack: geräucherter Wildlachs und Stremellachs, das ist in Tranchen geschnittenes, heiß geräuchertes Lachsfilet. Lange Jahre konnte man Stör, Schillerlocken, Kieler Sprotten, Heilbutt und Bücklinge für »einen Appel und ein Ei« bekommen, heute sind sie ziemlich kostspielige Delikatessen.

Entlang der Küste, insbesondere in Mecklenburg-Vorpommern, gibt es zahlreiche kleine Räuchereien, deren Besuch sich lohnt. Eine der Traditionsräuchereien, die heute noch auf althergebrachte Weise die frisch gefangenen Fische räuchern, ist der Räucherhof der Familie Schewe in Lietzow auf der Insel Rügen.

Aber auch an vielen Seen Süddeutschlands – vom Tegernsee bis zum Bodensee – räuchern Fischer ihre frisch gefangenen Renken, Saiblinge, Forellen oder Felchen und bieten sie heiß aus dem Ofen zum Kauf an. Wem der Duft in die Nase steigt, kann einfach nicht widerstehen. Frisch geräucherte Fische sind – ob aus Meer oder See – ein einzigartiges Geschmackserlebnis und ein Spiegel der regionalen Esskultur.

## Mecklenburg-Vorpommern

# Räucherfischsalat mit Linsen

*Das Räuchern der schnell verderblichen Fische war früher überall an der Küste eine Notwendigkeit, heute macht man es vor allem des feinen Geschmacks wegen. Fettere Fische eignen sich besonders gut zum Räuchern und harmonieren vortrefflich mit bissfest gekochten Linsen.*

150 g Linsen (Tellerlinsen)
Salz
100 g Feldsalat, geputzt
1 kleiner Radicchio, geputzt, Blätter abgelöst
1 große Karotte, in kleine Würfel geschnitten
2 Selleriestangen, in kleine Würfel geschnitten
1 Zwiebel, in kleine Würfel geschnitten
3 EL Weißweinessig
300 g gemischter Räucherfisch, enthäutet und entgrätet, z. B. Heilbutt, Räucheraal, Schillerlocken oder Bückling
1 EL Johannisbeeressig
½ TL frisch geriebener Meerrettich
4 EL Öl
Einige Dillzweige, fein geschnitten
Frisch gemahlener Pfeffer

◆ Die Linsen waschen und in kochendem Salzwasser in etwa 20–30 Minuten (je nach Alter der Hülsenfrüchte) bissfest kochen.

◆ Eine große Platte oder vier Teller mit Feldsalat und Radicchio belegen.

◆ Die gegarten Linsen in einem Sieb abtropfen lassen, dabei etwas von der Kochflüssigkeit aufbewahren. Die Gemüsewürfel mit den noch heißen Linsen vermischen, mit 2 EL Weißweinessig und etwas Salz abschmecken und abkühlen lassen.

◆ Die Räucherfische in mundgerechte Stücke zupfen. Den übrigen Weißweinessig, Johannisbeeressig, Salz und Merrettich verrühren und langsam das Öl unterschlagen. Dill und Pfeffer dazugeben und die Linsen damit marinieren. Die Räucherfischstücke untermischen und einige Minuten durchziehen lassen. Die Linsen dekorativ auf den Salatblättern anrichten und den Räucherfischsalat mit leicht geröstetem Bauernbrot oder Vollkornbrot servieren.

*Für 4 Personen*

*Bremen*

# Variationen von Räucherfisch-Mousse

*Fein pürierte Räucherfische – mal mit Frischkäse, mal mit Joghurt oder mit Crème fraîche verfeinert – sind nicht nur beliebte Brotaufstriche, sondern auch raffinierte Vorspeisen.*

### MAKRELEN-ORANGEN-CREME

*200 g Makrelenfilet ohne Haut und Gräten*

*1 EL vollfetter Frischkäse*

*Etwas abgeriebene, unbehandelte Orangenschale*

*1 EL frisch gepresster Orangensaft*

*1 EL grüne Pfefferkörner, grob gehackt*

*1 EL geschlagene Sahne*

*Salz, frisch gemahlener weißer Pfeffer*

### MOUSSE VON GERÄUCHERTEM STÖR

*200 g geräucherter Stör*

*2 EL Crème fraîche*

*Salz, frisch gemahlener weißer Pfeffer*

*1 EL Dill, fein geschnitten*

*30 g Keta-Kaviar*

*1 EL geschlagene Sahne*

### LACHSTATAR MIT KAPERN

*250 g Räucherlachs*

*1 EL Crème fraîche, 1 TL Vollmilchjoghurt*

*2 Frühlingszwiebeln, in winzige Würfel geschnitten*

*1 EL möglichst kleine Kapern*

◆ Makrelenfilet im Mixer fein pürieren und dabei den Frischkäse, Orangenschale und -saft hinzufügen. In eine Schüssel geben und die grob gehackten Pfefferkörner sowie die geschlagene Sahne unterheben. Mit Salz und Pfeffer abschmecken.

◆ Den Stör mit der Crème fraîche im Mixer fein pürieren. Mit Salz und Pfeffer würzen und den Dill, den Kaviar und die Sahne unterziehen.

◆ 200 g Räucherlachs mit Crème fraîche und Joghurt im Mixer fein pürieren. Den übrigen Lachs würfeln. Mit den Frühlingszwiebeln und Kapern unter die Mousse heben. Mit Salz und Pfeffer kräftig abschmecken.

◆ Mit zwei nassen Löffeln aus den Massen Nocken formen und auf Salatblättern anrichten.

*Für 6–8 Personen*

**Oben:** Frisch geräucherte Aale im Ammerländer Bauernhaus, dazu Schwarzbrot und ein kühles Bier – den Klaren hinterher trinkt man hier traditionell nicht aus dem Glas, sondern von einem Löffel. **Unten:** Goldgelb schimmernde und verlockend duftende Aale werden, wie hier in Bad Zwischenahn, in zahlreichen Traditionsräuchereien direkt aus der Räucherkammer verkauft.

## Bayern und Baden

# Wurstsalate

Wurstsalate sind ein beliebtes sommerliches Abendessen, vor allem in den südlichen Regionen. In Bayern schneidet man die Regensburger in Scheiben, in Baden die Fleischwurst in feine Streifen und mischt noch Emmentalerstreifen darunter. Überall isst man aber gerne rösche Roggenbrötchen dazu.

### REGENSBURGER WURSTSALAT

6–8 Regensburger Würste, gehäutet und in feine Scheiben geschnitten

2 mittelgroße Zwiebeln, geschält und in Ringe geschnitten

3–4 EL Weißweinessig

Salz, frisch gemahlener Pfeffer

4–5 EL Öl

1 Bund Schnittlauch, fein geschnitten

### BADISCHER WURSTSALAT

400 g Fleischwurst, in feine Streifen geschnitten

200 g Emmentaler, in feine Streifen geschnitten

2 große Essiggurken, in feine Streifen geschnitten

1 Zwiebel, geschält und gewürfelt

1 TL feinwürziger Senf

Salz, frisch gemahlener Pfeffer

1 Messerspitze Zucker

3–4 EL Weißweinessig

4 EL Gurken-Einlegeflüssigkeit

4 EL Kalbsfond

5 EL Traubenkernöl

½ Bund Schnittlauch

◆ Für den Regensburger Wurstsalat die Regensburgerscheiben kreisförmig auf einem großen tiefen Teller anordnen, die Zwiebelringe darüber verteilen und mit der Vinaigrette aus Essig, Salz, Pfeffer und Öl begießen. Üppig mit Schnittlauch bestreuen.

◆ Für den badischen Wurstsalat (vorne im Bild) die Fleischwurststreifen mit dem Käse, den Essiggurken und den Zwiebelwürfeln in einer Schüssel vermischen. Senf, Salz, Pfeffer, Zucker, Essig, Gurken-Einlegflüssigkeit und Kalbsfond mit einem Schneebesen verquirlen und nach und nach das Traubenkernöl unterschlagen. Die Vinaigrette über den Salatzutaten verteilen, gründlich vermischen und mindestens 30 Minuten durchziehen lassen. Mit Schnittlauch bestreut servieren.

*Für 4 Personen*

## Schwaben

# Ochsenmaulsalat

Ursprünglich ist dieser Salat (im Bild hinten) eine süddeutsche Spezialität, aber man findet auch in alten nord- und westdeutschen Kochbüchern Rezepte dazu, unter der Bezeichnung »Salat vom Rindergaumen«. Richtig beliebt ist er aber auch heute noch als Vesper in schwäbischen »Boizn«, den kleinen, gemütlichen Weinstuben, mit einem frisch gebackenen, herzhaften Bauernbrot und einem »Viertele«.

500 g Ochsenmaul (gibt es ohne Knochen, gekocht und vorgeschnitten in den südlichen Regionen beim Metzger; ansonsten vorbestellen)

2 Zwiebeln, geschält und gewürfelt

2 Selleriestangen, in feine Scheiben geschnitten

1 TL Kräutersenf

2 EL Weißweinessig

1 EL Estragonessig

2 EL trockener Weißwein

2 EL Kalbsfond

1 Prise Zucker

Salz, frisch gemahlener Pfeffer

4 EL Öl

2 EL gemischte Kräuter wie Schnittlauch, Petersilie, Kerbel, Estragon und Basilikum

◆ Die küchenfertigen Ochsenmaulscheiben mit den Zwiebeln und den Selleriescheiben vermischen.

◆ Kräutersenf mit Essig, Wein, Kalbsfond, Zucker, Salz und Pfeffer verrühren und nach und nach das Öl unterschlagen. Die Salatzutaten mit der Vinaigrette marinieren und die Hälfte der Kräuter untermischen. Mindestens 1 Stunde an einem kühlen Platz durchziehen lassen, dabei öfter durchmischen.

◆ Den gekühlten Salat, falls nötig, nachwürzen und mit den restlichen Kräutern bestreut servieren. Mit herzhaftem Bauernbrot und Butter oder auch mit Röstkartoffeln servieren.

*Für 4 Personen*

Die dünn geschnittenen, knorpeligen
Scheiben des Rindergaumens,
saftig und würzig mariniert,
dürfen in schwäbischen Wirtshäusern
auf keiner Speisekarte fehlen.

*Schleswig-Holstein*

## Matjes-Tatar

*Matjes sind junge Heringe vor der Geschlechtsreife. Da sie weder Rogen noch Milch gebildet haben, sind sie unglaublich zart und auch fett. Frische Matjes gibt es im Frühsommer von Juni bis Juli. Da sich die feinen Matjes sehr gut tief-kühlen lassen, bekommt man sie heute ganzjährig. Dennoch: Matjesfans warten sehnsüchtig auf die ersten Fänge und essen sie entweder filetiert aus der Hand oder fein gehackt auf Schwarzbrot. Dies ist eine der zahlreichen Varianten eines würzig angemachten Matjes.*

> *8 ausgelöste Matjesfilets*
>
> *1–2 EL Zitronensaft*
>
> *1 großer, säuerlicher Apfel, geschält, entkernt und in sehr kleine Würfel geschnitten*
>
> *4 Frühlingszwiebeln, geputzt und in sehr kleine Würfel geschnitten*
>
> *2 mittelgroße Gewürzgurken, in sehr kleine Würfel geschnitten*
>
> *2 EL Öl*
>
> *Frisch gemahlener Pfeffer*
>
> *30 g Butter*
>
> *4 Scheiben Vollkornbrot*
>
> *2 hart gekochte Eier, geschält und gehackt*
>
> *2 EL Petersilie, fein gehackt*

◆ Die Matjesfilets, nur falls nötig, kurz wässern. Dann mit einem großen Messer in winzig kleine Würfel schneiden und mit Zitronensaft beträufeln.

◆ Apfel-, Zwiebel- und Gurkenwürfel untermischen und mit dem Öl verrühren. Mit reichlich Pfeffer würzig abschmecken. Je nach Geschmack noch etwas Zitronensaft hinzufügen.

◆ Die Butter in einer beschichteten Pfanne erhitzen und die Vollkornbrote darin auf beiden Seiten kross braten. Ein wenig abgekühlt auf vier Teller verteilen und dick mit dem Matjes-Tatar belegen.

◆ Die gehackten Eier mit der Petersilie vermischen und die Brote damit bestreuen.

*Für 4 Personen*

*Und was trinkt man im hohen Norden zu diesem Klassiker? Natürlich ein kühles Pils und/oder einen eiskalten Klaren!*

*Hamburg*

## Hamburger Heringssalat

*Dies ist ein Rezept meiner Freundin und Lehrmeisterin, der bekannten Kochbuchautorin und Gourmet-Journalistin Rotraud Degner. Seit ich sie kenne, gibt es bei der Wahl-münchnerin diesen köstlichen Salat immer am Heiligen Abend, als Erinnerung an ihre Kindheit in Hamburg. Am besten schmeckt er, wenn man ihn schon am Vortag zubereitet – und das nicht nur zur Weihnachtszeit.*

> *4 Matjesfilets*
>
> *125 g kalter Kalbsbraten (vom Vortag), in feine Streifen geschnitten*
>
> *1 große Gewürzgurke, in feine Streifen geschnitten*
>
> *2 säuerliche Äpfel, geschält, entkernt und in feine Streifen geschnitten*
>
> *2 Selleriestangen, in feine Scheiben geschnitten*
>
> *200 g gekochte Kartoffeln, geschält und in kleine Würfel geschnitten*
>
> *50 g Walnüsse, grob gehackt*
>
> *4 EL Weißweinessig*
>
> *Salz, frisch gemahlener Pfeffer*
>
> *100 g Mayonnaise*
>
> *4 EL Joghurt*
>
> *Etwa ½ TL geschälter, frisch geriebener Ingwer*
>
> *Einige Kerbelzweige, fein gehackt*
>
> *½ Bund Schnittlauch, klein geschnitten*

◆ Die Matjesfilets, falls nötig, kurz wässern und in feine Streifen schneiden. Kalbsbraten, Gewürzgurken, Äpfel, Sellerie, Kartoffeln und Walnüsse hinzufügen und vermischen. Mit Essig, etwas Salz und Pfeffer würzen und kurz durchziehen lassen.

◆ Die Mayonnaise mit dem Joghurt glatt rühren, mit Ingwer und Kerbel abschmecken und mit den vor-bereiteten Zutaten vermischen. Den Salat mindestens 2 Stunden durchziehen lassen. Vor dem Servieren mit Schnittlauch bestreuen.

*Für 4 Personen*

*Entlang der Küste hat jede Hausfrau ihr ganz persönliches Rezept für einen schmackhaften Heringssalat. Häufig wird noch gekochte, gewürfelte Rote Bete untergemischt.*

## Bremen

# Matjes-Hamburger

Heringe galten lange Zeit als Arme-Leute-Essen, heute sind sie salonfähig und eine von Feinschmeckern geschätzte Delikatesse. Allen voran natürlich die jungfräulichen Matjes. Die regionalen Heringsklassiker, wie gebratene grüne Heringe, eingelegte Heringe oder auch frische Bratheringe und natürlich die frischen Matjes, sind auf den Speisekarten in den Küstenregionen wieder hochaktuell – mal traditionell, mal raffiniert verändert, wie etwa dieser köstliche Matjes-Hamburger (oben im Bild ).

> 4 runde Roggenbrötchen
>
> 1 kleine Salatgurke, geschält und in kleine Würfel geschnitten
>
> 1 rotbackiger Apfel, entkernt und mit der Schale in kleine Würfel geschnitten
>
> 1 große Tomate, enthäutet, entkernt und in kleine Würfel geschnitten
>
> 2 kleine Frühlingszwiebeln, geputzt und mit einem Drittel der grünen Enden in Scheiben geschnitten
>
> 1 EL kleine Kapern
>
> 2 EL Crème fraîche
>
> 2 EL saure Sahne
>
> 1 TL frisch geriebener Meerrettich
>
> Salz

> Frisch gemahlener Pfeffer
>
> Saft von 1 Zitrone
>
> 1 EL Dill, fein geschnitten
>
> 4 Matjesfilets
>
> 2 EL Rettichsprossen
>
> Zesten von ½ unbehandelten Zitrone
>
> Einige Dillzweige

◆ Die Roggenbrötchen quer halbieren und aushöhlen. Gurken-, Apfel-, Tomatenwürfel, Frühlingszwiebeln und Kapern vermischen.

◆ Crème fraîche, saure Sahne und Meerrettich glatt rühren. Mit Salz, Pfeffer, Zitronensaft und Dill würzig abschmecken und unter die Salatzutaten mischen. Den Salat kurz durchziehen lassen.

◆ Die Matjes aufrollen und mit einem Zahnstocher zusammenstecken.

◆ Den Salat in die ausgehöhlten Brötchen verteilen und jeweils eine Matjesrolle obenauf setzen. Mit den Rettichsprossen und den Zitronenzesten bestreuen und mit Dill garnieren.

Für 4 Personen

*Auf Mini-Brötchen eine Vorspeise für 4, sonst ein Abendessen für 2 Personen.*

## Alles Käse ...
### über Käsemärkte und Käsestraßen

Gewiss, beim Käse haben die Franzosen die Nase vorne, aber durch Schnuppern in Nachbars Käseläden haben deutsche Genießer Lust auf gut gereifte Rohmilchkäse bekommen. Und allmählich gibt es auch bei uns eine immer größer werdende

Schar von Käsemachern, die Käse aus Rohmilch herstellen und dem Naturprodukt die nötige Zeit zum Reifen lassen. Diese wohlschmeckenden und intensiv duftenden Exemplare werden häufig auf Wochenmärkten oder auch direkt beim Produzenten verkauft. Ein wahres Eldorado für Rohmilchkäse ist das von Ursprünglichkeit und Tradition geprägte Allgäu. Weiden und Wiesen, die wie grüne, samtige Teppiche über

den Hügeln liegen, sind nicht nur eine Wohltat für die Augen, sondern auch ein Paradies für die dort weidenden Milchkühe. Denn eines gilt für alle Käsesorten: Je aromatischer die Milch, umso besser der Käse. Nur vereinzelt wird die Milch noch direkt auf den Sennereien zu Bergkäse verarbeitet. Viele Sennereien und Bauern im Tal liefern ihre frisch gemolkene Milch zweimal täglich zu kleinen Käsereien – etwa zur »Oberen Mühle« in Hindelang, zur Käserei »Zurwies« bei Wangen oder zur kleinen Sennereigenossenschaft »Diepolz« in Immenstadt –, um daraus würzig-aromatische Käse herzustellen. Die Milch für den Bergkäse und auch für einige andere Sorten wird nicht erhitzt, damit das Aroma der frischen Wiesenblumen und -kräuter möglichst erhalten bleibt. In den letzten Jahren haben sich zu den gewohnten Braunkühen des Allgäus auch Schafe und Ziegen gesellt, da die Nachfrage nach diesen Käsesorten von Jahr zu Jahr wächst.

1998 hat Slow Food, Convivium Hamburg, den ersten Käsemarkt in Kiekeberg organisiert. Mittlerweile ist er mit 10.000 Besuchern ein Riesenerfolg und macht deutlich, wie groß die Nachfrage nach gutem Käse ist. Die Ziegenkäse der Käsemacherin Catherine André werden in den feinsten Gourmettempeln nachgefragt und nordische Käsesorten wie Tilsiter, Wilstermarschkäse und Romadur erleben eine Renaissance. Der Holsteiner Lederkäse, den Theodor Storm schon 1858 in dem Märchen »Hinzelmeier« mit dem Stein des Weisen verwechselt, ist sicherlich der älteste norddeutsche Schnittkäse und war 50 Jahre lang verschollen. Heute gibt es bereits wieder mehrere Käsereien, die diesen Magermilchkäse nach alten Rezepten wieder herstellen und auf den Markt bringen. Faszinierend ist auch zu entdecken, wie kräftig-würzig ein Tilsiter schmecken kann, wenn er aus Rohmilch gemacht wird und acht Monate reifen darf.

Nach dem Vorbild der erfolgreichen Weinstraßen gibt es in Schleswig-Holstein eine Käsestraße, die käseproduzierende Betriebe miteinander verbindet. Mit einer Länge von fast 500 km ist sie die längste in ganz Deutschland – mit einer Vielfalt von Sorten, die selbst echte Käsefans überraschen wird. Es gibt fünf weitere Käserouten in Deutschland: durch das Ammerland, den Odenwald, Mittelsachsen und Dresden, den südlichen Schwarzwald und durch das Westallgäu. Sie alle bieten eine interessante Genuss-Tour, die teilweise oder in Abschnitten auch gut per Fahrrad erkundet werden kann. In vielen Käsereien entlang der rund um Schleswig-Holstein verlaufenden Käsestraße kann man direkt einkaufen, manche darf man auch besichtigen (mehr Informationen dazu finden Sie im Internet unter www.kaesestrasse-sh.de).

**Hier darf gemeckert werden:
Besuch beim Ziegenkäseproduzenten**

Ich bin auf dem Hallertauer Ziegenhof in Tegernbach bei Pfaffenhofen, und um mich herum meckern 120 Ziegen munter vor sich hin. Johann Kellner, der studierte Landwirt, überlegte Anfang der 1980er-Jahre, ob und wie er den elter-

lichen Bauernhof weiterführen könnte. Bei einem Urlaub in Australien entdeckte er, wie köstlich Ziegenkäse schmeckt, und die Begeisterung für diesen Käse lässt ihn fortan nicht mehr los. Er reiste nach Frankreich, in die Heimat des Ziegenkäses, sah sich um und sammelte Erfahrungen. Seine ersten Käse wurden noch in der Küche gemacht und an einen kleinen Liebhaberkreis verkauft. Aber die Nachfrage stieg und Johann Kellner baute eine Käserei und vergrößerte seine Ziegenherde, die seit 1984 nach den Richtlinien des Biolandbaus gehalten wird.

In den Anfangsjahren erntete er von den benachbarten Bauern eher müdes Meckern als begeisterte Anerkennung. Doch das Interesse an Ziegenkäse und auch Ziegenmilch wuchs von Jahr zu Jahr. Mittlerweile hat der Biobauer seine dritte Käserei gebaut und verkauft erfolgreich biologisch hergestellte Produkte auf Münchner Wochenmärkten oder direkt auf seinem Hof.

»Ziegenmilch und daraus hergestellter Joghurt oder Käse sind wesentlich leichter verdaulich als Kuhmilchprodukte, und die Forschung hat bewiesen, dass Ziegenmilch bei Allergikern viel besser verträglich, ja sogar hilfreich ist«, so Herr Kellner. »Aber was für die Verdauung von Vorteil ist, macht Probleme bei der Herstellung«, erzählt der Ziegenkäsespezialist. Die kurzkettigen Fett- und Eiweißverbindungen, die für die gute Bekömmlichkeit sorgen, erfordern beim Schneiden des dickgelegten Käsebruchs sehr viel Feingefühl. Dass Herr Kellner dieses besitzt, kann man schmecken: Seine Frischkäselaiberl sind ebenso gefragt wie sein Ziegenfeta, sein Camembert oder auch die würzigen Schnittkäse.

**Links oben:** Die Tiere sind neugierig und lassen sich gerne porträtieren.
**Links unten:** Wichtig bei der Käseherstellung ist das regelmäßige Abwaschen und Bürsten der Rinde mit Salzlake. **Oben:** Eine Herde von rund 120 Ziegen in Schach zu halten, ist gar nicht so einfach …

*Baden*

## Tarte mit Ziegenkäse

*Die zartknusprigen Tartes oder Quiches mit ihrem saftigen Belag haben ihre Wurzeln nicht in Deutschland. Sie kamen im Laufe der Jahre über die französische Grenze ins Badische und eroberten von hier aus den Gaumen vieler deutscher Feinschmecker. Unzählige Variationen gibt es davon, hier eine meiner Lieblingstartes.*

*300 g Tiefkühlblätterteig, aufgetaut*

*50 g Räucherspeck, in kleine Würfel geschnitten*

*30 g Butter*

*2 Stangen Lauch, geputzt und in Scheiben geschnitten*

*2 EL fein gehackte Petersilie*

*Salz, frisch gemahlener Pfeffer*

*Frisch geriebene Muskatnuss*

*4 kleine, runde gereifte Ziegenfrischkäse*

*1 Fleischtomate, gehäutet, entkernt und gewürfelt*

*200 g Sahne*

*2 Eier*

◆ Die Blätterteigplatten übereinander legen und auf der bemehlten Arbeitsfläche 3 mm dick zu einer runden Platte von etwa 27 cm Durchmesser ausrollen. Eine mit kaltem Wasser ausgepülte, möglichst beschichtete Tarteform von 24 cm damit auskleiden. Den Boden mehrmals mit einer Gabel einstechen. Die Form mit Frischhaltefolie bedeckt kalt stellen und den Backofen auf 220 °C vorheizen.

◆ Den Räucherspeck in der Butter anbraten, den Lauch dazugeben und bei schwacher Hitze bissfest garen. Die Petersilie unterrühren und mit Salz, Pfeffer und Muskat würzig abschmecken.

◆ Das etwas abgekühlte Gemüse gleichmäßig auf dem Blätterteig verteilen. Die Ziegenkäse jeweils quer in 3 Scheiben schneiden und auf das Lauchbett legen. Rundherum die Tomatenwürfel verteilen.

◆ Die Sahne mit den Eiern verquirlen, mit Salz, Pfeffer und Muskat würzen und die Mischung mit einem großen Löffel über der Tarte verteilen. Im heißen Ofen in etwa 20–25 Minuten backen.

*Für 6–8 Personen*

*Lauwarm mit fruchtigem Weißwein genießen.*

*Bayern und Franken*

# Bratensülze

*Knöcherlsulz oder Bratensulz gab es in den 1960er-Jahren in jedem bayerischen Dorfwirtshaus, und man wusste genau, wer sie noch »richtig« machte – also mit Kälber- und Schweinefüßen und nicht mit Gelatine. Ich erinnere mich daran, wie es mich schüttelte, wenn meine Mama ihre heiß geliebte Knöcherlsülze aß und mit Wonne die gelee-umhüllten Schweinefüße abknabberte. Der Rest der Familie entschied sich immer für die wesentlich einfacher zu essende Bratensülze. Hier das Rezept ohne Gelatine – wenn Ihnen das zu zeitaufwendig ist, nehmen Sie stattdessen auf 1 Liter Brühe 10 Blatt Gelatine.*

> *2 Schweinefüße, 1 Kalbsfuß, vom Metzger zerhacken lassen*
>
> *1 Bund Suppengrün, grob zerschnitten*
>
> *Salz*
>
> *1 Lorbeerblatt*
>
> *2 frische Majoranzweige*
>
> *8 Pfefferkörner*
>
> *100 ml Weißweinessig*
>
> *1 ½ l Wasser*
>
> *600 g Schweinenacken*
>
> *1 große Essiggurke, in Scheiben geschnitten*
>
> *1 große gekochte Karotte, in Scheiben geschnitten*
>
> *2 hart gekochte Eier, geschält und in Scheiben geschnitten*
>
> *4 Petersilienstängel, Blätter abgezupft*

◆ Die Schweine- und Kalbsfüße waschen, in einen großen Topf geben und Suppengrün, Salz und die Aromen dazugeben. Mit Essig und Wasser begießen und zum Kochen bringen. Unter gelegentlichem Abschäumen etwa 1 Stunde köcheln lassen.

◆ Den Schweinenacken in die kochende Brühe geben und bei schwacher Hitze in 1 Stunde weich garen. Das Fleisch herausnehmen und abkühlen lassen. Die Brühe durch ein Sieb gießen und noch einmal herzhaft mit Salz und mit Essig abschmecken.

◆ Das Fleisch in dünne Scheiben schneiden und auf vier tiefe Teller verteilen. Mit Gurken-, Karotten-, Eierscheiben und Petersilienblättern garnieren und vorsichtig mit der Brühe begießen. Die Sülze im Kühlschrank, am besten über Nacht, erstarren lassen. Am nächsten Tag gut gekühlt und mit knusprigen Bratkartoffeln als Beilage servieren.

*Für 4 Personen*

---

*Mecklenburg-Vorpommern*

# Gänseweißsauer – Gänsesülze

*Nie vergesse ich die Rauchschwaden, die aus meinem Küchenfenster kamen, als ich von einem längeren Schwätzchen bei meinen Nachbarn zurückkam. Ich hatte die Kalbsfüße für meine Gänsesülze auf der Kochplatte – höchste Stufe – völlig vergessen. In diesem Jahr wurde die Sülze dann mit Gelatine zubereitet. Einst war die Sülze (im Bild) eine Resteverwertung: Gänseklein und Fleischreste wurden in Pommern auf diese Weise schmackhaft verarbeitet.*

> *4 Gänsekeulen*
>
> *1 Zwiebel*
>
> *1 Lorbeerblatt*
>
> *Je 1 kleiner Rosmarin- und Thymianzweig*
>
> *8 Pfefferkörner*
>
> *2 Wacholderbeeren, 1 Gewürznelke*
>
> *1,2 l Wasser, Salz*
>
> *1 dicke Lauchstange, erst in 5 cm lange Stücke, dann in schmale Streifen geschnitten*
>
> *2 dicke Möhren, erst in 5 cm lange Stücke, dann in schmale Streifen geschnitten*
>
> *100 g Knollensellerie, erst in dünne Scheiben, dann in 5 cm lange Streifen geschnitten*
>
> *8 Blatt Gelatine*
>
> *6–8 EL Weißweinessig*
>
> *4 Majoranstängel*

◆ Die Gänsekeulen waschen und mit der ungeschälten Zwiebel und den Aromen in einen Topf geben. Mit Wasser begießen, salzen und 1 ½–2 Stunden bei schwacher Hitze köcheln lassen.

◆ Die gegarten Keulen herausnehmen und von Haut, Knochen und Knorpeln befreien. Das Gänsefleisch in kleine Würfel schneiden.

◆ Die Gänsebrühe durch ein Sieb gießen und die Gemüsestreifen darin bissfest kochen. Mit einem Schaumlöffel herausheben und abtropfen lassen.

◆ Die Gelatine in kaltem Wasser einweichen, ausdrücken und in der heißen Brühe auflösen. Mit Essig und Salz abschmecken. In vier Förmchen jeweils 1 Majoranzweig legen, das Gänsefleisch abwechselnd mit dem Gemüse darauf verteilen und die Brühe darüber gießen. Die Sülze über Nacht im Kühlschrank erstarren lassen, gestürzt mit Bratkartoffeln genießen.

*Für 4 Personen*

## Senf: entweder rheinisch scharf oder bayrisch süß

Schon Pythagoras war der Meinung, Senf schärfe nicht nur Speisen, sondern auch den Verstand, und Guido Breuer, Senfmüller aus Monschau, ist felsenfest davon überzeugt, dass Mostrich dem Magen gut tut. Damit steht er nicht alleine, diese positive Wirkung auf die Verdauung ist längst wissenschaftlich untermauert.

Der Rheinländer Senfmacher produziert in seiner über hundertjährigen Senfmühle nach handwerklicher Tradition 13 verschiedene Senfvarianten, darunter fruchtige Kreationen mit Orangen und Limonen und herzhafte mit Meerrettich, Kümmel und Knoblauch. Von seinem Senf sollte nicht nur ein Klecks zum Würstchen verzehrt werden, sondern er kann auch Gerichte verfeinern. Selbst zu süßem Naschwerk muss er seinen Senf dazugeben: Pralinen mit scharfer Würze sind sein neuester Gag. Der Senfmüller lässt sich übrigens gerne über die Schulter schauen, denn bei ihm gibt es keine Geheimnisse. Seine historische Senfmühle kann man jeden Mittwochnachmittag besichtigen (Adresse siehe Glossar).

Ob für seine raffinierten Senfsorten, für den extrascharfen Löwensenf oder für den süßen, bayerischen Weißwurstsenf, der Rohstoff ist immer die Saat von drei Pflanzen: die eher milden Körnchen von Sinapis alba und die schärferen, dunklen Samen von Brassica nigra sowie Brassica juncea. Der Senfmacher setzt das Senfmehl abends mit Wasser und Essig an und zermahlt es am nächsten Morgen zwischen zwei schweren Basaltsteinen so fein, dass das Senfmehl ausquillt und eine homogene Masse entsteht. Anschließend werden die gewünschten Aromen beigefügt.

Bei der handwerklichen wie auch bei der industriellen Herstellung, die natürlich überwiegt, ist die Zugabe von Konservierungsmitteln grundsätzlich verboten.

Ein Senfklassiker ist der scharfe Löwensenf, der in der 1920 von Otto Frenzel gegründeten Düsseldorfer Senffabrik erfunden wurde. Es gelang ihm erstmals, den aus Braunsaat hergestellten Senf durch Aussieben der Schalen als helle Variante auf den Markt zu bringen. Heute ist der Düsseldorfer Löwensenf ein Begriff in aller Welt.

Was den Rheinländern ihr scharfer Senf ist, das ist den Bayern ihr süßer Senf, der eine Weißwurst zwingend begleiten muss. Wenn man sieht, wie üppig der Verbrauch pro Wurst ist, denke ich bisweilen, dass die Weißwurst nur als Senfträger erfunden wurde. Der Lieblingssenf der Bayern ist der immer noch nach alter Tradition hergestellte Händlmaier Senf. Als der Metzgermeister Karl und seine Frau Johanna Händlmaier eine eigene Metzgerei in Regensburg aufmachten, wollte Johanna ihren Kunden etwas ganz Besonderes bieten. Sie kochte täglich einen großen Topf süßen Senf, den sie dann zu den Würsten verkaufte. Man schrieb das Jahr 1914, als der Grundstein für den ersten »süßen Hausmachersenf« gelegt wurde.

---

### Berlin

## Tatar

*Man kann Tatar natürlich bei jedem Metzger frisch durchgedreht kaufen. Aber noch feiner schmeckt es, wenn man sich die Zeit nimmt und das Filet mit einem scharfen großen Messer selbst ganz fein hackt.*

> *600 g gut abgehangenes Rindfleisch, Lende oder Filet*
> *4 ganz frische Eigelbe*
> *1 große Zwiebel, geschält und in kleine Würfel geschnitten*
> *4 TL kleine Kapern*
> *1 große Essiggurke, in kleine Würfel geschnitten*
> *4 TL mittelscharfer Senf*
> *Evtl. 4 eingelegte, gewässerte Sardellen*
> *Salz*
> *Frisch gemahlener Pfeffer*
> *Cayennepfeffer*

◆ Das Fleisch in vier Portionen teilen und mit einem breiten, scharfen Messer fein hacken oder durch eine nicht zu feine Scheibe des Fleischwolfes drehen.

◆ Die gehackten Fleischportionen auf vier großen Tellern kuppelförmig anrichten. In die Mitte jeweils eine Mulde drücken und 1 Eigelb hineingeben.

◆ Rundherum die Zwiebelwürfel, Kapern, Essiggurken, Senf und eventuell die Sardellen dekorativ anordnen. Salz, eine Pfeffermühle und Cayennepfeffer auf dem Tisch bereitstellen.

◆ Nun kann jeder individuell und nach Herzenslust sein Tatar würzig abschmecken.

---

*Für 4 Personen*

*Dazu isst man Bauernbrot oder Roggenbrötchen mit Butter und trinkt ein kühles Bier.*

## Westfalen

# Schinkenterrine

*Saftigen Kochschinken findet man in jeder Metzgerei landauf, landab. Hinzu kommen noch die regionalen geräucherten oder luftgetrockneten Schinken, wie Schwarzwälder, Holsteiner oder Ammerländer Schinken, um nur einige zu nennen. Mal kräftig würzig, mal sehr mild – für jeden Geschmack ist etwas dabei.*

*500 g Lachsschinken am Stück*
*4 cl Apfelbrand*
*250 g Schweinefleisch, in Würfel geschnitten*
*250 g roher fetter Speck, in Würfel geschnitten*
*2 Schalotten, geschält und in Stücke geschnitten*
*½ Bund Petersilie, grob gehackt*
*Salz und frisch gemahlener Pfeffer*
*2 Wacholderbeeren, fein gehackt*
*1 TL frisch gehackte Majoranblätter*
*2 Eigelbe*
*30 g Pistazien, geschält und halbiert*
*200 ml Kalbsfond*
*4 Gelatineblätter*

◆ Den Schinken auf die Länge der Terrinenform so zurechtschneiden, dass ein Streifen von 3 cm Stärke entsteht. Den Schinkenstreifen auf ein ausreichend großes Stück Alufolie legen, mit Apfelbrand bepinseln und mit Folie umhüllt marinieren.

◆ 100 g Schinkenabschnitte in kleine Würfel, den Rest in Stücke schneiden. Das gut gekühlte rohe Schweinefleisch, den Speck und die Schinkenstücke im Mixer portionsweise fein zerhacken, dabei die Schalotten und die Petersilie hinzugeben. Die Masse kurz in das Tiefkühlgerät stellen.

◆ Eine für die Form ausreichend große Kasserolle, drei Finger hoch mit Wasser gefüllt, in den Backofen stellen und diesen auf 180 °C vorheizen.

◆ Salz und Pfeffer, Aromen, Eigelbe, Pistazien und Schinkenwürfel unter die Fleischmasse rühren. Die Hälfte davon in die mit Speck ausgeriebene Form geben, den marinierten Schinkenstreifen darauf legen und mit der restlichen Farce bedecken. Die Form mit einem Deckel oder mit Alufolie verschließen und im Wasserbad im Ofen 1 Stunde garen.

◆ Den Kalbsfond erhitzen und die in etwas kaltem Wasser eingeweichten Gelatineblätter darin auflösen. Die abgekühlte Terrine damit begießen und über Nacht erstarren lassen.

*Für 8–12 Personen*

**Oben:** Kritisch prüft der Senfmacher in der »Schwerter Senfmühle«, ob die Körnung bereits die richtige Konsistenz hat.
**Unten:** Schonend wird die Senfsaat in den Mahlwerken zerrieben, bis sie ihr feinwürziges Aroma freigibt.

## Es geht um die Wurst

Auf eine gute Wurst lässt der Deutsche nichts kommen – das spiegelt auch die Vielfalt der geschätzt 1500 Wurstsorten wider. Und jede Region hat ihre ganz speziellen Favoriten, alleine bei den Bratwürsten sind die Unterschiede enorm. Wehe, man vergleicht die Thüringer Bratwurst mit den Nürnberger Rostbratwürsten. Oder mit einer Berliner Bratwurst, die, in Scheiben geschnitten, mit Curry bestreut und mit Schaschliksauce übergossen, auch heute noch als Currywurst an jeder Ecke angeboten wird – sie ist der Berliner Imbiss-Klassiker schlechthin. Der Münchner schwört auf seine Weißwurst, die traditionell das Zwölfuhrläuten nicht hören darf. In Bremen muss es »Pinkel« sein, eine geräucherte Grützwurst, die man zum Grünkohl serviert. In Hannover hingegen begleitet die Brägenwurst, eine fette Wurst, die ursprünglich mit Hirn zubereitet wurde, das beliebte winterliche Gemüse des Nordens, das auch »Oldenburger Palme« genannt wird.

Nicht zu vergessen die würzigen Hartwürste wie die Westfälische Cervelat, Holsteiner Katenrauchwurst oder Rügenwalder Teewurst, um nur einige zu nennen, die ihren Ursprung vorwiegend in den westlichen und nördlichen Gebieten Deutschlands haben.

In der Pfalz streicht man herzhafte, majoranwürzige Leberwurst aufs Bauernbrot zum Schoppen, und man ist felsenfest davon überzeugt, dass »Weck, Wurst und Wein« untrennbar zusammengehören.

Um den Überblick über die weichen und harten, fetten und mageren, würzigen und milden Würste nicht zu verlieren, hat man sie in drei Kategorien unterteilt.

**Oben:** Auf sympathische Weise wirbt man in Thüringen für die köstlichen, auf Holzkohle gegrillten Thüringer Rostbratwürste.
**Rechts:** Saure Zipfel – mit viel frischem Meerrettich und Schwarzbrot – sind ein Lieblingsessen der Franken.

---

*Franken*

# Saure Zipfel

*Was dem Münchner seine Weißwürste, sind dem Franken seine Bratwürste. Sie werden in Essigwasser gekocht, bis sie bläulich werden und sich fest anfühlen. Deshalb stehen sie häufig auch als »Blaue Zipfel« auf der Speisekarte. Traditionell werden die Zipfel – egal ob sauer oder blau – mit frisch geriebenem Meerrettich serviert, der im Frankenland bestens gedeiht. »Auf keinen Fall Nürnberger Rostbratwürste dafür nehmen, die sind zu fett«, sagte mir mein fränkischer Freund Ludwig, »es müssen die Fränkischen Bratwürste sein, die etwas länger sind und beim Kochen schön fest werden. Und Möhren haben im Kochsud nichts verloren«, merkte er noch an, als er mein Rezept überprüfte. Also: weg damit und die sauren Zipfel original fränkisch nur mit Zwiebelringen kochen.*

> 1 l Wasser
> ⅛ l Weißwein, z. B. Silvaner aus Franken
> ⅛ l Weißweinessig
> 4 mittelgroße Zwiebeln, geschält und in Ringe geschnitten
> 1 Lorbeerblatt
> 4 Wacholderbeeren
> 10 Pfefferkörner, Salz
> 8 Paar fränkische Bratwürste
> 1 Bund Schnittlauch, grob geschnitten
> Reichlich frisch geriebener Meerrettich

◆ Das Wasser zusammen mit Weißwein und Essig in einen Topf gießen. Die Zwiebelringe, Lorbeerblatt, Wacholderbeeren, Pfefferkörner und Salz hineingeben und das Ganze etwa 15–20 Minuten bei schwacher Hitze köcheln lassen.

◆ Die Würste in den Sud legen, den Topf mit einem Deckel verschließen und sofort von der Kochplatte nehmen. Die Bratwürste zugedeckt etwa 15 Minuten ziehen lassen, bis sie sich fest anfühlen.

◆ Die Würste mit dem Sud und den Zwiebeln in eine Terrine gießen und üppig mit frischem Schnittlauch bestreuen. Reichlich frisch geriebenen Meerrettich separat dazu servieren.

---

*Für 4 Personen*

*In Franken isst man entweder Kartoffelpüree oder Bauernbrot dazu.*

**Brühwürste** (davon gibt es die meisten Sorten, ca. 750): Sie werden aus rohem Schweine- oder Rindfleisch und Speck hergestellt und mit Pökelsalz, Eis und Gewürzen zu Brät verarbeitet, das dann in Natur- oder Kunststoffdärme gefüllt wird. Anschließend werden sie – wie der Name schon verrät – im siedenden Wasser (75 Grad) gebrüht. Je nach Sorte kommen sie noch in eine Räucherkammer, um einerseits die Haltbarkeit etwas zu verlängern, andererseits und vor allem aber auch, um den Würsten einen feinrauchigen Geschmack zu verleihen. Brühwürste müssen immer im Kühlschrank aufbewahrt und so schnell wie möglich verspeist werden.

Zu diesem gefragten Wursttyp zählen: Fleischwurst, Lyoner, Wiener und Frankfurter Würstchen, Knacker und Regensburger, Aufschnittwürste wie Bierschinken, Ansbacher, Jagdwurst und die bei Kindern seit Jahrzehnten so beliebte Gelbwurst. Weitere Brühwurstklassiker sind Fleisch- oder Leberkäs und Weißwürste.

In den letzten Jahren gibt es Roh-, Brüh- und Kochwürste auch aus fettarmem Geflügel- oder Putenfleisch. Diese »Kalorien-Leichtgewichte« gewinnen immer mehr an Bedeutung.

Die zweite Wurstkategorie sind die **Kochwürste,** von denen es bundesweit etwa 350 verschiedene Sorten gibt. Kochwürste werden aus – wie der Name schon verrät – vorgekochtem Fleisch, Innereien und Gewürzen gemacht. Ausnahme bilden die in vielen Regionen so heiß geliebten Blut- und Leberwürste, die vorwiegend aus rohen Zutaten produziert werden. Nachdem diese in Natur- oder Kunststoffdärme gefüllt wurden, werden sie gegart und je nach Sorte noch geräuchert. Neben den genannten Wurstspezialitäten zählen auch Zungenwurst, Presssack, Schwartenmagen und der berühmte Pfälzer Saumagen zu dieser Gruppe.

Auch Kochwürste sind nur kurze Zeit haltbar und müssen unbedingt im Kühlschrank aufbewahrt werden.

Die haltbarsten Würste sind **Rohwürste,** und davon gibt es mindestes 550 verschiedene Sorten quer durchs Land. Rohes Fleisch und kerniger Speck werden miteinander zerkleinert, gepökelt, herzhaft gewürzt und in Wurstdärme gefüllt. Ihre Reife und auch das

unvergleichliche Aroma erhalten die schmackhaften Würste je nach Typ durch Trocknen oder Räuchern. Bekannt und geschätzt sind zum Beispiel die Schwarzwälder Landjäger, die Cervelat aus Westfalen, die Katenrauchwurst aus Holstein, Plockwurst und die vielen, vielen Hartwürste, die vor allem rund um Hannover ihre Wurzeln haben. Übrigens: Die typische Spezialität aus dem Norden, die Aalrauchmettwurst, hat nur am Rande etwas mit Aal zu tun. Man übernahm einfach die Räuchermethode der Aale für diese Würste, und verlieh ihnen damit eine ganz spezielle Würze.

All diese wunderbar duftenden Rohwürste halten sich mehrere Wochen und viele Sorten werden durch längere Lagerung oftmals noch besser.

## Extrafeiner Gruß aus der Pfalz

»Saumagen für alle«, so könnte die Devise lauten, denn diesen bekommt jeder Gast im Restaurant »Zur Krone« in Herxheim/Hayna serviert – und zwar vom Sternekoch Karl-Emil Kuntz. Und dieser köstliche Willkommensgruß illustriert die enge Verbundenheit des Spitzenkochs zu seiner Heimat. Für den »Pfälzer Bub«, wie er sich selbst gerne bezeichnet, stand von Kindesbeinen an fest, Koch zu werden und dann die elterliche Gastwirtschaft – die seit 300 Jahren in der Hand der Familie Kuntz liegt – zu übernehmen. Nach den Lehr- und Wanderjahren, die ihn unter anderem auch in das Restaurant »Erbprinz« in Ettlingen sowie zum berühmten »Stucki« in Basel führten, kehrte er voller kreativer Ideen heim an den elterlichen Herd.

Seit 1984 setzt der dynamische Koch die ganze Bandbreite seines Könnens in seinem Gourmetrestaurant um. Sein Kochstil – ein Mix aus mediterraner und französischer Küche, bei der die regionalen Einflüsse aber nie zu kurz kommen – erntete bald Anerkennung. Bereits 1985 wurde er vom *Gault Millau* zum »Aufsteiger des Jahres« gekürt, und im Jahr darauf gab es den ersten Michelinstern, der seither ununterbrochen über der »Krone« leuchtet.

Der Kochkünstler Karl-Emil Kuntz liebt es, kleine feine Kunstwerke auf die Teller zu zaubern. In der »Krone« setzt sich das Menü daher nicht so sehr aus den einzelnen Gängen zusammen, sondern vielmehr ist jeder Gang für

sich genommen ein aufregendes kulinarisches Potpourri. Und alles schmeckt so unwiderstehlich gut, dass man jeden Gedanken an die gewichtsmäßigen Folgeerscheinungen sofort verwirft. Es ist ratsam, in dem zum Restaurant gehörenden, herzlich geführten Landhotel zu übernachten – so kann man auch die große Auswahl an Wein – allen voran natürlich Pfälzer Weine – getrost und ausgiebig genießen.

Sollte es doch ein wenig zu viel des Guten geworden sein, dann können Sie frühmorgens mit dem drahtigen und trainierten Koch durch die Südpfalz joggen. Jeder gewichtsgebeutelte Feinschmecker ist ob dem schlanken, sportlichen Karl-Emil Kuntz überrascht, der es schafft, bei diesen Köstlichkeiten so in Form zu bleiben und morgens vor der Arbeit erst einmal 20 Kilometer zu laufen. Für den Marathonläufer ist dieser sportliche Auftakt zur frühen Stunde allerdings eine optimale Einstimmung auf den anstrengenden Tag in der Küche.

Wer die typische, bodenständige Pfälzer Küche genießen will, der geht im gleichen Haus in die »Pfälzer Stuben«. Hier gibt es eine reiche Auswahl an echten Pfälzer Spezialitäten, und dazu gehört natürlich auch Pfälzer Saumagen – unverfälscht. Der pfiffige Koch macht aber auch dort seine Gäste mit einem raffinierten Saumagen-Carpaccio oder mit Terrinen aus Reh und Gänseleber neugierig auf die Grande Cuisine. Umgekehrt bekommen die Gäste im Gourmetrestaurant natürlich auch eine Saumagenversion – die nebenstehenden Würstchen – als kleinen Pfälzer Gruß aus der Küche kredenzt.

Zur Krone
Hauptstraße 62–64
76863 Herxheim, Ortsteil Hayna
www.hotelkrone.de
info@hotelkrone.de
Tel.: 07276 / 5080
Fax: 07276 / 50814

## Pfalz

# Saumagenwürstchen

*Von Karl-Emil Kuntz, Hotel Krone*

*400 g grobes Schweinebrät (beim Metzger vorbestellen)*

*350 g gepökeltes, gekochtes und klein gewürfeltes Schweinefleisch oder Schweinebäckchen*

*300 g gekochte Kartoffeln, klein gewürfelt*

*200 g Zwiebeln, gewürfelt und in 20 g Butter angedünstet*

*50 g Petersilie, gehackt*

*Salz und frisch gemahlener Pfeffer*

*1 kleine Knoblauchzehe, fein gerieben*

*Frisch geriebene Muskatnuss*

*1 Messerspitze Piment, gemahlen*

*1 Messerspitze Koriandersamen, gemahlen*

*Dünne Naturdärme (beim Metzger vorbestellen)*

*FÜR DAS SAUERKRAUT*

*50 g Zwiebeln, klein gewürfelt*

*30 g Schweineschmalz*

*500 g Sauerkraut*

*¼ l Pfälzer Riesling*

*200 ml Wasser*

*1 kleine Kartoffel, geschält und fein gerieben*

*1 Gewürzbeutel (mit 1 Lorbeerblatt, 2 Wacholderbeeren und 1 Gewürznelke)*

*Salz, frisch gemahlener Pfeffer*

*1 Apfel, geschält, entkernt und in Würfel geschnitten*

*20 g Butter*

*80 g geschlagene Sahne*

*Etwas Puderzucker*

◆ Für die Saumagenwürstchen die angegebenen Zutaten miteinander vermischen und herzhaft abschmecken. Die Masse in gewässerte Därme füllen und im Abstand von wenigen Zentimetern abdrehen. Das macht man, indem man den gefüllten Darm hochhebt und gegenläufig dreht. Die Würstchen im 80 °C heißen Wasser 20 Minuten garen.

◆ Die Zwiebelwürfel im heißen Schmalz anbraten. Das Sauerkraut mit Riesling, Wasser, Kartoffeln und Gewürzbeutel dazugeben und langsam weich kochen.

◆ Den Gewürzbeutel entfernen und das Kraut mit Salz und Pfeffer abschmecken. Die Apfelwürfel in der heißen Butter schwenken, mit etwas Puderzucker glasieren. Die glasierten Äpfel mit der Schlagsahne unter das Kraut mischen. Zum Servieren die Würstchen auf dem Kraut anrichten.

*Für 6–8 Personen*

## Mecklenburg-Vorpommern

# Kurländer Speckkuchen

*Seinen Ursprung hat das knusprige, herzhafte Gebäck (siehe Bild) in Kurland in Ostpreußen. Im Laufe der Geschichte ist das würzige Gebäck jedoch in allen preußischen Regionen heimisch geworden. Hier eine moderne Variante, ideal als Partysnack.*

> 250 g Mehl, Salz
> 10 g Hefe
> 1 Prise Zucker
> 2 EL warme Milch
> 2 Eigelbe
> 200 g Butter

**FÜR DIE FÜLLUNG**
> 100 g Räucherspeck, in Würfel geschnitten
> 400 g Wirsing oder junger Weißkohl, geputzt, in feine Streifen geschnitten
> 1 kleine rote Paprika, geputzt, in Würfel geschnitten
> 1 Apfel, geschält, entkernt, in Würfel geschnitten
> 1 Messerspitze gemahlener Kümmel, Salz
> Frisch gemahlener Pfeffer
> 1 EL fein geschnittener Dill
> 2 EL Crème fraîche
> 1 Ei, getrennt
> Einige EL Sesam- und Mohnsamen

◆ Mehl und Salz in eine Schüssel geben, in die Mitte eine Mulde drücken und die Hefe hineinbröckeln. Mit Zucker bestreuen und mit Milch verrühren. Eigelb und Butter in kleinen Flocken dazugeben und rasch mit kalten Händen zu einem glatten Teig verkneten. Mit Folie umhüllt, am besten über Nacht, kühl stellen.

◆ Speck anbraten, Kohl, Paprika und Äpfel dazugeben und bissfest braten. Mit Kümmel, Salz und Pfeffer würzen. Dill und Crème fraîche untermischen und abkühlen lassen. Backofen auf 180 °C vorheizen.

◆ Den kalten Hefeteig dünn ausrollen und Kreise mit 12 cm Durchmesser ausschneiden. Jeweils etwas Füllung darauf geben und die Ränder mit Eiweiß bepinseln. Zusammenklappen und die Ränder andrücken. Mit verquirltem Eigelb bestreichen, mit den Samen bestreuen und im vorgeheizten Backofen in 15–20 Minuten goldbraun backen.

*Für 6–8 Personen*

## Alle Weinbauregionen

# Zwiebelkuchen

*In allen deutschen Weinbaugebieten sind Zwiebelkuchen und neuer Wein untrennbar verbunden. Jede Weinregion hat zwar eine dialektische Namensabwandlung, aber gemeint ist immer ein Hefeteig mit einer saftigen Zwiebelmasse belegt und goldgelb gebacken. Zwiebelkuchen unbedingt warm verzehren und natürlich einen neuen Wein, der aber nicht mehr süß sein sollte, dazu trinken.*

> 20 g Hefe
> 1 Prise Zucker
> Ca. ⅛ l lauwarme Milch
> 250 g Mehl, Salz
> 50 g Butter

**FÜR DEN BELAG**
> 200 g durchwachsener Räucherspeck, gewürfelt
> 1,5 kg Zwiebeln, geschält und in Scheiben geschnitten
> 250 g saure Sahne
> 3 Eier, Salz
> Frisch gemahlener Pfeffer
> Frisch gemahlener Kümmel

◆ Die Hefe zerbröckeln, mit Zucker und Milch verrühren und zugedeckt 15 Minuten an einem warmen Ort aufgehen lassen. Das Mehl mit etwas Salz in eine Schüssel geben und die Butter in kleinen Stücken darauf verteilen. Die Hefemilch dazugeben und mit den Knethaken der Küchenmaschine oder einem Kochlöffel zu einem glatten Hefeteig verarbeiten. Zugedeckt an einem warmen Ort 20 Minuten aufgehen lassen.

◆ Die Speckwürfel anbraten, die Zwiebeln dazugeben und bei schwacher Hitze glasig braten.

◆ Die saure Sahne mit den Eiern verrühren und mit Salz, Pfeffer und Kümmel herzhaft würzen. Die abgekühlte Zwiebelmischung unterheben. Den Backofen auf 180 °C vorheizen.

◆ Den Hefeteig ausrollen und auf ein gefettetes Backblech legen, die Ränder dabei etwas hochdrücken. Die Zwiebelmasse gleichmäßig darauf verstreichen.

◆ Im vorgeheizten Backofen auf der mittleren Schiene in 35–40 Minuten goldgelb backen. Vor dem Anschneiden kurz ruhen lassen.

*Für 6–8 Personen*

## Bierkultur von Nord bis Süd

Martin Luther meinte, dass sein schönstes Hochzeitsgeschenk ein Fass »einböckisch« Bier gewesen sei. Thomas Mann schrieb einmal, dass ihm ein Glas Helles »Lehnstuhlbehagen« verschafft habe. Und wie man aus der Geschichte weiß, hatte der Alte Fritz in seinen jungen Jahren das Bierbrauen erlernt. Zahlreiche Brauchtümer drehen sich um den Gerstensaft und prägen die deutsche Kulturgeschichte.

Es ist faszinierend, dass aus nur vier Zutaten – Hopfen, Malz, Wasser und Hefe – an die 5000 verschiedene Biersorten quer durchs Land gebraut werden.

Diese gesetzliche Festlegung der Zutaten, das so genannte Reinheitsgebot, am 23. April 1516 von Bayern-Herzog Wilhelm IV. in Ingolstadt erlassen, ist die weltweit älteste und noch heute in Deutschland gültige Lebensmittelverordnung. Das zunächst nur in Bayern gültige Gesetz, das von offiziellen Bierbeschauern laufend überwacht wurde, galt ab 1906 im ganzen Kaiserreich. Die Weimarer Republik nahm ebenfalls das Reinheitsgebot im Biersteuergesetz auf, weil der Freistaat Bayern 1918 dies mit zur Bedingung für den Beitritt in die Republik machte. Heute noch ist für deutsche Brauer dieses Reinheitsgebot nicht nur traditionelle Verpflichtung, sondern immer noch eine Qualitätsorientierung und -sicherung.

### Hopfen und Malz, Gott erhalt's

Hopfen verleiht dem Bier das typisch herb-bittere Aroma, trägt zur Haltbarkeit bei und sorgt für stabile Schaumbildung, die so genannte Blume. Aber nur weibliche Pflanzen mit den zapfenartigen Blüten dürfen in der vorbereiteten »Malzbrühe« baden. Männliche Blüten werden rigoros aus den Hopfengärten entfernt. Hildegard von Bingen erkannte schon Mitte des 12. Jahrhunderts die beruhigende Wirkung dieser wild wachsenden Doldenpflanze und entdeckte auch, dass Getränke, denen die bitterstoffreiche Pflanze zugesetzt wurde, länger haltbar waren. Das größte zusammenhängende Hopfenanbaugebiet der Welt ist die Hallertau. Diese Gegend um Ingolstadt ist geprägt von den gigantischen Hopfenstangen, die im Sommer wild umrankt werden und im Winter wie eigenwillige Skulpturen aussehen.

Der zweite Bestandteil des Bieres, das Malz, wird aus speziellen Braugersten oder, für Weißbier, aus Brauweizen in einem aufwendigen Prozess gewonnen. Das leicht angekeimte Korn, Grünmalz genannt, wird »gedarrt« (getrocknet), anschließend geschrotet und mit Wasser, das möglichst weich sein sollte, eingemaischt. Beim anschließenden Erhitzen verwandeln die Enzyme die Stärke in Malzzucker. Nachdem die Maische von den festen Bestandteilen befreit ist, lässt man das Ganze noch ein wenig köcheln, bevor der Hopfen dazu-

kommt. Dann wird die »Biersuppe mit Einlage« auf fünf Grad heruntergekühlt und kommt in den Gärkeller. Eine spezielle Bierhefe leitet die Gärung sofort ein. Nach etwa einer Woche kann die Hefe entfernt werden und das Bier lagert, je nach Typ unterschiedlich lange, im Lagerkeller, bis es schließlich filtriert und abgefüllt wird und endlich schäumend im Glas den Biergenießer erfreut.

## Bier – ein vielfältiges Naturprodukt

Die unterschiedlichen Geschmacksrichtungen haben vielerlei Ursachen: Wurde es mit ober- oder untergärigen Hefen vergoren? Wie viel Stammwürze und Alkohol enthält es? Ist der Anteil an Hopfen oder an Malz höher? Wie weich oder hart ist das verwendete Wasser? Und nicht zuletzt: Welche Vorlieben haben die Menschen in den verschiedenen Regionen?

Im Norden zum Beispiel bevorzugen die Biertrinker ein eher bitterherbes, hopfenaromatisches Pils, das ursprünglich aus Pilsen kommt und daher seinen Namen hat. Bekannte Brauerstädte sind Bitburg und Warstein.

Weiter im Westen sind zwei unterschiedliche Biertypen fest mit den Städten verbunden. Düsseldorf ist berühmt für dunkles, obergäriges Altbier, das je nach Brauerei mal hopfig und mal mehr malzig schmecken kann. Altbier wird in den Altbierkneipen der Düsseldorfer Altstadt in den typischen zylindrischen 0,2-Liter-Bechern ausgeschenkt. Die Kölner hingegen – nur einen Steinwurf von Düsseldorf entfernt – schwören auf ihr Kölsch, das nur von einigen Brauereien innerhalb der Stadtgrenze und der nächsten Umgebung gebraut werden darf, darüber wacht die »Kölsch-Konvention«. Das hopfenbetonte, hefearomatische, goldgelbe Bier wird in 0,2-Liter-Stangen vom »Köbes« (Kellner) in den Kölner Kneipen auf einem runden Tablett mit einem Stielgriff in der Mitte zu den Tischen gebracht. Die kleinen Fässchen für den häuslichen Konsum heißen Pittemännchen.

Ein weiteres Highlight in der bunten Bierpalette sind die Münchner Biere – schlicht als Helles und Dunkles bezeichnet. Beide sind typische Münchner Produkte. In der ersten Hälfte des 19. Jahrhunderts waren es die Münchner Brauer, die eine neue Technik entwickelten, um den Brauprozess des untergärigen Bieres zu verbessern und dadurch das Bier transportfähig zu machen. Dieses Know-how wurde weltweit übernommen und dadurch wurde Münchner bzw. bayerisches Bier zum Inbegriff guten Bieres. Gleichzeitig aber kämpfte der Münchner Georg Schneider als Einziger um den Erhalt des obergärigen Weiß- oder Weizenbieres, dass von den untergärigen Bieren völlig verdrängt wurde. Heute ist dieses spritzige Weizen eine überaus beliebte Biersorte, die von vielen Brauereien wieder gebraut wird. Eine weitere Münchner

Bierspezialität ist das bernsteinfarbene, malzig schmeckende Märzenbier, das ursprünglich im Frühjahr gebraut wurde und etwas intensiver in der Stammwürze und im Alkoholgehalt war und ist, damit es sich bis zum Oktoberfest hält. Heute ist es ganzjährig erhältlich.

Eine Bierbesonderheit ist das »Schlenkerla Rauchbier«, das im oberfränkischen Bamberg gebraut wird. Der Name entstand, so erzählt man sich, weil einer der Väter dieses Bieres »a wengla mit seina Orm gschlenkert hot«. Für diesen Biertyp wird das aus der Gerste gewonnene Malz über einem offenen Holzfeuer geräuchert. Der sich dabei entwickelnde Geschmack gibt dem Bier seinen eigentümlichen, markanten Charakter.

In Thüringen trinkt man am liebsten ein Schwarzbier, ein untergäriges Bier, das seine Farbe dem dunkel geröstetem Malz verdankt. Kein geringerer als Bismarck hat das charaktervolle Bier der Köstritzer Brauerei sehr geschätzt. Es schmeckt herb und hat eine auffallend lang anhaltende Blume. Das Pedant dazu ist das Schwarzbier vom Kulmbacher Mönchshof.

Und nicht zu vergessen das Bockbier, ursprünglich abgeleitet von Bier aus Einbeck, heute aber vorwiegend in Bayern und Franken gebraut und getrunken. 16 Prozent Stammwürze sind die Basis, wenn's mehr als 18 Prozent sind, dann ist es ein Doppelbock, der seine Wirkung hinterlässt.

Prosit! Das kommt aus dem Lateinischen und bedeutet: »Es möge nützen«.

**Links:** Im Frühling ein hübscher Anblick in der Hallertau, wenn sich der Hopfen an riesigen Stangen entlangrankt. **Rechts oben:** Was in der Braupfanne geschieht, wird heute computergesteuert überwacht. **Rechts unten:** Wie gut das Brauergebnis schmeckt, steht dieser zufriedenen Herrenrunde ins Gesicht geschrieben.

*Rheinland*

# Rheinischer Kartoffelsalat

*Im Rheinland wird Kartoffelsalat mit Mayonnaise ange-
macht und zu Frankfurter Würstchen, gegrillten Bratwürsten, Frikadellen oder zu Russischen Eiern gegessen.
Letztere findet man dort in Altbier- oder Kölschkneipen
auf der Karte, und der wohlschmeckende Salat darf natürlich auf keinem Party-Büfett fehlen.*

*1 kg fest kochende Kartoffeln*

*1 große Zwiebel, geschält, gewürfelt*

*2 große Gewürzgurken, gewürfelt*

*2 hart gekochte Eier, geschält, gewürfelt*

*2 Selleriestangen, gewürfelt*

*1 großer Apfel, geschält, entkernt und gewürfelt*

*100 g Erbsen, gekocht*

*¼ l heiße Fleischbrühe*

*6 EL Weißweinessig*

*Salz*

*Frisch gemahlener Pfeffer*

*2 Eigelbe*

*1 TL Senf*

*2 EL frischer Zitronensaft*

*¼ l Öl*

*½ Bund Schnittlauch, fein geschnitten*

◆ In einem Topf mit Siebeinsatz Wasser zum Kochen
bringen. Die Kartoffeln gründlich waschen und in
den Siebeinsatz legen. Zugedeckt je nach Größe der
Kartoffeln 35–45 Minuten dämpfen.

◆ Zwiebel-, Gurken-, Eier-, Sellerie- und Apfelwürfel
sowie die Erbsen vermischen.

◆ Die Kartoffeln ausdampfen lassen, aber noch heiß
schälen. Etwas abgekühlt in kleine Würfel schneiden
und mit den vorbereiteten Salatzutaten vermischen.

◆ Die heiße Fleischbrühe mit Essig, Salz und Pfeffer
verquirlen und darüber gießen. Vorsichtig vermischen
und 15 Minuten durchziehen lassen.

◆ Die Eigelbe mit Senf, Zitronensaft, Salz und Pfeffer
in einem Mixer oder mit dem Pürierstab mixen und
nach und nach das Öl dazugießen. Die Mayonnaise
locker unter den fertigen Kartoffelsalat ziehen und, falls
nötig, nachwürzen. Etwa 30 Minuten durchziehen lassen, mit Schnittlauch bestreuen.

*Für 6 Personen*

*Bayern*

# Kartoffelsalat mit Speckwürfeln

*Kartoffelsalat ist eine typisch deutsche Spezialität, von
Nord nach Süd und von Ost nach West zwar immer ein
wenig anders zubereitet, aber eines gilt für alle: Er muss
aus fest kochenden Kartoffelsorten gemacht werden. In
Bayern mariniert man den Salat mit heißer Fleischbrühe,
und manchmal mischt man zum Schluss als i-Tüpfelchen
kross gebratene Speckwürfel darunter (siehe Bild).*

*800 g fest kochende Kartoffeln, z. B. Sieglinde*

*2 Zwiebeln, geschält, gewürfelt*

*Ca. 200 ml heiße Fleischbrühe*

*4–5 EL Weißweinessig*

*Salz und frisch gemahlener Pfeffer*

*4 EL Öl*

*100 g durchwachsener Räucherspeck*

*2 Hand voll Brunnenkresse, Blätter abgezupft, oder*

*2 Hand voll Endiviensalat, fein geschnitten*

*½ Bund Schnittlauch*

◆ In einem Topf mit Siebeinsatz Wasser zum Kochen
bringen. Die Kartoffeln gründlich waschen und in
den Siebeinsatz legen. Zugedeckt je nach Größe der
Kartoffeln 35–45 Minuten dämpfen.

◆ Die Kartoffeln ausdampfen lassen, aber noch heiß
schälen. Etwas abgekühlt in dünne Scheiben schneiden
und die Hälfte der Zwiebelwürfel unterheben.

◆ Die heiße Fleischbrühe mit Essig, Salz, Pfeffer und
Öl verquirlen und über die Kartoffeln gießen. Behutsam mit einem Salatbesteck mischen und 15 Minuten durchziehen lassen.

◆ Inzwischen die Speckwürfel in einer Pfanne anbraten, die restlichen Zwiebelwürfel dazugeben und
bei mittlerer Hitze goldbraun braten. Die heiße Mischung sofort unter den Salat mischen und noch einmal kurz durchziehen lassen. Je nach Saison die Blätter der Brunnenkresse oder die fein geschnittenen
Endivienblätter unterziehen und mit Schnittlauch
bestreut sofort servieren.

*Für 4 Personen*

*Kartoffelsalat passt gut
zu schweinebraten oder
zu Fleischpflanzerln.*

*Berlin*

# Hoppel-Poppel

*»Bauernfrühstück« heißt diese Kartoffelpfanne mit Eiern in anderen Gegenden Deutschlands. Und ein Bauernfrühstück war es früher auch im wahrsten Sinne des Wortes, denn morgens, vor der schweren Feldarbeit, mussten sich die Bauern mit einer sättigenden Mahlzeit stärken. Die Berliner gaben diesem volkstümlichen Gericht den witzigen Namen »Hoppel-Poppel«, was so viel wie »Durcheinandermischen« bedeutet. Anno dazumal aß man es zum Frühstück, heute ist es mit knackigem grünem Salat ein beliebtes Abendessen.*

40 g Butterschmalz

800 g fest kochende Kartoffeln, am Vortag gekocht, geschält und in Scheiben geschnitten

4 Frühlingszwiebeln, geputzt und in Scheiben geschnitten

200 g roher Schinken, in kleine Würfel geschnitten

4 Majoranzweige, fein gehackt

1 Prise Kümmel, gemahlen

6 Eier

4 EL Milch

Salz und frisch gemahlener Pfeffer

½ Bund glatte Petersilie, grob gehackt

◆ Das Butterschmalz in einer großen Pfanne erhitzen und die Kartoffelscheiben darin unter Wenden anbraten. Frühlingszwiebeln und Schinken dazugeben, mit Majoran und Kümmel würzen. Die Mischung so lange braten, bis die Kartoffeln leicht gebräunt und knusprig sind.

◆ Die Eier in einer Schüssel mit der Milch verquirlen und mit Salz und Pfeffer herzhaft würzen. Über die Kartoffeln geben, vermischen und bei schwacher Hitze in wenigen Minuten stocken lassen. Mit Petersilie bestreuen und entweder in der Pfanne servieren oder in Viertel teilen und auf Tellern anrichten.

*Für 4 Personen*

*Es ist zwar nicht ganz klassisch, aber ich mische gerne noch frisch geriebenen Emmentaler unter die Eier. Wenn etwas übrig bleibt, kann man den Hoppel-Poppel auch in kleine Stücke geschnitten kalt essen.*

## Von Breze bis Pumpernickel

»Der Brotkorb hängt nicht hoch« – und ist sogar gefüllt wie nie zuvor in der Geschichte. Viele Sprichwörter, Floskeln und Gebete ranken sich um die etwa 8000-jährige Geschichte des Brotes und sind immer ein Hinweis für die jeweilige Zeit gewesen. Das Vater Unser beginnt mit »Unser tägliches Brot gib uns heute ...« und zeigt den Stellenwert des Brotes.

Welch unentbehrliche Grundlage Brot für die menschliche Existenz ist, daran erinnern sich vor allem Menschen, die Kriegszeiten miterleben mussten. Heute essen wir Brot zum Genuss und freuen uns, dass wir unter Hunderten von schmackhaften Brotsorten auswählen können. Wenn es um Brot geht, sind wir Deutsche unschlagbar. Kein anderes Land der Welt bietet eine vergleichbare Vielfalt – man spricht von über 400 Brotsorten und 1200 unterschiedlichen Variationen von Kleingebäck. Genau gezählt hat sie keiner, weil das einfach unmöglich ist, da die kreativen Bäcker fast täglich Neues aus Brotteig erfinden. Auch in anderen Ländern, seien sie auch noch so fern, findet man oft deutsche Bäckereien, die eine Auswahl typischer Brotsorten (und vor allem Vollkornbrote) anbieten. Auffallend ist, wie unterschiedlich die Vorlieben in den einzelnen Regionen quer durchs Land sind.

Wenn man eine Semmel, Riemische und Brezen kauft, dann weiß man, dass man sich in einer bayerischen Bäckerei befindet. Hört man Schrippen, Schusterjunge und Knüppel, dann liegt der Ort des Geschehens in Berlin. In Baden-Württemberg heißen die Brötchen Wecken, in Hamburg Rundstück und im Rheinland mag man Röggelchen. So unterschiedlich wie die Namen der Brötchen ist auch der Geschmack. Das Nord-Süd-Gefälle ist auch beim Brot deutlich spürbar: Im Norden, Osten und auch im Westen kommt viel mehr Brot aus vollem Korn auf den Tisch, je weiter man südlich geht, umso höher wird der Anteil an Weizenbroten. Ein Westfale würde seinen feinwürzigen Schinken niemals auf ein Mischbrot legen – pechschwarzer, leicht süßlicher Pumpernickel ist für ihn das einzig Wahre. Und wenn es in einer bayerischen Wirtschaft keine röschen Brezen (dort nicht »Brezeln« sagen, das ist allemanisch) zur Weißwurst gibt, sondern nur Schwarzbrot, dann verzichtet der Bayer lieber gleich auf die Würste. Der Schwarzwälder Schinken harmoniert am besten mit einem herzhaften Schwarzwälder Holzofenbrot und der Franke isst zu seinen Bratwürsten am liebsten eine Scheibe vom würzigen Frankenlaib. Diese regionalen Feinheiten sind reizvoll, aber in einem sind sich sämtliche Regionen einig: der Begeisterung für unsere Brotkultur.

Um die Bedeutung des Brotes zu dokumentieren, sammelte Dr. h.c. Willy Eiselen (1896–1981) alles rund um das Thema Brot. 1955 gründete er zusammen mit seinem Sohn Dr. Hermann Eiselen das »Deutsche Brotmuseum Ulm«, und damit das erste Brotmuseum der Welt. Inzwischen heißt es »Museum der Brotkultur« und umfasst 14.000 Objekte und Kunstwerke, von denen 1300 ständig in der Ausstellung zu sehen sind. Per Film kann man den langen Weg vom Acker bis zur Backstube miterleben und im Erdgeschoss hat man die Möglichkeit, über ein interaktives Brot-Informations-System (BRIS) alles Wissenswerte rund um unser tägliches Brot zu erfahren. Ein weiteres Brotmuseum gibt es in Mollenfelde bei Witzigenhausen in Niedersachsen.

### Korn – kunstvoll verarbeitet

Die wichtigsten Brotgetreide sind Weizen und Roggen, in letzter Zeit immer mehr auch Dinkel (Urweizen) und Gerste, die in unterschiedlichen Mahlgraden und Mischungen zu fein- oder grobporigen, herzhaften oder milden Brotsorten verarbeitet werden.

Die Lockerung des Teigs – ob mit Hefe oder mit Sauerteig – verleiht dem Brot das gewünschte Aroma. Roggen-, Bauern-, Schrot- und Vollkornbrot werden fast ausschließlich mit Sauerteig gefertigt und schmecken daher kräftig und säuerlich aromatisch. Toastbrot, Stangenweißbrot, viele Kleingebäcke und helle Mischbrote werden mit Hefe locker gemacht und haben einen weniger ausgeprägten Geschmack. Dies liegt einerseits am Lockerungsmittel Hefe, andererseits aber auch an der Verwendung von weißen Mehlen. Für diese hellen Brotsorten und Kleingebäcke wird nur der Mehlkörper ohne Randschichten und Keimling verarbeitet. Bei den Schrot- und Vollkornbroten sind diese wertvollen Inhaltsstoffe enthalten. Die Typenzahl des Mehls ist kein Geheimnis: Je höher die Zahl, umso reicher ist das Mehl an gesunden Inhaltsstoffen.

Brot ist die Unterlage für unterschiedliche Aufstriche. Eine Auswahl davon finden Sie im Glossar.

## Bremen und Friesland

# Krabbenbrot mit Rührei

*Ein beliebtes kleines Gericht an der Küste sind Vollkornbrote mit Rührei und Nordseekrabben. Oftmals werden die Krabben durch gehäutete und entgrätete Kieler Sprotten ersetzt, das sind Verwandte des Herings, die maximal 15 cm lang werden. Sie leben entlang der Küste und haben ein besonders zartes, fettes Fleisch, weshalb sie sich gut zum Räuchern eignen. Wenn Sie sich nicht entscheiden können, welcher Belag Ihnen besser schmeckt – hier beide Versionen.*

### FÜR DIE KRABBENBROTE

*4 dicke Scheiben Vollkornbrot*

*80 g Butter*

*500 g ausgepulte Nordseekrabben*

*8 Eier*

*4 EL Milch*

*Salz*

*Frisch gemahlener Pfeffer*

*1 EL Dill, fein geschnitten*

*1 Zitrone, ausgepresst*

### FÜR DAS KIELER-SPROTTEN-RÜHREI

*4 dick geschnittene Scheiben Vollkornbrot*

*60 g Butter*

*1 kleine Zwiebel, geschält, gewürfelt*

*400 g Kieler Sprotten, enthäutet und entgrätet*

*8 Eier*

*4 EL Milch*

*Salz*

*Frisch gemahlener Pfeffer*

◆ Für das Krabbenbrot die Brote mit 40 g Butter bestreichen, die Krabben darauf verteilen. Die Eier mit der Milch verquirlen und mit Salz und Pfeffer würzen. Die restliche Butter in einer beschichteten Pfanne erhitzen, die Eiermilch hineingeben und unter Rühren bei schwacher Hitze stocken lassen. Das Rührei neben dem Brot anrichten und mit Dill bestreuen. Die Krabben mit Zitronensaft beträufeln.

◆ Für das Rührei mit Kieler Sprotten die Brote ebenfalls mit 40 g Butter bestreichen. Die Zwiebelwürfel in der restlichen Butter glasig braten. Die Sprotten dazugeben, kurz erwärmen und mit der Eier-Milch-Mischung begießen. Mit Salz und Pfeffer würzen und unter vorsichtigem Wenden stocken lassen. Das Rührei auf den Broten verteilen.

*Für 4 Personen*

**Links:** Eine kleine Auswahl der Brotsorten in Deutschland. **Rechts oben:** In der Kriemhild-Mühle in Xanten läuft das Getreide aus dem Trichter in die Mühlsteine, und eine Etage tiefer rutscht frisch gemahlenes Vollkornmehl in die Mehlkiste. **Rechts unten:** Was war zuerst: Henne oder Ei? Auf dem Viktualienmarkt gibt es jedenfalls beides frisch zu kaufen.

# AUS MEER UND FLÜSSEN

*sanft pochiert,*
*saftig gebraten*
*oder gedämpft*

Verlockende Gerichte mit Fisch und Meeresfrüchten beherrschen seit einigen Jahren die Speisekarten der Top-Gastronomie: zu Recht, denn Spitzenköche kreieren beständig neue, raffinierte Rezepte aus Neptuns Fängen.

Anders sieht es dagegen in den Privathaushalten aus. Viele Leute scheuen sich davor, die glitschigen Bewohner von Seen, Flüssen und Meeren zu verarbeiten, oder lehnen die Zubereitung des Geruchs wegen ab. Völlig zu Unrecht, denn frischer Fisch »fischelt« überhaupt nicht. Ein weiterer Grund für die geringe Präsenz am häuslichen Herd mag auch der relativ hohe Preis für manche Fischsorten sein. Anders in historischen Zeiten: Damals waren Lachse, Aale, Waller und Saiblinge preiswert, und wer wenig Geld hatte, konnte sich die Fische – ohne Angelschein – selbst aus Flüssen und Seen holen. Der freie Fischfang war einst allgemeines Bürgerrecht. Kein Wunder, dass die zeitgenössischen Kochbücher mehr köstliche Fischrezepte enthielten als Fleischrezepte. Hinzu kam eine große Palette von Anweisungen zur Verarbeitung von Flusskrebsen, an denen jahrhundertelang kein Mangel herrschte.

Salzwasserfische gab es natürlich nur entlang der Küste, lediglich Salzheringe, die geräucherten »Picklinge« (Bücklinge) und Stockfisch (getrockneter Kabeljau) überstanden den weiten Weg ins Binnenland. In den katholischen Regionen, im Rheinland,

in Baden-Württemberg und Bayern wurden daraus während der Fastenzeit schmackhafte Gerichte zubereitet. Stockfisch – heute für viele eher als Spezialität aus dem Veneto oder dem Baskenland bekannt – war im Mittelalter, vor allem in Süddeutschland, ein beliebtes Fastenessen. Vereinzelt setzen junge Köche diese Köstlichkeit aus getrocknetem Fisch endlich wieder auf die Speisekarte. Wer jemals Stockfisch gekostet hat, wird für immer ein Fan sein. Natürlich ist es prinzipiell nicht mehr notwendig, Fisch durch Trocknen haltbar zu machen. Heutzutage wählt man diese Konservierungsmethode, weil der Geschmack, der sich durch das Trocknen entwickelt, eine wahre Gaumenfreude ist. Zugegeben, die Zubereitung macht ein wenig Mühe, denn die Fischfilets müssen vor der Weiterverarbeitung längere Zeit in Wasser oder Milch eingeweicht werden, das Wasser muss mehrmals erneuert werden, und erst dann kann man sie entweder mit Kartoffeln und Zwiebelscheiben im Ofen schmoren oder in Mehl wenden und in heißer Butter braten.

»Wäre der Hering knapp so teuer wie Kaviar, würde er bald als die größte Delikatesse gelten!« Diese prophetische Aussage von Bismarck ist heute Realität. Und noch vor nicht allzu langer Zeit schienen die Preise für Heringe die für Kaviar zu überholen, als nämlich die Heringsschwärme plötzlich ausblieben. Nach einem zweijährigen Fangverbot regenerierten sich die silbrigen Fische glücklicherweise und wir können die zarten, fetten Matjes nun wieder – wenn auch zu einem stolzen Preis – genussvoll verspeisen. Was gibt es Schöneres, als im Mai die ersten jungfräulichen Matjes, fein gehackt als leckeres Tatar oder halbiert und klassisch vereint mit grünen Bohnen, zu genießen. Wie sollte man überhaupt einen Kater bekämpfen, gäbe es keine Rollmöpse mehr? Und wenn ich an Brathering mit Bratkartoffeln denke, läuft mir das Wasser im Mund zusammen. All diese Fische, die genauso wie die Räucherfische Bückling, Schillerlocken oder Kieler Sprotten früher eine wichtige und billige Eiweißquelle für die arme Bevölkerung waren, sind heute wieder en vogue und in den Feinkostabteilungen platziert.

Großen Einfluss auf den Fischverzehr haben seit jeher die kirchlichen Fastengebote. Von Nord nach Süd und von West nach Ost sind Fische heute noch ein typisches Essen am Freitag, dem obligatorischen katholischen Fastentag. In Berlin und im Norden Deutschlands war es der Schellfisch mit Senfsauce, der Freitags traditionell auf den Tisch kam. Weiter südlich sind es bis heute die fast ein wenig schamvoll unter einer dicken Panade versteckten Fischfilets vom Kabeljau, Rotbarsch oder Seehecht. Nach dem Motto: Auf diese Weise schmeckt man den Fisch nicht! Lediglich entlang von Flüssen und Seen wurden Renken, Egli (Flussbarsch) oder Forellen auf Müllerin Art gebraten oder blau gekocht aufgetischt. In den letzten Jahren wuchs das Interesse an gesunder Ernährung und damit verbunden erfreulicherweise auch die Nachfrage nach Fisch.

Köstliche Rezepte und moderne Garmethoden regen zum Nachkochen an: Fisch schmeckt aromatisch in wenig Gemüsebrühe oder im Fischsud pochiert, mit Kräutern in Alufolie verpackt und im eigenen Saft gegart, oder einfach nur kurz und unpaniert in der Pfanne gebraten und mit gartenfrischem Gemüse und einer leichten, aufgeschlagenen Sauce serviert. All diese schonenden Garmethoden haben den Vorteil, den feinen Eigengeschmack der Fische bestmöglich zu erhalten. Zu lange Garzeiten, zu hohe Hitze und zu viele Gewürze sind der Feind von Scholle, Kabeljau, Hecht und Co. Gäbe es diese köstlichen Fische nicht schon, man müsste sie erfinden, denn sie sind wie geschaffen für eine leichte, moderne Küche, die sättigen, aber nicht belasten soll. Teichwirtschaft und kontrollierte Fischzucht nehmen zu, was sich nicht zuletzt günstig auf den Preis auswirkt. Zum Glück sind unsere Flüsse und Seen wieder sauberer geworden, die Umweltsünden der 1960er- und 1970er-Jahre gehören größtenteils der Vergangenheit an und wir können heute wieder fangfrische Wildfische genießen.

**Links:** Bunt gestreifte Strandkörbe am schier endlosen Strand auf Sylt.
**Rechts oben:** Die Saarner Aue bei Mühlheim an der Ruhr ist ein umfangreiches, geschütztes Areal für Flora und Fauna und ein Paradies für Angler. **Rechts unten:** Ob Hobby- oder Profimatrose – ein wenig fachsimpeln am Hafen gehört dazu.

Wenn es um Fischkultur in Deutschland geht, haben – logischerweise – die Hamburger, Bremer, Ostfriesen und die Mecklenburger die Nase vorn. Sitzen sie doch direkt an der Quelle, und der Segen der Meere wird sozusagen tagtäglich angelandet. Wir Binnenländler träumen davon, den Fisch sozusagen direkt vom Fangschiff zu erwerben und dann so schnell wie möglich auf den Tisch zu bringen. Auch entlang der Küste werden diese Ereignisse immer seltener, aber dennoch: Das Fischangebot ist in den Küstenstädten wesentlich breiter gefächert und auch frischer. Und nicht zu vergessen die diversen Räuchereien, die Bücklinge, Sprotten und andere fette Fische anbieten.

Ein Hochgenuss sind auch die frischen Nordseekrabben. Hat man es endlich geschafft, sie aus ihrer Schale zu pulen, dann jubiliert der Gaumen.

Sogar Austern werden an der Schleswig-Holsteiner Küste wieder gezüchtet, wenn auch in Minimengen. Wenn man die Möglichkeit hat, sollte man nicht zögern und sie regionaltypisch roh mit Chesterkäse und Vollkornbrot genießen.

**Oben:** Blütenpracht wie im Süden – hoch droben im Norden.
**Rechts:** Erfolgreicher Fang auf dem Krabbenkutter: Die Krabben werden noch auf dem Schiff gekocht.

Überall im Norden werden Scholle Finkenwerder Art, Bratheringe, Kieler Sprotten und Schillerlocken, Pfannfisch, Matjes-Tatar und natürlich Aalsuppe in Gasthöfen und Restaurants angeboten.

Die Liebe zu Fischgerichten ist in Berlin – zumindest traditionell – nicht besonders ausgeprägt. Zwar kann man bei Fontane nachlesen, dass es einstmals Krebse im Überfluss gab, ebenso wie übrigens Artischocken, Spargel und viele weitere Köstlichkeiten, aber – und so endet Fontanes feinschmeckerische Träumerei – »... immer nur das Feine, das ist bloßes Vornehmtun und kulinarisch eine Torheit.« Lediglich Schellfisch mit Senfsauce hat dort eine lange Vergangenheit und auch die zarten, frisch geräucherten Ostseeschollen werden seit jeher oft und gerne aufgetischt. Hier, wie überall in Deutschland, setzen sich Fischgerichte in der gehobenen Gastronomie zunehmend durch, bevorzugt raffiniert gewürzt und im Crossover-Trend. Das steht den feinaromatischen Fischen exzellent und ist eine willkommene Bereicherung der heimischen Fischküche.

Die Rheinländer lieben Muscheln über alles – auch wenn diese natürlich nicht aus dem Rhein kommen, sondern aus Holland oder von der Nordseeküste. Kaum eine Kneipe in den Altstädten, die Muscheln, meist im Rieslingsud gegart, nicht auf der Karte hätte. In der Mosel und deren Nebenflüsschen tummeln sich zahlreiche Aale, die in dieser Gegend natürlich ebenfalls gerne in Riesling geschmort werden, oder auch fangfrisch geräuchert auf den Märkten landen.

Weiter im Süden, rund um den Bodensee, ist die Liebe zu Fischen stärker ausgeprägt. Das »schwäbische Meer« ist ein Paradies für Felchen, Egli (auch als »Kretzer« oder Flussbarsch bekannt) und »Trüschen«. Letztere sind zylinderförmige Fische mit kleinem spitzen Kopf, gehören zur Familie der Dorsche und leben als Einzige aus der Verwandtschaft in Süßwasser. Die Leber dieses Bodenseefisches gilt als Delikatesse. In den zahlreichen Flüssen dieser Region findet der Angler Forellen, häufig auch noch die delikaten Wildlachsforellen und natürlich Hechte. Dieser Raubfisch wird nach guter alemannischer Art mit reichlich Sahne übergossen und schonend, damit er saftig bleibt, im Backofen gebacken. Ein wahrer Gaumenschmaus, der einzig durch die vielen Gräten etwas getrübt wird. Und da man im Badischen schon immer viel auf gutes Essen hielt, haben findige Köche ein Rezept entwickelt, nach dem man das unvergleichlich schmackhafte Hechtfleisch stressfrei genießen kann: die Hechtklößchen. Zugegeben, ein wenig abgeguckt von den französischen Nachbarn, aber deshalb nicht minder fein.

Nebenbei bemerkt findet man heute viele französische Gäste in den zahlreichen, sehr guten badischen Restaurants. Der kleine kulinarische Grenzverkehr hat sich mittlerweile ein wenig zu Gunsten der badischen Köche und Winzer verschoben.

Wenn man »Meefischle« mit einem Silvaner angeboten bekommt, dann ist man im Frankenland. Auf gut Deutsch heißt das »frittierte Mainfische«. Die Minifische, keinesfalls länger als der kleine Finger, werden in griffigem Mehl gewendet und dann ins heiße Fettbad geworfen. Die heißen Fischchen werden direkt aus der Hand und im Ganzen verspeist. Lediglich das Schwänzchen bleibt auf dem Teller zurück. Dazu isst man Kartoffelsalat, genauso wie auch zum gebackenen Karpfen, einer weiteren Spezialität der Franken. Am besten schmecken die echten Aischgründer Karpfen, die nicht größer als 1,5 kg sein dürfen. Die Fische werden längs halbiert, damit jeder ein Schwanzstück bekommt, und anschließend paniert, bevor sie im heißen Butterschmalz langsam goldbraun gebraten werden. Mit besagtem Kartoffelsalat und einem oder auch mehreren Gläsern Frankenwein sind diese Karpfen ein Beweis für köstlichen bodenständigen Genuss. Natürlich sind auch im Frankenland kreative junge Köche am Werk, die heimische Fische raffiniert verfeinert auf den Tisch bringen. Und da man

erfreulicherweise in den Seen und Flüssen wieder Flusskrebse findet, ist es für jeden Koch ein besonderes Vergnügen, diese regionale Spezialität auf seine Speisekarte zu setzen.

Und was wäre das Münchner Oktoberfest ohne »Steckerlfisch«? Früher waren es Weißfische, die auf ein Stöckchen gespießt und dann über der Glut gegart wurden. Heute sind es Makrelen, die »auf der Wies'n« saftig gegrillt, in Papier gewickelt und meist ordentlich gesalzen gegessen werden. Der Durst auf die Maß Bier ist garantiert. Steckerlfisch gibt es aber auch in fast jedem Biergarten, und daher sind in der Sommerzeit Makrelen eine der meistverkauften Fische in der bayerischen Metropole. Dies ist aber natürlich beileibe nicht das einzige Fischgericht in Bayern. Die wunderschönen Voralpenseen sind voller schmackhafter Fische wie Saiblinge, Renken, Schrazen oder Brachsen und manchmal geht sogar wieder der selten gewordene Huchen an die Angel.

Spitzenköche setzen mit großer Überzeugung ihre heimischen Fische auf die Speisekarte, und das möglichst ohne jeden Firlefanz und so natürlich wie möglich. Das exzellente Fischaroma soll so weitgehend erhalten bleiben und die begleitende Sauce oder das Gemüse dürfen die Köstlichkeit nur unterstreichen, niemals aber übertünchen.

*Hamburg*

# Kabeljaufilet in Bärlauchkruste mit Paprikajus

*Ein Rezept von Karlheinz Hauser – Küchenchef und Hausherr des Restaurants »Seven Seas« und des berühmten Süllberg-Hotels.*

200 g weiße Bohnen, über Nacht eingeweicht

½ l Geflügelfond

½ Bund Suppengrün, in Stücke geschnitten

Je 1 Thymian- und Rosmarinzweig

30 g frische Fève (Dicke- oder Saubohne), enthülst

10 g eingelegter Trüffel

40 g Chorizo (scharfe spanische Wurst)

70 g Butter

30 g Weißbrot, frisch gerieben

30 g Parmesan, frisch gerieben

50 g Bärlauchpesto, selbst gemacht, siehe nebenstehenden Tipp

1 rote Paprikaschote, geputzt, entkernt und in Streifen geschnitten

¼ l Gemüsefond

600 g Kabeljaufilet, in 4 Scheiben geschnitten

50 ml trockener Weißwein

1 EL Olivenöl

4 grüne Pfefferschoten, kurz in Öl angebraten und in kleine Dreiecke geschnitten

◆ Die Bohnen gut abtropfen lassen und im Geflügelfond mit dem Suppengemüse und den Kräutern in etwa 1 Stunde weich kochen. Anschließend die Bohnen mit einem Schaumlöffel in eine Schüssel heben. Den Fond auf etwa 200 ml einkochen lassen, die Fève hinzugeben und darin weich garen. Den Trüffel und etwa 10 g Chorizo in kleine Würfel schneiden und hinzufügen. Beiseite stellen.

◆ Für die Kruste 30 g Butter aufschäumen und leicht bräunen lassen. Weißbrotbrösel, Parmesan und Bärlauchpesto unterrühren und so lange weiterrühren, bis eine glatte Masse entsteht. Zwischen zwei Bögen Pergamentpapier zu einem 2 mm dicken Rechteck ausrollen.

◆ Die Paprikastreifen unter dem Grill leicht anrösten, dann mit dem Gemüsefond so lange köcheln lassen, bis eine sämige dunkle Sauce entsteht. Mit dem Stabmixer fein pürieren.

◆ Die Kabeljauscheiben in 20 g Butter anbraten, mit Weißwein ablöschen und unter ständigem Begießen mit dem Bratensaft saftig garen.

◆ Die restliche Chorizo in dünne Scheiben schneiden und im Ofen kurz antrocknen lassen. Die restliche Butter in kleinen Stückchen und das Öl nach und nach unter die Bohnen rühren, bis die Flüssigkeit sämig ist.

◆ Die Bärlauchkruste in so große Stücke schneiden, dass sie die Oberfläche des Fisches bedecken. Den gebratenen Kabeljau mit der Bärlauchkruste bedecken, auf eine ofenfeste Platte legen und unter dem heißen Grill kurz gratinieren.

◆ Auf vier vorgewärmten Tellern jeweils die Bohnen verteilen, den Fisch darauf heben und mit den Pfefferschotenecken und den Chorizoscheiben garnieren. Den Paprikajus getrennt dazu reichen.

*Für 4 Personen*

*Für ein Bärlauchpesto ein Bund Bärlauch, acht Walnusshälften, 40 g geriebenen Parmesan im Mixer pürieren und 100 ml Öl dazugießen.*

## Auf dem Süllberg wird wieder getafelt und gefeiert ...

Der »Süllberg«, eine ehemalige Burg, die 1887 bis 1903 zu einem aufwendigen Restaurantkomplex umgebaut wurde, zählte schon 1850 zu Hamburgs beliebtesten Ausflugslokalen. Generationen von Hamburgern und Wahlhamburgern haben auf dem Süllberg rauschende Feste, Hochzeiten und Partys gefeiert. Die traumhafte Lage in Blankenese, mit Blick auf die Elbe, hat zudem zahlreiche Dichter und Maler ins Schwärmen gebracht. Zwischenzeitlich wurde immer wieder mal renoviert und verändert, und lange Zeit lag das kleine Paradies sogar brach, bis es dann von 1999 bis 2002 mit enormem Aufwand restauriert wurde.

Der neue Süllberg – 4500 Quadratmeter auf zehn Etagen – ist hanseatisch elegant und mit allen technischen Raffinessen ausgestattet, wobei der Stil der Wilhelminischen Epoche weitgehend bewahrt wurde. Auf mehreren übereinander liegenden Terrassen kann man bei schönem Wetter mit Blick auf die Elbe Kaffee und Kuchen genießen, während im wunderschön renovierten Ballsaal 450 Gäste rauschende Feste feiern. Und dann gibt es natürlich noch das Gourmet-Restaurant »Seven Seas«. All dies unter einen Hut zu bringen, verlangt nach einer gastronomischen Meisterleistung. Diese Herausforderung hat Karlheinz Hauser, ehemaliger Küchenchef des weltberühmten »Adlon« in Berlin, an die Elbe gelockt.

Nicht erst seit er mit seiner Familie in Hamburg lebt, hat Karlheinz Hauser eine Vorliebe für Fischgerichte. Schon damals in München bei Eckart Witzigmann, seinem großen Lehrmeister, hatte er in der »Aubergine« den Posten des Poissonnier inne. Hier nun, mit dem Meer vor der Haustür, kann er sich so richtig austoben. Denn obwohl ein derart großer Gastronomiekomplex selbstverständlich eine unglaub-

liche organisatorische Arbeit abverlangt, die große Leidenschaft von Karlheinz Hauser bleibt nun mal die gehobene Küche. Neben den klassischen feinen Hamburger Fischgerichten, denen er sich natürlich auch schon der Tradition wegen verpflichtet fühlt, verleiht er seinen Fischgerichten gerne auch einen fernöstlichen Touch.

Ein Essen im eleganten Ambiente des »Seven Seas« mit dieser wunderschönen Aussicht und dem stets freundlichen Service, ist immer ein Erlebnis, das lange in Erinnerung bleibt. Dessertmuffeln empfehle ich allerdings, hier keinesfalls auf das süße Finale zu verzichten. Denn das, was Sven Steinbach hier auf die Teller zaubert, ist jede einzelne Kalorie wert. Karlheinz Hauser holte ihn vom Berliner Adlon zu sich auf den Süllberg. Seine süßen Kreationen sind häufig gelungene Kompositionen aus excellenter Schokolade und frischen Früchten, wie zum Beispiel das Moelleux au chocolat auf Halbgefrorenem von karamellisierten Kakaobohnen und Mango-Ananastaler. Im Cafe und im Sommer auf der Terrasse des Süllbergs verlockt ein traumhaftes Kuchenbüfett zur süßen Sünde. Besonders begehrt ist die Lübecker Marzipantorte, aus saftigen Nussböden, gefüllt mit kandierten Nüssen und eingehüllt in feinstes Lübecker Marzipan. All diese süßen Verführungen sind ein optimaler Abschluss nach einem raffinierten, leichten Fischmenü und auf jeden Fall die »süße Sünde« wert.

Seven Seas im Süllberg-Hotel
Karlheinz Hauser
Süllbergsterrasse 12
22587 Blankenese / Hamburg
Tel.: 040 / 866252-0
Fax: 040 / 866252-24
www.suellberg-hamburg.de

Eine Imbissbude der ganz besonderen Art auf der Insel Föhr.

## Hamburg

## Fischfrikadellen

*Entlang der Küste sowie rund um die Binnengewässer waren die Fischfrikadellen vor allem bei Kindern ein beliebtes Reste-essen. Der übrig gebliebene Fisch – roh oder gegart – wurde mit einem eingeweichten Brötchen durch den Fleischwolf gedreht, zu Plätzchen geformt und goldgelb gebraten. Heute nennen die Kiddies sie lieber »Fischburger« aber essen sie mit ebenso viel Wonne wie anno dazumal.*

*3 Frühlingszwiebeln, in feine Ringe geschnitten*

*1 große Möhre, in kleine Würfel geschnitten*

*1 kleiner Zucchino, in kleine Würfel geschnitten*

*40 g Butter*

*2 Brötchen, in kaltem Wasser eingeweicht*

*500 g Kabeljaufilet oder Hechtfilet (gut gekühlt)*

*2 Eigelbe, 1 Eiweiß*

*1 EL Dill, fein gehackt*

*1 EL Petersilie, fein gehackt*

*Salz, frisch gemahlener weißer Pfeffer*

*Cayennepfeffer*

*Etwas Mehl zum Bestäuben*

*4 EL Öl*

◆ Die Zwiebelringe, Möhren- und Zucchiniwürfel in 20 g Butter andünsten und beiseite stellen.

◆ Die Brötchen gut ausdrücken. Das Fischfilet in Stücke schneiden und mit dem Brötchen durch die feine Scheibe des Fleischwolfes drehen oder im Mixer fein zerhacken. Die Masse in eine Schüssel geben und das Gemüse, die Eigelbe, das Eiweiß sowie die Kräuter hinzufügen und zu einer Farce verrühren.

◆ Die Farce mit Salz, weißem Pfeffer und Cayenne-pfeffer herzhaft abschmecken.

◆ Mit nassen Händen acht Frikadellen daraus formen, leicht flach drücken, mit etwas Mehl bestäuben und nebeneinander auf eine Platte legen. Mit einem Tuch oder mit Folie bedeckt für etwa 30 Minuten in den Kühlschrank stellen.

◆ Das Öl zusammen mit der restlichen Butter in einer beschichteten Pfanne erhitzen und die Frikadellen bei mittlerer Hitze auf jeder Seite 4–6 Minuten goldbraun und knusprig braten.

*Für 4 Personen*

Dazu schmeckt Kartoffelsalat und, wenn man es ein wenig aufwendiger machen möchte, eine aufgeschlagene Senfsauce.

## Alle Küstenregionen

# Pfannfisch

*Ebenfalls ein sehr beliebtes Fisch-Resteessen in allen Küstenregionen. Und natürlich schmeckt es, je nachdem welcher Fisch verwendet wird und wie kreativ der Koch oder die Köchin ist, immer ein wenig anders. Manche lieben das Gericht puristisch: nur mit Kartoffeln, Zwiebeln und Fischresten. Mir schmeckt es besser, wenn man es mit Gemüse, Fischsud und Senf ein wenig aufpeppt. Hier meine Version dieses nordischen Klassikers.*

*100 g durchwachsener Räucherspeck, gewürfelt*

*30 g Butter*

*1 Lauchstange, geputzt, in dünne Scheiben geschnitten*

*800 g fest kochende Kartoffeln, am Vortag gekocht, geschält und gewürfelt*

*500 g roher Fisch (entweder Reste vom Vortag oder Schellfisch, Kabeljau oder Rotbarsch), in größere Stücke geschnitten*

*200 g Schillerlocken, in kleine Stücke geschnitten*

*Salz, frisch gemahlener Pfeffer*

*1 EL frisch gehackte Majoranblätter*

*1 große Fleischtomate, gehäutet, entkernt, gewürfelt*

*⅛ l Fischfond (aus dem Glas)*

*1 EL feinwürziger Senf*

*4 EL Sahne*

*1 Ei*

*2 Eigelbe*

*2 EL Schnittlauch, fein geschnitten*

◆ Die Speckwürfel bei mittlerer Hitze in der aufgeschäumten Butter anschwitzen. Lauch und Kartoffelwürfel dazugeben, kurz andünsten, dann vorsichtig die frischen und geräucherten Fischstücke untermischen. Mit Salz, Pfeffer und Majoran würzen und unter gelegentlichem Schütteln der Pfanne kurz ziehen lassen. Die Tomatenwürfel darüber verteilen.

◆ Den Fischfond mit Senf, Sahne, Ei und Eigelben verquirlen und gleichmäßig über den Zutaten in der Pfanne verteilen. Die Eiersahne zugedeckt bei abgeschaltetem Herd (Gas: kleinste Hitze) in 3–4 Minuten stocken lassen. Mit Schnittlauch bestreuen und am besten in der Pfanne servieren. Dazu schmeckt ein kühles Pils.

*Für 4 Personen*

## Hamburg

# Eingelegte Bratheringe

*Schon vor über 1000 Jahren hatten Heringe für die Nordseefischer eine große Bedeutung. Die Fische galten als Volksnahrungsmittel, kosteten wenig und waren die Sattmacher der armen Leute. Heringshandel war ein lukratives Geschäft, und die fetten kleinen Fische wurden in verschiedensten Variationen angeboten. Dazu zählte auch der Brathering, der heute in jedem Supermarkt – eingeschlossen in Gläsern und Konserven – zu finden ist.*

*12 grüne Heringe, ausgenommen und gewaschen*

*Salz, frisch gemahlener Pfeffer*

*Ca. 100 g Mehl*

*½ TL gerebelter Thymian*

*Öl zum Braten*

*FÜR DIE MARINADE:*

*¼ l guter Weinessig*

*¼ l Wasser*

*1 Thymianzweig*

*1 frisches Lorbeerblatt*

*8 Pfefferkörner*

*1 TL Senfkörner*

*2 Pimentkörner*

*4–5 Zwiebeln, in feine Ringe geschnitten*

◆ Die Heringe kräftig mit Salz und Pfeffer würzen und in der Mischung aus Mehl und gerebeltem Thymian wenden. Überschüssiges Mehl abschütteln.

◆ Reichlich Öl in einer großen, beschichteten Pfanne erhitzen und die Fische darin auf beiden Seiten goldbraun braten. Herausnehmen, auf Küchenpapier entfetten und auskühlen lassen.

◆ In der Zwischenzeit Weinessig und Wasser mit den Gewürzen aufkochen und etwa 15 Minuten bei schwacher Hitze ziehen lassen. Die Marinade durch ein Sieb gießen, noch einmal erhitzen und die Zwiebelringe darin 2–3 Minuten ziehen lassen.

◆ Die Heringe Kopf an Schwanz abwechselnd mit den abgetropften Zwiebelringen in eine Steingutform schichten. Mit der Marinade begießen und mindestens 2 Tage an einem kühlen Platz durchziehen lassen. Die Bratheringe mit Bratkartoffeln oder Brot servieren. Und natürlich trinkt man dazu ein Pils.

*Für 4 Personen*

## Hamburg und die Küste

# Matjes mit grünen Bohnen

*Mittlerweile nicht nur im Norden ein Klassiker: Zur Matjes-
zeit, zwischen Juni und Juli, findet man dieses Matjesgericht
im ganzen Land in guten Restaurants auf der Speisekarte.
Matjes sind junge Heringe vor der Geschlechtsreife, fett und
unglaublich zart. Natürlich schmecken sie am besten in der
Saison, aber Matjes büßen auch durch Tiefkühlen – das
häufig direkt auf dem Schiff geschieht – kaum an Aroma ein.*

*800 g junge grüne Bohnen*
*Salz*
*2 Bohnenkrautstängel*
*150 g durchwachsener Räucherspeck, in kleine Wür-
fel geschnitten*
*1 Zwiebel, in kleine Würfel geschnitten*
*8 Matjesfilets*
*Eiswürfel*
*2 Zwiebeln, in dünne Scheiben geschnitten*
*Einige Dillzweige*
*20 g Butter*

◆ Die Bohnen waschen und die Enden abknipsen.
Waschen. In kochendem Salzwasser mit den Bohnen-
krautstängeln in 10–12 Minuten bissfest kochen. In
ein Sieb abgießen und sofort in einer Schüssel mit eiskaltem Wasser abschrecken.

◆ Die Räucherspeckwürfel in einer beschichteten
Pfanne glasig braten. Die Zwiebelwürfel dazugeben
und goldgelb anschwitzen.

◆ Jeweils zwei Matjesfilets auf Eiswürfeln anrichten.
Mit Zwiebelringen und Dillzweigen belegen.

◆ Die abgetropften Bohnen in der aufgeschäumten
Butter schwenken und neben den Matjesfilets anrichten. Die Speckwürfel-Zwiebel-Mischung sowie kleine
neue Pellkartoffeln dazu reichen.

*Für 4 Personen*

Wussten Sie, dass die Emder
»Ordnungh des Heringes«
aus dem Jahre 1597 nach
dem Reinheitsgebot das älteste
Lebensmittelgesetz ist?

**Links:** Ein Kutter aus Greetsiel – dieser Fischereihafen nahe
Emden ist über 600 Jahre alt.

## Hamburger Fischmarkt

Eigentlich heißt er »Altonaer Fischmarkt« und ist
eine der größten Touristenattraktionen Hamburgs.
Das heutige Spektakel entstand aus einer Gefällig-
keit den Fischern gegenüber. Um auch sonntags
ihren Fischfang verkaufen zu können, erteilte die
damals unter dänischer Herrschaft stehende Stadt
Altona den Elbfischern die Genehmigung, bis zum
Läuten der Kirchenglocken zur traditionellen Sonntagsmesse die leicht verderblichen Fische anzubieten.
Das war 1703, und nun, mehr als 300 Jahre später,
bummeln sonntagmorgens zwischen 5 Uhr (im
Winter 7 Uhr) und 10 Uhr Nachtschwärmer und
Touristen über den riesigen Markt und amüsieren
sich über die Marktschreier, die längst nicht mehr nur
Fische anbieten. Durchschnittlich 70.000 Besucher
finden hier alles, was ihr Herz begehrt: Frische
Räucheraale, Bananen, Pflanzen aus aller Welt,
lebende Kaninchen, Gockel und Hühner ebenso wie
Kleidung, Schnürsenkel, Lederwaren und Nippes.
Und so ganz nebenbei, auch fangfrische Fische.

Wenn die Stände abgebaut werden, geht man in
die Fischauktionshalle zum Frühschoppen und um
Live-Musik zu hören. Die »Kathedrale des Fisches«,
wie die Altonaer Fischauktionshalle liebevoll auch
genannt wird, wurde 1895 gebaut und gemeinsam
mit dem Fischmarkt von Kaiser Wilhelm II. höchst-
persönlich eingeweiht. Nach schweren Zerstörungen
im Zweiten Weltkrieg und drohendem Abriss wurde
das beeindruckende Gebäude 1980 wieder renoviert
und ist heute vor allem ein gastronomisches Zen-
trum, das natürlich am Sonntagmorgen, während
und nach dem obligatorischen Fischmarktbesuch,
stark frequentiert ist.

Seit über zehn Jahren geht der Hamburger Fischmarkt alljährlich von Februar bis November mit
über 140 Mitwirkenden auf Tournee durch ganz
Deutschland. In rund 50 deutschen Städten kann
man während dieser Zeit professionelle hanseatische
Marktschreier wie etwa den »Aal-Hinnerk« oder den
»Wurst-Herby« bewundern, wie sie lautstark und
auf unnachahmliche, humorvolle Weise ihre Waren
feilbieten. Dazu gehören die Redeschlachten mit
der Konkurrenz am Marktstand nebenan und gegenüber ebenso wie die originellen, bunt bemalten
Marktfahrzeuge. Und natürlich gibt es viele Stände,
an denen man neben dem maritimen Frühschoppen
auch sämtliche Fischspezialitäten – von diversen
Räucherfischen über Krabbenbrötchen bis zum
Backfisch – direkt vor Ort im Freien genießen kann.
Wann der Hamburger Fischmarkt auf Tournee in
einer Stadt in Ihrer Nähe ist, finden Sie im Internet
unter www.hamburger-fischmarkt.de.

*Schleswig-Holstein*

## Angelschellfisch mit Senfsauce

*Ein gerne zubereitetes Rezept der Küstengebiete, das, so munkelte man, nur erfunden wurde, um auch mal einen nicht mehr ganz fangfrischen Fisch schmackhaft zu machen. Die dicke Béchamelsauce wurde mit reichlich Senf abgeschmeckt und der gekochte Fisch damit bedeckt. Mit dieser feinen Senfsauce schmeckt der Schellfisch köstlich.*

> 1 mittelgroßer Schellfisch von etwa 1,5 kg, geschuppt und ausgenommen, aber mit Kopf
>
> 1 l Wasser
>
> ¼ l trockener Weißwein
>
> 1 Zwiebel, halbiert, mit Schale
>
> 1 Lorbeerblatt
>
> 8 Pfefferkörner
>
> 1 Thymianzweig
>
> 1 Bund Suppengrün, geputzt und in Stücke geschnitten
>
> Salz und frisch gemahlener Pfeffer
>
> 250 g Sahne
>
> 50 g Dijonsenf
>
> Saft und Schale von ½ unbehandelten Zitrone
>
> 50 g eiskalte Butter
>
> 2 EL gehackte Petersilie
>
> 1 EL fein geschnittener Dill

◆ Den Schellfisch waschen. Den Kopf abschneiden und längs halbieren. Die Kiemen entfernen und die Kopfhälften in einen großen Kochtopf geben. Mit Wasser und Wein begießen und die Zwiebel sowie die Gewürze und das Suppengrün hinzufügen. Salzen und etwa 20 Minuten köcheln lassen.

◆ Den Schellfisch in 4 Portionen teilen. Den Fischsud durch ein Sieb in einen flachen Kochtopf gießen, die Sahne unterrühren und erhitzen. Die Fischstücke in den Sud legen und bei schwacher Hitze in 12–15 Minuten gar ziehen lassen.

◆ Den Fisch herausheben und warm stellen. Den Kochsud auf die Hälfte einkochen lassen. Senf, Zitronensaft und -schale unterrühren und mit der eiskalten Butter in kleinen Flöckchen binden. Mit Salz und Pfeffer abschmecken und die Kräuter untermischen. Salzkartoffeln und grünen Salat dazu servieren.

*Für 4 Personen*

*Bremen*

## Kabeljau mit Kartoffelschuppen

*Gebratener Kabeljau – häufig unter einer dicken Panade versteckt – und dazu Kartoffelsalat war früher ein typisches Freitagsessen im ganzen Land. Moderne Köche umhüllen den schmackhaften Kabeljau heute mit hauchdünnen Kartoffelscheiben und braten ihn bei sanfter Hitze goldbraun und kross (siehe Bild). Natürlich kann man anstelle des Kabeljaus, der übrigens an der Ostsee vor seiner Geschlechtsreife Dorsch genannt wird, auch andere Fischfilets, zum Beispiel Rotbarsch oder Lachs, mit den Kartoffelschuppen braten.*

> 4 Scheiben Kabeljau, je 200 g
>
> Salz, frisch gemahlener Pfeffer
>
> 4 kleine fest kochende Kartoffeln, geschält und in hauchdünne gleichmäßige Scheiben gehobelt
>
> 1 Eiweiß
>
> 3 EL fein gehackte Kräuter
>
> 1 Eigelb
>
> 5 EL Öl
>
> 50 g Butter
>
> 100 ml trockener Weißwein

◆ Die Fischscheiben waschen, trockentupfen und mit Salz und Pfeffer würzen. Die Kartoffelscheiben salzen und 5 Minuten ziehen lassen.

◆ Das Eiweiß mit einer Gabel leicht verquirlen und 1 EL Kräuter untermischen. Eine Seite der Fischfilets mit der Eiweißmischung bepinseln. Die Kartoffelscheiben mit einem Küchentuch gut trockentupfen und schuppenartig auf dem Fischfilet anordnen. Leicht festdrücken und die Oberfläche mit dem verquirlten Eigelb bestreichen.

◆ Öl und 20 g Butter in einer beschichteten Pfanne erhitzen. Die Kabeljaustücke mit der Kartoffelseite nach unten in die Pfanne legen und bei mittelstarker Hitze etwa 6–8 Minuten sanft braten. Mit einem Pfannenwender vorsichtig wenden und auf der anderen Seite noch weitere 3–4 Minuten braten.

◆ Die Fischfilets auf vier vorgewärmte Teller legen. Das Bratfett abgießen, den Rest in der Pfanne mit Wein aufgießen und kurz durchkochen lassen. Die Kräuter und die restliche Butter unterrühren und den Fisch damit beträufeln. Dazu passt Blattspinat.

*Für 4 Personen*

## Hamburg

## Scholle Finkenwerder Art

*In Hamburg steht dieses köstliche Gericht (siehe Bild oben) vor allem im Mai auf allen Speiskarten guter Restaurants. Im Wonnemonat schmecken die jungen Schollen am feinsten. Versuchen Sie besser nicht, das Rezept mit gefrorenen Schollenfilets nachzukochen. Das Geheimnis des Wohlgeschmacks liegt in der Frische der zarten Schollen.*

*4 küchenfertige, mittelgroße, frische Schollen, je ca. 300 bis 400 g*

*Saft von 1 Zitrone*

*3–4 EL Mehl*

*2 TL Meersalz*

*50 g Butterschmalz*

*150 g durchwachsener Räucherspeck, klein gewürfelt*

*1 Zitrone, in Spalten geschnitten*

*2 EL grob gehackte Petersilie*

◆ Die Schollen innen und außen waschen, mit Küchenpapier sorgfältig trockentupfen und mit Zitronensaft gleichmäßig beträufeln.

◆ Das Mehl und Salz vermischen und die Fische darin wenden. Überschüssiges Mehl abschütteln.

◆ Das Butterschmalz in zwei Pfannen erhitzen und jeweils die Hälfte der Speckwürfel hineingeben. Bei mittlerer Hitze glasig braten. Mit einem Schaumlöffel herausheben und beiseite legen.

◆ Jeweils zwei Schollen mit der weißen Hautseite in das heiße Bratfett legen und bei mittlerer Hitze etwa 6–8 Minuten braten. Vorsichtig mit einem Pfannenwender umdrehen und auch die andere Seite in der gleichen Zeit goldbraun braten. Der Fisch ist gar, wenn sich die Rückenflosse leicht herausziehen lässt.

◆ Die Fische auf vier vorgewärmte Teller legen. Die Speckwürfel erneut in das Bratfett geben und kurz unter Schwenken der Pfanne erhitzen. Abhängig davon, wie sehr man auf Kalorien achten will, gießt man entweder das Bratfett mitsamt den Speckwürfeln über die Fische oder man hebt die Speckwürfel mit einem Schaumlöffel heraus und verteilt sie über den Fischen. Mit Zitronenspalten garnieren, mit Petersilie bestreuen und klassisch mit Kartoffelsalat oder Kartoffel-Gurken-Salat genießen.

*Für 4 Personen*

*Möge man es mir in Hamburg verzeihen, aber ich mische gerne zum Schluss unter die Speckwürfel noch ganz kleine Kapern und genieße die Schollen dann natürlich mitsamt dem Schmalz.*

*Baden und Rheinland*

# Gebratener Aal mit Steinpilzen

*Am oberen wie auch am unteren Lauf des Rheins haben die Fischer nicht selten einen prächtigen Aal an der Angel. Die Küchenchefs entlang des Flusses braten ihn am liebsten mit frischen Kräutern oder servieren ihn mit einer feinen Kräutersauce. Auch Aalpasteten findet man häufig auf den Speisekarten, seltener hingegen Aal blau – also in Essigsud gekocht. Dies ist mehr eine Spezialität des Nordens, wo man den wohlschmeckenden, schlangenähnlichen Fisch auch gerne isst.*

*1 kg küchenfertiger Aal, gehäutet*

*Salz, frisch gemahlener Pfeffer*

*4–5 frische Salbeizweige*

*8 hauchdünne, schmale Scheiben roher Schinken*

*2 EL Öl*

*20 g Butter*

*2 Knoblauchzehen, geschält*

*400 g kleine Steinpilze, geputzt und in feine Scheiben geschnitten*

*1 Bund Frühlingszwiebeln, geputzt und in schräge Ringe geschnitten*

◆ Den Aal in 4 cm lange Stücke schneiden und mit Salz und Pfeffer würzen. Um die Haut eines jedes Stückes zwei Salbeiblätter legen und diese mit je einer Schinkenscheibe umwickeln. Mit Küchengarn festbinden oder mit Zahnstochern feststecken. Den Backofen auf 180 °C vorheizen.

◆ Das Öl mit den Knoblauchzehen in einer Eisenpfanne erhitzen und die Aalstücke darin auf jeder Seite 3–4 Minuten anbraten. Herausnehmen, nebeneinander in eine ofenfeste Form legen und im Backofen in 4–5 Minuten garen.

◆ Die Butter ins Bratfett geben und erhitzen. Die Steinpilze, Frühlingszwiebeln und etwa 5–6 in Streifen geschnittene Salbeiblätter darin unter Rütteln der Pfanne scharf anbraten.

◆ Die Aal-Tournados mit der Pilz-Zwiebel-Mischung auf vorgewärmten Tellern mit Salzkartoffeln anrichten und mit einem Grauburgunder servieren.

*Für 4 Personen*

Ein Blick entlang der Hamburger Speicherstadt.

## International geschätzt: Riesling, Weißburgunder & Co.

Deutscher Riesling, einfach köstlich: Eine faszinierende Aromenvielfalt erfreut den Gaumen und das bei meist sehr moderaten Alkoholgraden. Aber obwohl Weine aus deutschen Weinregionen von Genießern immer mehr nachgefragt werden, hat es der deutsche Wein schwer, sein »süßes« Image abzubauen und international einen höheren Stellenwert zu erreichen. Der schwarze Peter liegt sicherlich nicht alleine bei den Winzern – ganz im Gegenteil: Viele hochmotivierte Weinmacher überzeugen mit trockenen Gewächsen und beweisen jedes Jahr, dass es bei uns möglich ist, einerseits charaktervolle, beeindruckende Weine zu machen und gleichzeitig auch ansprechende Alltagsweine. Verwirrend für Otto Normalverbraucher ist sicherlich das komplizierte deutsche Weinbaugesetz. Wie soll ein Laie, der einfach nur ein gutes Glas Wein trinken möchte, verstehen, was er von einer Spätlese zu erwarten hat? Sie kann trocken, halbtrocken oder auch süß sein. Was ist typisch für die Pfalz, den Rheingau oder Franken? Es ist für den Verbraucher schwierig, sich zu orientieren. Neue Begriffe wie »Classic«, »Selektion« oder »Großes Gewächs« sollen den Wirrwarr auf den Etiketten klären. Dennoch ist es für den Genießer nicht einfach, das Profil des jeweiligen Weins am Etikett zu erkennen und so eine Vorstellung davon zu haben, was er kauft.

Diese Unsicherheit der Verbraucher, die nicht in den Weinbauregionen wohnen, spüren Sommeliers oder Weinhändler häufig, wenn sie deutsche Weine anbieten. Die erste Reaktion ist meistens: »Ich möchte aber einen trockenen Wein«. Liebfrauenmilch und Co. geistern eben immer noch in unseren Köpfen herum. Und hinzu kommt, dass manche Winzer immer noch auf das »süße Schwänzchen« beim Riesling oder Grauburgunder schwören. Mag sein, dass diese Weine zum Solotrinken oder als Zechweine sehr angenehm sind, als Essensbegleiter sind sie, ausgenommen zur asiatischen Küche, oft schwierig. Es gibt sie aber zunehmend, die finessenreichen, trocken ausgebauten Rieslinge, Weiß- und Grauburgunder. Speziell die Rebsorte Grauburgunder stellt bei offiziellen Verkostungen den berühmten Bruder Pinot Grigio aus Italien meistens in den Schatten.

Jahr für Jahr macht es mehr Freude, deutsche Weine zu entdecken und zu genießen. Viele engagierte Winzer in den 13 Weinbauregionen besinnen sich zunehmend auf Terroir und Qualität. Die Anzahl guter Weine – quer durch alle Preiskategorien – nimmt laufend zu. Deshalb erhebe ich sehr gerne mein Glas und trinke auf die Zukunft der deutschen Weine.

### Die 13 deutschen Weinregionen

### Ahr

Das mit 519 Hektar sehr kleine Weinbaugebiet erstreckt sich auf einer Länge von 30 Kilometern zwischen Altenahr und Heimersheim. Obwohl die Miniregion auf eine alte Weinbautradition zurückblicken kann, ist sie erst seit etwa 15 Jahren

**Oben:** Schnurgerade verläuft der Weg durch die herbstlich bunten Reben in der Pfalz. **Rechts:** Sonnengereifte Trauben warten auf den Abtransport.

für Weinkenner in Erscheinung getreten. Pionierarbeit leistete vor allem der Winzer Werner Näkel, der erkannte, dass die Schieferböden der steilen Südhänge an der Ahr optimal für Rotweine, insbesondere für Spätburgunder sind. Mittlerweile haben sich einige gute Erzeuger hinzugesellt und sie bestätigen den Ruf der Ahr als eine der besten deutschen Rotweinregionen. Auf den Schieferböden fühlen sich auch Rieslinge sehr wohl – was einige beeindruckende, mineralisch geprägte Rieslinge aus dieser Region beweisen.

## Baden

Die mit fast 16.000 Hektar Rebfläche drittgrößte Weinregion ist tatsächlich »von der Sonne verwöhnt«. Zudem ermöglichen extreme landschaftliche, klimatische und geologische Unterschiede eine unglaubliche Sorten- und Aromenvielfalt.

Im Nordosten, in Tauberfranken, gibt Müller-Thurgau den Ton an. An der Badischen Bergstraße hat der Grauburgunder das Sagen und weiter südlich, im Kraichgau, werden Riesling, aber auch viele rote Rebsorten sowie die Rarität Auxerrois angebaut. Im Schutz des Schwarzwalds, auf Urgesteinsverwitterungsböden in der Ortenau, ist der Riesling die Nummer 1, gefolgt von Spätburgunder. Aber auch im Breisgau fühlen sich die Burgundersorten wohl. Bernhard Huber hat mit großartigen Spätburgundern Weingenießer von badischen Rotweinen überzeugt. Die bekannteste Teilregion Badens, der Kaiserstuhl, ist berühmt für Deutschlands Topburgundersorten, aber auch für exzellente Rieslinge, Silvaner und Muskateller. Das Weingut Joachim Heger zählt neben Bercher zur Winzerelite. Das Markgräflerland ist die Region für Gutedel, aber auch Chardonnay gewinnt an Bedeutung. Entlang des Bodensees gedeiht vor allem Müller-Thurgau.

## Franken

Das geschichtsträchtige Weinland Franken (6.040 Hektar) entlang des Mains und seiner Nebenflüsse ist geprägt von den extrem großen Unterschieden zwischen heißen Sommern

und ziemlich kalten Wintern. Mit einem Anteil von 40 Prozent ist der Müller-Thurgau immer noch die wichtigste Rebsorte, gefolgt von Silvaner und Bacchus. Aber Riesling, Scheurebe, und am Untermain vor allem der Spätburgunder, gewinnen zunehmend an Bedeutung. Im nördlichsten Teil der Region, im so genannte Mainviereck, hat der Winzer Paul Fürst mit seinen Rotweinen neue Maßstäbe gesetzt. Die bekanntesten Weindörfer wie Escherndorf, Sommerach und Volkach liegen im Maindreieck, und dort sind viele bemerkenswerte Winzer zu Hause, einer davon ist Horst Sauer. Das Weinstädtchen Iphofen liegt im Weinbaubereich Steigerwald und dort findet man geradlinige Silvaner und Rieslinge, aber auch elegante Weine aus Rieslaner und Scheurebe. Traditionell setzen alle Frankenwinzer für Topweine auf ihr traditionelles Wahrzeichen, den Bocksbeutel.

## Hessische Bergstraße

An den Hängen des Odenwalds, zwischen Heppenheim und Zwingenberg sowie rund um Roßdorf und Groß-Umstadt, liegen die Weinberge der 456 Hektar großen Weinregion. Der Großteil der Winzer liefert die Trauben in die Genossenschaften, Flaschen abfüllende Winzer gibt es wenige. Hauptrebsorte ist der Riesling, gefolgt von Grau- und Weißburgunder.

## Mittelrhein

Ideale Voraussetzungen findet die Rieslingrebe in den Steilhängen der Weinregion Mittelrhein (526 Hektar): Schiefergestein und ein besonderes Mikroklima. Der Riesling nimmt hier etwa 70 Prozent der Rebfläche ein, gefolgt von Müller-Thurgau, Kerner und Spätburgunder. Vor kurzer Zeit wurde die einmalig schöne Landschaft des Mittelrheintals zwischen Bingen und Koblenz von der UNESCO zum Weltkulturerbe erhoben. Erfreulicherweise entwickelt sich die Weinregion auch immer mehr weg von Quantität hin zu Qualität. Die Zahl der Winzer, die sehr gute Weine in Flaschen abfüllen, nimmt von Jahr zu Jahr zu.

## Mosel-Saar-Ruwer

Spricht man von der Mosel, denkt jeder sofort an Riesling und süßlich geprägte Weine. Dieses Vorurteil trifft heute nur noch bedingt zu. Rieslingfans begeistert gerade dieses raffinierte Spiel von Mineralik und Süße, das allerdings nichts mit süßlicher Flüssigkeit zu tun hat, die in der Vergangenheit massenweise auf dem Markt war. Moselrieslinge wie etwa von Fritz Haag, Ernst Loosen, Egon Müller oder J. J. Prüm und viele andere mehr begeistern durch die Vielschichtigkeit der Aromen bei meist sehr niedrigen Alkoholgraden. Die Zahl der Topwinzer, die auch international an Ansehen gewinnen, nimmt nicht nur an der Mosel, sondern auch an der Saar ständig zu. Die Rebfläche von 10.329 Hektar ist jedoch nicht ausschließlich mit Riesling bestückt. Müller-Thurgau, Elbling und Kerner sowie auch Weißburgunder, Chardonnay und Dornfelder stehen auf dem Programm der Winzer.

## Nahe

Bis vor wenigen Jahrzehnten war das 4.387 Hektar große Weinbaugebiet kaum einzuordnen, weder geographisch noch qualitativ. Erst 1971 wurden die Grenzen im Weinbaugesetz festgelegt und von da an begann die rasante Entwicklung hin zu beeindruckenden Spitzenqualitäten. Die Naherieslinge zeichnen sich durch eine klare Mineralik aus und die edelsüßen Rieslinge haben bei Verkostungen immer die Nase vorne. Sensationell und weltweit begehrt ist die Palette der Weine des Nahe-Spitzenwinzers Hermann Dönnhoff. Aber auch Winzerpersönlichkeiten wie Werner Schönleber und Armin Diel, um nur einige zu nennen, tragen mit ihren beeindruckenden Rieslingen, Grau- und Weißburgundern viel zum Ansehen der Region bei.

## Pfalz

Dort wo Feigen und Mandeln reifen, müssen auch Weine gut gedeihen – das entdeckten die Römer schon vor 2000 Jahren. Verwöhnt von 1800 Sonnenstunden ist in dieser 23.433 Hektar großen Weinregion Genuss und Lebensfreude zu Hause. Das zweitgrößte Weinbaugebiet war früher bekannt für süffige Zechweine, die eine herzhafte Jause wunderbar begleiten. Heute hat sich das Bild geändert. Kaum eine andere Region machte in den letzten Jahren so auf sich aufmerksam wie die Pfalz.

Und das erfreulicherweise nicht nur im Spitzenbereich, auch die Basis mit guten Mittelklasseweinen wird von Jahr zu Jahr breiter. Vorbilder wie der ehemalige Kellermeister des Weinguts Müller Catoir, Hans-Günther Schwarz, haben neue Akzente gesetzt und junge Winzer dazu motiviert, einen neuen Weg zu gehen. Bei den weißen Rebsorten steht der Riesling an erster Stelle, gefolgt von Müller-Thurgau, Silvaner und Scheurebe. Immer mehr Winzer erfreuen den Weintrinker mit harmonischen Weiß- und Grauburgundern, aber auch mit feinen Chardonnays. Verstärkt legen viele Winzer ihr Augenmerk auf rote Sorten, neben Portugieser vor allem Dornfelder und Spätburgunder.

## Rheingau

Die klimatischen und geologischen Vorteile der 30 Kilometer langen, wunderschönen Weinregion entlang des Rheins, zwischen Wiesbaden und Rüdesheim, haben ebenfalls schon die Römer für den Weinbau genutzt. Diese Tradition prägte die Rheingau-Winzer, die für Innovationen immer offen waren. Einige Persönlichkeiten, allen voran der 2004 leider viel zu früh verstorbene Bernhard Breuer, haben der Region zu einem beachtlichen Ansehen verholfen. Nicht zuletzt das jährlich stattfindende Rheingau-Festival hilft zu zeigen, wie gut deutsche Weine, feines Essen und Kultur harmonieren. Wilhelm Weil überzeugt Jahr für Jahr Rieslingliebhaber mit traumhaften edelsüßen Weinen und beweist zudem, ähnlich wie unter anderem das Weingut Wegeler, dass man auch bei einer großen Jahresflaschenproduktion hochwertige Qualität herstellen kann. Tonangebend im Rheingau ist der Riesling mit 79 Pro-

zent der Anbaufläche, gefolgt vom Spätburgunder mit etwa zwölf Prozent Anbaufläche.

## Rheinhessen

Das mit 26.333 Hektar größte Weinanbaugebiet Deutschlands kämpft gegen das Image, auch der größte Fassweinlieferant zu sein. Innovative Winzer wie Klaus Keller oder auch Günter und Philipp Wittmann begeistern mit ihrem Erfolg und überzeugen eine neue Schar junger Winzer, den Weg der Qualität zu gehen. Mit der Initiative »Selection Rheinhessen« haben Winzer gemerkt, dass Ertragsreduzierung und Qualitätsorientierung sinnvoll sind. Zwar wandern noch viele Millionen Hektoliter in die Liebfrauenmilch, die erstaunlicherweise für den Export immer sehr gefragt ist. Dagegen beweisen aber Jahr für Jahr mehr Winzer, dass der Riese unter den Weinregionen auch anders kann. Müller-Thurgau ist mit 20 Prozent derzeit noch die wichtigste Rebsorte, gefolgt von Silvaner und Riesling, dann aber kommt sofort Dornfelder, die derzeit – nicht nur hier – boomt. Die Burgunderrebsorten legen zu, wie auch die Huxelrebe, die schon fast eine rheinhessische Spezialität geworden ist.

## Saale-Unstrut

Die bedeutendsten Weinorte in dieser 651 Hektar großen Weinregion sind Naumburg und Freyburg. Die Rebfläche wächst von Jahr zu Jahr. Der Weinbau in dieser nördlichen Region ist nur für früh reifende Rebsorten geeignet, wie Müller-Thurgau, Weißburgunder und Silvaner.

## Sachsen

Entlang der Elbe von Meißen bis Dresden erstreckt sich das mit 446 Hektar kleinste und östlichste Weinbaugebiet Deutschlands. Der Weinbau – hier nicht gerade einfach – lässt sich bis ins Mittelalter zurückverfolgen. Müller-Thurgau bestimmt insbesondere entlang der Elbe den Rebspiegel. Immer mehr setzen die sächsischen Winzer aber auf Riesling und die Burgundersorten. Elbling und Goldriesling spielen für den heimischen Konsum eine wichtige Rolle. Spitzenbetrieb in der Region ist das Weingut Schloss Proschwitz in Meißen.

## Württemberg

Im fünftgrößten Anbaugebiet (11.336 Hektar) zwischen Heilbronn und Stuttgart wird drei Viertel der Produktion immer noch in Genossenschaften vermarktet. Wichtigste Rebsorte ist der Trollinger, knapp ein Viertel der Rebfläche ist damit bedeckt. Andere rote Rebsorten sorgen ebenfalls in letzter Zeit für Furore, wie Spätburgunder, Lemberger, Zweigelt und auch Merlot. Bei den weißen Rebsorten dominiert der Riesling. Obwohl die Württemberger ihre Weine am liebsten selber trinken, haben gute Winzer wie Gerhard Aldinger, Graf Adelmann oder Jürgen Ellwanger über die schwäbischen Grenzen hinaus für Ansehen gesorgt.

**Links:** Vom idyllisch gelegenen Schloss Johannisberg aus hat man einen traumhaften Blick über das Rheingau. **Rechts oben:** Nach der Weinlese ist das ganze Können des Winzers gefragt. **Rechts unten:** Aus dem klassischen Riesling-Glas schmeckt jugendlicher Riesling am besten.

*Bayern*

# Waller
# im Wurzelsud

*Den größten aller Süßwasserfische, auch Wels genannt, erkennt man an zwei sehr langen Bartfäden auf dem Oberkiefer. Die Fische könnnen, falls sie nicht jung in den Kochtopf wandern, 3 Meter lang und bis zu 80 Jahre alt werden. Das Fleisch junger Waller ist fast grätenlos, etwas fettreich, aber sehr schmackhaft. Gedämpft auf Wurzelgemüse werden sie entlang der Donau in vielen Restaurants angeboten.*

*1 Waller von etwa 2 kg, vom Fischhändler filetieren lassen, aber die Fischreste mitnehmen*

*1 Bund Suppengrün, klein geschnitten*

*1 Zwiebel mit Schale*

*1 Lorbeerblatt*

*1 Gewürznelke*

*6 Pfefferkörner*

*½ l Wasser*

*¼ l trockener Weißwein, Salz*

*4 große Möhren, in Streifen (Julienne) geschnitten*

*1 große Petersilienwurzel, in Julienne geschnitten*

*½ kleine Sellerieknolle, in Julienne geschnitten*

*1 Stange Lauch, in feine Ringe geschnitten*

*Frisch gemahlener Pfeffer, Salz*

*50 g eiskalte Butter, in kleinen Flöckchen*

*4 EL frisch geriebener Meerrettich*

*1 Bund Schnittlauch*

◆ Die Fischreste mit Suppengrün, Zwiebel und Gewürzen in einen Topf geben und mit Wasser und Wein begießen. Salzen und 20 Minuten köcheln lassen.

◆ Den Fischsud durch ein feines Sieb in einen flachen Topf gießen, und das fein geschnittene Gemüse darin in 3–5 Minuten bissfest kochen. Mit einem Schaumlöffel herausheben und warm stellen.

◆ Die Wallerfilets mit Salz und Pfeffer würzen und im Fischsud bei schwacher Hitze 8–10 Minuten zugedeckt pochieren. Herausheben und warm stellen.

◆ Den Fischsud bei starker Hitze auf die Hälfte einkochen lassen. Von der Kochstelle nehmen. Die eiskalte Butter mit dem Schneebesen unterschlagen.

◆ Die Wallerfilets auf vier vorgewärmte Teller legen, das Gemüse darauf verteilen und die Sauce darüber gießen. Mit Meerrettich und Schnittlauch bestreuen.

*Für 4 Personen*

*Thüringen*

# Forellenfilets blau
# auf Dill-Gurken-Gemüse

*Nicht nur Forellen werden nach dieser Methode gekocht, auch Saiblinge, Felchen und junge Hechte, also alle Fische, die durch eine klare Schleimschicht geschützt sind. Diese Schleimschicht ermöglicht eine Blaufärbung, die durch einen kräftigen Schuss Essig noch verstärkt wird. Kochen ist eigentlich nicht die richtige Bezeichnung, denn das zarte Fischfleisch darf natürlich nur schonend pochiert werden.*

*1 ½ l Wasser*

*⅛ l trockener Weißwein*

*4 EL guter Weißweinessig*

*Salz*

*1 Lorbeerblatt*

*1 Thymianzweig*

*2 Wacholderbeeren*

*6 weiße Pfefferkörner*

*Einige Zitronenscheiben, unbehandelt*

*1 weiße Zwiebel, geschält und geviertelt*

*4 frische Forellenfilets mit Haut, je ca. 180 g*

*1 weiße Zwiebel, geschält und gewürfelt*

*2 kleine Salatgurken, geschält und gewürfelt*

*30 g gesalzene Butter*

*2 EL Weißwein*

*4 EL Sahne*

*1 EL frischer Dill, fein geschnitten*

*100 g flüssige Butter*

◆ Wasser, Wein und Essig in einen großen, flachen Topf geben und Salz, die Gewürze, Zitronenscheiben und Zwiebel dazugeben und etwa 10 Minuten köcheln lassen. Die Forellenfilets vorsichtig, damit die Haut möglichst unversehrt bleibt, hineinlegen und 5–6 Minuten bei schwacher Hitze gar ziehen lassen.

◆ Für das Gurkengemüse Zwiebel- und Gurkenwürfel in der aufgeschäumten Butter andünsten. Salzen, mit Wein ablöschen und einkochen lassen. Die Sahne dazugeben und unter gelegentlichem Umrühren in etwa 4–5 Minuten weich dünsten. Den Dill untermischen, mit Pfeffer und, falls nötig, mit Salz abschmecken. Die Forellenfilets auf dem Gemüse anrichten und die flüssige Butter separat dazu reichen.

*Für 4 Personen*

*Baden*

# Hechtklößchen auf Rucolaschaum

*Hechte sind Raubfische und ständig in Bewegung, weshalb ihr Fleisch sehr aromatisch und fettarm, aber leider auch voller Gräten ist. Pürieren und lockere Klößchen daraus formen ist eine gute Idee, um den Wohlgeschmack des Hechtfleischs ohne lästige Gräten zu genießen.*

*400 g Hechtfilet*

*2 Eiweiße*

*400 g Sahne*

*Salz*

*Frisch gemahlener weißer Pfeffer*

*200 ml Fischfond (aus dem Glas)*

*100 ml Weißwein*

*1 l Wasser*

*1 Bund Rucola, fein gehackt*

*Abgeriebene Schale von ½ unbehandelten Orange*

*2 EL Forellenkaviar*

◆ Das Hechtfilet 30 Minuten in das Tiefkühlgerät legen. Dann in einem Mixer fein pürieren. Die Farce in eine Schüssel geben und nach und nach die Eiweiße und die Hälfte der Sahne unterrühren. Mit Salz und Pfeffer würzen und erneut kurz in das Tiefkühlgerät stellen.

◆ Inzwischen den Fischfond, die übrige Sahne und den Weißwein in einer Sauteuse bei starker Hitze sämig einkochen.

◆ Das Wasser in einem flachen Topf erhitzen. Mithilfe von zwei nassen Esslöffeln Nocken von der gekühlten Fischmasse abstechen und im leicht siedenden Wasser 8–10 Minuten pochieren.

◆ Den Rucola unter die eingekochte Sauce rühren und mit Salz, Pfeffer und Orangenschale abschmecken.

◆ Die Sauce als Spiegel auf vier Tellern verteilen und jeweils zwei Hechtklößchen darauf anrichten. Mit Forellenkaviar bestreuen.

*Für 4 Personen*

Im Badischen gibt es als Beilage selbst gemachte schmale Nudeln. Sie können aber natürlich auch Salzkartoffeln dazu reichen.

**Oben:** Meersburg am Bodensee zur blauen Stunde. **Unten:** Das gute Tröpfchen wird in einer typisch badischen Tracht serviert.

*Bayern*

# Renke
# »Müllerin Art«

*Renken sind in allen oberbayerischen Voralpenseen zu Hause, und rundherum gibt es zahlreiche Fischer, die diese schmackhaften Fische direkt nach dem Fang räuchern. Direkt aus dem Räucherofen, noch warm und mit ein bisschen frisch geriebenem Meerrettich dazu – das ist ein unvergessliches Geschmackserlebnis. Was in Bayern die Renken, sind am Bodensee die Felchen. Es handelt sich um den gleichen Fisch, der lediglich unterschiedliche Namen hat.*

*4 frisch gefangene Renken (Felchen), je 250 g, ausgenommen*

*Salz*

*Frisch gemahlener Pfeffer*

*4 große Petersilienstängel*

*5–6 EL Mehl*

*2 EL Öl*

*100 g Butter*

*Saft von 1 Zitrone*

*2 EL gehackte Petersilie*

◆ Die Renken waschen, mit Küchenpapier trockentupfen und in die Bauchhöhle jeweils 1 Petersilienstängel legen. Die Fische in Mehl wenden und das überschüssige Mehl abschütteln.

◆ In zwei beschichteten Pfannen jeweils 1 EL Öl und 30 g Butter aufschäumen lassen. Jeweils 2 Renken in eine Pfanne legen und bei mittlerer Hitze anbraten. Nach 6 Minuten die Fische mithilfe eines Pfannenwenders umdrehen und die zweite Seite ebenfalls 6 Minuten braten. Die Fische aus der Pfanne nehmen und warm stellen.

◆ Die restliche Butter in eine der beiden Pfannen geben, ebenso wie das Bratfett der zweiten Pfanne. Kurz aufschäumen lassen, dann den Zitronensaft und die Petersilie dazugeben.

◆ Die Renken auf einer großen vorgewärmten Platte anrichten und mit der Butter übergießen.

*Für 4 Personen*

*Diese Zubereitung eignet sich auch für Saiblinge, Forellen und Egli.*

*Baden*

# Eglifilets
# mit Dillsauce überbacken

*Egli oder Kretzer sind zwei Namen für ein und denselben Fisch, den Barsch. Man findet den schönen Fisch in warmen Seen, zum Beispiel im Bodensee. Für die Küche sind die kleineren Exemplare zu empfehlen, die man am besten gleich filetiert kauft. Das magere Fischfleisch mit dem edlen Geschmack ist leider mit einigen Gräten durchzogen. Also Vorsicht beim Essen oder noch besser: vorher die Gräten geduldig mit einer Pinzette herausziehen. Das nachfolgende Rezept ist eines meiner Lieblingsrezepte für zarte Fischfilets: Es schmeckt köstlich und macht kaum Mühe.*

*8 Eglifilets von je 120 g*

*Salz*

*Frisch gemahlener Pfeffer*

*40 g Butter*

*250 g Sahne*

*100 ml Weißwein*

*2 Eigelbe*

*6 Dillzweige, fein geschnitten*

*2 EL frisch geriebenes Weißbrot*

◆ Die Fischfilets waschen, mit Küchenpapier trockentupfen und mit Salz und Pfeffer würzen.

◆ Eine flache, ofenfeste Form mit 20 g Butter ausstreichen und die Fischfilets nebeneinander hineinlegen. Den Backofen auf 200 °C vorheizen.

◆ Sahne, Weißwein, Eigelbe und Dill im Mixer fein pürieren. Die Fischfilets mit dieser Mischung übergießen. Mit den Brotbröseln bestreuen und die restliche Butter in kleinen Flöckchen darauf verteilen. Im vorgeheizten Backofen in etwa 15 Minuten goldgelb überbacken und mit Salzkartoffeln genießen.

*Für 4 Personen*

*Es muss nicht immer Dill sein: Auch mit Brunnenkresse, Bärlauch oder frisch geriebenem Meerrettich kann man die Sahne verfeinern.*

## Mark Brandenburg

# Karpfen in Weinsauce

*Traditionsgemäß kommt in den östlichen Regionen an Silvester Karpfen auf den Tisch, weil Karpfenschuppen Glück bringen sollen. Üblicherweise wird der fette Süß-wasserfisch auf polnische Art mit Bier, Lebkuchen und Karpfenblut zubereitet. Da dies nicht mehr so ganz unseren heutigen Essgewohnheiten entspricht, stelle ich Ihnen eine dem modernen Geschmack angepasste Karpfenversion vor. Ich hoffe, so zubereitet bringt Ihnen der Karpfen Glück, auf jeden Fall wird er Ihnen gut schmecken.*

*1 küchenfertiger Spiegelkarpfen, ca. 2 kg, ausgenommen*

*Salz*

*Frisch gemahlener Pfeffer*

*Saft von 1 Zitrone*

*4 Petersilienstängel*

*1 Zweig Thymian*

*30 g Butter*

*1 Zwiebel, geschält und in Scheiben geschnitten*

*1 Bund Suppengrün, klein geschnitten*

*1 Lorbeerblatt*

*6 Pfefferkörner*

*¼ l trockener Weißwein*

*⅛ l Fischfond*

*125 g Sahne*

*1 Eigelb*

◆ Den Karpfen waschen, trockentupfen und die Haut einige Male mit einem scharfen Messer leicht einrit-zen. Mit Salz und Pfeffer würzen, in die Bauchhöhle 2 Petersilienstängel und den Thymian stecken.

◆ Backofen auf 180 °C vorheizen. Die Butter in ei-nem Fischbräter aufschäumen lassen und Zwiebeln sowie Suppengrün darin anschwitzen. Salzen und Lorbeerblatt und Pfefferkörner untermischen. Den Karpfen darauf legen und mit Wein und Fischfond begießen und im Backofen in 35–40 Minuten garen. Falls der Fisch zu stark bräunt, mit Alufolie abdecken.

◆ Den Fisch vorsichtig herausheben und warm hal-ten. Den Bratenfond durch ein Sieb streichen und er-neut zum Kochen bringen. Sahne mit Eigelb verquir-len und die Sauce damit binden. Nicht mehr kochen lassen. Die restliche Petersilie hacken, untermischen und die Sauce getrennt zum Karpfen reichen.

*Für 4 Personen*

## Franken

# Gebackener Karpfen

*So lieben die Franken den aromatischen Karpfen, der dort in den zahlreichen Teichen häufig anzutreffen ist.*

*2 Karpfen, ausgenommen und ohne Kopf, je 1,2 kg*

*Salz*

*Frisch gemahlener Pfeffer*

*4–5 EL Mehl*

*2 Eier, verquirlt*

*4–5 EL Semmelbrösel*

*Butterschmalz zum Braten*

*1 Zitrone, geviertelt*

◆ Die Fische waschen, trockentupfen, in Portions-stücke teilen und mit Salz und Pfeffer würzen. Zuerst in Mehl, dann in den Eiern und zum Schluss in den Bröseln wenden. Überschüssige Panade abschütteln.

◆ Reichlich Butterschmalz in zwei Pfannen aufschäu-men lassen und die Fischstücke darin bei mittlerer Hit-ze fast schwimmend in etwa 8–10 Minuten ausbacken. Mit den geviertelten Zitronen anrichten. In Franken isst man am liebsten Kartoffel- und Feldsalat dazu.

*Für 4 Personen*

Geduldiges Warten am Weiher: Wer wohl anbeißt – Forelle oder Karpfen?

## Baden

## Badischer Hecht

*Ein badisches Traditionsgericht, zu dem man in der Region seit jeher feine, möglichst selbst gemachte Eiernudeln isst. Wer ein Problem mit Gräten hat, nimmt anstelle des Hechtes einen frischen Zander.*

1 fangfrischer Hecht, geschuppt und ausgenommen
Salz und frisch gemahlener Pfeffer
Etwas Zitronensaft
40 g Butter
2 Stangen Sellerie, in Scheiben geschnitten
2 Möhren, geputzt und in Scheiben geschnitten
2 weiße Zwiebeln, geschält und gewürfelt
4–5 Estragonblätter, gehackt
2 EL gehackte Petersilie
¼ l badischer Weißwein, z. B. Grauburgunder
1 große Kartoffel, geschält
4 dünne Scheiben Räucherspeck
200 g Sahne

◆ Den Hecht waschen, trockentupfen und mit Salz und Pfeffer würzen. Mit Zitronensaft beträufeln. Den Backofen auf 180 °C vorheizen.

◆ Die Butter in einem großen, länglichen Bräter aufschäumen lassen und Sellerie, Möhren und Zwiebeln darin anschwitzen. Den Estragon und 1 EL gehackte Petersilie untermischen und mit Wein aufgießen.

◆ Die Kartoffel an einer Seite flach schneiden und in die Bauchhöhle des Fisches stecken, damit er nicht umkippen kann. Den Hecht mit der flachen Seite der Kartoffel auf das Gemüse setzen, den Rücken mit den Speckscheiben belegen und im vorgeheizten Backofen etwa 40–45 Minuten garen, dabei immer wieder mit der Sahne begießen.

◆ Gegen Ende der Garzeit prüfen, ob der Fisch gar ist: Dies macht man, indem man die Rückenflosse herauszieht. Geht das einfach, ist der Fisch gar. Den Hecht vorsichtig herausheben und warm stellen. Den Bratenfond durch ein Sieb passieren und erneut kurz durchkochen lassen. Falls nötig, mit Salz und Pfeffer und etwas Zitronensaft abschmecken. Die restliche Petersilie untermischen und die Sauce getrennt zum Fisch reichen. Mit bissfest gekochten Eierbandnudeln oder auch mit Salzkartoffeln servieren.

*Für 4 Personen*

## Alle Regionen mit Fluss oder See

## Zander im Mangoldmantel

*Zander, dieser schmackhafte Süßwasserfisch, ist in vielen deutschen Flüssen und Seen zu Hause, und Köche in diesen Regionen, sei es in Bayern, Thüringen oder Baden, bereiten ihn auf ihre Weise zu. In Baden serviert man gerne die ausgelösten Filets mit feiner Kräutersauce, in Bayern wird der Fisch oft im Ganzen mit Gemüse im Ofen gebacken und in Berlin schätzt man den Havelzander in Butter gebraten mit Kartoffelsalat. Die moderne deutsche Küche kennt aber noch viele andere köstliche Variationen, eine davon ist das nachfolgende Rezept.*

500 g Zanderfilet
2 EL Zitronensaft
150 g Lachsforellenfilet
8 große schöne Mangoldblätter
Salz und frisch gemahlener weißer Pfeffer
400 g eiskalte Sahne
1 Eiweiß
¼ l trockener Weißwein
¼ l Wasser

FÜR DIE SAUCE:
100 ml Fischfond
100 ml trockener Weißwein
1 Dillstängel
1 Messerspitze gemahlener Safran
2 Eigelbe
80 g eiskalte Butter
2 EL geschlagene Sahne
Salz
Cayennepfeffer

◆ Die Zanderfilets waschen, trockentupfen und mit Zitronensaft beträufeln. Das Lachsforellenfilet in kleine Würfel schneiden und mit dem Zanderfilet in das Tiefkühlgerät geben und in etwa 15–20 Minuten anfrieren lassen.

◆ Die Mittelrippe der Mangoldblätter flach schneiden und die Blätter kurz in kochendem Salzwasser blanchieren. In eiskaltem Wasser abschrecken und auf einem Küchentuch ausgebreitet trocknen lassen.

◆ Die Zanderfilets im Mixer rasch fein pürieren und durch ein feines Sieb streichen. Nach und nach die eiskalte Sahne einarbeiten. Das Eiweiß steif schlagen und mit den Forellenwürfeln unter die Fischfarce ziehen.

◆ Mit Salz und Pfeffer würzen, erneut kalt stellen.

◆ Eine Schöpfkelle oder Tasse mit einem Mangold-blatt auskleiden. Etwas von der Fischfarce hineingeben, die Blattränder darüber zusammenfalten und leicht andrücken. Die so entstandene Halbkugel aus der Tasse oder Schöpfkelle stürzen und mit der flachen Seite nach unten auf ein Dampfgitter setzen. Die restlichen Blätter auf die gleiche Weise füllen.

◆ In einem großen, flachen Topf Wein und Wasser erhitzen, ein Dämpfgitter hineinstellen. Den in Man-goldblätter eingehüllten Fisch zugedeckt bei mittlerer Hitze 10 Minuten garen.

◆ Für die Sauce in einer Sauteuse Fond und Wein mit Dillstängel und Safran zum Kochen bringen und auf die Hälfte einkochen lassen.

◆ In einer Schüssel über einem Wasserbad die Eigelbe mit der etwas abgekühlten, reduzierten Flüssigkeit, aus der die Dillstängel entfernt wurden, dickschaumig aufschlagen. Nach und nach die kalte Butter in kleinen Flöckchen dazugeben. Darauf achten, dass die Sauce nicht zu heiß wird, damit sie nicht ausflockt. Die Sauce aus dem Wasserbad nehmen und die geschla-gene Sahne gleichmäßig unterziehen. Mit Salz und Cayennepfeffer würzig abschmecken.

◆ Die Safransauce als Spiegel auf vier Teller verteilen, jeweils zwei Mangoldhalbkugeln darauf setzen und mit der restlichen Sauce beträufeln.

*Für 4 Personen*

Auch wenn man in der klassischen deutschen Küche fast immer Kartoffeln als Beilage vorzieht: Zu dieser köstlichen Zanderkreation passt körnig gekochter Reis besonders gut.

Und welcher Wein? Ein Grauburgunder aus Baden oder ein Chardonnay mit ganz dezentem Barriqueausbau sind ideale, schmeichelnde Begleiter.

Wer sich ein bisschen mehr Arbeit machen möchte, der formt aus der Farce einen Fisch, umhüllt diesen mit den Mangoldblättern und gart den versteckten Fisch dann in einem länglichen Bräter.

## Fränkisch traditionell mit internationalem Touch

Zwischen Frankenwald und Fichtelgebirge, nur 20 Kilometer von Bayreuth entfernt, liegt inmitten des Dörfchens Wirsberg das Posthotel der Familie Herrmann. Das hübsche Romantikhotel ist aber nicht nur zur Festspielzeit stark frequentiert, die kreative Küche des sympathischen jungen Kochstars lockt das ganze Jahr hindurch Genießer an.

Alexander Herrmann, bekannt auch durch seine Fernsehsendungen und seine alltagstauglichen Kochbücher, ist ausgesprochen heimatverbunden. Ein Leben ohne seine Familie und seine Kochtruppe in Franken könnte er sich nicht vorstellen. Hier, im familieneigenen »Herrmann's Romantik Posthotel« zeigt der weltoffene Koch, dass es durchaus möglich ist, traditionell und zugleich international auf hohem Niveau zu kochen. Durch eine räumliche Trennung – einerseits eine gemütliche Jagdstube mit fränkischer Küche, andererseits ein stilvolles Gourmet-Restaurant – schafft es der Tausendsassa, seine heimischen Gäste mit einer typisch regionalen Küche zu verwöhnen und Feinschmecker aus aller Welt mit einer spannenden Crossover-Küche zu überraschen. Der smarte Franke liebt es, regionale Küche mit mediterranen und asiatischen Einflüssen harmonisch zu vereinen. Aber bei all seinen Kreationen geht es ihm vor allem darum, die geschmackliche Transparenz zu bewahren.

Wie gut dem fränkischen Kochkünstler das gelingt, beweisen die zahlreichen Auszeichnungen: 17 Punkte im *Gault Millau* oder »*Gault Millau*-Aufsteiger des Jahres 2003«.

Eine Spezialität des Posthotels ist der Schiefertrüffel, der seit 1979 auf der Speisekarte steht. Dieser zumindest optisch dem französischen Trüffel sehr ähnliche Pilz wächst zwar auch unterirdisch, durchbricht aber die Erde – leider nur an Stellen, die durch Schieferplatten bedeckt sind. Deshalb finden nur geschulte Augen diese Rarität, die, anders als die bekannten Trüffel, nicht roh auf Speisen gehobelt wird, sondern vor dem Genuss gegart werden muss. Botanisch ist der Schiefertrüffel eine Mischung aus Trüffel und Steinpilz, mit einem eigenständigen, sehr interessanten Aroma. Während der Bayreuther Festspielzeit haben diese Pilze Hochsaison, und Alexander Herrmann bereitet daraus feinwürzige Bratwürstchen oder cremig-schaumige Süppchen zu. Wer es nicht schafft, zwischen Juni und September nach Wirsberg zu kommen – kein Problem, der fränkische Starkoch konserviert die Edelknolle und kann sie somit das ganze Jahr hindurch anbieten.

Herrmann's Posthotel
Marktplatz 11
95339 Wirsberg
Tel.: 09227 / 2080
Fax: 09227 / 5860
www.herrmanns-posthotel.de

*Franken*

# Gebackene Flusskrebse auf Nudelrisotto

*Flusskrebse haben eine lange Tradition im Frankenland, und dank der wieder sauberen Gewässer findet man sie auch zunehmend in Flüssen und Seen. Alexander Herrmann serviert die heimischen Krebse auf diese raffinierte Weise.*

*FÜR DEN KOCHSUD:*

*1 l Wasser*

*Je 80 g rote und weiße Zwiebeln, grob gewürfelt*

*50 g Lauch, in Scheiben geschnitten*

*50 g Möhren, in Scheiben geschnitten*

*1 Lorbeerblatt*

*1 Thymianzweig*

*¼ TL Kümmel*

*¼ TL Korianderkörner*

*Salz, einige Pfefferkörner*

*12 große Flusskrebse (etwa 140 g pro Stück)*

*FÜR DEN AUSBACKTEIG:*

*Je 1 EL Mais- und Kartoffelstärke*

*1 EL Mehl*

*80 ml Champagner*

*1 Prise Salz*

*Öl zum Frittieren*

*FÜR DEN NUDELRISOTTO:*

*100 ml trockener Weißwein*

*200 ml Geflügelbrühe*

*1 Knoblauchzehe*

*1 Lorbeerblatt*

*2 Schalotten, fein gewürfelt*

*2 EL Olivenöl*

*160 g Hartweizennudeln in Reiskornform*

*Salz und frisch gemahlener Pfeffer*

*30–40 g kalte Butter*

*1 EL fein geschnittene Estragonblätter*

*AUSSERDEM:*

*4 Estragonzweige*

*4 EL Krebsfond, stark eingekocht*

◆ Das Wasser mit dem Gemüse und den Gewürzen erhitzen und 10 Minuten köcheln lassen.

◆ Die Krebse hineingeben und etwa 8 Minuten darin ziehen lassen. Das Wasser darf dabei nicht kochen. Die

Krebse mit einem Schaumlöffel herausfischen, leicht abkühlen lassen und die Scheren und Schwänze aufbrechen. Das Fleisch auslösen und die Scheren aufbewahren. Acht Esslöffel vom Kochwasser in einem kleinen Topf offen kochen und auf die Hälfte reduzieren lassen.

◆ Für den Ausbackteig Stärke, Mehl und Salz vermischen und mit dem Champagner glatt rühren. Salzen und zugedeckt im Kühlschrank etwa 10 Minuten ausquellen lassen.

◆ Für den Risotto Weißwein und Brühe mit Knoblauch und Lorbeerblatt erhitzen und einige Minuten köcheln lassen. Die Schalotten im Olivenöl andünsten, die Nudeln dazugeben und mit Salz und Pfeffer würzen. Mit einer Schöpfkelle immer wieder etwas von dem heißen, vorbereiteten Weißweinfond aufgießen und dabei ständig rühren. Die Nudeln auf diese Weise etwa 12 Minuten garen.

◆ Reichlich Öl in einer Fritteuse auf 170 °C erhitzen. Die Krebsschwänze und die Estragonzweige durch den Ausbackteig ziehen, in knapp einer Minute knusprig frittieren. Auf Küchenpapier abtropfen lassen.

◆ Unter das fertig gegarte Nudelrisotto die kalte Butter und den klein geschnittenen Estragon rühren. Die Krebsscheren darin erwärmen und dann auf vier Teller verteilen. Die ausgebackenen Krebse darauf anrichten, mit einem Löffel Krebsfond beträufeln. Mit den frittierten Estragonzweigen garnieren.

*Für 4 Pesonen*

Bayern

# Räucherfischstrudel

*Dies ist ein persönliches Familienrezept, und meine Mutter entwickelte es aus einer Art Notstand. Irgendwann wusste sie nicht mehr, wie sie die Fische zubereiten sollte, die mein Vater, ein leidenschaftlicher Hobbyangler, nach Hause brachte. Räuchern sorgte für eine gewisse Abwechslung auf dem Speiseplan. Eines Tages aber gab es die geräucherten Fische umhüllt von einem zarten Strudelteig – und es wurde die Leibspeise der ganzen Familie.*

*FÜR DEN STRUDELTEIG:*

*200 g Mehl*

*1 Ei, Salz*

*4–6 EL lauwarmes Wasser*

*1 TL Öl*

*(Oder 1 Packung fertig gekaufter Strudelteig)*

*FÜR DIE FÜLLUNG:*

*1 Stange Lauch, in feine Scheiben geschnitten*

*2 große Möhren, in kleine Würfel geschnitten*

*200 g Erbsen, tiefgekühlt*

*Salz und frisch gemahlener Pfeffer*

*1 großer Apfel, in kleine Würfel geschnitten*

*150 g saure Sahne*

*2–3 EL frisch geriebener Meerrettich*

*600 g geräucherte Fischfilets (Forelle, Lachsforelle oder Renke) ohne Haut und Gräten*

*2 EL Dill, fein geschnitten*

*Flüssige Butter für das Blech und zum Bestreichen*

◆ Aus den angegebenen Zutaten einen Strudelteig zubereiten (siehe Glossar). 15 Minuten ruhen lassen.

◆ Die Gemüse in kochendem Salzwasser blanchieren, kalt abschrecken und mit den Apfelwürfeln vermischen. Den Backofen auf 200 °C vorheizen.

◆ Den Strudelteig hauchdünn über einem großen Küchentuch ausziehen (oder auf dem bemehlten Tuch ausrollen). Saure Sahne mit Meerrettich verrühren, mit Salz und Pfeffer würzen und den Teig damit bestreichen. Die Gemüsemischung, den Dill und den in Stücke zerteilten Räucherfisch darauf verteilen. Mithilfe des Tuches aufrollen und auf ein gebuttertes Blech gleiten lassen. Mit flüssiger Butter bestreichen und im Ofen in 25–30 Minuten goldbraun backen. Vor dem Anschneiden 5 Minuten ruhen lassen.

*Für 4 Personen*

Rheinland

# Rheinische Muscheln

*Mag vielleicht ein wenig verwirrend klingen – rheinische Muscheln –, denn natürlich gibt es im Rhein keine Muscheln. Die Rheinländer sind aber die Muschelesser der Nation. In keiner anderen Region liegt der Muschelverzehr derart hoch. Die »Austern des kleinen Mannes« werden bevorzugt in Weißwein gegart und mit Schwarzbrot und einem Glas Wein genüsslich verspeist.*

*2,5 kg Miesmuscheln*

*2 EL Öl*

*20 g Butter*

*1 Stange Lauch, in kleine Würfel geschnitten*

*1 Zwiebel, in kleine Würfel geschnitten*

*2 Möhren, in kleine Würfel geschnitten*

*2 Stangen Sellerie, in kleine Würfel geschnitten*

*2 Thymianzweige*

*⅛ l trockener Weißwein, z. B. Riesling*

*⅛ l Fischfond*

*Salz*

*2 EL grob gehackte grüne Pfefferkörner*

*2 EL frisch gehackte Petersilie*

◆ Die Muscheln unter fließendem kaltem Wasser sorgfältig abbürsten. Die Bärte abschneiden und bereits geöffnete Muscheln wegwerfen.

◆ In einem großen Kochtopf Öl und Butter erhitzen und Lauch-, Zwiebel-, Möhren- und Selleriewürfel darin anschwitzen. Mit Wein und Fischfond aufgießen, salzen und aufkochen lassen.

◆ Die gesäuberten Muscheln und die Pfefferkörner hineingeben und zugedeckt bei mittlerer Hitze etwa 5–7 Minuten garen, dabei den Topf gelegentlich hin und her schwenken.

◆ Die Muscheln mit einem Schaumlöffel auf vier tiefe Teller verteilen. Nicht geöffnete Muscheln dabei wegwerfen. Den Kochsud bei starker Hitze etwas einkochen lassen, die Petersilie untermischen und den Sud über den Muscheln verteilen. Mit Schwarzbrot und Butter servieren.

*Für 4 Personen*

*Dazu passt ein knackig-fruchtiger Riesling, oder – wie man es in Düsseldorf häufig sieht – ein Altbier.*

# FLEISCH, GEFLÜGEL UND WILD

*Gebraten, gesotten und geschmort*

Hand aufs Herz: Beim Anblick eines duftenden krossen Schweinebratens läuft fast jedem das Wasser im Munde zusammen. Landauf, landab ist ein saftiges Stück vom Schwein, am liebsten mit einer goldbraunen, knusprigen Kruste, der Braten aller Braten. Schweinefleisch steht in der Gunst der Verbraucher immer noch ganz oben, auch wenn das, was uns heute oftmals angeboten wird, nicht mehr viel mit dem Fleisch vom klassischen deutschen Hausschwein, also kerniges, zartrotes Fleisch mit weißer Marmorierung und ordentlichem Fettrand, zu tun hat. Um die Fleischgier der Verbraucher zu befriedigen, züchtete man das »Turboschwein« mit zwei Koteletts mehr und extrem mager, aber auf Kosten des Geschmacks. Diese schlanken Koteletts schrumpfen in der Pfanne, werden trocken und schmecken fad.

Das gute alte Hausschwein ist von Natur aus fett, wenig krankheitsanfällig, nervenstark und fröhlich. Die neuen supermageren Schweine leben in absolut hygienischen Ställen, werden computergesteuert gefüttert, sind stressanfällig und schlecht gelaunt. Das wirkt sich natürlich auf die Fleischqualität aus. Aber, es gibt sie noch, die glücklichen Schweine, deren durchwachsenes Fleisch jeden Gourmet begeistert. Immer mehr Bauern besinnen sich wieder auf die natürliche Aufzucht der Landschweine, und es lohnt sich allemal, ein paar Euro mehr für einen guten Braten auszugeben. Den natürlichen Fettrand, den gutes Schweinefleisch nun mal hat, kann man bei Tisch entfernen, was dann übrig bleibt, ist auch mager, aber es schmeckt.

In allen Gegenden, in denen vorwiegend Bier getrunken wird, liebt man Schweinshaxen oder Schweinestelzen, wie sie im Norden genannt werden. Sie haben etwas Uriges, und schon die alten Rittersleut haben sie am Spieß gebraten und mit bloßen Händen genussvoll verspeist. Gepökelt und gekocht wird daraus das Eisbein, eine typische Berliner Spezialität, die klassisch mit Erbspüree und Sauerkraut gegessen wird.

Neben den Haxen, die in unserer ernährungsbewussten Zeit nur noch zu bestimmten Gelegenheiten auf dem Speiseplan stehen, bietet das Schwein viele andere Teilstücke, die regional unterschiedlich zubereitet werden, zum Beispiel das fränkische Majoranfilet, die Düsseldorfer Senfkoteletts, der Thüringer Schwärtelbraten (Schweinekeule), die bayerische gefüllte Schweinebrust oder die mit Backobst gefüllte Schweinerippe, die man vor allem in Vorpommern und in den nordöstlichen Regionen gerne isst. Genießerherzen schlagen höher beim Anblick eines knusprig gebratenen Spanferkels. Früher nahm man dafür nur die jungen Schweinchen, die nicht schwerer als 12 Kilogramm sein sollten. Dieses zarte, saftige Fleisch wurde dann meist im Backofen der Dorfbäckerei gebacken, bis es goldbraun und knusprig war. Dieser Braten war ein echter Leckerbissen, der dann in einer größeren Runde mit viel Freude verspeist wurde. Mittlerweile werden die Teilstücke der Spanferkel, die leider häufig schon eher Jungschweine sind, in jeder gut geführten Metzgerei zum Kaufen angeboten.

Ein weiterer Lieblingsbraten der Deutschen ist der Rheinische Sauerbraten, der in einer Zeit entstand, wo man noch keine Kühlschränke kannte. Um das Rindfleisch länger haltbar zu machen, konservierte man es einige Wochen in einer Essigbeize. Durch die Beize wurde das zähe Fleisch etwas betagter Rinder mürber, ein angenehmer Nebeneffekt, der auch heute noch geschätzt wird. Als dieses Gericht entstand, war der verschwenderische Umgang mit Gewürzen in Mode, wie alte Kochbücher beweisen.

Gebunden wird die Sauerbratensauce im Rheinland traditionell mit speziellen süß-aromatischen Saucenprinten, und natürlich dürfen Rosinen in der Sauce nicht fehlen. Diese süßliche Einlage, wie auch das Abschmecken mit Apfelkraut, ist einem waschechten Bayern sehr suspekt. Er bevorzugt sein »Böfflamott« ohne süßlichen Touch und mit einer dunklen, mehlgebundenen Sauce.

In Hessen und ganz besonders in Frankfurt steht die gekochte Rinder- oder Ochsenbrust hoch im Kurs. Dort gibt es obligatorisch die kräuterduftende grüne Sauce dazu. Andernorts wird das schonend gekochte saftige Fleischstück mit Meerrettich, Schnittlauchsauce, mit süßsauer eingelegtem Kürbis, Essigpflaumen oder Preiselbeeren serviert. In Mecklenburg-Vorpommern mag man Rosinensauce dazu.

Wie man Rindfleisch zubereitet, dafür gibt es quer durchs Land unzählige Rezepte – aber für alle gilt: Nur gute Fleischqualität bringt auch den erhofften Genuss auf den Teller.

Als »Rindfleisch« wird das Fleisch von Ochsen, Färsen, Jungbullen und Kühen bezeichnet. Es kann von unterschiedlichen Rassen stammen. In Deutschland werden überwiegend »Zweinutzrassen«, also Tiere, die sowohl Milch als auch Fleisch liefern, gezüchtet.

Die Qualität des Fleisches hängt von der Rasse, dem Geschlecht, der Aufzucht und nicht zuletzt vom Abhängen und dem damit verbundenen Reifeprozess ab.

**Links:** An lauen Sommerabenden sind in allen deutschen Regionen Grillpartys bei Jung und Alt beliebt. **Rechts oben:** Auf den saftigen Wiesen des Voralpengebiets sind Kühe immer präsent. **Rechts unten:** Fröhliches Entengeschnatter auf dem Weg zum Wasser.

Das zarte Fleisch eines Milchkalbs gehört auch heute noch zu den großen Highlights der deutschen Küche. Am feinsten schmeckt der Kalbsbraten oder die geschmorte Kalbshaxe, wenn die Tiere zwei bis drei Monate alt sind und nur mit Milch, und wenn möglich, noch täglich mit einem Ei großgepäppelt wurden. Dann ist das Fett noch weiß und seidig und duftet nach Milch. So eine Rarität bekommt man selten, aber wenn, dann lohnt es sich, tiefer in die Tasche zu greifen. Kalbsnierenbraten, heute eher selten in den Metzgereien, war in meiner Kindheit der Sonntagsbraten schlechthin. Und ich war ganz verrückt danach, die eingewickelten Nierenstückchen zu ergattern. Dazu gab's cremiges Kartoffelpüree sowie Erbsen und Karottengemüse – kulinarische Erinnerungen, die ein Leben lang bleiben. Unvergesslich, und vor allem im Schwäbischen auch heute noch beliebt, sind die Kalbsvögerl (Rouladen) und in Bayern die gefüllte Kalbsbrust und die geschmorten oder gebratenen Kalbshaxen.

Kalbfleisch, das man heute überwiegend angeboten bekommt, stammt von Tieren, die nach etwa vier Monaten mit einem Gewicht von 150 Kilogramm geschlachtet werden. Das Fleisch ist natürlich nicht mehr so blassrosa wie das von einem Milchkalb, aber genauso wird es leider häufig vom Verbraucher erwartet, weshalb die Mastkälber oftmals mit extrem eisenarmem Futter großgezogen werden. Besser ist es, Fleisch mit einer kräftigeren Farbe den Vorzug zu geben – der Fleischqualität und den Tieren zuliebe. Echte Milchkälber kauft man am besten direkt bei einem Bauern, den man gut kennt.

Leider sind die Innereien ein wenig ins Abseits geraten. Nicht nur die ernährungsbedingten Ängste vieler Verbraucher wegen zu viel Cholesterin und zu viel Harnsäure haben dazu geführt, dass immer weniger Gerichte mit Innereien auf der Speisekarte stehen, auch die Umweltbelastungen, falsche Aufzucht der Tiere und die damit verbundene Behandlung mit Antibiotika sowie BSE haben für ein schlechtes Image gesorgt. All das hat aber auch den Vorteil, dass nunmehr der gesunden Tieraufzucht viel mehr Aufmerksamkeit geschenkt wird. Es bleibt zu hoffen, dass wir bald wieder ohne schlechtes Gewissen dann und wann eine frische Scheibe Kalbleber, kurz in aufgeschäumter Butter gebraten, genussvoll verspeisen können.

Vor allem in Süddeutschland sind Innereien überaus beliebt und haben eine lange Tradition. Kutteln waren in Ostpreußen als »Königsberger Fleck« ebenfalls sehr geschätzt.

Die altbayerische wie auch die alemannische Küche strotzen nur so vor köstlichen Gerichten aus

Stark gefragt ist derzeit Lammfleisch. Das älteste Haustier der Menschheit ist geschichtlich geprägt als Sinnbild des leidtragenden Opfertiers. Lange Zeit führte es ein Schattendasein, weil die Erinnerung vieler Menschen an die Hammelgerichte, die es in der schlechten Zeit vor und während des Krieges gab, ziemlich negativ waren. Traniges Fett und penetranter Hammelgeschmack prägten sich ein. Das Lammfleisch von heute hat damit allerdings nichts mehr zu tun, und dies hat sich mittlerweile überall herumgesprochen.

Zahlreiche Schafherden ziehen grasend und blökend durch deutsche Lande. Nahe liegend, dass bei so viel Bewegung das Fleisch besonders aromatisch ist. Gourmets sind ganz besonders verrückt nach dem feinwürzigen, ein wenig an Wild erinnernden Fleisch der Heidschnucken, einer speziellen Rasse, die es vorwiegend in der Lüneburger Heide gibt.

Im Handel unterscheidet man nur noch zwei Kategorien: Milchlämmer, die nach maximal sechs Monaten geschlachtet werden, und Mastlämmer, die bis zu einem Jahr alt werden dürfen. Hammelfleisch ist fast völlig vom Markt verschwunden.

**Oben:** Anstellen zum Melken oder zum Scheren – Schafe warten geduldig. **Rechts oben:** Mit etwas Glück sieht man frühmorgens oder am frühen Abend Rehe und Hirsche beim Äsen. **Rechts unten:** In einer gemütlichen Jagdstube schmecken Wildgerichte noch mal so gut.

Innereien. Und wer sie mag – und dies ist entscheidend, denn bei keiner anderen Fleischsorte sind die totale Begeisterung und die totale Ablehnung so nah beieinander –, der gerät ins Schwärmen, wenn er an ein saures Lüngerl, einen gebackenen Kalbskopf, eine gebratene Milzwurst, saure Nierchen oder an ein zartknusprig gebratenes Kalbsbries denkt. Nicht zu vergessen eine feine gebratene Kalbsleber, die man in Berlin klassisch mit Äpfeln und Zwiebeln serviert, eine gepökelte gekochte Rinderzunge, ein zartes Kalbszüngerl oder ein geschmortes Kalbsherz. Echten Innereienfreaks läuft das Wasser im Munde zusammen, wenn sie an gebackenes Kalbshirn mit Sauce tartare und Salat denken.

## Halali für Wild und Wildgeflügel

Im Herbst freut sich der Genießer auf aromatische Wildgerichte. Obwohl es das magere Wildfleisch – dank der Gefriertechnik – ganzjährig gibt, schmeckt das schussfrische Wild im Herbst mit frischen Waldpilzen und wilden Preiselbeeren doch am allerbesten. Die Jagd, früher ein ausschließliches Privileg des Adels, hat auch heute noch ein wenig vom Glanz nobler Exklusivität. Allerdings würde der Wildbestand in deutschen Wäldern nicht ausreichen, um die große Nachfrage zu befriedigen. Wildfleisch, ob Reh-, Rot- oder Schwarzwild, und auch Wildgeflügel wird deshalb vor allem aus den Ostblockländern importiert (meist tiefgekühlt), oder bei uns in Freilandgehegen oder Volieren aufgezogen. Nur die flinken Wildhasen entziehen sich jedem Zuchtversuch. Übrigens ist die Gehege-

haltung keine neue Erfindung. Schon die alten Römer hielten sich Wildtiere auf diese Weise. Die Tiere bewegen sich bei dieser Aufzuchtform auch im Freien, sind aber nicht gezwungen, sich Futter selbst zu suchen, und bewegen sich daher natürlich weniger. Dieses etwas kleinere Damwild oder »Damvieh«, wie es richtig heißt, ist daher nicht ganz so aromatisch wie Rehe und Hirsche aus freier Wildbahn. Das Gleiche gilt für Fasane aus Freiluftgehegen.

Ob wild oder nur halbwild: Das Fleisch dieser Tiere entspricht exakt den heutigen Ernährungswünschen: Wenig Fett, viel Eiweiß und hervorragender Geschmack. Die deutsche Küche bietet eine ganze Bandbreite ausgezeichneter Rezepte.

Die traditionellen Zubereitungsweisen, wie langes Abhängen, intensives Beizen und Spicken mit Fettsträngen, sind heute nicht mehr gefragt. Es hat sich ein neues Geschmacksempfinden entwickelt.

## Hähnchen, Ente, Gans & Co.

Im 19. Jahrhundert waren es nicht Hummer, Kaviar und Trüffel, die den Gourmet in Verzückung versetzten, sondern in Butter gebratene Hähnchen. Darin waren sich Feinschmecker und Köche einig, von Brillat-Savarin bis Escoffier. Auch im Mittelalter wusste man ein Hähnchen zu schätzen, sonst hätte Kaiser Barbarossa nicht auf einem Kreuzzug acht Ochsen gegen einen Hahn getauscht.

Selbst wenn man nicht so weit zurückblickt, auch nach dem Zweiten Weltkrieg war in deutschen Familien ein gefülltes Brathuhn ein geschätzter Sonntags- oder Festtagsbraten. Heute kaum noch vorstellbar, wo es an jeder Ecke Grillhähnchen zu kaufen gibt und die Kühltheken der Supermärkte voll sind mit Hähnchen in unterschiedlichen Gewichtsklassen sowie mit Teilen vom Huhn. Wie stritten wir uns früher, wer in der Familie die Brust oder die Keulen bekommt – heute kein Problem mehr, man kann beides einzeln kaufen.

Wie gut das magere Fleisch der Hähnchen schlussendlich mundet, hängt von einer gesunden, artgerechten Aufzucht ab. In letzter Zeit hat sich erfreulicherweise diesbezüglich einiges getan. Viele Verbraucher haben gelernt, dass billige Hähnchen aus Massentierhaltung keinen großen Essgenuss mehr bereiten. Man spart am falschen Platz und es ist schade um die Mühe der Zubereitung. Besser ein paar Euro mehr investieren und dafür Freude beim Essen haben.

Eine frühlingshafte Delikatesse waren die Stubenküken, die man nur noch vereinzelt findet. In Vierlanden und in der Umgebung von Bremen wurden die Küken früher in der Stube mit speziellem Futter gefüttert und dann, meist zu Ostern, schonend gebraten aufgetischt.

Die Nachfrage nach den skurril anmutenden Perlhühnern mit dem weiß gesprenkelten Federkleid und den leuchtend roten Kopflappen steigt. Sicherlich auch, weil das Fleisch dieser wilden Verwandten der braven Hühner kräftiger im Geschmack ist und an Fasan oder Rebhuhn erinnert.

Wenn es was ganz Besonderes sein soll, dann schieben Sie mal einen Kapaun ins Rohr. Diesen kastrierten Riesenhahn – zweimal so groß wie ein normaler Hahn – haben schon die alten Griechen und später die Römer geschätzt. Der Marktanteil ist zwar gering, aber in guten Fachgeschäften kann man sie ab und zu finden. Für einen Festtagsschmaus genau das Richtige, denn das Fleisch der rund drei Kilogramm schweren Tiere ist saftig und wohlschmeckend, und man kann seine Gäste noch mit etwas Neuem überraschen.

Kaum einer kann sich heute vorstellen, Wild mit dem früher als delikat geschätzten »Hautgout« zu essen. Auch auf Spicken wird weitgehend verzichtet, weil durch das Verletzen der Muskelfasern Fleischsaft austritt und das Fleisch dadurch trocken wird. Stattdessen umhüllt man die zarten Rehrücken oder die Fasanenbrust lieber mit einem hauchdünnen Speckkleid. Unumstritten ist, dass das Aroma vom Wild wunderbar durch verschiedene Gewürze verstärkt wird. Allerdings müssen dafür die Fleischteile nicht tagelang in einer Beize baden. Moderne Köche reiben die Teilstücke, die man kurz brät, lediglich mit einer Mischung aus Aromen und Öl ein und lassen diese maximal 30 Minuten einwirken. Größere Teile wandern schon mal in eine gekochte Marinade aus Gewürzen, Kräutern, Gemüse und Wein. Aber auch hier sollte das Bad nur einige Stunden dauern. Typische Wildgewürze sind Wacholderbeeren, Lorbeer, Piment, Thymian, Gewürznelken und Pfeffer.

Damit das magere Fleisch auch schön saftig auf den Teller kommt, empfehlen moderne Köche zwar ein scharfes Anbraten, aber anschließend ein äußerst schonendes Fertiggaren bei niedriger Temperatur.

Die Schwergewichtler unter den Hausgeflügelarten sind Puten, auch Truthähne genannt. Wollen Sie eine ganze Pute braten, dann kaufen Sie eine Baby-Pute, diese sind etwa drei Monate alt und wiegen zwischen zwei und drei Kilogramm. Neben der Gans sind Puten beliebte Weihnachtsbraten. Außerdem gibt es aber auch die riesigen Fleischputen, die bis zu 18 Kilogramm schwer werden können. Diese Vögel werden zerlegt in Teilstücken angeboten. Die aus der Brust geschnittenen Putenschnitzel sind wegen ihres geringen Fettanteils bei allen beliebt, die eine fett- und kalorienarme Ernährung bevorzugen.

Kalorien hin, Kalorien her, ich kann einer goldbraun gebratenen Ente oder Gans niemals widerstehen. Das saftige Fleisch, die knusprige Haut und die feine, naturbelassene Sauce, die beim Braten entsteht, das ist immer wieder ein ganz spezielles kulinarisches Ereignis. In Deutschland sind wir, zumindest wenn es um die Tradition von Entengerichten geht, ziemliche Puristen. Am liebsten nur mit einer Zwiebel und einem Beifußzweig im Bauch, so brät man sie in Bayern. Im Norden und Osten füllt man den leckeren Vogel mit Äpfeln, Backpflaumen, Rosinen und Weißbrotwürfeln und im Badischen und in der Pfalz mit gekochten Kastanien oder mit einer Farce aus Fleischbrät, Leber und Weißbrot.

Die Ente ist aber auch ein Objekt der Begierde für kreative Köche, die gerne mal nach Asien, zu den Weltmeistern im Entenbraten, schauen. Eine schnatternde Entenschar besteht in China schon mal aus bis zu 25.000 Vögeln. Dazu passend haben sich die Chinesen an die 600 Rezepte einfallen lassen. Inspiriert von dieser Küche, vereint man auch bei uns mittlerweile das saftig-aromatische Entenfleisch mit den unterschiedlichsten Gewürzen und Kräutern.

Keine Experimente lassen Feinschmecker bei der Gans zu. Ihr Debüt hat die Gans in Bayern. Als Kirchweihganserl kommt sie am dritten Sonntag im Oktober auf den Tisch. Im übrigen Deutschland läutet der 11. November, St. Martin, die Gänsesaison ein.

Aber die Krönung der Ganssaison ist natürlich Weihnachten. Die Gans ist der deutsche Weihnachtsbraten schlechthin und je nach Region wird das Geflügel unterschiedlich gefüllt, aber fast überall begleiten Kartoffelknödel den knusprigen, fetten Fettagsbraten. Ob man nun Rotkohl, Grünkohl, Selleriesalat oder auch Krautsalat dazu genießt, hängt oft von familiären Vorlieben ab.

**Links:** Eine urige Tradition – der Drehorgel- oder Leierkastenmann gibt, wie hier in Freiburg im Breisgau, Bänkel- und Küchenlieder zum Besten. **Rechts oben:** Eine schmucker Hahn. **Rechts unten:** Ein typischer Gutshof im Münsterland.

# Spanferkelrücken

1,5 kg Spanferkelrücken mit Knochen

Salz

Frisch gemahlener Pfeffer

2 EL Öl

3 Zwiebeln, in kleine Würfel geschnitten

1 Knoblauchzehe, gehackt

1 EL Kümmel

400 ml dunkles Bier

100 ml kräftige Fleischbrühe

◆ Den Spanferkelrücken waschen, trockentupfen und die Hautseite rautenförmig mit einem scharfen Messer einritzen. Mit Salz, Pfeffer und Kümmel einreiben. Den Backofen auf 180 °C vorheizen.

◆ Das Öl in einer Bratreine erhitzen und den Rücken auf der Hautseite kräftig anbraten, dann wenden und die Zwiebeln und den Knoblauch goldgelb mit anschwitzen. Mit der Hälfte des Biers aufgießen und das Fleisch in den vorgeheizten Ofen stellen. Die Hitze auf 160 °C reduzieren und das Fleisch gut 1 Stunde braten, dabei gelegentlich mit etwas Bier und der Fleischbrühe begießen.

◆ Das Fleisch herausnehmen und mit der Hautseite nach oben auf eine ofenfeste Platte legen. Die Backofentemperatur auf 220 °C erhöhen.

◆ Die Platte in den Ofen stellen, die Haut des Spanferkels mit einer Mischung aus Bier und Salz bestreichen und in wenigen Minuten knusprig braten. Die Sauce mit den Zwiebeln auf dem Herd sämig einkochen lassen und getrennt dazu reichen. Das Fleisch vom Knochen lösen, in Scheiben schneiden und mit Semmelknödel oder Kartoffelsalat servieren.

*Für 4 Personen*

# Spanferkel mit Tomatenkruste:

◆ Dazu den Rücken nur mit Salz und Pfeffer einreiben und kurz vor Ende der Bratzeit statt mit Bier mit einer Mischung aus 60 g weicher Butter, Salz, 1 TL Tomatenmark, 1 TL Thymianblättchen und 60 g Semmelbrösel bestreichen und unter dem Grill in wenigen Minuten gratinieren.

# Gefüllter Schweinebraten

*Auf diese Weise wird das preiswerte Brustfleisch aufgewertet und Krustenfans kommen voll auf ihre Kosten (siehe Bild). Früher wurde dieses Gericht auch als »Beamtengans« bezeichnet. In Anspielung auf die damals knapp besoldeten Beamten, für die eine Gans zu kostspielig gewesen wäre.*

1,5 kg Schweinebrustspitz, am besten gleich vom Metzger eine Tasche einschneiden lassen

Salz

Frisch gemahlener Pfeffer

250 g weiche Breze vom Vortag, in Scheiben geschnitten

¼ l heiße Milch

1 Zwiebel, in kleine Würfel geschnitten

20 g Butter

½ Bund glatte Petersilie, fein gehackt

1 EL frisch gehackte Majoranblätter

2 Eier

2 EL Öl

250 g klein gehackte Schweineknochen

1 Bund Suppengrün, in grobe Stücke geschnitten

1 Zwiebel, mit der Schale geviertelt

½ l Wasser

◆ Das Fleisch innen und außen mit Salz und Pfeffer einreiben und die Haut rautenförmig einschneiden.

◆ Die Brezen mit Milch übergießen und 10 Minuten einweichen. Die Zwiebeln in der aufgeschäumten Butter glasig dünsten. Mit den Kräutern und Eiern unter die eingeweichten Brezen mischen. Mit Salz und Pfeffer herzhaft würzen und in die vorbereitete Fleischtasche füllen. Die Füllung in die Spitze der Tasche schieben, die Öffnung mit Küchengarn zunähen. Den Ofen auf 200 °C vorheizen.

◆ Das Öl in einem Bräter erhitzen und das Fleisch auf beiden Seiten anbraten. Die Schweineknochen, das Suppengrün und die Zwiebel dazugeben, mit anbraten und mit etwas Wasser begießen. Den Bräter in den vorgeheizten Ofen stellen und in 1 ½ Stunden gar braten, dabei immer wieder mit etwas Wasser und Bratenfond begießen. Das Fleisch und die Knochen herausheben, die Sauce durch ein Sieb passieren und getrennt dazu reichen. Den Braten am besten mit einem elektrischen Messer in Scheiben schneiden.

*Für 4 Personen*

## *Baden, Schwaben und Bayern*

## Gefüllte Kalbsbrust

*Der klassische Sonntagsbraten in Süddeutschland und ein Lieblingsgericht vieler Hausfrauen, denn der Braten lässt sich gut vorbereiten, die Weißbrotfüllung ersetzt eine Beilage, und allen schmeckt dieser saftige Braten.*

*1,5 kg Kalbsbrust, vom Metzger gleich eine Tasche einschneiden lassen*

*Salz*

*Frisch gemahlener Pfeffer*

*3 Scheiben Bäckertoast, in kleine Würfel geschnitten*

*⅛ l heiße Milch*

*40 g Butter*

*2 Schalotten, in kleine Würfel geschnitten*

*1 Bund gemischte Frühlingkräuter, fein gehackt*

*2 Eigelbe*

*Abgeriebene Schale von ½ unbehandelten Zitrone*

*Frisch geriebene Muskatnuss*

*1 Bund Suppengrün, in grobe Stücke geschnitten*

*⅛ l badischer Weißwein*

*¼ l Fleischbrühe*

*125 g Sahne*

◆ Die Kalbsbrust waschen, trockentupfen und innen und außen mit Salz und Pfeffer einreiben.

◆ Das Brot mit heißer Milch übergießen und 10 Minuten einweichen. Die Hälfte der Butter erhitzen und die Schalotten sowie die Kräuter darin andünsten. Mit den Eigelben zum eingeweichten Brot geben, locker vermischen und mit Salz, Pfeffer, Zitronenschale und Muskat würzig abschmecken. Den Backofen auf 180 °C vorheizen.

◆ Die Brotmasse in die Kalbsbrust füllen und die Öffnung mit Küchengarn zunähen.

◆ Die restliche Butter in einem Bräter aufschäumen lassen und den Braten rundherum anbraten. Das klein geschnittene Suppengrün dazugeben und mit anbraten. Mit dem Wein aufgießen und im vorgeheizten Backofen in etwa 1 ½ Stunden goldbraun braten, dabei gelegentlich mit der Brühe begießen.

◆ Den Braten aus dem Bräter nehmen und vor dem Aufschneiden mindestens 5 Minuten ruhen lassen. Die Sauce durch ein Sieb in eine Sauteuse passieren. Die Sahne unterrühren und bei starker Hitze sämig einkochen lassen. Noch einmal würzig abschmecken.

◆ Den Braten am besten mit einem elektrischen Messer in gleichmäßig dicke Scheiben schneiden und mit der Sauce servieren. Junges Gemüse, in Butter geschwenkt, passt gut dazu.

*Für 4–6 Personen*

## Sachsen

# Gebratene Kalbshaxe

*Eine lange Garzeit bei niedriger Temperatur garantiert saftiges Fleisch, ein Stückchen mitgebratener Schweinebauch sorgt für eine aromatische Sauce.*

1 hintere Kalbshaxe, ca. 1,5 kg

Salz

Frisch gemahlener Pfeffer

40 g Butter

1 Bund Suppengrün, in Stücke geschnitten

1 Zwiebel, in große Würfel geschnitten

250 g Schweinebauch mit Schwarte

1 Stückchen unbehandelte Zitronenschale

3 Petersilienstängel

1 Thymianzweig

1 EL Tomatenmark

400 ml Fleischbrühe

◆ Die Haxe mit Salz und Pfeffer einreiben. Den Backofen auf 160 °C vorheizen.

◆ Die Butter in einem Bräter aufschäumen lassen und die Haxe darin rundherum goldbraun anbraten. Suppengrün und Zwiebel dazugeben und mit anschwitzen. Den Schweinebauch, Zitronenschale, Petersilie und Thymian hinzufügen, das Tomatenmark unterrühren und mit der Hälfte der Fleischbrühe aufgießen. Aufkochen lassen, dann den Bräter mit einem Deckel verschließen und in den vorgeheizten Backofen stellen. Etwa 2 Stunden garen lassen, dabei gelegentlich mit der restlichen Fleischbrühe und dem Bratensaft begießen.

◆ Die Haxe und den Schweinebauch herausnehmen und die Sauce durch ein Sieb passieren. Noch einmal, falls nötig, in einer Sauteuse sämig einkochen lassen.

◆ Das Fleisch von der Haxe lösen und in Scheiben schneiden, den Schweinebauch in Streifen schneiden und mit anrichten. Die Sauce getrennt dazu reichen.

*Für 6 Personen*

*Möhren-Erbsen-Gemüse und Kartoffelpüree harmonieren bestens mit der saftigen Haxe.*

## Hessen

# Gekochte Rinderbrust mit grüner Sauce

*Obwohl landauf, landab gekochtes Rindfleisch zubereitet wird, diese »Grie Sooße« aus frischen Kräutern reicht man ausschließlich in Hessen dazu. Ein einheitliches Rezept gibt es nicht – manche bereiten sie dick wie Mayonnaise zu, andere wiederum dünnflüssig – und auch die Zusammensetzung der Kräuter ist reine Geschmackssache.*

250 g Suppenknochen

1 Bund Suppengrün, in Stücke geschnitten

1 Zwiebel, mit der Schale halbiert

3 Petersilienstängel

1 Liebstöckelzweig

1 Stückchen unbehandelte Zitronenschale

Einige Pfefferkörner

Salz

2 l Wasser

1,2 kg Rinderbrust

*FÜR DIE GRÜNE SAUCE:*

1 Bund gemischte Frühlingkräuter, fein gehackt

2 EL Weißweinessig, Salz

¼ l saure Sahne

1 TL scharfer Senf

2 hart gekochte Eier, in kleine Würfel geschnitten

1 weiße Zwiebel, in kleine Würfel geschnitten

3 EL geschlagene Sahne

◆ Die Suppenknochen mit Gemüse und Aromaten in einen großen Kochtopf geben, salzen, mit Wasser begießen und zum Kochen bringen. Die Rinderbrust hineinlegen, den Deckel locker auflegen und bei schwacher Hitze in etwa 3 Stunden gar ziehen lassen. Das Wasser darf dabei keinesfalls kochen.

◆ Für die Sauce die Kräuter mit Essig und Salz vermischen und etwa 30 Minuten ziehen lassen. Die saure Sahne mit Senf verrühren und die marinierten Kräuter sowie die Eier- und Zwiebelwürfel untermischen. Die Sahne gleichmäßig unterziehen.

◆ Das Rindfleisch in Scheiben schneiden, mit etwas Brühe begießen und mit der grünen Sauce servieren.

*Für 4–6 Personen*

## Tim Raue:
## Evolution und Tradition in Berlin

Der Blick durch das Fenster auf den Kurfürstendamm, und im Sommer die Aussicht von der grandiosen Terrasse des modern gestylten Restaurant 44 über die Flaniermeile, bietet Berlin pur. Auf den Tellern zeigt Tim Raue mit seiner kreativen Küche – die er in Evolution und Tradition trennt – ein Panorama der Genüsse.

Seit 2003 steht der experimentierfreudige Tim Raue der Küchenbrigade des Swissôtels vor, und 2005 ernannte ihn der *Gault Millau* zum »Aufsteiger des Jahres«. Neugierig sammelt er Erfahrungen und schaut vor allem den spanischen Küchenstars über die Schulter. Die Beschreibungen seiner Gerichte klingen, theoretisch zumindest, verrückt und oftmals nach des Guten beinahe zu viel. Beim Essen jedoch entwickelt sich eine sensationelle Harmonie, die lange in Erinnerung bleibt. Der Gaumen jubiliert!

Die Gäste können zwischen zwei verschiedenen Speisekarten wählen: »Evolution« oder »Tradition«, wobei auch das Traditionelle deutlich evolutionäre Züge zeigt. Grundlagen für beide Kochlinien sind: allerhöchste Qualität der Produkte und ein modernes Handwerk. Besonders faszinierend sind seine Schmorgerichte, deren Clou ist, dass sie bei Niedrigtemperatur sehr langsam garen und ein unvergleichliches Aroma entfalten. Klassischen Berliner Gerichten verleiht Raue eine bezaubernde und wohltuende Leichtigkeit – wobei die Grundidee immer erhalten bleibt. Für dieses Buch hat der gebürtige Berliner ein typisches Resteessen seiner Oma, das damals aus übrig gebliebenem Enten- oder Gänsefleisch und Teltower Rübchen gerne zubereitet wurde, raffiniert verändert – es bleibt als eine Variation des klassischen »Weißsauer« aber erkennbar.

Tim Raues Menüs sind dramaturgisch aufgebaut und beginnen mit einem Mix an Temperaturen und Aromen, die den Gast neugierig machen. Eis – sei es aus Spargel, Apfel oder Tomaten, ist meistens integriert. So genannte Sättigungsbeilagen sucht man dagegen vergebens – sicherlich ein Grund, weshalb man sich nach einem Menü im Restaurant 44 keinesfalls übersättigt fühlt. Zum Wohlgefühl, das der Gast empfindet, trägt auch Marie-Anne Raue bei, die Ehefrau des Zauberers am Küchenherd. Die Maître d'Hotel schafft mit ihrer freundlichen Equipe eine ungezwungene Atmosphäre und berät mit sicherem Gespür bei der Weinauswahl. Da sie natürlich den Kochstil ihres Mannes sehr genau kennt, ist es sinnvoll, ihren Empfehlungen zu folgen. Gerade in Verbindung mit dem richtigen Wein werden die frechen, teilweise gewagten Kompositionen an Aromen zu einem perfekten Einklang – ein Feuerwerk der Genüsse also, das ebenso aufregend wie anregend ist.

Restaurant 44 im Swissôtel
Augsburger Straße 44
10789 Berlin
Tel.: 030 / 22010-0
Fax: 030 / 22010-2222
www.berlin-swisshotel.com

## Mark Brandenburg

# Weißsauer von der Seddiner Ente mit Teltower Rübchen, Rote-Bete-Apfelsalat und Apfeleis

*Von Tim Raue, Restaurant 44*

*4 fleischige Entenbrüste, jeweils mit 1 Gramm Pökelsalz bestreuen und zugedeckt 24 Stunden im Kühlschrank marinieren*

*2 l Wasser*

*2 frische Lorbeerblätter*

*1 EL Ingwer, frisch gerieben*

*6 Blatt weiße Gelatine*

*Salz*

### FÜR DIE TELTOWER RÜBCHEN:

*200 ml Sonnenblumenöl*

*8 Teltower Rübchen (geschält und geviertelt)*

*1 TL Meersalz*

*1 EL Oregano, frisch gehackt*

*1 kleine Knoblauchzehe*

### FÜR DEN ROTE BETE-APFELSALAT:

*1 Rote Bete Knolle, gekocht, geschält und fein gehobelt*

*1 kleiner Apfel, geschält und fein gehobelt*

*1 Jalapeno-Chili-Schote, fein geschnitten*

*1 TL Johannisbeergelee*

*1 TL Himbeeressig*

*Frisch gemahlener weißer Pfeffer*

### FÜR DAS APFELEIS:

*1 Apfel, geschält und entkernt*

*5 cl Wodka*

*2 EL Crème fraîche*

◆ Die Entenbrüste aus dem Kühlschrank nehmen. Wasser mit Lorbeer und Ingwer aufkochen, die Entenbrüste dazugeben und 10 Minuten sanft köcheln lassen. Dann den Topf von der Kochplatte nehmen und die Brüste in der Brühe abkühlen lassen.

◆ Die Aromaten aus der Brühe entfernen. Die Gelatine kalt einweichen, gut ausdrücken und in etwas heißer Brühe auflösen. Mit dem Entenfond vermischen und mit Salz abschmecken. Die Haut der Ente entfernen und das Fleisch in gleichmäßige, längliche Streifen schneiden.

◆ Für die Teltower Rübchen den Backofen auf 80 °C vorheizen. Das Sonnenblumenöl in einem Topf auf etwa 80 °C erhitzen, die angegebenen Zutaten hineingeben und im Backofen 1 Stunde garen. Das Öl abgießen und anderweitig verwenden. (Tim Raue nimmt es für ein Salatdressing.)

◆ Für den Salat Rote Bete, Apfel und Chilischotenstreifen übereinander schichten. Johannisbeergelee und Himbeeressig verrühren, mit Pfeffer würzen und über den angerichteten Salat gießen.

◆ Für das Eis den Apfel mit dem Wodka im Mixer fein pürieren. Die Crème fraîche unterrühren, in eine Tasse geben und gefrieren lassen.

◆ Die Fleischstreifen abwechselnd mit den Rübchen portionsweise auf vier tiefen Tellern dekorativ anrichten. Dann mit der zu gelieren beginnenden Entenbrühe übergießen und erstarren lassen.

◆ Die Tellersülzen mit Rote-Bete-Salat und Apfeleis anrichten und servieren.

*Für 4 Personen*

Weißsauer aus Ente oder Gans war ein typisches Resteessen in Berlin und der Mark Brandenburg. Das Rezept von Oma Raue aus übrig gebliebenem Fleisch wurde mit Teltower Rübchen zu einer Sülze verarbeitet. Hier die Variante ihres Enkels, dem >>Gault Millau<<-Aufsteiger des Jahres 2005, Tim Raue.

## Alle Regionen

## Rindsrouladen

*Die würzig gefüllten Rindsrouladen sind ein echter Klassiker der deutschen Küche. In jeder Region kommen die saftig geschmorten Fleischrouladen auf den Tisch, wenn auch mit unterschiedlichen Füllungen. In Franken umhüllt man gerne rohe Bratwürstchen mit den dünn geschnittenen Rindfleischscheiben, in Thüringen gebratene Waldpilze. Der Fantasie sind bei den Füllungen keine Grenzen gesetzt. Auch noch so experimentierfreudige Hobbyköche schwelgen in kulinarischer Nostalgie bei den klassischen Rindsrouladen, wie Mutter sie machte.*

*4 dünne Rinderrouladen aus der Oberschale, je 160 g*

*Salz, frisch gemahlener Pfeffer*

*2 EL scharfer Senf*

*2 große Zwiebeln, in kleine Würfel geschnitten*

*2 große Essiggurken, in kleine Würfel geschnitten*

*80 g Räucherspeck, in kleine Würfel geschnitten*

*3 EL Öl*

*20 g Butter*

*1 Bund Suppengrün, in Streifen geschnitten*

*3 Petersilienstängel*

*1 EL Tomatenmark*

*½ l Fleischbrühe*

◆ Die Rinderrouladen leicht flach klopfen, mit Salz und Pfeffer würzen und eine Seite dünn mit Senf bestreichen. Mit der Hälfte der Zwiebelwürfel, den Essiggurken- und den Speckwürfeln bestreuen und von der Schmalseite her aufrollen. Das Ende mit einem Zahnstocher zustecken oder mit einer Rouladenklammer verschließen.

◆ Das Öl und die Butter in einem Schmortopf erhitzen und die Rouladen darin rundherum scharf anbraten. Die restlichen Zwiebelwürfel, das Suppengrün und die Petersilie dazugeben, das Tomatenmark unterrühren und alles kräftig anschwitzen. Mit der Hälfte der Brühe aufgießen, einmal aufkochen lassen und bei schwacher Hitze zugedeckt etwa 1 Stunde schmoren. Die Rouladen gelegentlich mit etwas von der restlichen Brühe begießen.

◆ Die Rouladen aus dem Topf nehmen und warm stellen. Die Sauce durch ein feines Sieb passieren und in einer Sauteuse sämig einkochen lassen.

◆ Die Rouladen auf vier vorgewärmte Teller verteilen, mit einem Teil der Sauce überziehen, den Rest getrennt dazu reichen.

*Für 4 Personen*

*Am besten passt lockeres Kartoffelpüree zu den Rouladen.*

*schwaben*

## Schwäbischer Rostbraten

*Dieser Klassiker der schwäbischen Küche steht heute überall auf den Speisekarten gutbürgerlicher Gasthöfe, aber nur im Schwabenländle werden als Beilagen zum rosa gebratenen Entrecôte Sauerkraut und Spätzle gereicht. Für Nichtschwaben in der Tat etwas ungewöhnlich, deshalb mein Tipp: mit knusprigen Röstkartoffeln und, je nach Jahreszeit, mit Wirsing oder auch mit grünem Salat genießen.*

> *4 dicke Scheiben Roastbeef, je 180 g*
> *Salz*
> *Frisch gemahlener Pfeffer*
> *80 g Butterschmalz*
> *4 große Zwiebeln, in dünne Scheiben geschnitten*
> *2 EL Öl*
> *1 große Zwiebel, in kleine Würfel geschnitten*
> *1 EL Mehl*
> *¼ l Fleischbrühe*

◆ Die dicke Haut der Fleischscheiben am Rand in Abständen von 1 cm mit einem scharfen Messer einschneiden. Dann die Fleischscheiben mit Salz und Pfeffer einreiben.

◆ Das Butterschmalz in einer Pfanne erhitzen und die Zwiebelringe darin unter gelegentlichem Wenden goldbraun und knusprig braten.

◆ Das Öl in einer zweiten Pfanne erhitzen und die Fleischscheiben bei starker Hitze 2 Minuten pro Seite scharf anbraten. Die Hitze reduzieren und weitere 2–3 Minuten pro Seite braten. Das Fleisch herausnehmen und mit Alufolie umhüllen.

◆ Die Zwiebelwürfel in das Bratfett geben, mit Mehl bestäuben und goldbraun anrösten. Die Fleischbrühe angießen und bei starker Hitze sämig einkochen lassen. Die Sauce mit Salz und Pfeffer herzhaft abschmecken.

◆ Die gebratenen Zwiebelringe aus der Pfanne nehmen und auf Küchenpapier abtropfen lassen.

◆ Die Roastbeefscheiben auf einer vorgewärmten Platte anrichten. Mit der Sauce begießen und mit den goldbraunen Zwiebelringen bedecken.

◆ Je nach Geschmack mit Sauerkraut und Spätzle oder mit Bratkartoffeln und Salat servieren.

*Für 4 Personen*

---

*Bayern*

## Böfflamott

*Böfflamott ist eine kulinarische Erinnerung an die französische Besatzung in Bayern. Das feine »Boeuf à la mode« wurde in Bayern ein wenig dem dialektischen Sprachgebrauch angepasst und zum »Böfflamott«. Leider verschwindet es immer mehr von den Speisekarten der bayerischen Wirtshäuser, was daran liegen mag, dass die Sauce aus einer dunklen Einbrenne zubereitet wurde, die etwas schwer verdaulich ist. Deshalb hier meine moderne Version des französisch-bayerischen Klassikers.*

> *1 Bund Suppengrün, klein geschnitten*
> *1 Zwiebel, mit Schale halbiert*
> *1 Lorbeerblatt*
> *1 Thymianzweig*
> *5 Pfefferkörner*
> *2 Wacholderbeeren*
> *1 l trockener Rotwein*
> *1 l Fleischbrühe*
> *1,2 kg Rindfleisch aus der Oberschale*
> *Salz und frisch gemahlener Pfeffer*
> *50 g Butterschmalz*
> *½ Kälberfuß, klein gehackt*
> *1 Kartoffel, geschält und gewürfelt*
> *2 EL Rotweinessig*

◆ Suppengrün, Zwiebel und Gewürze in einen Topf geben und mit Rotwein und Brühe begießen. Einmal kräftig aufkochen und dann abkühlen lassen.

◆ Das Rindfleisch in eine Schüssel geben, mit dem abgekühlten Sud übergießen und mindestens 2 Tage an einem kühlen Platz marinieren.

◆ Das Fleisch herausheben und mit Küchenpapier trockentupfen. Mit Salz und Pfeffer würzen. Das Butterschmalz in einem Schmortopf erhitzen und das Fleisch darin rundherum scharf anbraten. Den klein gehackten Kälberfuß und die Kartoffel dazugeben und mit anschwitzen. Mit der Marinade aufgießen und bei schwacher Hitze etwa 2 Stunden köcheln lassen. Das Fleisch und die Knochen herausnehmen, die Sauce durch ein feines Sieb passieren und mit Essig herzhaft abschmecken. Das Fleisch in Scheiben schneiden, mit der Sauce begießen und mit Kartoffelknödeln aus gekochten Kartoffeln oder mit Semmelknödeln servieren.

*Für 4 Personen*

## Christina Fischers Weingenuss und Tafelfreuden ...

Dass das harmonische Miteinander von Wein und Essen zu den schönsten Momenten für einen Genießer zählt, ist unumstritten. Wenn man dann diese Harmonie auch noch in einem angenehmen Ambiente, kredenzt von einem fachmännischen und herzlichen Service, genießen kann, und wenn das Ganze auch noch bezahlbar ist, dann macht es doppelt Spaß. Dieses unbeschwerte Vergnügen hat man im Restaurant der sympathischen Sommeliere Christina Fischer in Köln. Die charismatische Christina ist aber bei weitem nicht nur Sommeliere – obwohl sie diese Arbeit auf unglaublich lockere, charmante Art perfekt beherrscht – so nebenbei ist sie in den unterschiedlichsten Gremien rund um den Wein tätig, macht diverse Fernsehauftritte und schreibt interessante, ansprechende Bücher über Wein.

Doch ihr Restaurant ist ihr ein und alles, und sooft es geht, wirbelt sie durch die Räume, berät und erfreut die Gäste mit ihrem herzerfrischenden Lachen. Wie der Restaurantname »Fischers Weingenuss & Tafelfreuden« verrät, werden hier nicht nur feine Weine eingeschenkt, man kann sich auch kulinarisch verwöhnen lassen. Mittags stehen auf der täglich wechselnden Speisekarte heimische Leckerbissen wie Sauerbraten-Carpaccio oder Ochsenbrust mit Tomaten-Lauch-Vinaigrette und Bratkartoffeln. Abends verwöhnen Gregor Schuber und sein Kochteam die Gäste mit einem ebenfalls wechselnden »Entweder-oder-Menü« mit drei Gängen, das heißt, dass man sich nach Gusto aus zwei Vorspeisen, Hauptgerichten und Desserts sein ganz persönliches Menü kreieren kann. Selbstverständlich empfiehlt Frau Fischer selbst oder ihre kompetenten Sommeliers die korrespon-

dierenden Weine dazu. Das »Wein-Käse-Special« sollte man sich keinesfalls entgehen lassen. Zu unterschiedlichsten Käsesorten gibt es die passenden Weine – kleine Überraschungen und intensive Beratung inklusive.

Wie bei der Weinauswahl setzt Christina Fischer auch beim Kochen auf beste Qualität. Seit der Eröffnung des Restaurants 1996 kommt hier nur Fleisch von artgerecht aufgezogenen Tieren, die ihr Leben auf Weiden und in großräumigen Ställen verbracht haben, auf den Tisch.

Die Küche ihres Restaurants ist eine Mischung aus regionalen Gerichten mit Einflüssen aus aller Welt, wie etwa das gebeizte Lammfilet auf Kürbis-Chutney, Blattsalate mit gebackener Kalbszunge und Flusskrebsschwänzen in Birnen-Rosmarin-Vinaigrette oder die exotisch gefüllte Perlhuhnkeule mit Radieschen-Mango-Gemüse. Und damit das alles noch viel köstlicher schmeckt, lässt sich der Gast dazu natürlich das richtige Tröpfchen empfehlen. Unter den rund 700 verschiedenen Weinen findet garantiert jeder seinen Lieblingswein.

Ein wesentlicher Teil der »Wein-Genuss-Philosophie« des Hauses ist der glasweise Ausschank. Rund 40 Positionen umfasst die »offene« Weinkarte, die ständig aktualisiert wird. Neben Klassikern findet man auch hier so manch spannende Entdeckung.

Christina Fischer
Fischers Weingenuss & Tafelfreuden
Hohenstaufenring 53
50674 Köln
Tel.: 0221 / 310847-0
Fax: 0221 / 310847-89
www.fischers-wein.com

## Rheinland

# Rheinischer Sauerbraten

*Ohne Firlefanz wird der Sauerbraten in »Fischers Wein-
genuss & Tafelfreuden« zubereitet, ganz so, wie es einem
Klassiker gebührt. Gregor Schuber und sein Team haben
aber auch eine spezielle Sauerbratensuppe mit Klößchen
kreiert, die vor allem im Winter heiß begehrt ist.*

*1 Zwiebel, in Würfel geschnitten*

*1 Möhre, in Würfel geschnitten*

*¼ Knollensellerie, geschält und in Würfel
geschnitten*

*1 Stange Lauch*

*300 ml Weinessig*

*300 ml Rotwein*

*Einige Pfefferkörner*

*Je 1 Thymian- und Rosmarinzweig*

*3 Wacholderbeeren, zerquetscht*

*700 g Rindfleisch aus der Oberschale*

*Salz*

*Frisch gemahlener Pfeffer*

*30 g Butterschmalz*

*50 g Tomatenmark*

*60 g Rosinen*

*2 EL Rübensirup*

*1 EL Speisestärke*

*60 g Mandeln, gehobelt und geröstet*

◆ Das Gemüse in eine Schüssel geben, mit Weinessig
und Rotwein begießen und die Aromen untermischen. Das Fleisch einlegen – es soll von der Flüssigkeit möglichst ganz bedeckt sein. Zwei bis drei Tage
marinieren, dabei gelegentlich wenden.

◆ Am Tag der Zubereitung das Fleisch herausnehmen, gut abtrocknen, mit Salz und Pfeffer würzen.
Die Marinade durch ein Sieb gießen, Flüssigkeit und
Gemüse getrennt zur Seite stellen. Den Backofen auf
180 °C vorheizen.

◆ Das Butterschmalz in einem Bräter erhitzen und
das Fleisch darin rundherum scharf anbraten. Das
Fleisch herausnehmen, das gut abgetropfte Gemüse
in das Bratfett geben und anbraten. Das Tomatenmark unterrühren und anschwitzen. Das Ganze mit
der Marinade aufgießen und aufkochen lassen. Im
vorgeheizten Ofen in etwa 1 ½ Stunden weich schmoren, dabei mehrmals wenden und, falls nötig, noch etwas Wasser angießen. Das Fleisch sollte mit der Gabel
zu zerzupfen sein, dann ist es richtig gar.

◆ Die Sauce durch ein feines Sieb passieren und in
einer Sauteuse auf ein Drittel einkochen lassen. Die
Rosinen und den Rübensirup dazugeben. Die Speisestärke mit etwas kaltem Wasser anrühren und die
Sauce damit binden.

◆ Das Fleisch in Scheiben schneiden, mit der Sauce
überziehen und mit den gerösteten Mandelblättchen
bestreuen. Dazu passen hervorragend Kartoffelknödel
aus gekochten Kartoffeln.

*Für 4 Personen*

*Das Geheimnis eines aromatischen
Sauerbratens ist ein mehrtägiges Bad in
gutem Rotwein und feinen Gewürzen.*

## schinkenkultur

Schinken ist das Beste vom Schwein, und ob roh, gekocht oder geräuchert, das aromatische Fleisch der Hinterkeule ist heiß begehrt. Um diese edlen Teilstücke über einen längeren Zeitraum genießen zu können, kam man in der kühlschranklosen Zeit auf die Idee, sie durch Pökeln und anschließendes Räuchern oder Lufttrocknen haltbar zu machen.

Über hundert geschmacklich sehr unterschiedliche Schinkenarten gibt es quer durch alle deutschen Regionen. Jede Landschaft hat ihre spezielle Methode, die dem Schinken einen ganz eigenen, landestypischen Geschmack verleiht. Wie fein ein Schinken schmeckt, hängt in erster Linie von der Fütterung und Haltung der Schweine ab. Die Art des Pökelns, des Räucherns oder des Trocknens hat einen weiteren prägenden Einfluss auf das Aroma des Schinkens.

Eine kleine Auswahl der deutschen Schinkenklassiker: Der Westfälische Schinken ist ein lange gelagerter, herzhafter Knochenschinken mit Speck und Schwarte. Im Schwarzwald hingegen wird Schinken ohne Knochen in Stücke geteilt, kräftig gewürzt und über Hölzern aus dem Schwarzwald geräuchert. Die Holsteiner lassen die Hinterkeule nach dem Pökeln viele Monate im Rauch hängen, bis dieser Schinken sein spezielles, von der salzigen Meeresluft beeinflusstes Aroma erhält.

Beliebt im ganzen Land ist der gekochte Schinken. Dafür werden die Keulen nur sanft gepökelt, kurz geräuchert und dann gekocht. Kochschinken wird in seiner natürlichen Form oder in viereckige Formen gepresst angeboten. Der großen Nachfrage wegen wird auch die Schweineschulter zu Schinken verarbeitet und wird unter der Bezeichnung »Vorderschinken« zum Kauf angeboten.

---

### Hessen

# Ochsenschwanzragout

*In Hessen, aber auch in anderen Regionen, in denen Viehzucht betrieben wird, war der geschmorte Ochsenschwanz ein beliebtes und preiswertes Essen. Als vor etwa 20 Jahren Sterneköche Ochsenschwanzragout auf die Speisekarte setzten, begann eine neue Ära für das schmackhafte Schmorgericht. Unvergesslich für mich der »Gefüllte Ochsenschwanz« in der »Aubergine« in München, zubereitet von Eckart Witzigmann.*

*1,5 kg Ochsenschwanz, in Scheiben geschnitten*
*Salz*
*Frisch gemahlener Pfeffer*
*2–3 EL griffiges Mehl*
*4 EL Öl*
*1 Zwiebel, in kleine Würfel geschnitten*
*1 Knoblauchzehe, fein zerdrückt*
*1 Bund Suppengrün, geputzt und in Stücke geschnitten*
*2 Lorbeerblätter*
*2 Thymianzweige*
*2 zerdrückte Wacholderbeeren*
*2 Gewürznelken*
*1 TL Pfefferkörner, grob geschrotet*
*2 EL Tomatenmark*
*4 cl Weinbrand*
*¼ l kräftiger, trockener Rotwein*
*½ l Fleischbrühe*

◆ Die Ochsenschwanzscheiben waschen, trockentupfen, mit Salz und Pfeffer würzen und in Mehl wenden. Den Backofen auf 150 °C vorheizen.

◆ Das Öl in einem gusseisernen Bräter erhitzen und das Fleisch darin goldbraun anbraten. Zwiebeln, Knoblauch und Suppengrün dazugeben und mit anschwitzen. Die Gewürze und das Tomatenmark unterrühren und kräftig mit anbraten. Mit Weinbrand ablöschen und mit Rotwein und Brühe aufgießen. Aufkochen lassen, zugedeckt im Backofen und in 2½–3 Stunden unter gelegentlichem Umrühren weich schmoren.

◆ Die Fleischstücke herausnehmen und die Sauce durch ein Sieb passieren und, falls nötig, noch sämig einkochen lassen. Das Fleisch von den Knochen lösen und in die Sauce legen.

---

*Für 4 Personen*

## Niedersachsen

## Kasseler mit Honigkruste

*In Bayern wird das Kasseler Rippchen, das man bereits gekocht beim Metzger bekommt, am liebsten auf Sauerkraut erhitzt und dann mit Kartoffelpüree verspeist. In Niedersachsen und auch in Berlin brät man das gepökelte und geräucherte Kotelettstück im Ganzen und verleiht dem Braten gerne einen leicht süßlichen Touch.*

*1,2 kg rohes Kasseler Rippenstück mit Knochen*

*2 EL Öl*

*400 ml trockener Weißwein*

*⅛ l Fleischbrühe*

*2 Scheiben Ingwer, etwa ½ cm dick*

*4 Schalotten, geschält und in Stücke geschnitten*

*8 Pfefferkörner*

*4 Wacholderbeeren*

*2 EL streichfähiger Honig*

*2 EL scharfer Senf*

*1 EL Meerrettich*

*2 EL Orangenmarmelade*

*3 EL Pinienkerne, grob gehackt*

*1 EL Semmelbrösel, frisch gerieben*

*4 EL Crème fraîche*

◆ Den Backofen auf 180 °C vorheizen. Das Kasseler mit der Oberseite im heißen Öl anbraten. Das Fleisch wenden und mit Wein und Fleischbrühe begießen. Ingwer, Schalotten, Pfefferkörner und Wacholderbeeren dazugeben und kurz aufkochen lassen. Im vorgeheizten Backofen etwa 15 Minuten zugedeckt garen. Dann den Deckel abnehmen und unter gelegentlichem Begießen mit der Bratflüssigkeit weitere 20 Minuten garen.

◆ Den Honig mit Senf, Meerrettich, Orangenmarmelade, Pinienkernen und Semmelbröseln zu einer Paste verrühren. Die Temperatur des Backofens auf 225 °C erhöhen. Das Fleisch herausnehmen und die Oberfläche gleichmäßig mit der Honigpaste bestreichen. Im heißen Backofen etwa 10 Minuten goldbraun überbacken.

◆ Das Fleisch vorsichtig mit zwei Backschaufeln herausheben und warm stellen. Die Sauce durch ein Sieb streichen und in einer Sauteuse erneut zum Kochen bringen. Die Crème fraîche unterrühren und bei starker Hitze sämig einkochen lassen.

◆ Das Fleisch von den Knochen lösen und mit einem scharfen Messer in Scheiben schneiden. Die Sauce getrennt dazu reichen. Mit jungem Gemüse der Saison und Kartoffelplätzchen servieren.

*Für 4 Personen*

Berlin

# Falscher Hase
# (Hackbraten)

*Hackbraten ist wie Frikadellen & Co. eines der Gerichte, die typisch deutsch sind. Die Berliner haben den saftigen Braten aus Hackfleisch »Falscher Hase« getauft, und unter der Bezeichnung bekommt man ihn auch heute noch in den urigen Berliner Kneipen. Dazu gibt es dann, je nach Jahreszeit, Endiviensalat, Schwarzwurzeln oder Spinat und mehlig kochende Salzkartoffeln, die die feine Sauce gut aufsaugen.*

> *300 g Hackfleisch vom Rind*
>
> *300 g Hackfleisch vom Schwein*
>
> *100 g Schinkenspeck, fein gehackt*
>
> *2 Brötchen, in heißem Wasser eingeweicht*
>
> *2 Zwiebeln, in kleine Würfel geschnitten*
>
> *1 Möhre, in kleine Würfel geschnitten*
>
> *30 g Butter*
>
> *2 EL gehackte Petersilie*
>
> *2 Eier*
>
> *Salz und frisch gemahlener Pfeffer*
>
> *1 EL scharfer Senf*
>
> *3 EL Öl*
>
> *1 Bund Suppengrün, geputzt und in Stücke geschnitten*
>
> *1 Fleischtomate, in Stücke geschnitten*
>
> *300 ml Fleischbrühe*
>
> *100 g saure Sahne*

◆ Das Fleisch, den Schinkenspeck und die ausgedrückten Brötchen in einer Schüssel vermischen. Zwiebel- und Möhrenwürfel in der Butter andünsten und mit der Petersilie und den Eiern unter den Fleischteig mischen. Mit Salz, Pfeffer und Senf würzen, gründlich vermischen und zu einem länglichen Laib formen. Den Backofen auf 200 °C vorheizen.

◆ Das Öl in einem Bräter erhitzen und den Fleischlaib darin anbraten. Suppengrün und Tomate rundherum verteilen und etwa 50 Minuten im Backofen braten lassen, dabei immer wieder mit der Brühe begießen.

◆ Den Braten herausnehmen und den Bratenfond durch ein Sieb passieren. Die saure Sahne unterrühren und kurz durchkochen lassen. Den Hackbraten in Scheiben schneiden und mit der Sauce servieren.

*Für 4 Personen*

Hamburg, Berlin und Bayern

# Frikadellen, Buletten
# und Fleischpflanzerl

*Groß und Klein im ganzen Land lieben die saftigen, goldbraun gebratenen Fleischplätzchen (siehe Bild), wenn auch unter verschiedenen Namen. Im Unterschied zu den Frikadellen der Hamburger mischen die Bayern mehr Brötchen unter die Fleischmasse, wodurch sie besonders locker wird.*

> *300 g Hackfleisch vom Rind*
>
> *300 g Hackfleisch vom Schwein*
>
> *1 Zwiebel, in kleine Würfel geschnitten*
>
> *30 g Butter*
>
> *1 Brötchen, in heißem Wasser eingeweicht*
>
> *2 EL Petersilie, gehackt*
>
> *1 EL frische Majoranblätter, gehackt, oder 1 TL Majoran, gerebelt*
>
> *2 Eier*
>
> *Salz*
>
> *Frisch gemahlener Pfeffer*
>
> *1 EL scharfer Senf*
>
> *4 EL Öl*

◆ Das Fleisch in einer Schüssel vermischen. Die Zwiebelwürfel in 10 g Butter glasig dünsten. Das eingeweichte Brötchen gut ausdrücken und mit Zwiebeln, Petersilie, Majoran und den Eiern zum Fleisch geben. Mit Salz, Pfeffer und Senf würzen und mit den Händen zu einem glatten Teig verkneten.

◆ Mit angefeuchteten Händen runde, nicht zu dicke Fleischplätzchen daraus formen.

◆ Das Öl und die restliche Butter in einer Pfanne erhitzen und die Fleischplätzchen darin bei mittlerer Hitze auf jeder Seite 4–6 Minuten braten.

*Für 4 Personen*

Als Beilage reicht man dazu entweder Kartoffel-Gurken-Salat oder Béchamel-Kartoffeln. Wenn etwas übrig bleibt, kein Problem: Die Fleischplätzchen schmecken kalt fast noch besser als heiß.

## Schwaben

# Kohlrouladen

*Kohlrouladen, die im Süden Krautwickel heißen, stehen ganz oben auf der Hitliste der deutschen Leibgerichte (siehe Bild). Umhüllt man die Hackfleischmasse anstelle von Weißkohl mit Wirsingblättern, schmecken sie feiner. Köstlich sind auch Rotkohlrouladen, gefüllt mit Wildfarce und dazu eine Pfifferlingsauce.*

> 12 große Wirsingkohlblätter, Salz
> 250 g Hackfleisch vom Kalb
> 250 g Hackfleisch vom Schwein
> 150 g gehackter Räucherspeck
> 1 Brötchen, in heißem Wasser eingeweicht
> 1 Zwiebel, in kleine Würfel geschnitten
> 2 Eier
> 1 TL Thymian, fein gehackt
> 1 EL Petersilie, gehackt
> Frisch geriebene Muskatnuss
> Frisch gemahlener Pfeffer
> Abgeriebene Schale von ½ unbehandelten Zitrone
> 3 EL Öl
> 1 Bund Suppengrün, in kleine Würfel geschnitten
> ½ l Fleischbrühe
> 2 EL Crème fraîche

◆ Die Wirsingblätter in kochendem Salzwasser blanchieren und in eisgekühltem Wasser abschrecken. Auf einem Küchentuch abtropfen lassen.

◆ Kalb-, Schweinefleisch, die Hälfte des Räucherspecks, die ausgedrückten Brötchen, Zwiebelwürfel, Eier, Thymian und Petersilie zu einem glatten Fleischteig verkneten. Mit Salz, Muskat, Pfeffer und Zitronenschale würzen. Die Masse gleichmäßig auf die 12 ausgebreiteten Wirsingblätter verteilen und die Blätter seitlich einschlagen. Von der Längsseite her aufrollen und mit Küchengarn verschnüren. Den Backofen auf 160 °C vorheizen.

◆ Das Öl in einem Bräter erhitzen und die restlichen Speckwürfel sowie das Suppengrün darin anbraten. Mit Brühe aufgießen und die Rouladen hineinlegen. Zugedeckt im Ofen in 1 Stunde gar schmoren.

◆ Die Rouladen herausnehmen und warm stellen. Den Bratenfond durch ein Sieb passieren, die Crème fraîche unterrühren und sämig einkochen lassen. Dazu gibt es traditionell Kartoffelpüree.

*Für 4 Personen*

## Ostpreußen und alle nördlichen Regionen

# Königsberger Klopse

*Die Bezeichnung Klopse leitet sich von »kloppen« (klopfen) ab, denn das Fleisch wurde nicht wie heute im Mixer zerkleinert, sondern so lange geklopft, bis man es zu einer feinen Farce verarbeiten konnte.*

> 250 g Hackfleisch vom Kalb
> 250 g Hackfleisch vom Schwein
> 1 Brötchen, in 100 ml heißer Milch eingeweicht
> 1 Zwiebel, in kleine Würfel geschnitten
> 4 Sardellenfilets, gewässert und fein gehackt
> Abgeriebene Schale von ½ unbehandelten Zitrone
> 1 EL fein gehackte Petersilie
> Salz
> Frisch gemahlener Pfeffer
> Frisch geriebene Muskatnuss
> ¾ l Fleischbrühe
> 1 frisches Lorbeerblatt
> 1 Stückchen unbehandelte Zitronenschale
> 4 Pfefferkörner
> 40 g Butter
> 20 g Mehl
> ⅛ l trockener Weißwein
> 100 g Sahne
> 2 EL kleine Kapern
> Etwas Zitronensaft

◆ Für den Fleischteig die Fleischsorten mit dem ausgedrückten Brötchen, den Zwiebelwürfeln und den Sardellen vermischen und mit Zitronenschale, Petersilie, Salz, Pfeffer und Muskatnuss würzig abschmecken. Aus der Masse mit den Händen 16 gleich große Bällchen formen.

◆ Die Fleischbrühe mit Lorbeerblatt, Zitronenschale und Pfefferkörnern zum Kochen bringen und die Klopse darin in etwa 10 Minuten gar ziehen lassen.

◆ In der Zwischenzeit die Butter in einem zweiten Topf zerlassen und das Mehl darin anschwitzen. Mit Wein ablöschen und mit so viel Kochbrühe aufgießen, bis eine sämige Sauce entsteht. Die Sahne hinzufügen und einige Minuten köcheln lassen. Die Kapern und die abgetropften Klopse hineingeben und mit Zitronensaft abschmecken.

◆ Mit Salzkartoffeln oder Reis servieren.

*Für 4 Personen*

## Bauernmärkte

### Der Münchner Viktualienmarkt

Was den Hamburgern ihr Fischmarkt, ist den Münchnern ihr Viktualienmarkt, günstig im Herzen der bayerischen Metropole gelegen. Dieser magische Anziehungspunkt für einheimische Feinschmecker und Touristen aus aller Welt entstand aufgrund einer »allerhöchsten Entschließung König Max I. vom 2. Mai 1807«.

Da der Marktplatz für Agrarerzeugnisse, der heutige Marienplatz, allmählich zu klein wurde, ordnete der König an, den Markt auf das Gebiet zwischen Heiliggeistkirche und Frauenstraße zu verlegen. Im Laufe der Jahre wurde das Marktangebot ständig erweitert, und heute ist es ein Schlaraffenland für Genießer. Auf 22.000 Quadratmetern bekommt man neben Früchten, Gemüse und Gewürzen aus aller Welt sämtliche heimische Produkte, wie zum Beispiel Pilze und Waldbeeren aus dem Bayerischen Wald, Fische aus bayerischen Gewässern, hochwertiges Fleisch von Bauernhöfen der Region, typische Wurstwaren, frische Eier, feinste Käse, handgeschöpfte Butter usw. – einfach alles, was gut schmeckt und den Gaumen erfreut. Unter schattigen Kastanienbäumen kann man die Köstlichkeiten, wenn man möchte, direkt vor Ort verzehren oder sich in einem der umliegenden Bistros oder Cafés verwöhnen lassen.

Obwohl der Viktualienmarkt ein Magnet für Touristen ist, die Einheimischen haben ihren Markt ganz besonders ins Herz geschlossen, und ein Bummel über den bunten Markt ist für viele am Samstagvormittag obligatorisch.

Die Selbstverständlichkeit früherer Zeit, auf dem Markt einzukaufen, kommt wieder stark in Mode. Viele deutsche Städte bieten deshalb ihren Einwohnern mittlerweile die Möglichkeit, wenn auch nicht täglich wie auf dem Münchner Viktualienmarkt, so doch ein bis zwei Mal wöchentlich von umliegenden Bauern frische Ware einzukaufen.

Quer durchs Land locken diese Wochenmärkte genussorientierte Menschen zum Einkaufen, zum Beispiel in:

**Bremen:** Auf dem Kajenmarkt gibt es von Mai bis September jeden Samstag, begleitet von Live-Musik, frische Austern, Krabben und alles, was das Meer so bietet.

**Kiel:** Zwei Mal pro Woche, am Mittwoch- und Samstagvormittag, verwandelt sich der Großparkplatz gegenüber der Ostseehalle in einen bunten Markt, auf dem der Besucher fangfrische Fische aus der Ostsee, aber auch frisch geerntetes Gemüse und Obst aus der Region kaufen kann.

**Osnabrück:** Nahe dem Rathaus auf dem Domhof gibt es samstags alles aus der Region für die Region.

**Münster:** Zu Füßen des mächtigen Doms St. Paulus hat man mittwochs und samstags die Möglichkeit, an 150 Ständen das reichhaltige Angebot an Früchten, Gemüsen, Fleisch, Käse und Brot aus dem Münsterland zu erforschen.

**Berlin:** In der Hauptstadt gibt es zahlreiche kleine Wochenmärkte. Einer der populärsten ist der Winterfeldtmarkt (mittwochs von 8 bis 13 Uhr und samstags von 8 bis 15 Uhr), auch »Intelektuellenmarkt« genannt. Eier von frei laufenden Hühnern und Biogemüse gehören neben Spezialitäten aus aller Welt zum Angebot.

**Mainz:** Dienstag, Freitag und Samstag hat man rund um den mächtigen Dom die Möglichkeit, alles, was den Feinschmecker begeistert, frisch an den Marktständen zu erwerben. Nicht nur »Weck, Worscht und Woi« bieten die 80 bis 100 Stände an, sondern auch feine Käsespezialiäten, selbst gemachte Marmeladen, selbst gebackenes Brot, Handkäs mit Musik und eine Auswahl aromatischer Honigsorten.

**Hanau:** Etwa 100 Stände breiten sich jeden Mittwoch und Samstag rund um das Brüder-Grimm-Denkmal aus und offerieren den Kunden frisches Fleisch hessischer Bauern, hausgemachte Würste, Kartoffeln und Äpfel und natürlich den traditionellen »Äbbelwoi«.

**Freiburg im Breisgau:** Der Markt rund um das wunderbare Münster ist täglich von April bis September von 7 bis 13 Uhr und ab Oktober bis März von 7.30 bis 13 Uhr geöffnet. Das bunte Markttreiben ist zweigeteilt: Auf der Nordseite des Doms dürfen ausschließlich die in der Region erzeugten Produkte auf etwa 130 Ständen angeboten werden, auf dem südlichen Teil verkaufen die Händler Waren aus aller Herren Länder. Ziel der Begierde der zahlreichen Touristen sind natürlich der Schwarzwälder Schinken und die edlen heimischen Obstschnäpse der umliegenden Brennereien.

**Freudenstadt:** Deutschlands größter umbauter Marktplatz ist nach dem Muster eines Mühlenspiels gestaltet. Der wunderschöne Markt bietet dienstags und freitags alle Köstlichkeiten aus den umliegenden Dörfern zum Kauf, und die angrenzenden schmucken Arkaden laden zum weiteren Shopping ein.

**Heide/Dithmarschen:** Mit 4,7 Hektar ist dieser Markt der größte unbebaute Marktplatz des Landes. Dort findet seit mehr als 500 Jahren ein traditioneller Wochenmarkt statt, bei dem man neben gängigen Gemüsesorten und Früchten auch frische Hühner, Gänse und Hasen kaufen kann.

**Regensburg:** Nur wenige Meter von der Altstadt entfernt, und ganz in der Nähe der Steinernen Brücke, findet jeden Samstag bis 13 Uhr ein Wochenmarkt statt, auf dem die Bauern der Region ihre Waren präsentieren.

Diese Märkte sind nur eine kleine Auswahl. Fast in jeder größeren Stadt haben sich die hübsch anzusehenden Märkte mit dem regionalen Angebot fest etabliert. Die Kunden danken es mit regem Besuch, denn auf diesen Märkten kann man auf angenehme Weise die Produkte der Region kennen und schätzen lernen. Endlich findet man ein gutes, würziges Brot, das eine Bäuerin aus Leidenschaft jede Woche speziell für den Markt frisch bäckt, oder man erschnuppert wunderbaren Ziegenkäse, den ein kleiner Produzent aus der Gegend herstellt. Diese Märkte tragen dazu bei, mehr Aufmerksamkeit auf heimische Produkte zu lenken, und bieten ein besonderes Einkaufsvergnügen.

**Links:** Ob Spitzkraut oder erntefrische Kürbisse, auf den Bauernmärkten finden Genießer alles, was ihr Herz erfreut.

## Franken

# Kalbsbries
# mit Gemüse-Julienne

*Gemüse gedeiht im Frankenland prächtig, und auch die würzigen Meerrettichwurzeln fühlen sich in den sandigen Böden sehr wohl. Wohl deshalb legen die Franken ihr zart gebratenes Bries auf knackig gegartes Gemüse und hobeln als letzten Kick noch frischen Meerrettich darüber.*

*800 g Kalbsbries*
*Salz und frisch gemahlener Pfeffer*
*60 g Butter*
*2 Schalotten, in kleine Würfel geschnitten*
*2 große Möhren, in feine Julienne geschnitten*
*2 Petersilienwurzeln, in feine Julienne geschnitten*
*2 kleine Zucchini, in feine Julienne geschnitten*
*⅛ l trockener Frankenwein, z. B. Silvaner*
*2 EL griffiges Mehl*
*2 EL Crème fraîche*
*2 EL fein gehackte Petersilie*
*1 Stück frischer Meerrettich, grob geraspelt*

◆ Das Kalbsbries mit einem spitzen Messer von Blutäderchen befreien und 2 Stunden in kaltes Wasser legen. Dabei das Wasser immer wieder erneuern.

◆ Das Bries in einen Topf geben, mit kaltem Salzwasser bedecken und zum Kochen bringen. Die Kochplatte ausschalten und das Bries etwa 5 Minuten ziehen lassen. Das Bries in der Brühe etwas abkühlen lassen, dann säubern und enthäuten. Die dünnen Hautschichten aber belassen, damit es zusammenhält. Das Bries in 1½ cm dicke Scheiben schneiden.

◆ 30 g Butter in einer Kasserolle erhitzen und die Schalotten darin glasig braten. Das Gemüse hinzufügen und mit anschwitzen. Salzen, mit Wein ablöschen und in wenigen Minuten bissfest garen.

◆ Das Mehl mit Salz und Pfeffer vermischen und die Briesscheiben darin wenden. Überschüssiges Mehl abklopfen. Die restliche Butter in einer Pfanne aufschäumen lassen und die Briesscheiben darin 2–3 Minuten auf jeder Seite braten.

◆ Die Crème fraîche unter das Gemüse rühren und kurz kochen lassen. Auf vier Teller verteilen, die Briesscheiben darauf anrichten und mit Petersilie und dem frischen Meerrettich bestreuen.

*Für 4 Personen*

## Volker Drkosch:
## Deutsche Küche im Liberty-Style ®

Handwerklich-künstlerische Freiheit – das versteht Sternekoch Volker Drkosch unter »Liberty-Style®«, so der Oberbegriff für seinen ganz persönlichen Kochstil. Da wird unter anderem Kaltes mit Warmem, Süßes mit Salzigem kombiniert, und aus diesen ungewöhnlichen Kompositionen entstehen immer wieder neue Überraschungen, die den Gourmetgaumen erfreuen, zum Beispiel die gebratene Gänseleber mit Kastanienhonigeis – inzwischen schon ein Klassiker, der vielfach kopiert wurde. Seine verwegenen Kombinationen entstehen auf der Basis bester Qualität, perfektem handwerklichem Können und Mut zu Neuem.

Volker Drkosch, im bayerischen Lauf an der Pegnitz geboren und aufgewachsen im romantischen Burghausen, hatte schon immer eine Schwäche fürs Kochen. Als bei einem dieser Kochversuche beinahe die Küche seiner Großeltern abbrannte, weil die Weihnachtsente Feuer fing, war für ihn klar: Kochen muss man richtig lernen. Gleich nach dem Abitur machte er deshalb eine Lehre bei einer Top-Adresse, dem Hotel »Königshof« in München, wo er anschließend auch als Commis de cuisine arbeitete.

Es folgten weitere sternengekrönte Toprestaurants: das »Colombi« in Freiburg bei Alfred Klink, Dieter Müller in Bergisch Gladbach, das »Tantris« mit Hans Haas in München und der »Tigerpalast« in Frankfurt mit Victor Stamper. Im Oktober 1998 lockte ihn die Hauptstadt.

Volker Drkosch eröffnete als Küchenchef das Restaurant »Portalis« in Berlin und erhielt zwei Jahre später seinen ersten Michelin-Stern. Aber es zog ihn wieder zurück nach Frankfurt, wo er von November 2001 bis Oktober 2004 mit seiner Mannschaft und seinem von ihm kreierten Liberty-Style® die Gäste im »Brick Fine Dining« im Main Plaza Hotel verwöhnt hat.

Seit Februar 2005 kocht »Dr. Kosch«, wie er wegen seines zungenbrecherischen Namens meist genannt wird, in seinem »Kochatelier« auf dem Hofgut Wickstadt in der Wetterau, nur 30 km von Frankfurt entfernt.

Wie man unschwer an seinem bisherigen Lebensweg sowie an seinen Kreationen sehen kann, liebt »Dr. Kosch«, die Herausforderung und die Abwechslung. Seine Küche ist ideenvoll und facettenreich, niemals langweilig und immer eine große Freude für die Gäste. »Ich kann zwar das Kochen nicht neu erfinden, jedoch den Genuss neu definieren« philosophiert Drkosch.

Gerne verwendet Volker Drkosch auch heimische Produkte und verleiht ihnen den Hauch des Besonderen, zum Beispiel frisch geangelten Kabeljau mit Schwarzwurzel-Brandale, Spanferkel-Cannelloni, karamellisierte Gänseleber auf orientalisch marinierten Roten Beten mit Ochsenschwanzragout. Sensationelle Geschmackserlebnisse, die man nicht so schnell vergisst.

Das Kochatelier
Hofgut Wickstadt
61194 Niddatal
Tel.: 06034 / 908298
Fax: 06034 / 908297
www.volker-drkosch.de

*Frankfurt*

# Gebratene Leber und Nieren vom Kalb mit Pfifferlingen, Balsamico-Heidelbeeren und Majoran-Emulsion

*Von Volker Drkosch, Das Kochatelier*

### FÜR DIE MAJORAN-EMULSION:

*200 ml Pfifferlingsfond oder Pilzfond aus dem Glas*

*3 Eier, wachsweich gekocht (6 Minuten) und geschält*

*3 Scheiben Speck, kross gebraten*

*60 ml Öl (am besten Alba-Öl)*

*20 ml Haselnussöl*

*1 Majoranzweig, Blätter abgezupft*

*1 EL Schnittlauch, geschnitten*

*1 TL Crème fraîche*

*Salz, frisch gemahlener weißer Pfeffer*

*Zucker*

*Etwas Essig oder Zitronensaft*

### FÜR DIE BALSAMICO-HEIDELBEEREN:

*100 g frische Wald- oder Kulturheidelbeeren*

*20 g Süßrahmbutter*

*1 EL brauner Zucker*

*1 EL violetter Senf*

*1 Lorbeerblatt*

*2 EL alter Balsamicoessig*

### AUSSERDEM:

*200 g Pfifferlinge, gründlich geputzt*

*80 g Butter*

*3 Schalotten, in feine Würfel geschnitten und blanchiert*

*Meersalz und frisch gemahlener Pfeffer*

*200 ml Kartoffel-Pfifferlings-Fond oder Pilzfond*

*1 Majoranzweig*

*Je 2 EL geschnittener Schnittlauch und Petersilie*

*4 Scheiben Kalbsleber, je 100 g*

*1 kleine Kalbsniere, entfettet, enthäutet, gesäubert und in 8 mittelgroße Stücke geteilt*

*Etwa 2 EL Mehl*

◆ Für die Emulsion den Pfifferlingsfond auf 70 °C erhitzen. Anschließend alle Zutaten in einen Mixer geben und etwa 2–3 Minuten auf höchster Stufe pürieren, bis eine sämige Sauce entsteht. 2–3 Stunden im Kühlschrank ruhen lassen.

◆ Die Heidelbeeren in der aufgeschäumten Butter kurz glasieren, mit Zucker bestreuen und leicht karamellisieren lassen. Die Beeren verlieren sofort Flüssigkeit und platzen auf. Mit Senf würzen, das Lorbeerblatt dazugeben und mit Essig ablöschen. Etwas einkochen lassen.

◆ Die Pfifferlinge in 20 g Butter anbraten und die Hälfte der Schalotten dazugeben. Mit Meersalz und Pfeffer würzen, den Majoranzweig dazugeben und mit dem Fond aufgießen. So lange einkochen lassen, bis eine leichte Bindung entsteht. Kurz vor dem Servieren den Majoranzweig entfernen und Schnittlauch und Petersilie untermischen.

◆ Die Kalbsleber und die Nierenstückchen mit Pfeffer würzen. Nicht salzen, sonst werden sie hart. Je 20 g Butter in zwei Pfannen aufschäumen lassen und die in Mehl gewendete Leber und die Nieren darin rosa braten. Gegen Ende der Garzeit die übrigen Schalottenwürfel sowie die restliche Butter in kleinen Stückchen dazugeben. Kurz vor dem Servieren salzen.

◆ Die gegarten Innereien mit den Pfifferlingen und den Balsamico-Beeren dekorativ anrichten.

*Für 4 Personen*

*Volker Drkosch empfiehlt als klassische Beilage Blattspinat und Kartoffelpüree und à la Liberty-Style® Apfelwein-Risotto und geschmortes Spitzkraut mit Kalbskopfsauce.*

*Berlin*

## Leber Berliner Art

*Der Klassiker aus Berlin ist sicherlich das beliebteste Leberrezept im ganzen Land und aus dem deutschen Rezeptschatz nicht mehr wegzudenken.*

*4 dünne Scheiben Kalbsleber, je 150 g*

*1–2 EL Mehl*

*Salz*

*Frisch gemahlener Pfeffer*

*6 EL Öl*

*4 Zwiebeln, geschält und in Ringe geschnitten*

*40 g Butter*

*2 große aromatische Äpfel, geschält, entkernt und in 1 cm dicke Scheiben geschnitten*

◆ Die Leber, falls nötig, von anhaftenden Sehnen befreien. Mehl mit Salz und Pfeffer vermischen und die Leberscheiben darin wenden.

◆ 4 EL Öl in einer beschichteten Pfanne erhitzen und die Zwiebelringe darin unter Schwenken der Pfanne goldbraun braten. In einer zweiten Pfanne 20 g Butter aufschäumen lassen und die Apfelscheiben darin bei schwacher Hitze goldgelb und weich braten.

◆ Die Zwiebeln herausnehmen und auf mehrfach gefaltetem Küchenpapier das überschüssige Fett abtropfen lassen. In der gleichen Pfanne die restliche Butter und das restliche Öl zum Bratfett geben und erhitzen. Die Leberscheiben darin bei mittlerer Hitze 2–3 Minuten pro Seite braten.

◆ Die Leberscheiben auf vorgewärmten Tellern anrichten, mit den Apfelscheiben belegen und die gebratenen Zwiebeln darüber verteilen.

*Für 4 Personen*

*Klassisch gibt es dazu ein lockeres Kartoffelpüree oder in Berlin auch Quetschkartoffeln, die mit einem Schuss Sahne verfeinert werden.*

## Baden, Schwaben und Bayern

# Saure Kutteln

*Gekochten Rinder- oder Kälbermagen kennt man im Norden eher als Hundefutter, in Süddeutschland bereitet man daraus ein schmackhaftes Essen zu. Kutteln gibt es bereits vorgekocht beim Metzger und sie werden klassisch in einer sauer abgeschmeckten Mehlsauce gegart. Meine Lieblingsversion ist zugegebenermaßen ein wenig mediterran inspiriert, aber dadurch frischer und leichter bekömmlich.*

4 EL Öl

50 g durchwachsener Räucherspeck, in kleine Würfel geschnitten

1 Zwiebel, in kleine Würfel geschnitten

1 Knoblauchzehe, fein gehackt

1 kg vorgekochte, küchenfertige Kalbskutteln, in feine Streifen geschnitten

1 große Möhre, in kleine Würfel geschnitten

2 Selleriestangen, in kleine Würfel geschnitten

1 Petersilienwurzel, in kleine Würfel geschnitten

300 g Tomaten, gehäutet, entkernt und in kleine Würfel geschnitten

2 Thymianzweige

1 frisches Lorbeerblatt

Salz

Frisch gemahlener Pfeffer

⅛ l trockener badischer Weißwein

⅛ l Fleischbrühe

1–2 EL guter Weißweinessig

½ Bund Petersilie, fein gehackt

◆ Das Öl in einem Schmortopf erhitzen, den Räucherspeck anbraten und Zwiebeln sowie Knoblauch darin glasig dünsten. Die Kutteln dazugeben und etwa 5 Minuten mit anschwitzen. Das Gemüse und die Kräuter hinzufügen und ebenfalls mit anbraten. Mit Salz und Pfeffer würzen und mit Wein und Fleischbrühe aufgießen. Zugedeckt mindestens 45 Minuten bei schwacher Hitze köcheln lassen.

◆ Den Deckel abnehmen und die Flüssigkeit, falls nötig, noch etwas einkochen lassen. Mit Salz, Pfeffer und Essig herzhaft abschmecken und kurz vor dem Servieren die Petersilie untermischen.

*Für 4 Personen*

## Sachsen

# Gepökelte Rinderzunge auf Rahmlinsen

*Leider ist Zunge – ob vom Rind oder Kalb – ein wenig in Vergessenheit geraten. Es lohnt sich aber, sie mal wieder auf den Speiseplan zu setzen, vor allem in Kombination mit Linsen ist sie ein echter Gaumenschmaus.*

1 gepökelte Rinderzunge, etwa 1 kg

1 Spickzwiebel (geschälte Zwiebel mit 1 Lorbeerblatt und 2 Nelken gespickt)

40 g Butter

2 Zwiebeln, in kleine Würfel geschnitten

2 Möhren, in kleine Würfel geschnitten

1 Petersilienwurzel, in kleine Würfel geschnitten

250 g Tellerlinsen

4 cl Madeira

½ l Fleischbrühe

⅛ l Kochbrühe von der Zunge

Salz und frisch gemahlener Pfeffer

4 EL Crème fraîche

½ Bund Petersilie

◆ Die Zunge waschen und gut abbürsten. Das Fleisch zusammen mit der Spickzwiebel in einen Kochtopf legen, mit kaltem Wasser begießen und zum Kochen bringen. Die Zunge in etwa 1 ½ Stunden bei schwacher Hitze weich garen.

◆ Inzwischen die Zwiebel- und Gemüsewürfel in der aufgeschäumten Butter anschwitzen. Die Linsen waschen, auf einem Sieb abtropfen lassen und dazugeben. Kurz mit anschwitzen, dann mit Madeira ablöschen und mit der Fleischbrühe und der Kochbrühe aufgießen. Mit Salz und Pfeffer würzen und etwa 30–35 Minuten sanft köcheln lassen. Zum Schluss die Crème fraîche und die Petersilie unterrühren und sämig einkochen lassen.

◆ Die gekochte Rinderzunge aus der Brühe nehmen, kalt abbrausen und sofort häuten. In schräge Scheiben schneiden und auf dem Linsengemüse mit Salzkartoffeln anrichten.

*Für 4 Personen*

*Die Zunge ist gar, wenn sich die Spitze leicht mit Daumen und Zeigefinger durchdrücken lässt.*

## Hessen

# Geschmorte Lammschulter auf Kartoffeln

*Im ganzen Land kann man erfreulicherweise wieder riesige Schafherden sehen. Ganz besonders häufig trifft man sie in Hessen an, und dort schmort man die weniger wertvollen Teile, wie die Schulter, gerne gemeinsam mit Kartoffeln und Gemüse (siehe Bild).*

> 2 junge Lammschultern (je 600 g)
>
> Salz
>
> Frisch gemahlener Pfeffer
>
> 1 TL Thymianblätter, fein gehackt
>
> 2 Knoblauchzehen, fein zerdrückt
>
> 4 EL Öl
>
> 2 Zwiebeln, in kleine Würfel geschnitten
>
> ¼ l trockener Weißwein
>
> 4 Möhren, in ½ dicke Scheiben geschnitten
>
> 800 g fest kochende Kartoffeln, in 2 cm große Würfel geschnitten
>
> 2 frische Majoranzweige
>
> ⅛ l Lammfond
>
> 2 EL Petersilie, gehackt

◆ Die Lammschultern mit einer Mischung aus Salz, Pfeffer, Thymian, Knoblauch und etwas Öl einreiben. Mindestens 2 Stunden marinieren.

◆ Den Backofen auf 160 °C vorheizen. Das restliche Öl in einem Bräter erhitzen und und das Fleisch darin scharf anbraten. Die Zwiebeln dazugeben, kurz mit andünsten, mit Weißwein aufgießen. Zugedeckt in den Ofen stellen und 45 Minuten schmoren lassen.

◆ Das Fleisch herausnehmen und die Möhren und Kartoffeln mit dem Bratenfond vermischen. Das Fleisch darauf legen, mit den Majoranzweigen belegen und mit Lammfond begießen. Zugedeckt weitere 45 Minuten schmoren. Die letzten 15 Minuten den Deckel abnehmen und die Hitze auf 200 °C erhöhen.

◆ Die Lammschultern herausnehmen, das Fleisch von den Knochen lösen und in Scheiben schneiden. Die Petersilie unter das Kartoffel-Möhren-Gemüse mischen und zum Fleisch servieren.

*Für 4 Personen*

*Die Grundregeln für saftiges Fleisch: sanfte Hitze und Geduld.*

## Niedersachsen

# Heidschnuckenkeule mit Wacholderrahm

*Gedrehte Hörner, ein spitzes, schwarzes Gesicht und dünne lange Beine – daran erkennt man die Heidschnucken, eine Schafrasse, die in der Lüneburger Heide lebt. Die Tiere sind nicht nur hübsch anzusehen, auch ihr Fleisch schmeckt unvergleichlich aromatisch, ein wenig nach Wild, und ist bei Feinschmeckern hoch geschätzt.*

> 1,5 kg Heidschnuckenkeule
>
> 2 cl Wacholderschnaps (Gin)
>
> Grobes Meersalz
>
> 8 Wacholderbeeren, fein zerdrückt
>
> 8 Pfefferkörner, grob geschrotet
>
> 1 TL Thymianblätter, fein gehackt
>
> 2 EL Öl
>
> 20 g Butter
>
> 2 Zwiebeln, in Stücke geschnitten
>
> 1 Knoblauchzehe, fein zerdrückt
>
> 1 Bund Suppengrün, in Stücke geschnitten
>
> ⅛ l Rotwein
>
> ¼ l Fleischbrühe
>
> 100 ml Crème fraîche

◆ Die Keule waschen, trockentupfen und erst mit Wacholderschnaps, dann mit einer Mischung aus Meersalz, Wacholderbeeren, Pfefferkörnern und Thymianblättern einreiben. Etwa 2 Stunden ziehen lassen.

◆ Den Backofen auf 160 °C vorheizen. Öl und Butter in einem Bräter erhitzen und die Keule darin rundherum scharf anbraten. Zwiebeln, Knoblauch und Suppengrün dazugeben und kräftig mit anschwitzen. Mit Rotwein und Brühe ablöschen und kurz kochen lassen. Zugedeckt in den Ofen stellen und etwa 1 Stunde und 20 Minuten garen.

◆ Das Fleisch herausnehmen und kurz ruhen lassen. Die Sauce durch ein Sieb passieren. Die Crème fraîche unterrühren und sämig einkochen lassen.

◆ Das Fleisch in Scheiben schneiden und auf einer Platte anrichten. Die Sauce getrennt dazu reichen.

*Für 4 Personen*

*Für dieses Rezept können sie auch Lammfleisch nehmen.*

## Saarland

# Hähnchen mit Brätfüllung und Rieslingsauce

*Der Sonntagsbraten schlechthin, nicht nur im Saarland.*

1 Brathähnchen (etwa 1,5 kg)

Salz

Frisch gemahlener Pfeffer

50 g Weißbrot ohne Rinde, klein geschnitten

4–6 EL heiße Milch

50 g Butter

1 Zwiebel, in kleine Würfel geschnitten

1 Möhre, in kleine Würfel geschnitten

50 g Erbsen, tiefgekühlt

2 EL Frühlingskräuter, gehackt

300 g Kalbbrät (evtl. beim Metzger vorbestellen)

2 Eigelbe

Abgeriebene Schale von ½ unbehandelten Zitrone

Frisch geriebene Muskatnuss

2 EL Öl

1 Bund Suppengrün, in kleine Stücke geschnitten

1 Estragonzweig, Blätter abgezupft

200 ml trockener Riesling

100 ml Hühnerbrühe

100 g Sahne

◆ Das Hähnchen waschen, trockentupfen und innen und außen mit Salz und Pfeffer einreiben. Das Weißbrot mit heißer Milch begießen und ziehen lassen.

◆ 20 g Butter erhitzen und Zwiebel und Möhren darin wenige Minuten anbraten. Erbsen und Kräuter hinzufügen, kurz mitdünsten, dann etwas abkühlen lassen. Das Kalbsbrät mit Eigelben, ausgedrücktem Weißbrot und angedünstetem Gemüse verrühren. Mit Salz, Pfeffer, Zitronenschale und Muskat abschmecken. Die Farce in die Bauchhöhle des Hähnchens füllen und die Öffnung mit Küchengarn zunähen. Den Backofen auf 180 °C vorheizen.

◆ Die restliche Butter und das Öl in einem Bräter erhitzen und das Hähnchen darin rundherum anbraten. Das Suppengrün und die Estragonblätter dazugeben und mit dem Wein aufgießen. Zugedeckt auf der unteren Schiene in den heißen Ofen stellen und 45 Minuten braten. Zwischendurch immer wieder mit der Hühnerbrühe begießen.

◆ Den Deckel abnehmen und den Bräter auf die mittlere Schiene stellen. Das Hähnchen unter gelegentlichem Begießen mit dem Bratensaft in weiteren 25 Minuten knusprig braten. Das Hähnchen herausnehmen und ruhen lassen. Den Bratenfond durch ein Sieb in einen Topf passieren. Die Sahne unterrühren und sämig einkochen lassen.

◆ Das Hähnchen tranchieren, die Füllung herauslösen und in Scheiben schneiden. Auf einer Platte anrichten und die Sauce getrennt dazu reichen.

*Für 4 Personen*

## Mecklenburg-Vorpommern

# Geschmorte Putenkeule

*Geflügelzucht spielt in dieser nördlichen Region seit jeher eine große Rolle, und im Zeitalter des Kalorienzählens haben die mageren Puten die fetten Gänse in der Gunst der Verbraucher etwas überholt. Über den Geschmack eines Putenschnitzels mag man streiten, aber die herzhaften Oberkeulen der Riesenvögel schmecken, sanft geschmort, auch all jenen, die mit der schlanken Küche wenig am Hut haben.*

> 2 Putenoberkeulen (je 500 g)
>
> Salz, frisch gemahlener Pfeffer
>
> 3 EL Öl
>
> 20 g Butter
>
> 1 Rosmarinzweig
>
> 1 frisches Lorbeerblatt
>
> ¼ l trockener Weißwein
>
> 2 Knoblauchzehen, fein zerdrückt
>
> 2 Zwiebeln, in kleine Würfel geschnitten
>
> 2 Stangen Lauch, gewaschen und in ½ cm dicke Scheiben geschnitten
>
> 2 gelbe Paprikaschoten, geputzt und in Würfel geschnitten
>
> 2 kleine Zucchini, in 1 cm dicke Scheiben geschnitten
>
> 4 Fleischtomaten, gehäutet, entkernt und in Würfel geschnitten
>
> 100 ml Hühnerbrühe
>
> ½ Bund Petersilie, grob gehackt

◆ Die Putenoberkeulen waschen, trockentupfen und mit Salz und Pfeffer würzen. Den Backofen auf 160 °C vorheizen.

◆ Das Öl und die Butter in einem Bräter erhitzen und das Fleisch darin rundherum anbraten. Die Kräuter dazugeben, mit Wein aufgießen und zugedeckt im heißen Ofen 50 Minuten schmoren lassen.

◆ Den Deckel abnehmen und das vorbereitete Gemüse rund um das Fleisch verteilen. Mit dem Bratenfond vermischen, mit Brühe begießen und zugedeckt weitere 50 Minuten schmoren lassen.

◆ Die Keulen herausnehmen, das Fleisch von den Knochen lösen und in Scheiben schneiden. Die gehackte Petersilie unter das Gemüse mischen und die Fleischscheiben darauf anrichten.

*Für 4 Personen*

## Berlin und Bremen

# Hühnerfrikassee

*Das Berliner Hühnerfrikassee wie auch das Bremer Stubenkükenragout sind klassische Rezepte aus dem Großbürgertum. Wenn man in alten Kochbüchern nachliest, kann man kaum glauben, wie raffiniert in Deutschland vor den Kriegen gekocht wurde. Das Ragout – die Bremer nahmen dafür Küken, die Berliner junge Suppenhühner – verfeinerte man unter anderem mit Artischockenböden, Pistazienkernen, Sardellen, Bries, Morcheln und Krebsnasen. Rezepte, die sich auch heute in der Nobelküche behaupten können.*

> 1 gekochtes Suppenhuhn (1,5 kg)
>
> 60 g Butter
>
> 30 g getrocknete Morcheln, in Wasser eingeweicht und gesäubert
>
> Salz, frisch gemahlener Pfeffer
>
> 200 g Spargel, geschält und in Stücke geschnitten
>
> 20 g Mehl
>
> ¼ l trockener Weißwein
>
> ¼ l kräftige Hühnerbrühe
>
> 4 eingelegte Artischockenböden, geviertelt
>
> 250 g Kalbsbries, blanchiert, gehäutet und in Stücke geteilt
>
> Saft und Schale von ½ unbehandelten Zitrone
>
> Frisch geriebene Muskatnuss
>
> 125 g Sahne
>
> 2 Eigelbe
>
> 2 EL Kerbel, gehackt

◆ Das Huhn häuten, entbeinen und das Fleisch in mundgerechte Stücke teilen. In einer kleinen Pfanne 20 g Butter erhitzen, und die abgetupften Morcheln darin wenige Minuten anbraten, mit Salz und Pfeffer würzen. In einem Topf die Spargelstücke in ⅛ l Salzwasser 10 Minuten garen.

◆ In einer großen Pfanne die restliche Butter aufschäumen lassen, das Mehl damit verrühren und unter Rühren mit Wein und Brühe aufgießen. Mit Salz und Pfeffer würzen und etwa 15 Minuten unter gelegentlichem Rühren sanft köcheln lassen.

◆ Die abgetropften Spargelstücke, die Morcheln, Artischocken, das Bries und Hühnerfleisch in die Sauce geben und mit Zitronensaft und -schale sowie mit Muskat abschmecken. Sahne und Eigelbe verquirlen und unter das Frikassee rühren. Erhitzen, aber nicht mehr kochen lassen. Mit frischem Kerbel bestreuen.

*Für 6 Personen*

*schleswig-Holstein*

# Ente mit Lübscher Füllung

*Die Vierlande sind bekannt für allerfeinste Mastenten, die nach norddeutscher Art fruchtig-süßlich gefüllt werden. Die Lübscher Füllung, bestehend aus Brot, Äpfeln und Rosinen, ist wohl die bekannteste und stammt aus Lübeck.*

*1 fleischige Mastente (etwa 2,5 kg), mit der Leber*

*Salz*

*Frisch gemahlener Pfeffer*

*50 g Rosinen*

*4 cl Rum*

*3 EL Entenschmalz*

*1 Zwiebel, in kleine Würfel geschnitten*

*2 große aromatische Äpfel, geschält, entkernt und in kleine Würfel geschnitten*

*200 g Toastbrot, in kleine Würfel geschnitten*

*¼ l Weißwein, am besten Gewürztraminer*

*Je 1 Messerspitze Zimt- und Nelkenpulver*

*Frisch geriebene Muskatnuss*

*Abgeriebene Schale von 1 unbehandelten Orange*

*20 g Butter*

*1 EL Öl*

*¼ l Hühnerbrühe*

◆ Die Ente waschen, trockentupfen und innen und außen mit Salz und Pfeffer einreiben. Den Backofen auf 160 °C vorheizen.

◆ Die Rosinen im Rum einweichen, quellen lassen. Das Entenschmalz erhitzen, die Zwiebelwürfel darin glasig dünsten. Apfel- und Brotwürfel hinzufügen, einige Minuten mitbraten. Vom Herd nehmen, die Rosinen samt Rum untermischen. 3 bis 5 EL Wein dazugießen, bis eine geschmeidige Masse entsteht. Mit den Gewürzen abschmecken und in die Ente füllen, dabei 2 EL zurückbehalten. Die Öffnung mit Küchengarn zunähen.

◆ Die Butter mit dem Öl in einem Bräter erhitzen und die Ente darin von allen Seiten anbraten. Zugedeckt in den Ofens stellen und 45 Minuten braten. Zwischendurch mit dem restlichen Wein begießen.

◆ Den Deckel abnehmen und die Ente in weiteren 50 Minuten goldbraun braten, dabei gelegentlich mit der Brühe und dem Bratensaft begießen.

◆ Die Ente aus dem Bräter nehmen und warm stellen. Den Bratensaft entfetten, die restliche Füllung darunterrühren und etwas einkochen lassen. Die rohe Entenleber pürieren und durch ein Sieb in die Sauce streichen. Kurz erhitzen, aber nicht mehr kochen lassen. Die Ente tranchieren, die Füllung mit einem Löffel herauslösen und um die Ente anordnen. Die Sauce getrennt dazu servieren.

*Für 4 Personen*

*Berlin und Mark Brandenburg*

# Gänsebraten mit verschiedenen Füllungen

*»Ne jut jebratene Jans is eene jute Jabe Jottes«, sagen die Berliner und sprechen ihren deutschen Landsleuten aus dem Herzen. Weshalb das aromatische Fleisch der Gänse so beliebt ist, mag vielleicht auch daran liegen, dass der Vogel immer nach einer größeren Gästeschar verlangt — und wie man weiß: In netter Gesellschaft schmeckt es noch mal so gut.*

*4 EL Gänseschmalz*

*200 g Toastbrot, in kleine Würfel geschnitten*

*300 g säuerliche Äpfel, geschält, entkernt und in kleine Würfel geschnitten*

*250 g gekochte Esskastanien, halbiert*

*1 küchenfertige Bauerngans (etwa 4 kg), mit Leber*

*Salz*

*Frisch gemahlener Pfeffer*

*1 EL Majoranblätter, fein gehackt*

*2 Salbeiblätter, fein geschnitten*

*2 EL Honig*

*4–6 EL heiße Milch*

*1 l Wasser*

*1 EL Beifuß, fein gehackt*

*2 cl Weinbrand*

◆ 2 EL Gänseschmalz in einer Pfanne erhitzen und die Brotwürfel darin goldgelb braten. In einer zweiten Pfanne das restliche Schmalz erhitzen und die Äpfel und Kastanien kurz anbraten. Die Gänseleber dazugeben, mit Salz, Pfeffer, Majoran, Salbei und Honig abschmecken und mit den Brotwürfeln vermischen. Soviel Milch dazugießen, bis die Masse geschmeidig ist.

◆ Die Gans waschen, trockentupfen und überschüssiges Fett herauslösen. (Das Fett klein schneiden und bei schwacher Hitze zu Gänseschmalz auslassen.) Die Gans innen und außen mit Salz und Pfeffer einreiben und die Haut rundherum, aber vor allem zwischen den Keulen, mit einem Schaschlikspieß einstechen, damit das Fett besser ablaufen kann.

◆ Die Apfel-Kastanien-Mischung in die Gans füllen und die Öffnung mit Küchengarn zunähen.

◆ In einem Gänsebräter das Wasser mit dem Beifuß zum Kochen bringen. Den dazugehörenden Rost hineingeben und die Gans mit der Bauchseite nach unten darauflegen. Zugedeckt 15 Minuten bei mittlerer Hitze dämpfen. Den Backofen auf 180 °C vorheizen.

◆ Die Gans mit dem Gitter aus dem Bräter nehmen, die Hälfte der Gänsebrühe abgießen und aufbewahren. Dann die Gans auf dem Rost zurück in den Bräter legen und auf der unteren Schiene des Backofens 2–2 ½ Stunden braten. Nach 30 Minuten die Gans wenden und während der gesamten Garzeit immer wieder mit der Gänsebrühe begießen.

◆ Sobald die Gans gar ist, mit dem Rost herausheben und in den Deckel des Bräter legen. Die Backofentemperatur auf 220 °C erhöhen. Die Haut der Gans mit Weinbrand bestreichen und auf der mittleren Schiene des Ofens knusprig und goldbraun braten.

◆ Den Bratenfond entfetten und etwas einkochen lassen. Die Gans tranchieren, die Füllung vorsichtig mit einem Löffel herausholen und separat auf einer Platte anrichten. Gans und Füllung mit der Sauce genießen.

*Für 8 Personen*

# Weitere Rezeptideen für Füllungen

◆ In **Pommern** füllt man die Gans häufig auch mit Backobst. Dafür 250 g Backobst in ¼ l halb trockenen Weißwein einige Stunden einweichen. 200 g Weißbrot in kleine Würfel schneiden und in 2 EL Gänseschmalz goldbraun rösten. Mit ⅛ l heißer Milch begießen. Das Backobst gut abtropfen lassen und in kleine Würfel schneiden. Mit dem Weißbrot und etwa 30 g gehackten Mandeln vermischen und mit Salz, Pfeffer, Ingwer und Cayennepfeffer würzen.

◆ Die **Berliner** schätzen eine Füllung, die sie – keiner weiß, warum – »Testament« nennen. So wird sie gemacht: 150 g geriebenes Schwarzbrot mit 300 g in Würfel geschnittenen säuerlichen Äpfeln und 100 g Rosinen gründlich vermischen. Mit etwas Zucker und Zimt abschmecken und in die Gans füllen.

◆ In **Süddeutschland** wird die Gans häufig nur mit Äpfeln gefüllt: 800 g kleine aromatische Äpfel schälen, vierteln und mit 6 cl Apfelbrand begießen und etwa 15 Minuten marinieren. 2 Salbeiblätter, 2 frische Majoranzweige und 2 Petersilienstängel fein hacken, die Kräuter mit den Äpfel vermischen und die Gans damit füllen.

◆ Köstlich schmeckt auch eine Füllung mit **Rosenkohl und Kastanien**. Dazu mischt man einfach 250 g geputzten und kurz blanchierten Rosenkohl mit 250 g gekochten Esskastanien und brät diese in 2 EL Gänseschmalz kurz an, würzt mit 1 EL Honig, 2 EL frisch gehacktem Majoran, Salz und Pfeffer und füllt das Ganze in die Gans.

## Festtagsbraten

**Über Ente, Gans & Co. und die Feste, an denen sie verzehrt werden …**

»Alles hat seine Zeit«, besagt ein altes Sprichwort und dieses, so scheint es zumindest, trifft heute nicht mehr zu. Können wir uns doch das ganze Jahr hindurch alles zubereiten, worauf wir gerade Lust verspüren: Gänse zu Ostern, Spargel und Erdbeeren zu Weihnachten, alles kein Problem.

Und dennoch werden einige kulinarische Bräuche zu bestimmten Festtagen, die meist kirchlichen Ursprung haben, bis heute gepflegt. Vielleicht, weil es in unserer hochtechnisierten Welt auch mal wohltuend ist, sich an alte Tradionen zu erinnern, die fast alle vom bäuerlichen Ablauf eines Jahres und von der Kirche geprägt waren.

Ein heute fast vergessener Brauch ist das »fliegende Fleisch« am Himmelfahrtstag. Da an diesem Tag Jesus die Welt verlassen hat, sollten ihm die Bewohner der Lüfte die Ehre erweisen und ihn begleiten. In erster Linie waren es Tauben, die aufgetischt wurden, weshalb sie »Auffahrts-« oder »Himmelfahrtsvögel« genannt wurden. Wo Tauben knapp waren, wich man auf vogelförmig gebackene Brote aus, und in Norddeutschland gab es »Falsche Tauben« – mit Fleischteig gefüllte Brötchen.

Die »Ente zu Kirchweih« hingegen ist in katholischen Gebieten auch heute noch weit verbreitet und überaus beliebt. Kirchweih, das Namensfest des Kirchenpatrons, wird seit dem 3. Jahrhundert gefeiert, immer schon mit Musik und Tanz und mit einem reich gedeckten Tisch. Weil aber jedes Dorf zu einem anderen Zeitpunkt Kirchweih feierte, arteten diese Festlichkeiten nach Ansicht der Kirche zu sehr aus und deshalb gibt es seit dem 19. Jahrhundert nur noch einmal im Jahr ein offizielles Kirchweihfest für alle, nämlich am 3. Sonntag im Oktober.

Ob Kirmes, Kerwa, Kirbes oder Kirta, wie das Fest in den verschiedenen Regionen heißt, es wird auch heute noch ausgiebig gefeiert und auf jeden Fall werden die ersten fleischigen Enten, goldbraun und knusprig gebraten, mit Kartoffelknödel und Rotkohl, Selleriesalat oder Weißkrautsalat genussvoll verspeist. Anschließend gibt es dann traditionsgemäß Fettgebackenes: »Auszogne« in Oberbayern, »Kerwa-Kissla« in

Im Schwarzwälder Münstertal lädt dieser Gashof zur behaglichen Einkehr.

Franken, »Hasenöhrl« in Hessen usw. Die Gans ist bei Festtagen der kulinarische Lieblingsvogel der Deutschen. Viele deutsche Dichter erwiesen der köstlichen Gans in zahlreichen Versen ihre Reverenz. Wilhelm Busch schrieb zum Beispiel: »Jeder, der Verstand hat, spricht: Einen schönren Vogel gibt es nicht!«

Die Gänsesaison beginnt im November und die Martinsgans, die traditionsgemäß am Namenstag des Heiligen Martin, am 11. November, auf den Tisch kommt, ist auch heute noch eine begehrte Abwechslung in diesen grauen Tagen. Die Legende erzählt, dass Martin von Tours, Sohn eines römischen Offiziers und ein Beschützer der Armen, zum Bischof gewählt werden sollte. Da er aber lieber bei seiner neu gegründeten Mönchsgemeinschaft geblieben wäre, versteckte er sich im Gänsestall. Es half ihm jedoch nichts, denn das Geschnatter der Gänse verriet seinen Aufenthaltsort, und er wurde zum Bischof geweiht.

So die schöne Geschichte. Wahrscheinlicher ist jedoch, dass an Martini die Ernte vollständig eingebracht war und die Fürsten ihren Zehent, eine Naturalsteuer, einkassierten. Das fette, schmackhafte Federvieh, frisch geschlachtet und sorgfältig gerupft, stand ganz oben auf den Zinslisten. Selbst die Ärmsten ihrer Untertanen, die keinen Stall für Kühe und Schweine hatten, konnten sich Enten und Gänse halten und waren somit »zahlungsfähig«. Da die hohen Herren alle keine Kostverächter waren und sehr wohl einen schmackhaften Gänsebraten zu schätzen wussten, waren sie mit dieser Zahlungsweise absolut einverstanden. Die ersten »Steuern« bzw. Gänse wanderten zu Martini in die Bratröhre, gerade richtig: schon fleischig genug, aber nicht zu fett.

Der erste Weihnachtsfeiertag ist in vielen Familien in ganz Deutschland *der* Tag, an dem eine goldbraun und knusprig gebratene Gans auf den Tisch kommt. Alle Ernährungsvorschriften vergessen und einfach genießen, Weihnachten ist schließlich nur einmal im Jahr. Ich erinnere mich gut, wie meine ernährungsbewusste Mutter immer wieder mal versuchte, den fetten Weihnachtsschmaus durch ein mageres Wildbret oder einen Puter zu ersetzen. Aber die Tradition hat glücklicherweise gesiegt.

Dieser heute so lieb gewonnene Brauch entstand durch die Notwendigkeit, dass spätestens zu Weihnachten alle Gänse geschlachtet werden mussten, weil sie kaum mehr Futter fanden und zudem fett genug waren. Da es zu dieser Zeit noch keine Tiefkühlgeräte gab, blieb nichts anderes übrig, als sie möglichst rasch zu verspeisen. Die Gänse wurden kulinarisch total ausgeschlachtet, alles wurde verwertet: das Fett ausgelassen, der Hals gefüllt, das Gänseklein sauer gekocht und die Gans selbst am Weihnachtstag gebraten und im Kreise der Familie verzehrt.

Die Begeisterung für den Festtagsbraten an Weihnachten ist bis heute in ganz Deutschland erhalten geblieben. Unterschiedlich sind lediglich die Füllungen. Bei der Beilage ist man sich da schon eher einig: ein wohlgeformter Kartoffelkloß oder -knödel und Rotkohl bzw. Blaukraut und mancherorts auch Selleriesalat.

## *Mecklenburg-Vorpommern*

# Gefüllter Gänsehals

*Diese kleine Delikatesse entstand, weil man früher wirklich alles von der wertvollen Gans verwertete. Irgendwer fand, dass es viel zu schade sei, den Gänsehals im Gänsejung mitzukochen. Eine großartige Idee, wer immer darauf kam. Bei uns gab es den gefüllten Gänsehals traditionell am zweiten Feiertag als Vorspeise und wir bedauerten sehr, dass die Gans nur einen Hals hat.*

> 1 roher Gänsehals
>
> 50 g Weißbrot, ohne Rinde in Würfel geschnitten
>
> 4 EL heiße Milch
>
> 1 Gänseleber, in kleine Würfel geschnitten
>
> 1 kleiner Apfel, geschält, entkernt und in kleine Würfel geschnitten
>
> 2 cl Weinbrand
>
> 200 g Hackfleisch vom Kalb
>
> 30 g gehackte Pistazienkerne
>
> 2 Eigelbe
>
> Etwas frisch geriebener Ingwer
>
> Abgeriebene Schale von ½ unbehandelten Orange
>
> ½ TL frische Thymianblätter, fein gehackt
>
> Salz, frisch gemahlener Pfeffer
>
> 2 EL Gänseschmalz

◆ Die Haut des Gänsehalses vom Knochen lösen und wie einen Handschuh umstülpen. Die innere Haut von Adern und Sehnen befreien und die obere wieder darüber ziehen. Das eine Ende sorgfältig mit Küchengarn zunähen.

◆ Das Weißbrot in der Milch einweichen. Gänseleber und Apfel mit Weinbrand begießen und 10 Minuten ziehen lassen. Den Backofen auf 160 °C vorheizen.

◆ Das eingeweichte Brot ausdrücken und mit dem Kalbshack vermischen. Leber, Apfel und Pistazien hinzufügen und die Eigelbe unterrühren. Würzen und zu einer glatten Masse verarbeiten und mit einem Teelöffel in den Gänsehals füllen, dabei ein wenig Platz lassen, damit sich die Füllung ausdehnen kann. Das Ende zunähen und den Hals im Gänseschmalz rundherum anbraten. Im vorgeheizten Backofen in etwa 45 Minuten unter gelegentlichem Wenden gar braten. Schmeckt warm mit Wirsinggemüse oder kalt, in Scheiben geschnitten, mit Salat.

*Hauptgericht für 2 Personen – Vorspeise für 4 Personen*

## Pfalz

# Fasane auf Traubensauce

*Fasane gibt es in allen Regionen, aber speziell in der Pfalz werden sie mit saftigen, geschmorten Weintrauben serviert. Manche Köche reichen im Herbst auch kurz geschmorte frische Feigen dazu, die in dem fast mediterranen Klima der Pfalz reifen.*

2 junge Fasane (ca. 800 g)

Salz

Frisch gemahlener Pfeffer

4 Wacholderbeeren, fein gehackt

4 große dünne Scheiben fetter Speck

80 g Butter

600 g weiße Trauben, am besten Muskateller

1 EL Puderzucker

4 cl Weinbrand

¼ l Hühnerbrühe

Frisch geriebene Muskatnuss

200 g Sahne

◆ Den Backofen auf 220 °C vorheizen. Die Fasane waschen und trockentupfen. Innen und außen mit Salz, Pfeffer und Wacholderbeeren einreiben. Je 2 dünne, mehrfach eingeschnittene Speckscheiben um die Fasane legen und mit Küchengarn festbinden.

◆ Den Boden eines Bräters mit 30 g Butter ausstreichen, die Fasane mit der Brust nach unten hineinlegen. Auf die untere Schiene des Ofens stellen und 15 Minuten braten.

◆ Die Weintrauben halbieren und 400 g davon in 30 g Butter andünsten, mit Puderzucker bestäuben und mit Weinbrand ablöschen Mit der Brühe aufgießen und mit Salz, Pfeffer und Muskat würzen. Die gedünsteten Trauben im Mixer pürieren und durch ein Haarsieb streichen.

◆ Die Fasane wenden, mit dem Traubenpüree umgießen und bei 180 °C in 20–25 Minuten fertig braten. Die übrigen Trauben in der restlichen Butter kurz schwenken und beiseite stellen.

◆ Die Fasane herausnehmen und den Speckmantel entfernen. Die Sahne unter die Sauce rühren und sämig einkochen lassen. Die Fasane tranchieren, mit der Sauce überziehen und mit den restlichen Trauben garnieren. Klassische Beilage ist Kartoffelpüree.

*Für 4 Personen*

## Ruhrgebiet

# Geschmorte Täubchen

*Nach ihrer schweren Arbeit unter Tage entspannten sich die Kumpels vom Ruhrpott gerne bei ihrem Hobby, dem Brieftaubenzüchten. Die ausgedienten, weit geflogenen Tauben wurden gekocht und meist war von ihnen nur die Brühe genießbar. Die jungen Täubchen, die nicht zum Fliegen abgerichtet wurden, wanderten in den Schmortopf (siehe Bild).*

4 küchenfertige Tauben (je 350 g), mit Innereien

Salz, frisch gemahlener Pfeffer

3 Brötchen vom Vortag, in Würfel geschnitten

200 ml heiße Milch

1 Zwiebel, in kleine Würfel geschnitten

50 g Räucherspeck, in kleine Würfel geschnitten

20 g Butter

2 EL Frühlingskräuter, gehackt

2 Eier

Frisch geriebene Muskatnuss

Abgeriebene Schale von ½ unbehandelten Zitrone

50 g Butterschmalz

1 Bund Petersilie, grob gehackt

2 cl Weinbrand

½ l Hühnerbrühe

2 EL saure Sahne

2 EL Crème fraîche

◆ Die Tauben waschen und trockentupfen. Innen und außen mit Salz und Pfeffer würzen. Brötchen in Milch einweichen. Zwiebel- und Speckwürfel in Butter glasig braten. Herzen und Lebern in kleine Würfel schneiden und mit der Zwiebel-Speck-Mischung und den ausgedrückten Brötchen vermischen. Kräuter und Eier dazugeben und zu einer glatten Farce verarbeiten. Mit Salz, Pfeffer, Muskat und Zitronenschale würzig abschmecken und in die Tauben füllen. Die Öffnung mit Küchengarn zunähen.

◆ Das Butterschmalz in einem Schmortopf erhitzen und die Tauben darin auf allen Seiten scharf anbraten. Die Petersilie dazugeben und kurz mit anschwitzen. Einen Teil des Bratfetts abschöpfen, mit Weinbrand ablöschen und mit Brühe aufgießen. Zugedeckt bei schwacher Hitze 30–40 Minuten schmoren lassen. Die Tauben herausnehmen und die saure Sahne und die Crème fraîche unter den Bratenfond rühren. Sämig einkochen lassen und entweder so oder durch ein Sieb passiert zu den Tauben reichen.

*Für 4 Personen*

*Rheinland*

## Geschmortes Kaninchen

*Viele Familien, nicht nur im Rheinland oder im Ruhrgebiet, hielten sich früher Stallhasen. Die netten Häschen waren Spielgefährten für die Kinder und natürlich auch eine preiswerte Fleischquelle. Wegen des Protests der Kinder wurden die Hasen häufig zu alt, um noch richtig lecker zu schmecken. Deshalb legte man sie, ähnlich wie einen Sauerbraten, ein. Heute nimmt man dafür Kaninchen, die man küchenfertig beim Metzger kauft, und Einlegen ist nicht mehr nötig. Klassisch für das Rheinland ist die Senfsauce.*

1 küchenfertiges Kaninchen (etwa 2 kg),
in Portionsstücke geteilt

Salz

Frisch gemahlener Pfeffer

2 EL Öl

30 g Butter

2 Zwiebeln, in kleine Würfel geschnitten

2 Möhren, in kleine Würfel geschnitten

2 Petersilienwurzeln, in kleine Würfel geschnitten

4 EL Petersilie, gehackt

2 Bohnenkrautzweige, fein gehackt

Abgeriebene Schale von ½ unbehandelten Zitrone

¼ l Weißwein

⅛ l Geflügelbrühe

200 g Sahne

1 EL scharfer Senf

◆ Die Kaninchenteile waschen, trockentupfen und mit Salz und Pfeffer einreiben. Den Backofen auf 160 °C vorheizen.

◆ Das Öl und die Butter in einem Bräter erhitzen und die Fleischstücke darin portionsweise anbraten. Die Gemüsewürfel hinzufügen und kurz mit anschwitzen. Die Hälfte der Petersilie, das Bohnenkraut sowie die Zitronenschale untermischen und mit Weißwein und Brühe aufgießen. Zugedeckt im vorgeheizten Backofen etwa 1 Stunde schmoren.

◆ Die Fleischteile herausnehmen und warm stellen. Den Bratenfond durch ein feines Sieb in eine Sauteuse passieren. Die Sahne mit dem Senf gründlich verquirlen und unter den Bratenfond rühren. Die Sauce sämig einkochen lassen und über das Fleisch gießen. Mit der übrigen Petersilie bestreuen. Dazu passen Salzkartoffeln.

*Für 4–6 Personen*

*Thüringen*

## Kaninchenfilets im Pilzmantel

*Dies ist kein traditionelles Rezept, sondern eine moderne Variante, wie man das zarte, magere Kaninchenfleisch schmackhaft und raffiniert zubereiten kann.*

2 Kaninchenrücken, ausgelöst

Salz

Frisch gemahlener Pfeffer

4 cl Birnengeist

100 g Räucherspeck, in kleine Würfel geschnitten

2 EL Öl

400 g Egerlinge, geputzt, in Scheiben geschnitten

½ TL Thymianblätter, fein gehackt

1 EL Petersilie, gehackt

200 g rohe Thüringer Bratwurst oder Bratwurstbrät

500 g tiefgekühlter Blätterteig, aufgetaut

1 Eigelb

◆ Die 4 ausgelösten Rückenstränge mit Salz und Pfeffer würzen und mit Birnengeist bestreichen. Mit Alufolie umhüllt etwa 30 Minuten marinieren.

◆ Inzwischen den Räucherspeck im Öl glasig braten. Die Egerlinge dazugeben und so lange unter Rühren anbraten, bis die sich gebildete Flüssigkeit völlig verdampft ist. Mit Salz und Pfeffer würzen, Thymian sowie Petersilie untermischen und abkühlen lassen. Die Wurst häuten und das Brät gleichmäßig untermischen. Den Backofen auf 220 °C vorheizen.

◆ Den Blätterteig zu zwei Rechtecken ausrollen, die so lang und breit sind, dass man jeweils 2 Kaninchenfilets damit umhüllen kann. Die Pilz-Wurst-Farce gleichmäßig darauf streichen und jeweils in die Mitte zwei Rückenfilets legen. Den Teig um das Fleisch schlagen, die Enden gut festdrücken und die Pakete auf ein Backblech legen. Die Teigoberfläche mit einigen Teigstreifen verzieren und mit Eigelb bestreichen.

◆ Die umhüllten Kaninchenfilets auf der mittleren Schiene des vorgeheizten Ofens in etwa 20 Minuten goldbraun backen. Anschließend im abgeschalteten Ofen bei geöffneter Tür noch kurz ruhen lassen.

*Für 4 Personen*

*Verwendet man anstelle der Egerlinge frische Steinpilze, schmeckt das Kaninchen noch aromatischer.*

## Hessen

# Hasenrücken mit marinierten Äpfeln

*Nicht alle Äpfel, die in Hessen reifen, werden zu »Äbbelwoi« gekeltert. Einige werden auch verkocht, beispielsweise als Beilage zum Hasenrücken.*

Salz, frisch gemahlener Pfeffer

4 Wacholderbeeren, fein gehackt

1 EL Pfeffer, grob geschrotet

Je 1 Messerspitze Nelken- und Zimtpulver

Abgeriebene Schale von ½ unbehandelten Orange

1 TL Thymianblätter

2 Hasenrücken mit Knochen (je 600 g)

4 EL Öl, 50 g Butter

1 Bund Suppengrün, in Stücke geschnitten

6 cl Apfelbrand

4 dünne Scheiben fetter Speck

1 EL Zucker

4 aromatische Äpfel, z. B. Cox Orange, geschält, entkernt und geachtelt

Abgeriebene Schale von ½ unbehandelten Zitrone

¼ l Wildfond

2 EL Preiselbeerkonfitüre

4 EL Crème fraîche

◆ Salz, Pfeffer und die übrigen Gewürzen, Kräuter und Orangenschale mit 2 EL Öl vermischen und die Hasenrücken damit bestreichen. Mit Alufolie umhüllt 1 Stunde marinieren. Den Ofen auf 160 °C vorheizen.

◆ Das restliche Öl und 20 g Butter in einem Bräter erhitzen und die Rücken darin anbraten. Das Suppengrün dazugeben, mit anschwitzen und mit 2 cl Apfelbrand ablöschen. Die Rücken mit den Speckscheiben belegen und im heißen Ofen 20–25 Minuten braten.

◆ Die übrige Butter mit dem Zucker karamellisieren und die Äpfel darin schwenken. Mit dem restlichen Apfelbrand ablöschen und 2–3 Minuten schmoren.

◆ Die Rücken herausnehmen, den Speck entfernen und das Fleisch mit Alufolie umhüllen. Wildfond und Konfitüre unter den Bratenfond rühren und aufkochen lassen. Durch ein Sieb in eine Sauteuse passieren und mit der Crème fraîche sämig einkochen lassen. Die Rückenfilets auslösen, in Scheiben schneiden und mit den Äpfeln umkränzen. Die Sauce getrennt dazu reichen.

*Für 4 Personen*

## Westfalen

# Hasenpfeffer mit Backpflaumen

*Dies ist die Nobel-Version des Hasenpfeffers. Früher wanderten Kopf, Hals, Bauchlappen und die Vorderläufe in den Kochtopf. Rücken und Keulen wurden separat verarbeitet.*

1 Wildhase (etwa 2 kg), pariert und in Portionsstücke zerteilt

Salz, frisch gemahlener Pfeffer

4 Wacholderbeeren, zerdrückt

Je 1 Messerspitze Piment-, Koriander- und Zimtpulver

1 TL Thymianblätter

8 entsteinte Backpflaumen

3 EL Portwein

2 EL Öl

100 g durchwachsener Räucherspeck, in kleine Würfel geschnitten

1 frisches Lorbeerblatt

2 Möhren, in kleine Würfel geschnitten

1 Petersilienwurzel, in kleine Würfel geschnitten

150 g Knollensellerie, in kleine Würfel geschnitten

3 EL Balsamico-Essig

2 EL Preiselbeerkonfitüre

½ l kräftiger Rotwein, z. B. Blauburgunder

2 EL Crème fraîche

◆ Das Hasenfleisch mit einer Mischung aus den angegebenen Aromaten einreiben. Die Backpflaumen in Portwein einweichen.

◆ Das Öl in einem Schmortopf erhitzen und die Speckwürfel darin glasig braten. Die Fleischstücke dazugeben und rundherum scharf anbraten. Das Lorbeerblatt und die Gemüsewürfel dazugeben und mit anbraten. Mit Essig ablöschen, die Preiselbeerkonfitüre unterrühren und mit Rotwein aufgießen. Aufkochen und zugedeckt bei schwacher Hitze etwa 2 Stunden schmoren lassen.

◆ Sobald sich das Fleisch leicht von den Knochen lösen lässt, die eingeweichen Backpflaumen samt Einweichflüssigkeit sowie die Crème fraîche dazugeben und ohne Deckel noch weitere 15 Minuten sämig einkochen lassen. Mit Kartoffelknödel, Salzkartoffeln oder mit Nudeln servieren.

*Für 4 Personen*

## Feinste badische Küche mit Elsässer Touch

Wildliebhaber sollten sich hier im Herbst ein Wochenende gönnen, denn das, was Otto Fehrenbacher aus Reh, Hase, Fasan, Wildente oder Rebhuhn zaubert, ist die Reise unbedingt wert. Auf seine Jäger kann sich der Sternekoch verlassen, er bekommt nur das Feinste, und das bereitet er dann mit Perfektion und unglaublichem Feeling zu. Herr Fehrenbacher besorgt sich aber nicht nur das Wild aus seiner näheren Umgebung, er schätzt auch die frisch geangelten Fische aus den zahlreichen Flüssen und, wenn irgend möglich, auch Gemüse und Früchte der Region, sozusagen aus Nachbars Garten. Um möglichst viele frisch geerntete Produkte aus dem Umland verarbeiten zu können, ist seine Speisekarte stark saisonal geprägt.

Seine kulinarische Handschrift ist unverkennbar badisch, mit elsässischen Einflüssen und mit dem Können eines Mannes, der seine Lehrjahre bei Haeberlin im Elsass, bei Witzigmann im Münchner »Tantris« und bei Alain Chapel in Lyon verbrachte. Die Grande Cuisine spiegelt sich in vielen seiner Gerichte wider, etwa im Carpaccio von Jakobsmuscheln auf Kartoffelbrei oder in den Lotte-Gamba-Spießen auf Fenchel-Tomaten-Bett, einem raffinierten Aromenspiel, das lange auf der Zunge bleibt.

So heimelig es auch im Winter nahe dem Kachelofen im Restaurant ist, es lohnt sich auch im Sommer hier Halt zu machen, denn ein traumhaft schöner Garten lädt zum längeren Verweilen ein. Pia Fehrenbacher hat diesen Garten mit viel Liebe in ein kleines Paradies mit französischem Flair verwandelt. Aber nicht nur das, sie führt das Restaurant sowie das dazugehörige Hotel (22 Zimmer) mit wohltuendem Charme.

Die beiden haben sich der Auberge de l'Ill in Illhäuser kennen und lieben gelernt und Anfang der 1980er-Jahre die elterliche Dorfwirtschaft in ein Feinschmecker-Restaurant umgestaltet. Das gelang ihnen dank ihrer freundlichen und bescheidenen Art perfekt. Nicht zuletzt deshalb, weil die Gäste im »Adler« nicht in zwei Kategorien eingeteilt werden. Gourmetküche und badische Hausmannsküche genießt man Tisch an Tisch. Dadurch fühlten sich die seit Jahrzehnten treuen Stammgäste nicht ausgegrenzt. Viele von ihnen sind im Laufe der Zeit neugierig geworden und lassen sich ab und zu auch sternemäßig verwöhnen. Und, nebenbei bemerkt, sehnt sich so mancher Genießer auch mal nach einer kräftigen Fleischbrühe mit Flädle oder Kalbszunge im Reisrand – ohne großen Schnickschnack, einfach und gut.

Die Ortenau ist eine Reise wert, darüber hinaus sorgt der nahe Golfplatz dafür, sich den nötigen Hunger zu holen, den man dann im heimeligen Garten mit Otto Fehrenbachers Köstlichkeiten stillen kann.

Hotel-Restaurant Adler
Reichenbacher Hauptstraße 18
77933 Lahr, Ortsteil Reichenbach
Tel.: 07821 / 906390
Fax: 07821 / 9063933
www.adler-lahr.de

*Baden*

# Rosa gebratenes Rehfilet und geschmortes Rehhäxle mit Rhabarber-Confit

*Rehrücken Baden-Baden war nie ein traditionelles Familiengericht. Dennoch führte der mit glasierten Birnen umkränzte Rehrücken lange Zeit die Hitliste deutscher Speisekarten an. Heute findet man ihn eher selten, viel lieber kreieren moderne Spitzenköche andere köstliche Gerichte rund ums Reh. Hier die Version von Otto Fehrenbacher.*

*2 Rehhäxle (Vorderläufe)*

*Salz, frisch gemahlener Pfeffer*

*4 EL Öl*

*1 Bund Suppengrün, in Stücke geschnitten*

*1 TL Tomatenmark*

*½ l Rotwein, z. B. badischer Spätburgunder*

*Etwa ½ l Wildfond*

*1 gleichmäßig runder Knollensellerie, geschält und in ½ cm dicke Scheiben geschnitten*

*80 g Butter*

*3 Stangen Rhabarber, geschält und in 2 cm lange Stücke geschnitten*

*1 EL Zucker*

*100 g Zwiebelwürfel*

*⅛ l Rotweinessig*

*⅛ l Grenadinesaft*

*320 g Rehfilets*

*4 Scheiben Räucherspeck*

*1 EL Weinbrand*

◆ Die Rehhäxle mit Salz und Pfeffer würzen und in 2 EL heißem Öl anbraten. Das Suppengrün dazugeben, kurz mit anschwitzen und das Tomatenmark unterrühren. Mit der Hälfte des Rotweins ablöschen und mit so viel Wildfond aufgießen, bis das Fleisch völlig bedeckt ist. Bei schwacher Hitze in etwa 2 Stunden weich schmoren. Anschließend das Fleisch von den Knochen lösen, in eine Schüssel pressen und im erkalteten Zustand in Würfel schneiden. Den Bratenfond zur Sauce einkochen lassen.

◆ Die Selleriescheiben nach und nach in 40 g Butter anbraten und auf einem Teller beiseite stellen.

◆ Die Rhabarberstücke zuckern, kurz ziehen lassen. Die Zwiebeln in 20 g Butter glasig dünsten und mit dem übrigen Wein ablöschen. Den Essig und Grenadinesaft dazugießen und auf die Hälfte einkochen lassen.

◆ Die Rhabarberstücke mit dem Zucker in der restlichen Butter anschwitzen und mit der Zwiebelreduktion aufgießen. Den Rhabarber weich kochen.

◆ Die Rehfilets mit Salz und Pfeffer würzen und im restlichen erhitzten Öl rosa braten. Die Speckscheiben in einer Pfanne ohne Fett knusprig braten.

◆ Die Rehhäxlewürfel mit etwas Sauce und dem Weinbrand erhitzen und mithilfe eines Metallrings auf den Tellern in Form bringen. Die Rehfilets schräg durchschneiden und aufgestellt auf dem vorgewärmten Teller neben den Häxle anrichten. Jeweils eine Selleriescheibe mit etwas Rhabarber-Confit bestreichen, erneut mit einer Selleriescheibe bedecken und diesen Vorgang noch einmal wiederholen. Auf jedes Türmchen eine Speckscheibe in die oberste Selleriescheibe stecken. Die Sauce mit der übrigen Butter in kleinen Stücken binden und das Fleisch leicht mit der Sauce überziehen.

*Für 4 Personen*

*Bei Otto Fehrenbacher gibt es dazu, wie es sich in Baden gehört, Bubespitzle.*

## Thüringen

# Frischlingsrücken mit Ziegen-käsekruste und Sauerkirschen

*In den ausgedehnten hügeligen Wäldern Thüringens wachsen nicht nur die unterschiedlichsten Pilze, dort tummeln sich auch reichlich Hirsche, Rehe und Wild-schweine. Zur Jagdzeit kommen deshalb oft schmackhafte Wildgerichte auf den Tisch. Hier eine moderne Version des klassischen Wildschweinbratens.*

200 g Süßkirschen, entsteint

100 g Sauerkirschen, entsteint

1 TL grüne Pfefferkörner, eingelegt

2 cl Sauerkirsch- oder Rotweinessig

30 ml Portwein

1 Messerspitze Zimtpulver

100 g Zucker

800 g ausgelöster junger Wildschweinrücken, pariert

Salz und frisch gemahlener Pfeffer

4 EL Öl

Je 1 Rosmarin- und Thymianzweig

¼ l kräftiger Rotwein, z. B. Blauburgunder

250 g Ziegenfrischkäse

1 EL dünnflüssiger Waldhonig

½ TL Rosmarinnadeln, fein gehackt

2–3 EL Weißbrotbrösel, frisch gerieben

⅛ l Wildfond

30 g eiskalte Butter

◆ Kirschen mit Pfeffer, Essig, Portwein, Zimt und Zucker mischen und 2 Stunden ziehen lassen. Die abgeseihte Flüssigkeit erhitzen und auf die Hälfte einkochen lassen. Die Kirschen dazugeben, wenige Minuten sprudelnd kochen lassen und kalt stellen.

◆ Den Wildschweinrücken mit Salz und Pfeffer ein-reiben. Den Backofen auf 160 °C vorheizen.

◆ 2 EL Öl in einem Bräter erhitzen und das Fleisch darin rundherum scharf anbraten. Die Kräuterzweige dazugeben und mit Rotwein ablöschen. Zugedeckt im vorgeheizten Ofen etwa 50 Minuten garen, dabei gelegentlich mit Bratenfond begießen.

◆ Das Fleisch herausnehmen und auf einen Bratrost setzen. Die Backofentemperatur auf 220 °C erhöhen. Den Ziegenkäse mit Honig und Rosmarin verrühren, salzen und die Creme auf den Rücken streichen. Mit Weißbrotbröseln bestreuen und mit dem restlichen Öl beträufeln. Den Frischlingsrücken etwa 10 Minuten goldbraun überbacken.

◆ Den Bratenfond mit dem Wildfond aufgießen und etwas einkochen lassen. Die Butter in kleinen Flöck-chen mit einem Schneebesen unterschlagen und den Fond nicht mehr kochen lassen. Das Fleisch in Schei-ben schneiden und mit den kalten Kirschen und der heißen Sauce servieren.

*Für 4 Personen*

*Franken*

# Rehmedaillons mit Zwiebelcreme und Birnen-Kartoffelpüree

*Der Frankenwald ist ein wahres Paradies für Wild und Wildgeflügel. Und da in dieser Region auch Zwiebeln beste Anbaubedingungen finden, werden sie eifrig in der Küche eingesetzt, ebenso wie Kartoffeln und Birnen.*

*8 Rehmedaillons (je 80 g)*

*Salz*

*4 Wacholderbeeren*

*8 Pfefferkörner*

*Je 2 Gewürznelken und Pimentkörner*

*Abgeriebene Schale von ½ unbehandelten Orange*

*4 EL Öl*

*4 weiße milde Zwiebeln, in Würfel geschnitten*

*50 g Butter*

*Etwas Koriander, frisch gerieben*

*100 ml trockener Weißwein*

*Grundrezept für Kartoffelpüree (siehe Glossar)*

*½ TL Zucker*

*2 Birnen, geschält, entkernt, in Würfel geschnitten*

*1 TL Thymianblätter, fein gehackt*

*4 cl Portwein*

*4 EL Wildfond*

◆ Die Rehmedaillons waschen und trockentupfen. Salz, Gewürze und Aromen im Mörser fein zerstoßen. Die Mischung kurz trocken anrösten, dann 3 EL Öl unterrühren. Die Medaillons damit einreiben und mindestens 30 Minuten marinieren.

◆ Die Zwiebelwürfel im restlichen Öl und 20 g Butter glasig braten. Mit Koriander würzen, mit Wein aufgießen und bei schwacher Hitze köcheln lassen, bis die Zwiebeln weich und cremig sind.

◆ Aus den Kartoffeln nach dem Grundrezept ein Püree zubereiten.

◆ 20 g Butter in einer Pfanne aufschäumen und den Zucker darin karamellisieren lassen. Die Birnenwürfel mit dem Thymian darin goldgelb braten.

◆ Das Marinieröl und die restliche Butter erhitzen, und die Rehmedaillons darin auf jeder Seite 3–4 Minuten anbraten.

◆ Das Fleisch aus der Pfanne nehmen und kurz ruhen lassen. Den Bratenfond mit Portwein und Wildfond ablöschen und sämig einkochen lassen.

◆ Die Rehmedaillons mit der Bratensauce überziehen und mit der Zwiebelcreme auf Tellern anrichten.

◆ Das Kartoffelpüree mit den Birnenwürfeln locker vermischen und dazu servieren.

*Für 4 Personen*

Köstlich schmeckt das Kartoffelpüree auch mit karamellisierten Apfelstückchen. Aber egal, ob mit Birne oder Apfel – wichtig sind mehlig kochende Kartoffeln, sonst ist alle Mühe umsonst.

# GEMÜSE UND KRÄUTER

Mehr als nur eine Beilage

Knallrote Tomaten, orange leuchtende Möhren, grasgrüne Bohnen und Zucchini, gelbbraun schimmernde Zwiebelzöpfe, pralle Salatköpfe und büschelweise duftende Kräuter – dem Zauber eines Gemüsestands auf den Wochenmärkten kann kein Genießer widerstehen. Unsere Märkte quellen fast über von bunten Verlockungen, und nie war die Auswahl größer als heute. Vorbei die Zeit, als Gemüse ein Schattendasein als Beilage fristete oder sich eher verschämt als Farbklecks auf den Tellern der Sterneköche präsentierte. Gemüse steht heute im Rampenlicht, und das nicht nur, weil es gesund ist, sondern auch, weil man daraus herrliche Gerichte zaubern kann, die den Körper nicht belasten und dennoch köstlich schmecken.

Dieser positive Aufwärtstrend für Gemüse kommt auch vielen, fast schon in Vergessenheit geratenen Sorten zugute: Rote Bete, Topinambur, Kürbis, Stielmus, Steckrüben und Teltower Rübchen werden wieder salonfähig und kreative junge Köche entwickeln daraus Rezepte, die unserem Zeitgeist entsprechen. Oftmals etwas schlanker und gerne mit einem mediterranen oder asiatischen Touch, der Gemüsegerichten so unvergleichlich gut steht. Außerdem hat die Reiselust der Deutschen bewirkt, dass wir die Nase in andere Kochtöpfe stecken konnten. Und dies hat der traditionellen deutschen Küche sehr gut getan. Wir haben plötzlich entdeckt,

dass Gemüse, wenn es nicht zu weich gekocht ist, viel mehr Aroma hat.

Wir brutzeln heute raffinierte Gemüse-Potpourris im Wok, füllen Gemüse mit leckeren Farcen, gratinieren es mit locker aufgeschlagenen Saucen, grillen es knackig oder lassen das feine Gemüsearoma als Flan oder Soufflé auf der Zunge schmelzen. Die Vielzahl der Sorten und die unzähligen Möglichkeiten der Kombination und der Zubereitung bieten eine unendliche Bandbreite und machen den Gemüsegenuss niemals eintönig.

Aber, Gemüse ist nicht gleich Gemüse und ein bunt gemischter Einkaufskorb ist nur die halbe Kunst. Ein wenig Wissen ist vonnöten: Wie erkennt man gute Qualität und Frische? Wie behandelt man Gemüse, damit die wertvollen Inhaltsstoffe möglichst vollständig erhalten bleiben? Und welche Garmethoden und Zubereitungsarten garantieren den besten Erhalt des Aromas?

Um das Gemüseallerlei ein wenig überschaubarer zu machen, teilt man es in verschiedene Gruppen ein: Da sind zum einen die Knollen- und Wurzelgemüse, zu denen neben den Kartoffeln, Topinambur, Möhren, Petersilienwurzeln, Schwarzwurzeln, Rote Bete, Knollensellerie, Teltower Rübchen, Steckrüben sowie Rettich und Radieschen zählen.

Eine weitere große Gemüsefamilie sind die Fruchtgemüse. Mitglieder sind Auberginen,

Zucchini, Gurken, Kürbis, Tomaten und Paprika, alles Gemüsesorten, die wieder verstärkt in deutschen Gerichten Verwendung finden.

Der König des Gemüses, der Spargel, ist ein Stängel- und Sprossengemüse, wie auch Fenchel, Staudensellerie, Rübstiel, Mangold und Hopfensprossen.

Eine große Rolle in Deutschland spielen die Zwiebelgemüse, zu denen neben der üblichen Haushaltszwiebel auch weiße und rote Zwiebeln zählen, ebenso wie Schalotten, Frühlingszwiebeln, Gemüsezwiebeln, Lauch und Knoblauch.

Und dann natürlich Kohl, die Familie mit der größten Vielfalt an Formen und Aromen. Weiß- und Rotkohl, Wirsing und Chinakohl sind der eine Part, dann die hübschen Blüten von Blumenkohl, Romanesco und Brokkoli, gefolgt von Rosenkohl,

Kohlrabi und nicht zuletzt dem nordischen Winterhit, dem aromatischen Grünkohl.

Sporengewächse, besser bekannt als Pilze, gibt es in wilder Form (Steinpilze, Pfifferlinge, Maronen usw.), aber immer mehr Bedeutung gewinnen Zuchtpilze (Austernpilze, Champignons, Egerlinge oder Steinchampignons). Eine besondere Delikatesse, die im Frühjahr aus den Böden lockerer Mischwälder sprießt, aber auch das ganze Jahr über getrocknet oder eingelegt erhältlich ist, sind die Morcheln.

Den Abschluss des Gemüsereigens bilden die Hülsenfrüchte, von denen auf heimischem Boden Busch- und Stangenbohnen, Dicke Bohnen, Zuckerschoten und Erbsen bestens gedeihen.

Aber was wären alle Gerichte – ob mit Fleisch, Fisch oder Gemüse – wenn es keine Kräuter gäbe. Erst das passende Kräutlein gibt den Speisen den richtigen Pfiff. Was wären Tomaten ohne Basilikum, Bohnen ohne Bohnenkraut, Gurken ohne Dill, eine Ente ohne Beifuss, ein Lammbraten ohne Rosmarin und Thymian, Bratkartoffeln ohne frischen Majoran und ein Butterbrot ohne Schnittlauch?

**Links unten:** Das herbstliche Gemüse-Angebot ist verlockend.
**Mitte:** Gesunde und schmackhafte Frühlingsgemüsevielfalt.
**Rechts oben:** Der heimische Wald hat einige Pilzarten zu bieten.
**Rechts unten:** Im Juli und August – sonnengereift – schmecken die Tomaten am besten!

Ganz zu schweigen von unserem Allrounder, der Petersilie – ob glatt oder kraus – sie darf niemals fehlen. Damit ihr Aroma auch voll zum Tragen kommt, erst kurz vor dem Verwenden zerkleinern.

Viele der heimischen Gemüsesorten sind quer durchs Land gleichermaßen beliebt, ohne regionale Schwerpunkte, wie etwa die heiß geliebte Möhre – auch wenn sie im Süden Gelbe Rübe genannt wird. Ähnlich steht es mit Blumenkohl und seinen hübschen grünen Verwandten. Sellerie, Petersilienwurzeln und Lauch werden ebenfalls landauf landab vorwiegend als Suppengemüse und neuerdings auch immer häufiger solo verarbeitet. Und Zwiebeln und Co. dürfen in keiner Region fehlen, selbst wenn sie nur in den Weinbaugebieten im Herbst als herzhafte Zwiebelkuchen eine Hauptrolle spielen. Einige Gemüse verbindet man jedoch immer sofort mit einem bestimmten Landstrich und natürlich mit dem dazu passenden Rezeptklassiker.

Wenn man von Grünkohl spricht, denkt jeder sofort an Bremen, Niedersachsen und vielleicht gerade noch an Westfalen. Nach dem ersten Frost schmeckt das Kohlgemüse am feinsten und viele Dorfgasthäuser in den genannten Gegenden bieten von November bis Februar Grünkohl mit Pinkel (Bremen) oder Brägenwurst (Hannover) an. Meist verbinden das die Städter mit einer feuchtfröhlichen Landpartie, die ausgiebig mit Pils und Korn begossen wird. Dazu gibt es traditionell die kleinen Kartoffeln, die zum Erstaunen Nichteinheimischer mit Zucker karamellisiert werden.

In Niedersachsen hat man die schon fast ein wenig in Vergessenheit geratenen Steckrüben wieder entdeckt. Diesen größten und dicksten Speiserüben haben die Köche der Region ein neues Gesicht verliehen, alte Rezepte etwas entschlackt und raffiniert verfeinert. Geerntet werden die gelbfleischigen Rüben, die auch Wruken, Kohl- oder Erdrüben genannt werden, von Oktober bis März. Sie sind ausgesprochen kalorienarm, weshalb sie früher üppig mit fetten Zugaben aufgemöbelt wurden.

Wer im Rheinland oder am Niederrhein wohnt, kennt Stielmus, ein Gemüse mit einem kräftigen, leicht säuerlichen Geschmack. Verarbeitet werden die jungen Blätter einer Rübenart, die dort früher in jedem Hausgarten wuchs. Heute kann man sie beim Gemüsehändler kaufen. Etwa 800 g benötigt man für vier Personen und zubereitet werden die Stängel ähnlich wie Mangold oder Wirsing. Am besten die dicken Blattrispen etwas länger garen, dann erst die fein geschnittenen Blätter hinzufügen, vor allem bei nicht mehr ganz jungen Pflanzen. Rübstiel hat im Sommer Saison und dann kann man die jungen zarten Blätter auch fein geschnitten unter Sommersalate mischen.

In Westfalen und auch in Schleswig-Holstein liegen die Hauptanbaugebiete für Dicke Bohnen, die zwar so heißen, aber botanisch nicht zur Familie der Bohnen zählen, weil sie eine Wickenart sind. Junge, frisch geerntete Bohnen schmecken geschmort mit frischem Bohnenkraut, Speck und Frühlingszwiebeln unglaublich gut. Zwei Kilo Schoten sind notwendig, um 500 g Kerne zu erhalten, die dann für vier Personen reichen. Von Juni bis September findet man die zarten Kerne auf dem Markt, eher regional, aber seit einiger Zeit auch bundesweit in den Tiefkühltruhen der Supermärkte. Übrigens: Dicke Bohnen sollte man niemals roh essen, sie können bei empfindlichen Menschen zu gesundheitlichen Problemen führen.

Teltower Rübchen wurden von Goethe so sehr geliebt, dass er sie sich nach Weimar schicken ließ. Ihren Namen haben die feinen, zarten Rübchen von der Stadt Teltow am Stadtrand von Berlin. Die würzigen Rübchen aus der Mark Brandenburg sind eine begehrte Beilage zu Ente und Gans. Derzeit erlebt Goethes Lieblingsgemüse eine Renaissance, ihr feinwürziger Geschmack setzt sich allmählich durch.

Die zweifellos beste deutsche Mischgemüse-Kreation ist das Leipziger Allerlei. Nur schade, dass es durch die Behandlung von Konservenfabriken zu einem belanglosen Gemüseallerei verfiel. Im Original ist das Gericht nach wie vor eine kleine Sensation. Viele schöne Geschichten ranken sich um die Entstehung dieses deutschen Rezeptklassikers. Welche auch immer stimmt – die Mischung aus zarten Gemüsen, verfeinert mit Krebsbutter und Krebsschwänzen, ist einfach delikat.

Bei Topinambur, einer unansehnlichen Knolle, werde ich immer an meine Zeit als Diätassistentin erinnert, weil diese Knolle mit ihrem hohen Anteil an Inulin, einem stärkeähnlichen Kohlenhydrat, das im Körper zu Fruchtzucker abgebaut wird, bestens für die Diabetesdiät geeignet ist. Diese Pflanze wird heute wieder öfter in Hausgärten angebaut, und sie gehört, ebenso wie die Sonnenblume, zur Gattung Helianthus und trägt dekorative, dottergelbe Blüten. Die essbare Wurzelknolle kann ähnlich wie Kartoffeln verarbeitet werden.

Kürbis verbinde ich immer mit der Mark Brandenburg und den östlichen Regionen. Dort wurde das orangerote Fleisch süßsauer eingelegt und dann zu Fleischgerichten serviert. Dank der Einflüsse aus anderen Ländern hat sich die Bandbreite der Rezepte erheblich erweitert, und heute sieht man die leuchtenden Kugeln nicht mehr nur in der Mark Brandenburg, sondern im ganzen Land, und man kann den Kürbis direkt an den Feldern kaufen.

Spargel, das königliche Gemüse, wird zwar überall mit großer Begeisterung verzehrt, seine Anbaugebiete liegen jedoch in Süddeutschland. Eines liegt nördlich von München, rund um Schrobenhausen, weitere Spargelgebiete gibt es im Badischen und im Rheintal. Vorraussetzung für hochwertige Qualität sind ein sandiger Boden und ein nicht zu frostiges Klima. Weißer Spargel ist ein echtes Kultgemüse. Und obwohl es mittlerweile fast das ganze Jahr hindurch Spargel aus allen Teilen der Welt gibt – ein echter Spargelenthusiast wartet auf die einheimische Ernte. Von April bis zum 24. Juni gibt es die schneeweißen, dicken Stangen frisch gestochen. Das Warten lohnt sich, denn die Qualität und natürlich die Frische sind unschlagbar.

Im Ausland verbindet man mit deutscher Küche natürlich Sauerkraut, aber auch Weißkohl in seiner Urform ist hierzulande ein bedeutendes Gemüse. Insbesondere in Bayern hat »Kraut«, wie man es hier nennt, einen hohen Stellenwert. Krautsalat darf auf keiner Speisekarte eines bayerischen Wirtshauses fehlen, Rotkraut gibt es zur Ente und Sauerkraut zu den fränkischen Bratwürstchen. In der Pfalz ist Sauerkraut die Beilage zum Pfälzer Saumagen, natürlich mit Pfälzer Wein verfeinert.

**Links oben:** Knollensellerie – wurde lange nur noch in der Suppe verwendet – ein zu Unrecht fast vergessenes Gemüse. **Rechts oben:** Schwarzwurzeln – der Winterspargel – erobert klammheimlich die Genießergaumen. **Rechts unten:** Steckrüben erleben derzeit eine erfolgreiche Renaissance.

## Spargel

Schon bei den Ägyptern waren die weißen Stangen eine geschätzte Delikatesse, wie Wandmalerien in ägyptischen Königsgräbern zeigen. Auch der Feldherr und Gourmet Lukullus war begeistert, ebenso wie König Ludwig XIV. Das feudale Gemüse »Asparagus officinalis L.« gab es allerdings einst nur bei Hofe, nachdem es auf Umwegen und zunächst als Medizin in unseren Breiten aufgetaucht war. Heute ist Spargel für jeden Genießer zu haben, wenn auch immer noch zu einem stolzen Preis. Dieser erklärt sich aus der arbeits- und kostenintensiven Anbaumethode:

Die ersten zwei Jahre benötigt die Pflanze, die zur Familie der Liliengewächse gehört, viel Pflege, ohne Ertrag zu liefern. Erst im dritten Jahr kann erstmalig gestochen werden. Spargel wächst in einzelnen Stangen unterirdisch und wird von Hand geerntet. Nur ein erfahrener Stecher erkennt an den feinen Rissen der sandigen Erde, ob eine Stange kurz vor dem Durchbruch und somit erntereif ist. Zweimal täglich, morgens und abends, wird in gebückter Haltung die kostbare Stange vorsichtig frei gelegt und etwa 3 cm über dem Wurzelstock abgestochen. Das entstandene Loch muss gleich wieder zugeschaufelt werden. Die frisch gestochenen Stangen werden kurz gewaschen, gebündelt und auf Spargelversteigerungen vermarktet oder, in den großen Anbaugebieten wie etwa dem badischen Schwetzingen oder dem bayerischen Schrobenhausen, direkt ab Hof verkauft. Erst vom vierten Jahr an und bis zum zehnten, kann die ganze Saison über geerntet werden. Feinschmecker freuen sich alljährlich darauf, wenn ungefähr Ende April (in Süddeutschland witterungsbedingt etwas eher als in Norddeutschland) die ersten einheimischen Stangen auf den Markt kommen, und genießen weißen Spargel besonders gerne mit den kleinen, neuen Kartoffeln. Die Spargelsaison ist kurz, spätestens am Johannitag, dem 24. Juni, ist die Wonnezeit vorbei. Frischen Spargel erkennt man übrigens an hellen, saftigen Schnittstellen.

*Baden, Bayern und Rheinland*

# Spargel mit Sauce hollandaise

*Spargelenthusiasten schwören auf die klassische Zubereitung: erntefrisch, bissfest gekocht und dazu flüssige Butter und neue Kartoffeln.*

*2 kg weißer Spargel*
*Grobes Meersalz*
*1 TL Zucker*

*FÜR DIE SAUCE HOLLANDAISE:*
*200 g Butter*
*⅛ l Weißwein, z. B. Gutedel oder Silvaner*
*3–4 Estragonblätter*
*½ Schalotte, geschält und in Stücke geschnitten*
*4 Pfefferkörner*
*3 Eigelbe*
*Salz*
*Frisch gemahlener weißer Pfeffer*
*1 TL Zitronensaft*

◆ Die Spargelstangen mithilfe eines Spargelschälers sachte von der Spitze und zum Ende hin immer üppiger schälen. Falls die Stangen nicht sofort gekocht werden, in ein feuchtes Tuch einschlagen. Bis zur Weiterverarbeitung im Kühlschrank aufbewahren.

◆ In einem hohen Spargeltopf oder in einer länglichen Kasserolle reichlich Wasser mit Salz und Zucker zum Kochen bringen und die Stangen darin je nach Dicke 15–18 Minuten kochen – sie sollten gar, aber keinesfalls weich sein.

◆ Für die Sauce die Butter bei kleiner Hitze schmelzen lassen, vom Herd nehmen.

◆ Den Wein mit den Estragonblättern, der Schalotte und den Pfefferkörnern so lange kochen lassen, bis nur noch 4 EL Flüssigkeit übrig bleiben. Durch ein Sieb in eine Metallschüssel mit rundem Boden abgießen. Die Eigelbe unterschlagen, die Mischung salzen und die Schüssel in ein Wasserbad setzen. Mit einem Schneebesen schlagen, bis eine cremig-schaumige Masse entsteht. Löffelweise die flüssige Butter unterschlagen. Es muss eine kompakte, cremige Sauce entstehen. Mit Salz, Pfeffer und Zitronensaft abschmecken und sofort zu den gut abgetropften Spargelstangen servieren.

*Für 4 Personen*

*Baden*

## Spargeltorte

*Diese Kombination aus knusprigem Teig, feinem Spargel-aroma und samtig weichem Eiersahneflaum ist, begleitet von einem Gutedel, ein himmlischer Frühlingsgruß. Als leckere Vorspeise reicht die Torte für 8 Personen, als Abendessen mit grünem Salat werden 4 hungrige Spargelliebhaber satt.*

> *300 g Tiefkühlblätterteig, aufgetaut*
>
> *1 kg weißer Spargel (Bruchspargel oder 2. Wahl), geschält und in Stücke geschnitten*
>
> *40 g Butter*
>
> *Salz*
>
> *⅛ l trockener Weißwein*
>
> *200 g Sahne*
>
> *4 Eier*
>
> *100 g gekochter Schinken, in kleine Würfel geschnitten*
>
> *2 EL Petersilie, gehackt*
>
> *12 grüne Spargelstangen, geschält und blanchiert*

◆ Die Blätterteigplatten mit kaltem Wasser bepinseln, übereinander legen und zu einer runden Teigplatte ausrollen. Den Boden und Rand einer mit kaltem Wasser ausgespülten Springform (Ø 26 cm) damit auskleiden. Mehrmals mit einer Gabel einstechen und bis zum Backen in den Kühlschrank stellen.

◆ Die Spargelstücke in der aufgeschäumten Butter anbraten, salzen und mit Wein ablöschen. Zugedeckt in etwa 15 Minuten, je nach Dicke der Stangen, weich dünsten. Den Backofen auf 200 °C vorheizen.

◆ Die Spargelstücke mit einem Schaumlöffel heraus-heben und im Mixer fein pürieren. Nach und nach die Sahne und die Eier untermischen. Zum Schluss den Schinken und die Petersilie unterrühren und die Mischung auf dem Blätterteig verteilen.

◆ Die blanchierten, grünen Spargelstangen stern-förmig auf die Oberfläche legen. Die Torte auf der mittleren Schiene des vorgeheizten Backofens in etwa 40–45 Minuten goldgelb backen. Vor dem Anschnei-den mindestens 10 Minuten ruhen lassen.

*Für 4 Personen*

*Diese schmackhafte Torte ist optimal, wenn man weniger hochwertigen Spargel hat oder beim Erzeuger Bruchspargel kaufen konnte, da die Stangen fein püriert werden. Sie lässt sich auch vorzüglich einfrieren und schmeckt aufgetaut – vor allem wenn sie noch lauwarm ist – wie frisch gebacken.*

*Mark Brandenburg und Berlin*

# Gratin von Teltower Rübchen

*Das herbstliche Gemüse war die Leibspeise Goethes. Er schätzte das zarte Aroma der kleinen Rüben, die seit Jahrhunderten auf den sandigen Böden der Mark Brandenburg prächtig gedeihen, so sehr, dass er sich das Gemüse per Eilpost nach Weimar zusenden ließ. Bis heute sind die würzigen Rübchen aus dem Berliner Rezeptrepertoire nicht wegzudenken. Klassisch werden die geschälten Rüben kurz, oftmals in einer Brühe, gekocht und anschließend mit Zucker karamellisiert, bis sie weich sind. Zu Ente, Buletten oder Falschem Hasen passen sie hervorragend.*

*800 g Teltower Rübchen, geputzt, geschält und in dünne Scheiben geschnitten*

*⅛ l Milch*

*1 Thymianzweig*

*Salz*

*1 Knoblauchzehe, halbiert*

*40 g Butter*

*250 g Sahne*

*80 g alter Gouda, gerieben*

*2 EL Petersilie, frisch gehackt*

*Frisch gemahlener weißer Pfeffer*

*Frisch geriebene Muskatnuss*

◆ Die fein geschnittenen Rübchen in einen Topf geben, mit Milch begießen, Thymianzweig und Salz dazugeben und einmal aufkochen lassen. Die Kochplatte ausschalten und die Rübchen auf der heißen Platte kurz ruhen lassen.

◆ Inzwischen eine Gratinform (Ø 24 cm) mit den Schnittflächen der Knoblauchhälften ausreiben und anschließend mit der Hälfte der Butter gründlich fetten. Den Backofen auf 200 °C vorheizen.

◆ Die Sahne mit Käse und Petersilie in einer Schüssel verquirlen und mit Pfeffer und Muskat würzen. Die Rübchen mitsamt der noch vorhandenen Milch dazugeben. Vorsichtig vermengen und die Mischung in die Gratinform füllen. Die Oberfläche glatt streichen, sie muss völlig mit der Sahne bedeckt sein, notfalls noch etwas hinzufügen und erneut abschmecken. Mit der restlichen Butter in kleinen Flocken bedecken und auf der mittleren Schiene des heißen Backofens in etwa 20 Minuten goldbraun backen.

*Für 4 Personen*

*Dieser köstliche Rübengratin ist mit einem knackigen Salat eine sättigende Mahlzeit, aber auch eine raffinierte Beilage zu gegrillten Fleischgerichten.*

Bayern

# Hopfensprossensalat

*Salat oder Gemüse aus den jungen Trieben der Hopfen-
pflanzen bereiteten die Hallertauer Hopfenbauern seit jeher
im April und Mai zu, weil es zu schade war, die über-
schüssigen Sprossen wegzuwerfen. Die Technische Univer-
sität Weihenstephan beschäftigte sich intensiv mit dieser
bayerischen Spezialität und beflügelte den Anbau und
die Ernte für Gemüsezwecke. Heute kann man, wenn
auch nur ganz kurze Zeit, auf dem Münchner Viktualienmarkt das feine, an Spargel erinnernde Gemüse kaufen.
Kenner lieben ganz besonders die Sprossen der wild wachsenden Hopfenstauden.*

*300 g Hopfensprossen*

*Salz*

*2 EL Weißweinessig*

*4 EL Öl*

*½ Bund Schnittlauch, fein geschnitten*

*2 EL abgezupfte Kerbelblätter*

*2 hart gekochte Eier, geschält und fein gehackt*

*30 g gekochter Schinken, in kleine Würfel
geschnitten*

◆ Die jungen Sprossen putzen, gründlich waschen
und in kochendem Salzwasser in etwa 10–14 Minuten, je nach Größe der Sprossen, gar kochen.

◆ Die Sprossen in ein Sieb abgießen und 4 EL Kochwasser aufbewahren. Das Kochwasser mit Essig, Öl
und Salz verquirlen und die noch warmen Sprossen
damit mindestens 30 Minuten marinieren.

◆ Schnittlauch, Kerbel, Eier und Schinken miteinander vermischen. Die Hopfensprossen auf einer Platte
anrichten und mit der Mischung bestreuen.

*Für 4 Personen als Vorspeise*

*Diese köstliche Rarität schmeckt
auch sehr gut, wenn man sie
ähnlich wie Spargel bissfest kocht
und dann mit einer Sauce béarnaise
oder einer Kräutervinaigrette und
neuen Kartoffeln genießt.*

## Vergessene Gemüse

Ich erinnere mich sehr gut an den Gemüsegarten
meiner Großmutter. Ziemlich kreuz und quer wuchs
hier alles durcheinander, die Gurken machten sich
mit ihren fast beängstigend langen Armen breit und
waren voller gelber Blüten. Aber das Aroma eines
frisch zubereiteten Gurkensalats vergesse ich nie.
Da wuchsen aber auch Petersilienwurzeln, die nicht
nur als Suppengrün Verwendung fanden – meine
Oma bereitete eine samtige Suppe daraus zu.

Die nostalgischen Gedanken an die Aromen der
Kindheit führten zu einer Rekultivierung beinahe vergessener Gemüsesorten.

So findet man in letzter Zeit wieder Pastinaken,
ein aromatisches Wurzelgemüse ähnlich der Peter-
silwurzel, aus dem man Suppen, Gratins und Pürees
zubereiten kann. Auch Teltower Rübchen und
die gute alte Steckrübe erleben eine kulinarische
Renaissance. Richtig en vogue sind Rote Bete.
Lange wurden sie verschmäht, weil ihre Zubereitung langwierig und arbeitsintensiv ist. Nun werden
sie, bereits gekocht, geschält und in Folie verpackt,
in jedem Supermarkt angeboten. Ebenso wird derzeit Topinambur wieder entdeckt, eine köstliche,
wenn auch nicht gerade als schön zu bezeichnende
Wurzel, die man wie Kartoffeln verwenden kann
und nicht unbedingt schälen muss. Sehr delikat
schmecken Chips aus Topinambur. Der Name
klingt zwar exotisch, die Pflanze, übrigens eine
Verwandte der Sonnenblume, ist aber bereits um
1600 aus Amerika zu uns gekommen und war
einst weit verbreitet.

Kurz bevor die Spargelsaison beginnt, freut man
sich in der Hallertau, Deutschlands größtem Hopfenanbaugebiet, auf die zarten, leckeren Hopfensprossen.
Die edlen Sprossen sind auch heute noch eine Rarität, die man ähnlich wie Spargel zubereitet.

Die kräftig grünen oder tiefroten Mangoldblätter
sieht man auch immer häufiger in Gemüseläden
leuchten. Und die Rheinländer freuen sich darüber,
dass man Stielmus oder Rübstiel, eine Kohlart, bei
der die Blätter verzehrt werden, wieder bekommt.
Schwarzwurzeln, der so genannte Winterspargel,
ist wieder sehr gefragt. Beim Schälen Handschuhe
tragen und die geschälten Stangen sofort in kaltes
Wasser mit einem Schuss Zitronensaft legen, damit
die Farbe erhalten bleibt.

Die größte Popularität all dieser Oldies, die zu
Evergreens wurden, genießt jedoch der Kürbis.
Die vielseitigen Kürbisgewächse sind seit einigen
Jahren aus einem herbstlich feinen Menü nicht
mehr wegzudenken.

## Rheinland

# Marinierter Mangold

*Es scheint so, als ob die glänzenden grünen Blätter mit den weißen oder roten Stielen eine Neuerscheinung auf dem deutschen Gemüsemarkt wären. Weit gefehlt, das gesunde Gemüse gehörte vor 200 Jahren in Deutschland zum Alltag. Lange Zeit vergessen, hat man das Blattgemüse, das eigentlich aus der Familie der Rüben stammt, nun wieder entdeckt. Geschätzt ist nicht nur sein Aussehen, auch sein Gehalt an Mineralstoffen und Vitaminen ist beachtlich und hinzu kommt, dass die moderne Zubereitungsweise dem Gemüse sehr zugute kommt.*

*800 g Mangold, geputzt*

*Salz*

*2 große Kartoffeln, geschält und in große Würfel geschnitten*

*4 EL Öl*

*1 Knoblauchzehe, fein gehackt*

*1 Zwiebel, geschält und in kleine Würfel geschnitten*

*4 EL trockener Weißwein*

*Saft von 1 Zitrone*

*Frisch gemahlener Pfeffer*

*Frisch geriebene Muskatnuss*

◆ Vom Mangold die Stiele herauslösen und in etwa 2 cm breite Streifen schneiden. Die Blätter ebenfalls in gleich breite Streifen schneiden. Erst die Stiele in kochendem Salzwasser wenige Minuten kochen, dann die Blattstreifen hinzufügen und etwa 1–2 Minuten blanchieren. Alles mit einem Schaumlöffel herausheben, kurz in eiskaltes Wasser tauchen und gut abtropfen lassen. Die Kartoffelwürfel im Kochwasser weich kochen. Gut abgetropft mit den Mangoldstreifen vermischen.

◆ Das Öl in einer tiefen Pfanne erhitzen und Knoblauch- und Zwiebelwürfel darin andünsten. Den Mangold und die Kartoffeln dazugeben, kurz durchschwenken und mit Wein begießen. Von der Kochplatte nehmen und mit Zitronensaft, Pfeffer und Muskat würzig abschmecken.

*Für 4 Personen*

*Eine erfrischende Beilage zu gegrilltem Fleisch oder lauwarm eine leicht bekömmliche Vorspeise. Auf die gleiche Weise können sie das im Rheinland so beliebte Stielmus zubereiten. Lediglich die Garzeit muss ein wenig verlängert werden.*

*Alle Regionen*

# Kürbissoufflé

*Diese beiden Soufflés (oder Flans, siehe Tipp) sollten Sie
sofort servieren, denn sie fallen rasch zusammen.*

*1 kg Speisekürbis, geputzt und in grobe Stücke
geschnitten*

*1 EL Zwiebelwürfel*

*20 g Butter*

*1 EL Öl*

*Salz*

*Frisch gemahlener Pfeffer*

*1 Prise Zucker*

*Abgeriebene Schale ½ unbehandelten Orange*

*3 Eier*

*200 g Sahne, geschlagen*

*2 EL Pistazien, fein gehackt*

*Butter für die Förmchen*

◆ Die Kürbisstücke locker in Alufolie verpacken und
im 220 °C heißen Backofen etwa 45–50 Minuten
backen lassen. Sobald das Fruchtfleisch weich ist,
herausnehmen und kurz ausdampfen lassen. Die
Zwiebelwürfel in Butter und Öl glasig dünsten, dann
das Kürbisfleisch dazugeben und so lange anbraten,
bis die Flüssigkeit verdampft ist. Mit Salz, Pfeffer und
Zucker würzen. Etwas abkühlen lassen.

◆ Das Gemüse mit den Eiern im Mixer fein pürieren,
erneut abschmecken und die steif geschlagene Sahne
sowie die Pistazien untermischen.

◆ Vier Timbalförmchen oder eine Souffléform mit
Butter ausfetten und die Masse so einfüllen, dass ein
zweifingerbreiter Rand bleibt, da die Masse aufgeht.

◆ Einen großen Topf, zweifingerbreit mit Wasser gefüllt, in den auf 180 °C vorgeheizten Backofen stellen
und die Förmchen hineinsetzen. Zugedeckt in etwa
25–30 Minuten garen lassen. Das Wasser darf dabei
nicht kochen.

*Eine feine Vorspeise für 4 Personen oder ein vegetarisches
Hauptgericht für 2 Genießer!*

*Alle Regionen*

# Spinatsoufflé

*500 g junge Spinatblätter, gewaschen,
oder 300 g Tiefkühlblattspinat*

*Salz, frisch gemahlener weißer Pfeffer*

*30 g Butter*

*2 EL Zwiebelwürfel*

*1 Knoblauchzehe, gehackt*

*2 Eigelbe*

*1 Ei*

*100 g Crème fraîche*

*40 g geriebener Bergkäse*

*Frisch gemahlene Muskatnuss*

*Butter für die Förmchen*

◆ Spinatblätter in wenig kochendem Salzwasser kurz
blanchieren. Herausnehmen, den Spinat in Eiswasser
abschrecken und gut ausdrücken.

◆ Butter zerlassen, die Zwiebel- und Knoblauch-
würfel darin glasig dünsten und die Spinatblätter kurz
mit anschwitzen.

◆ Im Mixer mit den Eigelben, dem Ei und der Crème
fraîche fein pürieren, in kleine Förmchen oder in eine
Souffléform füllen.

◆ Wie im Rezept für Kürbissoufflé oder im Tipp (siehe
unten) weiter verfahren.

*Für 4 Personen als Vorspeise*

Man kann das Wasserbad auch auf
der Kochplatte sanft köcheln lassen.
Wer ein goldbraunes Soufflé bevorzugt,
stellt die feuerfesten Förmchen
ohne Wasserbad in den 180 °C
heißen Backofen und bäckt sie in
etwa 20 Minuten goldgelb.

## Sachsen

# Schwarzwurzelauflauf

*Sie führen ein Schattendasein unter den Gemüsesorten – allerdings zu Unrecht, werden Sie feststellen, wenn Sie das Rezept ausprobiert haben. Dass sie so wenig beachtet werden, liegt nicht am Geschmack, sondern vielmehr am Arbeitsaufwand. Die Zubereitung des »Winterspargels«, wie die schwarzen Stangen häufig genannt werden, ist etwas arbeitsintensiv und zudem hinterlässt der austretende Saft Flecken, deshalb am besten unter fließendem Wasser schälen und dabei Handschuhe tragen.*

> 1 kg Schwarzwurzeln, gewaschen und geschält
>
> 2 EL Essig
>
> 1 EL Mehl
>
> Salz
>
> 600 g junge Spinatblätter, verlesen
>
> 100 g Butter
>
> Frisch geriebene Muskatnuss
>
> 600 g junge Möhren, gewaschen, geschält und in schräge Scheiben geschnitten
>
> 1 EL Marsala
>
> 100 g Crème fraîche
>
> 125 g Sahne
>
> 3 Eier
>
> 100 g Emmentaler, fein gerieben
>
> Frisch gemahlener Pfeffer
>
> Abgeriebene Schale von ½ unbehandelten Orange
>
> 20 g Butter für die Form
>
> 2–3 EL Haselnüsse, grob gehackt

◆ Die Schwarzwurzeln in kaltes Wasser legen, das mit je 1 EL Essig und Mehl verrührt wurde, damit sie nicht braun werden. Dann mit 1 EL Essig in kochendes Salzwasser geben, etwa 20 Minuten garen.

◆ Die Spinatblätter in wenig Salzwasser blanchieren. Abgetropft in 20 g Butter schwenken und mit Salz und Muskat würzen. Die Möhren in 30 g Butter andünsten, mit Marsala begießen, bissfest garen und salzen. Den Backofen auf 200 °C vorheizen.

◆ In eine mit 20 g Butter ausgestrichene Auflaufform die Gemüse einschichten. Crème fraîche mit Sahne, Eier und Käse verquirlen und mit Salz, Pfeffer und Orangenschale würzen, über das Gemüse gießen. Etwas Butter darauf verteilen und 30 Minuten goldbraun backen (nach 20 Minuten mit den Nüssen bestreuen).

*Für 4 Personen*

## Baden

# Topinambur-Chips

*Im 17. Jahrhundert wurde die Topinamburknolle zum ersten Mal in deutschen Landen angepflanzt – und sie fühlte sich hier sofort pudelwohl. Die ursprüngliche Heimat der eigenwillig aussehenden Knolle ist Nordamerika und Kanada, wo Seefahrer sie bei einem Indianerstamm, den Topinambus, entdeckten und nach Frankreich brachten. Da der Geschmack ein wenig an Artischocken erinnert, wird sie landläufig auch als »Erdartischocke« bezeichnet. Schmackhafte Suppen, Pürees oder auch Gratins lassen sich daraus zubeiten und im Badischen brennt man daraus auch Schnaps. Eine witzige Überraschung (gelb, rötlich oder violett – je nach Sorte) für Gäste sind diese Chips, serviert mit einem Kräuterdip.*

> 500 g Topinambur, geschält
>
> Reichlich Öl zum Ausbacken
>
> Salz
>
> FÜR DEN KRÄUTERDIP:
>
> 100 g Crème fraîche
>
> 100 g saure Sahne
>
> 1 Bund gemischte frische Frühlingskräuter (Kresse, Schnittlauch, Petersilie, Sauerampfer, Pimpinelle, Dill und Basilikum)
>
> 1 EL Zwiebelwürfel
>
> Salz
>
> Frisch gemahlener Pfeffer
>
> 1 TL Meerrettich, gerieben
>
> 2 EL Sahne, geschlagen

◆ Die Topinambur auf einem Gurkenhobel in dünne Scheiben hobeln. Mit kaltem Wasser abbrausen, in ein Sieb abgießen und abtropfen lassen. Mit Küchenpapier trockentupfen.

◆ Für den Dip Crème fraîche und saure Sahne verrühren und die Kräuter sowie die Zwiebelwürfel untermischen. Mit Salz, Pfeffer und Meerrettich abschmecken und die Sahne gleichmäßig unterziehen.

◆ Reichlich Öl in einer Fritteuse oder in einem tiefen Topf auf 180 °C erhitzen und die Topinamburscheiben darin portionsweise goldbraun und knusprig frittieren. Auf mehreren Lagen Küchenpapier abtropfen lassen und mit dem Dip servieren.

*Für 4 Personen*

*Mark Brandenburg*

## Kürbisgemüse mit Ingwer

*Mitglieder der großen Kürbisfamilie haben schon kurz nach ihrer Entdeckung durch Kolumbus Europa in Windeseile erobert. Bereits 1543 konnte man in Kochbüchern nachlesen, dass es eine Vielzahl von Sorten gibt. Man unterscheidet grob zwischen Zier- und Speisekürbis, wobei Hokkaido, Muskat- und Butternusskürbis besonders delikat sind. Je nach verwendeter Sorte schmeckt das Gericht etwas anders – entdecken Sie Ihren Favoriten.*

*500 g Kürbis, geschält, entkernt und in etwa 1 cm große Würfel geschnitten*

*2 Karotten, geschält und in dünne Scheiben geschnitten*

*2 Selleriestangen, in dünne Scheiben geschnitten*

*2 EL Öl*

*20 g Butter*

*2 cm Ingwerwurzel, geschält und gerieben*

*½ Chilischote, entkernt und fein gehackt*

*2 cl Marsala*

*Salz und frisch gemahlener Pfeffer*

*Etwas Fleischbrühe*

*1 EL frisches Koriandergrün, fein gehackt*

*50 g Pinienkerne, trocken geröstet*

◆ Den Kürbis, die Karotten und den Sellerie in der Mischung aus Öl und Butter anschwitzen. Den Ingwer und die Chilischote hinzufügen, kurz mit anbraten und mit Marsala ablöschen. Mit Salz und Pfeffer würzen und so lange unter Schütteln der Pfanne braten, bis das Gemüse leicht gebräunt ist. Falls es zu trocken wird, etwas Fleischbrühe hinzufügen.

◆ Kurz vor dem Servieren das Gemüse mit dem Koriandergrün vermischen und mit den gerösteten Pinienkernen bestreuen.

*Für 4 Personen*

*Eine raffinierte Beilage zu Kalbsbraten oder Kalbmedaillons. Würzt man das Gemüse anstelle von Ingwer und Koriander mit frisch gehacktem Knoblauch und Rosmarin, ist es eine wunderbare Begleitung zu Lammkoteletts.*

## Möhrenbratlinge

*Liegt es daran, dass es für die meisten von uns das erste Gemüse war, das wir fein püriert löffelweise von unserer Mutter gefüttert bekamen, warum diese Rübchen so beliebt sind? Auf jeden Fall gibt es das Gemüse quer durch alle Regionen, wenn auch mit unterschiedlichen Namen. Im Norden heißen sie Mohrrüben, im Süden Gelbe Rüben oder auch Karotten, und egal, ob sie nun spitz oder rundlich in der Form sind – das nach der Kartoffel meist verbrauchte Gemüse schmeckt süß und pikant zubereitet gleichermaßen und bietet den höchsten Betacarotingehalt. Als »Pflanzerl« zubereitet, sind sie ein aromatisches Hauptgericht, bei dem sicherlich keiner Fleisch vermisst.*

*800 g Möhren mit Grün, geschält und in Scheiben geschnitten (die jungen Blätter aufbewahren)*

*1 Zwiebel, geschält und in Würfel geschnitten*

*60 g Butter*

*Salz*

*Frisch geriebene Muskatnuss*

*2 EL Marsala*

*60–80 g zarte Haferflocken*

*Abgeriebene Schale von ½ unbehandelten Orange*

*1 EL Möhrenblätter, fein gehackt*

*1 EL Petersilie, fein gehackt*

*2 EL Haselnüsse, grob gehackt*

*3–4 EL Semmelbrösel*

*2 EL Haselnüsse, fein gerieben*

*4 EL Öl*

◆ Die Möhren und Zwiebeln in 40 g aufgeschäumter Butter anschwitzen. Mit Salz und Muskat würzen und mit Marsala aufgießen. In etwa 15 Minuten zugedeckt weich garen und abkühlen lassen.

◆ Das abgekühlte Gemüse im Mixer fein pürieren. Dann in eine Schüssel geben und so viel Haferflocken hinzufügen, bis eine formbare Masse entsteht. Die Orangenschale, gehackte Möhrenblätter, Petersilie und gehackte Haselnüsse unterrühren und aus der Masse acht Bratlinge formen.

◆ Die Semmelbrösel mit den geriebenen Haselnüssen vermischen und die Bratlinge darin wenden. Die Panade gut festdrücken.

◆ Das Öl und die übrige Butter in einer beschichteten Pfanne erhitzen und die Bratlinge darin auf jeder Seite bei nicht zu starker Hitze 3–4 Minuten goldbraun braten.

*Für 4 Personen*

*Die Bratlinge schmecken auch kalt sehr fein.*

*Schleswig-Holstein und Bayern*

# Gefüllte Rote-Bete-Schnitzel

*Lange Zeit fristeten die Roten Rüben oder Rahnen, wie sie in Bayern genannt werden, ein verkanntes Dasein, denn man kannte sie vorwiegend als Sauerkonserve. Ich liebte zwar den einfachen Rote-Bete-Salat, wie meine Mutter ihn machte, schon von klein auf. Aber als ich in Frankreich – nicht wissend, was es ist – Rote-Bete-Würfel in Kräuter-Vinaigrette aß, wuchs meine Begeisterung für dieses Gemüse. Seit einiger Zeit ist die Zubereitung der mineralstoffreichen Roten Beten wesentlich einfacher geworden, da sie gekocht, geschält und in Folie eingeschweißt, in Supermärkten angeboten werden.*

> *2 große Rote Beten, geputzt*
> *Salz*
> *1 TL Kümmel*
> *100 g Edelpilzkäse*
> *100 g Magerquark*
> *½ TL Balsamico-Essig*
> *4 EL geröstete Kürbiskerne, grob gehackt*
> *4 EL Mehl*
> *2 Eier, verquirlt*
> *40–60 g Cornflakes, zerbröselt*
> *4 EL Öl*
> *20 g Butter*

◆ Die frischen Roten Beten in Salzwasser mit Kümmel in etwa 1 Stunde gar kochen. In kaltem Wasser abschrecken, schälen und abkühlen lassen. Abgekühlt in ½ cm dicke Scheiben schneiden (oder bereits gekochte Rote Beten verwenden).

◆ Den Edelpilzkäse mit Quark und Essig zu einer glatten Masse verrühren und 2 EL gehackte Kürbiskerne unterrühren. Die Käsecreme dick zwischen zwei Rote-Bete-Scheiben streichen. Vorsichtig zusammendrücken und die so vorbereiteten Schnitzel erst in Mehl, dann in den verquirlten Eiern und zum Schluss in der Mischung aus Cornflakes und restlichen Kürbiskernen wenden. Die Panade gut festdrücken.

◆ Das Öl und die Butter in einer beschichteten Pfanne erhitzen und die Rote-Bete-Schnitzel darin auf jeder Seite 3–4 Minuten bei nicht zu starker Hitze goldbraun braten. Mit Salzkartoffeln und Feldsalat serviert sind die Rote-Bete-Schnitzel eine leckere vegetarische Hauptmahlzeit.

*Für 4 Personen*

*Rheinland*

# Überbackener Blumenkohl

*Die Kohlfamilie ist riesig – rund 50 verschiedene Arten gibt es, und sie sehen zum Teil sehr unterschiedlich aus. Blumenkohl, Brokkoli und Romanesco zählen ebenfalls zu diesem Gemüseclan. Aber von diesen Gemüsen werden nicht die Blätter, sondern die Blüten verzehrt. Die Hauptanbaugebiete sind neben dem Rheinland die Vierlande bei Hamburg und Schleswig-Holstein. Blumenkohl und seine grüne Verwandtschaft harmonieren vortrefflich mit Holländischer Sauce oder mit einer würzigen Käsesauce.*

> *1 Blumenkohl (ca. 600 g), geputzt und in größere Röschen zerteilt*
> *400 g Brokkoli, geputzt und in Röschen zerteilt*
> *Salz*
> *60 g Butter*
> *40 g Mehl*
> *¼ l Milch*
> *4 Eigelbe*
> *100 g geriebener Emmentaler*
> *4 Eiweiße*
> *200 g gekochter Schinken, in kleine Würfel geschnitten*
> *Frisch geriebene Muskatnuss*
> *Frisch gemahlener weißer Pfeffer*
> *2 EL Sesamsamen*

◆ Den Blumenkohl und Brokkoli in kochendem Salzwasser in 6–8 Minuten bissfest kochen. In einem Sieb abtropfen lassen. Die Kochbrühe aufbewahren.

◆ 40 g Butter in einem Topf schmelzen lassen und das Mehl unterrühren. Sobald die Mischung zu schäumen beginnt, unter Rühren erst ¼ l Kochbrühe, dann die Milch angießen. Unter ständigem Rühren einige Minuten kochen lassen. Von der Kochstelle nehmen und nach und nach die Eigelbe sowie den Käse unterrühren. Mit Muskat und Pfeffer kräftig würzen. Die Eiweiße mit etwas Salz zu steifem Schnee schlagen und gleichmäßig unterziehen. Den Backofen auf 200 °C vorheizen.

◆ Eine Auflaufform mit der restlichen Butter ausfetten, die Kohlröschen hineinschichten, mit Schinken bestreuen und mit der Käsesauce bedecken. Den Sesam darüber streuen. Auf der mittleren Schiene des Ofens in etwa 30 Minuten goldbraun überbacken.

*Für 4 Personen*

## Bayern

# Wirsingstrudel

*Beeinflusst von den österreichischen Nachbarn, ist Bayern ein Strudelland. Ob süß oder pikant – einem saftig gefüllten, hauchdünn ausgezogenen Strudelteig, goldbraun gebacken, kann ein Bayer nur schwer widerstehen. Dieser herzhafte Wirsingstrudel zählt zu meinen ganz persönlichen Favoriten.*

FÜR DEN TEIG:
*250 g Mehl*
*Salz*
*1 EL Öl*
*1 Ei*
*6–8 EL lauwarmes Wasser*

FÜR DIE FÜLLUNG:
*80 g Butter*
*1 Wirsingkopf (1 kg), geputzt, geviertelt und in Streifen geschnitten*
*2 mittelgroße Äpfel, geschält, entkernt und in feine Scheiben geschnitten*
*1 TL mildes Currypulver*
*Salz und frisch geriebene Muskatnuss*
*125 g Crème fraîche*
*1 TL feinwürziger Senf*
*100 g Bergkäse, fein gerieben*
*2 EL Semmelbrösel*
*1 Eigelb*
*2 EL Sonnenblumenkerne*

◆ Aus Mehl, Salz, Öl, Ei und Wasser einen Strudelteig zubereiten (siehe Glossar). Unter einer warmen Schüssel zugedeckt 20 Minuten ruhen lassen.

◆ 40 g Butter erhitzen und den Wirsing darin anbraten, die Äpfel dazugeben und würzen. Von der Kochstelle nehmen und Crème fraîche, Senf und Käse unterrühren. Den Backofen auf 200 °C vorheizen.

◆ Den Strudelteig dünn zu einem Rechteck ausziehen und auf ein bemehltes Tuch legen. Mit 20 g flüssiger Butter bepinseln und mit Semmelbröseln bestreuen. Die Wirsingmasse darauf verteilen, von der Längseite her mithilfe des Tuches aufrollen und auf das mit Butter gefettete Backblech gleiten lassen. Mit Eigelb bestreichen und mit Sonnenblumenkernen bestreuen. Auf der mittleren Schiene in 45 Minuten goldbraun backen.

*Für 4 Personen*

## Bremen und Schleswig-Holstein

# Grünkohl und Pinkel

*Grünkohl schmeckt am aromatischsten, wenn er den ersten Frost abbekommen hat. Je nach Landstrich fügt man Brägenwurst, Pinkelwurst (siehe Bild), geräucherte Schweinebacke oder auch Gänsekeulen hinzu. Saison für das eiweiß- und mineralstoffreiche Gemüse, das am besten mit einer fetten Einlage schmeckt, ist von November bis Februar. In Schleswig-Holstein, in und um Bremen sowie in Niedersachsen gibt es während dieser Zeit überall gesellige Grünkohlfeste.*

*1 kg Grünkohl, geputzt, ohne Rippen*
*60 g Schweineschmalz*
*2 Zwiebeln, geschält und in Würfel geschnitten*
*2 EL feine Haferflocken*
*½ l Fleischbrühe*
*500 g geräucherte Schweinebacke*
*400 g geräucherte Kasseler Rippchen*
*400 g Pinkel oder Brägenwurst*
*Frisch gemahlener Pfeffer, Salz*

◆ Den Grünkohl in kochendes Salzwasser geben und einmal aufkochen lassen. In ein Sieb abgießen und abtropfen lassen. Etwas abgekühlt grob hacken.

◆ Das Schweineschmalz in einem großen Schmortopf erhitzen und die Zwiebeln darin glasig braten. Den Kohl hinzufügen und unter Rühren zusammenfallen lassen. Die Haferflocken untermischen und mit der Fleischbrühe aufgießen.

◆ Die Schweinebacke auf das Gemüse legen und zugedeckt bei mittlerer Hitze 2 Stunden schmoren lassen. Nach etwa 1 Stunde das Kasseler dazugießen und nach weiteren 30 Minuten die Pinkel oder Brägenwurst. Falls nötig, noch etwas Wasser oder Fleischbrühe hinzufügen. Zum Schluss mit Salz und Pfeffer herzhaft abschmecken.

*Für 6–8 Personen*

*Dazu gibt es kleine, mit Zucker karamellisierte Bratkartoffeln und natürlich ein kühles Pils. Ein Korn zum Abschluss gehört immer dazu.*

## Alles rund um Kohl & Kraut

»Krauts« werden wir manchmal im Ausland genannt, und Sauerkraut ist auch das Gericht, das an erster Stelle steht, wenn man Ausländer nach einer typisch deutschen Spezialität fragt. Und das ist nicht ganz von der Hand zu weisen, denn auch wenn es in deutschen Landen nicht tagtäglich Sauerkraut gibt, so spielt Kohl, in Süddeutschland schlicht »Kraut« genannt, eine wichtige Rolle auf unserem Speiseplan.

Im Frühjahr beginnt die Saison mit den »Primeurs«, dem ersten lockeren Spitzkohl und dem jur gen Wirsing, die so zart sind, dass sie jedes Vorurteil, von wegen Kohl sei schwer verdaulich, sofort vom Tisch fegen. Die Blätter des Frühlingswirsings sind bestens geeignet für Kohlrouladen, die man mit zarter Kalbs- oder Fischfarce füllen kann. Im Sommer folgen dann Kohlsorten, von denen man nur die Blüten verzehrt. Besonders beliebt ist Blumenkohl, der eine über 500-jährige Tradition hat. Er wurde aus dem grünen Brokkoli gezüchtet,

der nun auf dem Umweg über Italien ebenfalls wieder in der deutschen Küche aufgetaucht ist. Die hellgrünen und violetten Kohlrabi sind eigentlich die Knollen von Stängelgemüse, zählen aber dennoch zu der großen Kohlfamilie wie andere, etwa 50 verschiedene Arten, die heute aber längst nicht mehr alle auf dem Markt sind.

Im Herbst werden die Kohlköpfe, gemeint ist Weißkohl, fein geschnitten und zu Sauerkraut eingelegt. Besonders bekannt für diese Zubereitung ist die Gegend um Stuttgart (Filderkraut) sowie nördlich von München, um Ismaning, wo die Felder im Herbst voller Krautköpfe sind. Bei der Herstellung von Sauerkraut dürfen den Kohlstreifen außer Salz und Gewürzen keinerlei chemische Stoffe hinzugefügt werden. Deshalb ist es so lecker und zugleich auch gesund, denn es strotzt nur so vor Vitamin C, das durch die milchsaure

Gärung gut erhalten bleibt. Und was wären die deutschen Leibgerichte – herzhafte Schlachtplatten mit Schweinefleisch, Würsten, rosigem Eisbein mit schneeweißem Fettrand, knusprige Bratwürste, saftige Leber- und Blutwürste, ein edler Fasan – ohne herzhaftes Sauerkraut, das mit Äpfeln, Gewürzen und einem Stückchen Speck gekocht und mit einem Glas Wein angenehm abgerundet wurde.

Auch der süßsauer abgeschmeckte Rotkohl ist ein geschätztes Gemüse, das man quer durchs Land auf allen Speisekarten findet. Wer jedoch in Süddeutschland zu einer gebratenen Ente oder einer Gans Rotkohl bestellt, outet sich sofort als »Preuße«. In Bayern heißt Rotkohl eben Blaukraut und manchmal bekommt man ihn leider auch so serviert – blassblau wie die Lippen eines Ertrunkenen – und das macht dann wirklich keine Freude. Die Zubereitung eines feinen Rotkohls verlangt Fingerspitzengefühl, auf keinen Fall darf das Gemüse verkocht sein, denn dann wird es matschig und schmeckt langweilig. Knackig, violettrot gefärbt von einem Schuss Essig und zart glänzend vom Kochfett, so muss Rotkohl oder Blaukraut aussehen. Viele deutsche Spitzenköche bereiten Rotkohl als knackigen Salat zu, der aufs Feinste eine kross gebratene Enten- oder Gänsebrust begleitet.

Ein typisch norddeutsches Gemüse ist die »ostfriesische Palme«, wie der krausblättrige Grünkohl dort genannt wird. An eiskalten Wintertagen ist so ein fettes Grünkohlgericht ein wohltuender Trostspender. Grünkohl mit Pinkel spielt bei der traditionellen Bremer »Schaffer-Mahlzeit« eine bedeutende Rolle. Schaffer ist die Bezeichnung für den Proviantmeister eines Schiffes, und seit 1545 wird dieses Fest alljährlich im Februar gefeiert, als Erinnerung an das Abschiedsessen der Reeder und Seeleute, die nach der Winterpause wieder ihre Seereisen begannen. In Hannover, wo der Grünkohl ebenfalls zum Winter gehört wie Schnee und Eis, wird statt Pinkel die Brägenwurst mitgekocht und am allerliebsten in einem Gasthof auf dem Land in einer lustigen Runde verzehrt. Damit der Kohl nicht zu lange im Magen liegt, gibt es natürlich reichlich Korn.

Die jüngste Kohlzüchtung ist der Sprossenkohl, besser als Rosenkohl bekannt. Die kleinen Mini-Kohlköpfe werden auch »Brüsseler Kohl« genannt, weil sie ursprünglich in Belgien gezüchtet wurden. Seit etwa 150 Jahren gibt es dieses zarte Wintergemüse, das in den Achseln der Stängelblätter wächst, auch bei uns. Es ist eine attraktive Begleitung zu Wild- und Wildgeflügelgerichten.

## Allgäu

# Krautkrapfen

*Dies ist ein traditionsreiches, überliefertes Rezept von Kreszentia Brim aus Rettenbach am Auerberg.*

*FÜR DEN NUDELTEIG:*

*250 g Mehl*

*2 Eier*

*1 EL Öl*

*2–3 EL Wasser oder Milch, Salz*

*FÜR DIE FÜLLUNG:*

*3 EL Schweineschmalz*

*250 g durchwachsener Räucherspeck, in kleine Würfel geschnitten*

*2 Zwiebeln, geschält und in kleine Würfel geschnitten*

*750 g Sauerkraut, klein geschnitten, Salz*

*1 EL Kümmel*

*Ca. ¼ l Fleischbrühe*

◆ Aus den angegebenen Zutaten einen Nudelteig zubereiten (siehe Glossar), in zwei Portionen teilen, zu Kugeln formen und mit einem Tuch bedeckt ca. 1 ½ Stunden ruhen lassen.

◆ Den Speck und die Zwiebeln in 1 EL heißem Schweineschmalz glasig braten. Das Sauerkraut gut ausdrücken (Saft wird nicht benötigt) und unter die Zwiebel-Speck-Mischung rühren. Mit Salz und Kümmel würzen und 10 Minuten bei schwacher Hitze garen. Beiseite stellen und abkühlen lassen.

◆ Jede Teigkugel zu einem dünnen Rechteck ausrollen. Gleichmäßig mit dem abgekühlten Sauerkraut belegen. Von der Längsseite her kompakt aufrollen und am besten 15 Minuten in das Gefrierfach legen.

◆ Die Sauerkrautrollen in 6 cm breite Scheiben schneiden. Das restliche Schmalz in einer großen Pfanne zerlassen. So viel Brühe hineingießen, bis die Pfanne etwa 1 cm hoch gefüllt ist. Aufkochen lassen und dann die Krautkrapfen auf den Schnittflächen eng nebeneinander hineinsetzen und zugedeckt etwa 8 Minuten garen lassen. Es muss sich an der Unterseiten der Krapfen eine goldbraune Kruste gebildet haben. Dann wenden und auch die zweite Seite in etwa 3 Minuten goldbraun braten.

*Für 4 Personen*

## Alle Regionen

# Sauerkraut

*In allen Regionen des Landes kommt Sauerkraut auf den Tisch. Sei es als Beilage zu Bratwürsten, Kasseler oder sogar zu zartem Fasan, man schätzt den durch Einsalzen haltbar gemachten Weißkohl überall, und früher wurde noch in vielen Privathaushalten selbst eingelegt. Bei der Gärung entwickelt sich Milchsäure, die dem Kraut nicht nur den feinsäuerlichen Geschmack verleiht, sondern auch das reichlich enthaltene Vitamin C aufs Beste konserviert.*

*1 Zwiebel, geschält und in kleine Würfel geschnitten*

*40 g Schweineschmalz*

*800 g frisches Sauerkraut*

*⅛ l trockener Weißwein, z. B. Riesling*

*⅛ l Wasser*

*Salz*

*1 TL Zucker*

*1 frisches Lorbeerblatt*

*4 Wacholderbeeren, zerdrückt*

*Grob gemahlener Pfeffer*

*½ TL Kümmel*

*1 dicke Scheibe durchwachsener Räucherspeck*

*1 mehlig kochende Kartoffel, geschält und fein gerieben*

*½ Bund Schnittlauch, fein geschnitten*

◆ Die Zwiebelwürfel im erhitzten Schmalz andünsten, das Kraut dazugeben und kurz mit anschwitzen. Mit Wein und Wasser aufgießen und aufkochen lassen. Mit Salz und Zucker würzen, das Lorbeerblatt, die Wacholderbeeren, Pfeffer und Kümmel untermischen. Den Räucherspeck auf das Kraut legen und das Ganze zugedeckt bei schwacher Hitze etwa 25 Minuten köcheln lassen.

◆ Die fein geriebene rohe Kartoffel unter das Kraut mischen und in weiteren 15–20 Minuten sämig einkochen lassen.

◆ Räucherspeck, Lorbeerblatt und Wacholderbeeren herausnehmen und das Kraut in eine Schüssel geben. Mit etwas frischem Schnittlauch bestreut servieren.

*Für 4 Personen*

Wird das Sauerkraut als Beilage zu Fasan gereicht, kann man den Wein auch durch Champagner ersetzen.

*Franken*

## Fränkischer Krautbraten

*Dieses Gericht bereite ich auch gerne zu, wenn ich eine größere Gästeschar bewirte. Nicht zuletzt, weil ich den saftigen Braten schon am Vortag zubereiten kann. Eine Stunde bevor die Gäste kommen, schiebe ich ihn, manchmal auch in die Fettpfanne des Backofens geschichtet, in den Ofen. Dazu gibt es Kartoffelsalat und Roggenbrötchen. Immer ein voller Erfolg.*

*1 Weißkohl (ca. 1 kg), geputzt, ohne Strunk*

*Salz und frisch gemahlener Pfeffer*

*60 g Schweineschmalz, Kümmel nach Geschmack*

*1 Zwiebel, geschält und in kleine Würfel geschnitten*

*1 Karotte, geschält und fein gerieben*

*1 EL Petersilie, gehackt*

*1 EL frische Majoranblätter, gehackt*

*250 g Rinderhackfleisch*

*250 g rohes fränkisches Schweinebratwurstbrät*

*1 Brötchen, in Milch eingeweicht und ausgedrückt*

*1 Ei*

*1 EL scharfer Senf*

*20 g Butter*

*6 dünne Scheiben durchwachsener Räucherspeck*

*2 EL Crème fraîche*

◆ Den ganzen Kohlkopf in kochendes Salzwasser legen und etwa 15 Minuten ziehen lassen. Herausheben und die äußeren, biegsam gewordenen Blätter ablösen. Den übrigen Kohl in Streifen schneiden. 50 g Schmalz erhitzen und die Kohlstreifen mit dem Kümmel darin bissfest garen.

◆ Das restliche Schweineschmalz in einer Pfanne erhitzen und Zwiebel und Karotte darin andünsten. Die Kräuter dazugeben und kurz durchschwenken.

◆ Das Rinderhack und Bratwurstbrät in einer großen Schüssel vermischen, die Zwiebelmischung sowie das ausgedrückte Brötchen und das Ei dazugeben. Mit Salz und Pfeffer würzen, den Senf hinzufügen und zu einer glatten Masse verkneten. Zum Schluss die abgekühlten Krautstreifen dazugeben und miteinander vermischen. Den Backofen auf 200 °C vorheizen.

◆ Eine Form mit Butter ausstreichen, mit der Hälfte der Kohlblätter auskleiden. Die Hackfleischmasse darauf verteilen, mit den restlichen Blättern bedecken. Mit Speck belegen und mit Crème fraîche bestreichen. Auf der mittleren Schiene 1 Stunde gar braten.

*Für 4 Personen*

## Bayern

# Bayrisch Kraut

*Es ist leider ein wenig aus der Mode gekommen, dieses alt-bayerische Rezept. Ich habe es immer gerne gegessen und freue mich, wenn ich es auf der Speisekarte einer bayeri-schen Dorfwirtschaft entdecke. Bei uns gab es immer eine Fleischwurst dazu, aber auch zu Bratwürstchen, Koteletts oder zu Kasseler schmeckt das Kraut hervorragend.*

*30 g Schweineschmalz*

*50 g durchwachsener Räucherspeck, in kleine Würfel geschnitten*

*1 Zwiebel, in kleine Würfel geschnitten*

*1 TL Kümmel*

*1 TL Zucker*

*1 Kopf Weißkraut (Weißkohl), ca. 800 g, geputzt und die Blätter in 2 cm große Rauten geschnitten*

*2 EL Weißweinessig*

*Salz*

*¼ l Fleischbrühe*

*½ Bund Schnittlauch, fein geschnitten*

◆ Das Schweineschmalz erhitzen und die Speck- und Zwiebelwürfel darin glasig braten. Mit Kümmel und Zucker bestreuen und unter Rühren goldgelb werden lassen. Das Kraut dazugeben und kurz mit anbraten. Mit Essig ablöschen, salzen und mit Fleischbrühe aufgießen. Zugedeckt bei schwacher Hitze, je nach Alter des Kohls, in 25–35 Minuten weich dünsten.

◆ Mit Schnittlauch bestreut servieren.

*Für 4 Personen*

*Auf die gleiche Weise können sie auch Wirsing zubereiten. Dann allerdings den Essig weglassen und stattdessen mit Muskat würzen. Den Wirsing zum Schluss mit Crème fraîche verfeinern.*

## Alle Regionen

# Rotkohl

*Was wäre eine goldbraun gebratene Gans oder Ente ohne Rotkohl oder »Blaukraut«, wie diese beliebte deutsche Gemüsebeilage im Süden heißt. Wichtig ist, dass das Gemüse noch bissfest ist, denn zu lange gekochter Rot-kohl verliert sein Aroma.*

*1 Kopf Rotkohl (1 kg), geputzt und in Streifen geschnitten*

*Salz*

*4 EL Rotweinessig*

*30 g Butterschmalz*

*2 säuerliche Äpfel (z. B. Boskop), geschält, entkernt und grob geraspelt*

*1 Zwiebel, geschält und in kleine Würfel geschnitten*

*1 EL Zucker*

*Salz*

*1 Lorbeerblatt*

*2 Gewürznelken*

*200 ml Rotwein*

*⅛ l Fleischbrühe*

*2 EL Preiselbeeren*

◆ Den Rotkohl mit Salz und Rotweinessig vermi-schen und etwa 1 Stunde marinieren.

◆ Das Schmalz in einem großen Schmortopf erhitzen und Äpfel und Zwiebel darin andünsten. Mit Zucker bestreuen, salzen und kurz anbraten. Das marinierte Kraut mit der Flüssigkeit dazugeben und die Gewürze hinzufügen, das Ganze mit Rotwein und Brühe auf-gießen. Die Preiselbeeren untermischen und zuge-deckt bei schwacher Hitze in etwa 30 Minuten biss-fest garen.

◆ Das Lorbeerblatt und die Nelken entfernen und, falls nötig, noch einmal abschmecken.

*Für 4 Personen*

*Wenn sie den Rotkohl zur Gans reichen, dann nehmen sie statt Butterschmalz Gänseschmalz. Durch das Marinieren wird der Rotkohl besonders leuchtend rot und schmeckt noch aromatischer.*

*Sachsen*

## Altdeutsche Kräutertorte

*Der Boden knusprig, der Belag saftig – so müssen herzhafte Tartes sein (siehe Bild). In alten Kochbüchern findet man viele köstliche Rezepte für pikante Kuchen, die also lediglich eine Wiederentdeckung sind.*

### FÜR DEN SCHMALZTEIG:

*200 g Mehl*

*1 Prise Salz*

*50 g zimmerwarmes Butterschmalz*

*3–5 EL Wasser*

### FÜR DEN BELAG:

*400 g Frühlingszwiebeln, geputzt und in feine Ringe geschnitten*

*50 g Butter*

*100 ml trockener Weißwein*

*Salz*

*Frisch gemahlener weißer Pfeffer*

*Frisch geriebenen Muskatnuss*

*1 großes Bund gemischte Frühlingskräuter, z. B. Petersilie, Sauerampfer, Kerbel, Basilikum, Dill, Estragon usw., fein geschnitten*

*200 g Sahne*

*2 EL saure Sahne*

*3 Eier*

◆ Mehl, Salz und Schmalz in eine Schüssel geben und mit den Knethaken des Handrührgerätes rasch zu einem glatten, geschmeidigen Teig verkneten, so viel Wasser wie nötig hinzufügen. Mit den Händen kurz durchkneten. Mit Klarsichtfolie umhüllt etwa 30 Minuten im Kühlschrank ruhen lassen.

◆ Die Frühlingszwiebelringe in der aufgeschäumten Butter andünsten. Mit Wein ablöschen und mit Salz, Pfeffer und Muskat würzen. Die Kräuter untermischen, vom Herd nehmen. Die Sahne, saure Sahne und Eier verquirlen und mit Salz und Muskat würzen. Den Backofen auf 200 °C vorheizen.

◆ Den Teig zu einer runden Platte ausrollen und Boden und Rand einer Tarteform (Ø 24 cm) damit auskleiden. Den Teig mehrmals mit einer Gabel einstechen und die Kräutermischung darauf verteilen. Mit der Eiersahnemischung begießen und im heißen Ofen in etwa 30–35 Minuten goldbraun backen.

*Für 8 Personen als Vorspeise, für 4 als Hauptgericht*

*Baden*

## Gratiniertes Gemüse

*Die badischen Köche haben schon immer gerne mal im nahen Elsass in die Kochtöpfe geschaut. Heute isst man vielerorts im badischen Ländle besser als im nahen Frankreich. Die Idee, Gemüse verfeinert im Ofen zu garen, hat zwar französischen Einfluss, aber mittlerweile sind Gratins eingedeutscht und bereichern unsere Küche.*

*250 g Champignons, geputzt, in dünne Scheiben geschnitten*

*250 g kleine Zucchini, geputzt und in dünne Scheiben geschnitten*

*Salz*

*250 g junge Möhren, geschält und in dünne Scheiben geschnitten*

*500 g frische, junge Spinatblätter, geputzt*

*½ Knoblauchzehe*

*40 g Butter*

*200 g Crème fraîche*

*125 ml Milch*

*100 g gereifter Bergkäse, frisch gerieben*

*1 EL Semmelbrösel*

*1 EL Pistazien, fein gerieben*

◆ Die Pilze und Zucchini in reichlich kochendem Salzwasser 2 Minuten blanchieren. Herausheben und in einem Sieb abtropfen lassen. Im gleichen Kochwasser die Möhren 4–5 Minuten blanchieren und zum Schluss die Spinatblätter etwa 1 Minute blanchieren. Die Gemüse gut abtropfen lassen.

◆ Den Backofen auf 220 °C vorheizen. Eine große runde oder ovale Gratinform mit der halben Knoblauchzehe ausreiben und mit 30 g Butter ausfetten. Ringförmig abwechselnd Pilze, Zucchini, Möhren und Spinat anordnen.

◆ Crème fraîche, Milch und Käse miteinander verquirlen und über das Gemüse verteilen. Mit einer Mischung aus Semmelbröseln und Pistazien bestreuen, mit der restlichen Butter (in Flöckchen) belegen.

◆ Auf der mittleren Schiene des heißen Ofens in etwa 20 Minuten goldbraun überbacken. Als kleines Abendessen oder Beilage zu Gegrilltem servieren.

*Für 4 Personen*

*Hessen*

## Gefüllte Zwiebeln

*Hessen und auch das nahe Frankenland sind wichtige Zwiebelanbaugebiete. Viele schmackhafte Zwiebelgerichte kommen aus dieser Gegend, so etwa diese raffinierte Variante. Nehmen Sie für dieses Rezept unbedingt die großen Gemüsezwiebeln (»Metzgerzwiebeln«), weil sie viel milder sind als die üblichen Haushaltszwiebeln.*

*4 große Gemüsezwiebeln, geschält*

*Salz*

*150 g Kalbsbrät*

*1 Eigelb*

*2 EL Semmelbrösel, in 2 EL Milch eingeweicht*

*4 EL Frühlingskräuter, frisch gehackt*

*Abgeriebene Schale von ½ unbehandelten Zitrone*

*Frisch gemahlener Pfeffer*

*40 g Butter*

*125 ml Geflügelbrühe*

*125 g Sahne*

*50 g Mandelblättchen*

◆ Die Gemüsezwiebeln in kochendem Salzwasser etwa 15–20 Minuten kochen. Mit einem Schaumlöffel herausheben, abtropfen lassen und quer halbieren. Die Hälften mit einem kleinen Löffel bis auf zwei Randschichten vorsichtig aushöhlen. Das ausgehöhlte Zwiebelfleisch fein hacken. Das Kalbsbrät mit Eigelb, den eingeweichten Semmelbröseln und den Kräutern verrühren. Das klein gehackte Zwiebelfleisch dazugeben und das Ganze mit Zitronenschale, Salz und Pfeffer würzig abschmecken. Den Backofen auf 180 °C vorheizen.

◆ Die Farce in die Zwiebelhälften füllen und diese nebeneinander in eine mit 20 g Butter ausgefettete Auflaufform setzen. Mit Brühe und Sahne umgießen. Die restliche Butter in Flöckchen auf die gefüllten Zwiebeln setzen. Die Mandelblättchen darüber streuen. Auf der mittleren Schiene des heißen Ofens 40–45 Minuten backen. Am besten in der Form mit der cremig eingekochten Sauce servieren.

*Für 4 Personen*

*Dazu passen Kartoffelpüree und grüner Salat. Die gefüllten Zwiebeln schmecken auch lauwarm als Vorspeise. Wer's deftiger haben möchte, bereitet die Farce mit herzhaftem fränkischem Bratwurstbrät zu.*

*Alle Regionen*

# Röstgemüse mit Ziegenkäse

*Die deutsche Küche hat sich, vor allem in den vergangenen Jahrzehnten, ständig weiterentwickelt. Neue, erfrischende Akzente bereichern die traditionellen Gerichte und sorgen für kulinarische Spannung. Gerade in der Gemüseküche sind der mediterrane und auch der asiatische Einfluss wohltuend. Hier ein Beispiel, wie man heute heimische Gemüse mit Kräutern und frischem Ziegenkäse raffiniert verfeinert.*

9 EL Öl

2 Knoblauchzehen, geschält

2 Thymianzweige

2 Rosmarinzweige

1 Lorbeerblatt

4 junge Möhren, geschält und längs geviertelt

12 grüne Spargelstangen, geschält und das untere Drittel entfernt

½ kleiner Kopf junger Mai-Wirsing, geputzt und in Rauten geschnitten

2 rote Zwiebeln, geschält, halbiert und längs in schmale Spalten geschnitten

2 junge Kohlrabi, geschält und erst in ½ cm breite Scheiben, dann in ½ cm breite Streifen geschnitten

150 g Egerlinge, geputzt und geviertelt

Salz

100 g Cocktailtomaten

50 g Kürbiskerne, grob gehackt

1 EL Zucker

100 g blaue Weintrauben, halbiert und entkernt

Grob geschroteter Pfeffer

8 kleine Ziegenfrischkäse (à ca. 30 g)

◆ 6 EL Öl in einer großen Pfanne oder in einem Wok erhitzen und den Knoblauch sowie die Kräuter darin anrösten. Nach und nach zuerst Möhren, dann Spargelstangen, Wirsing, Zwiebeln, Kohlrabi und schließlich Egerlinge hineingeben und unter ständigem Wenden bei mittlerer Hitze rasch anbraten. Das Gemüse leicht salzen.

◆ In einer weiteren Pfanne 2 EL Öl erhitzen und die Cocktailtomaten darin bei mittlerer Hitze goldbraun anbraten.

◆ In einer dritten kleinen Pfanne die Kürbiskerne mit dem restlichen Öl beträufeln, salzen und bei schwacher Hitze knusprig rösten. Die Kerne aus der Pfanne nehmen und in der gleichen Pfanne den Zucker karamellisieren lassen. Die halbierten Weintrauben dazugeben und glasieren.

◆ Kurz vor dem Servieren die Kräuter aus dem Röstgemüse entfernen und die Tomaten sowie die Weintrauben vorsichtig unterheben. Mit Salz und Pfeffer würzen und auf vier Teller verteilen. Jeweils mit zwei Ziegenfrischkäse belegen, mit Kürbiskernen bestreuen und sofort servieren.

*Für 4 Personen*

*sehr gut passt zu dem Röstgemüse herzhaftes, frisch gebackenes Weizenmischbrot. Aber auch kleine neue Kartoffeln sind eine schmackhafte Begleitung. Das Gemüse ist je nach Saison austauschbar. Wichtig ist die Frische – und dass es nicht zu weich gebraten wird.*

Feine kleine Ziegenfrischkäse vom Hallertauer Ziegenhof.

## Thüringen

# Pilzragout

*Die Wälder Thüringens duften im Spätsommer und Herbst nach frischen Steinpilzen, Pfifferlingen und Co. Und da sie ein Geschenk der Natur sind, kommen Pilze, abwechslungsreich zubereitet, während dieser Zeit häufig auf den Tisch. Wer nicht gerade einen Wald vor der Tür hat, der kann das feine Ragout auch mit Zuchtpilzen, die man heute erntefrisch in jedem Supermarkt bekommt, zubereiten.*

*2 Zwiebeln, geschält und in kleine Würfel geschnitten*

*1 Knoblauchzehe, fein gerieben*

*40 g Butter*

*2 Thymianzweige*

*500 g gemischte Waldpilze, z. B. Steinpilze, Maronen, Pfifferlinge, Rotkappen; oder Zuchtpilze, z. B. Austernpilze, Champignons, Egerlinge; geputzt und in Scheiben geschnitten*

*½ Bund Petersilie, fein gehackt*

*Salz*

*Frisch gemahlener Pfeffer*

*Frisch geriebene Muskatnuss*

*400 ml Kalbsfond (aus dem Glas)*

*200 g Sahne*

*1 Eigelb*

*100 g Crème fraîche*

◆ Die Zwiebelwürfel und den Knoblauch in der aufgeschäumten Butter glasig dünsten. Den Thymian dazugeben und kurz mitrösten. Die Pilze und die Hälfte der Petersilie hinzufügen und unter Rühren andünsten. Mit Salz, Pfeffer und Muskat würzen und mit Kalbsfond und Sahne aufgießen. 15 Minuten offen kochen lassen, bis die Sauce leicht sämig ist.

◆ Das Eigelb mit Crème fraîche verquirlen und unter das Pilzragout rühren. Erhitzen, aber nicht mehr kochen lassen. Kurz vor dem Servieren die restliche Petersilie untermischen.

*Für 4 Personen*

*Dazu passen am besten kleine, lockere Semmelknödel. Einen frischen, sommerlichen Touch bekommt das Ragout, wenn sie frische, enthäutete Tomaten in kleine Würfel geschnitten untermischen.*

## Alle Regionen

# Gefüllte Riesenchampignons

*Das Zeitalter der Zuchtpilze hat unsere Küche positiv beeinflusst. Im entlegensten Winkel Deutschlands kann man Zuchtpilze heute erntefrisch kaufen. Als vegetarische Variante ersetzen Sie die Schinkenwürfel einfach durch klein gewürfelte Pilze und nehmen Gemüse- statt Fleischbrühe.*

*12 Riesenchampignons, geputzt*

*3 EL Öl*

*1 Zwiebel, geschält und in kleine Würfel geschnitten*

*1 Knoblauchzehe, geschält und fein gerieben*

*50 g gekochter Schinken, in kleine Würfel geschnitten*

*50 g roher Schinken, in kleine Würfel geschnitten*

*2 Tomaten, enthäutet, entkernt und in kleine Würfel geschnitten*

*1 EL Majoranblätter, fein gehackt*

*1 EL Petersilie, fein gehackt*

*4 EL würziger Bergkäse (frisch gerieben)*

*3 EL Semmelbrösel*

*20 g Butter*

*100 ml Fleischbrühe*

◆ Von den Champignons den Stiel herausdrehen und den Pilz noch ein wenig aushöhlen, damit mehr Platz für die Füllung ist. Die Stiele und das so gewonnene Pilzfleisch fein hacken.

◆ Das Öl in einer Pfanne erhitzen und Zwiebeln, Knoblauch sowie das Pilzfleisch darin anbraten. Die Schinkenwürfel, die Tomaten und die Kräuter dazugeben und mitdünsten. Von der Kochstelle nehmen und den Käse sowie die Semmelbrösel unter die Farce rühren. Den Backofen auf 220 °C vorheizen.

◆ Eine längliche, ofenfeste Form mit der Hälfte der Butter ausfetten. Die Champignons mit der Farce füllen und in die Form setzen. Mit Fleischbrühe umgießen und die restliche Butter in kleinen Flöckchen auf der Füllung verteilen.

◆ Im heißen Backofen auf der mittleren Schiene 20 Minuten goldbraun überbacken.

*Für 4 Personen als Hauptgericht, für 12 Personen als kleine Vorspeise*

*Bayern*

## Gebackene Egerlinge

*Manch ein Genießer zieht die knusprig frittierten Egerlinge oder Champignons einem Wiener Schnitzel vor. Außen kross und innen saftig, dazu Kartoffelsalat und eine Sauce tartare oder eine Bärlauchsauce, das schmeckt fantastisch.*

*800 g möglichst kleine Egerlinge oder Champignons, geputzt*

*4 Eier, verquirlt*

*Ca. 150 g Semmelbrösel, möglichst frisch gerieben*

*Reichlich Öl zum Ausbacken*

*FÜR DIE BÄRLAUCHSAUCE:*

*½ Bund frischer Bärlauch, geputzt, in Streifen geschnitten*

*1 kleine Zwiebel, geschält und in Würfel geschnitten*

*100 g Crème fraîche*

*100 g saure Sahne*

*Salz*

*Frisch gemahlener Pfeffer*

*Saft von ½ Zitrone*

*2 hart gekochte Eier, geschält und fein gehackt*

*2 EL geschlagene Sahne*

◆ Die Pilze aufspießen und zuerst in die verquirlten Eier tauchen, dann in den Semmelbröseln wenden. Nebeneinander auf eine Platte legen.

◆ Das Öl in einer Fritteuse auf 180 °C erhitzen und die Pilze darin portionsweise goldbraun backen. Auf Küchenpapier entfetten.

◆ Den Bärlauch mit den Zwiebeln, der Crème fraîche und der sauren Sahne im Mixer kurz pürieren, dann mit Salz, Pfeffer und Zitronensaft würzen und die gewürfelten Eier untermischen. Zum Schluss die Sahne unterziehen und die Sauce separat zu den Pilzen reichen.

*Für 4 Personen*

*Zuchtpilze lediglich mit einem trockenen Tuch oder Küchenpapier abreiben.*

*Franken*

## Pfifferlinge mit Eiernudeln

*Pfifferlinge mit Ei sind ein Klassiker in allen waldreichen Regionen. Aber die schmackhaften und hübschen Waldpilze schmecken auch prima kurz angebraten auf buntem Salat oder mit einer feinen Weinsauce unter bissfest gekochte Eiernudeln gemischt.*

*2 Frühlingszwiebeln, geputzt und in feine Ringe geschnitten*

*2 EL Öl*

*500 g Pfifferlinge, geputzt*

*2 Thymianzweige*

*Salz und frisch gemahlener Pfeffer*

*⅛ l trockener Weißwein, z. B. fränkischer Silvaner*

*4–5 EL Fleischbrühe*

*2 Tomaten, enthäutet, entkernt und in kleine Würfel geschnitten*

*40 g kalte Butter, in kleine Stücke geschnitten*

*250 g selbst gemachte Eiernudeln (siehe Glossar)*

*2 EL gehackte Petersilie*

◆ Die Frühlingszwiebeln kurz im Öl andünsten, die Pilze und die Thymianzweige hinzufügen und mit Salz und Pfeffer würzen. Einige Minuten braten, dann mit Wein und Brühe aufgießen und einige Minuten köcheln lassen. Die Tomatenwürfel dazugeben und zum Schluss die Butter nach und nach unterrühren, bis die Sauce sämig ist. Die Thymianzweige herausfischen.

◆ Die Eiernudeln in Salzwasser in wenigen Minuten bissfest kochen, in ein Sieb abgießen und mit der Petersilie unter die Pilze mischen.

*Für 4 Personen*

| Berlin | Bayern |
|---|---|

## Selleriesalat

*Berliner lieben ihren Selleriesalat nicht nur als saftige Begleitung zur Gans, sondern auch zu Buletten und vielen anderen Fleischgerichten. Sellerieknollen fristen überwiegend ein Dasein als Suppengemüse – dabei sind die aromatischen Knollen überaus lecker, nicht nur gekocht als Salat, sondern auch als Rohkost. Raffiniert schmeckt auch Selleriepüree mit Ingwer gewürzt – eine feine Beilage zu Wildgerichten.*

*2 mittelgroße Sellerieknollen, geputzt und gewaschen*

*Salz*

*3–4 EL Weißweinessig*

*5 EL Öl*

*1 EL Ingwer, frisch gerieben*

*1 Zwiebel, geschält und in kleine Würfel geschnitten*

*Frisch gemahlener Pfeffer*

*½ Bund Schnittlauch, fein geschnitten*

◆ Die Sellerieknollen in reichlich Salzwasser weich kochen. Die Knollen mit einem Schaumlöffel herausheben und in kaltem Wasser abschrecken. Schälen und in dünne Scheiben schneiden.

◆ Den Essig mit 1 Tasse Gemüsekochwasser vermischen, salzen und das Öl unterschlagen. Den Ingwer und die Zwiebelwürfel untermischen und herzhaft mit Pfeffer würzen. Die Gemüsescheiben mit dieser Marinade begießen. Mindestens 2 Stunden, besser über Nacht durchziehen lassen. Die Selleriescheiben mit Schnittlauch bestreut servieren.

*Für 4 Personen*

*Am besten bereiten sie gleich die doppelte Menge zu, denn der Salat hält sich an einem kühlen Ort einige Tage. Gut durchgezogen schmeckt er noch aromatischer als frisch zubereitet.*

## Krautsalat

*Was der Selleriesalat in Berlin, ist der Krautsalat in Bayern. Der herzhafte Salat passt vorzüglich zu Schweinebraten, aber auch zu vielen anderen bayerischen Fleisch-Spezialitäten. Wichtig ist, dass das Kraut (der Kohl) noch jung ist und dass der Salat noch Biss hat. Die Speckwürfel und der Kümmel sorgen für den richtigen Geschmack.*

*1 kleiner Weißkohl, geputzt und sehr fein geschnitten*

*250 ml Wasser*

*Salz*

*1 TL Kümmel*

*3 EL Öl*

*3 EL Weinessig*

*100 g durchwachsener Räucherspeck, in kleine Würfel geschnitten*

*Frisch gemahlener Pfeffer*

*½ Bund Schnittlauch, fein geschnitten*

◆ Die Weißkohlstreifen in eine große Schüssel geben. Das Wasser mit Salz und Kümmel zum Kochen bringen und über die Gemüsestreifen gießen. Zugedeckt etwa 5 Minuten ziehen lassen. Dann das Wasser abgießen und den Kohl, am besten mit den Händen, gut durchkneten, bis er weich und geschmeidig ist.

◆ 2 EL Öl mit dem Essig verquirlen und unter den Salat mischen. Den Weißkohl mindestens 1 Stunde durchziehen lassen.

◆ Restliches Öl erhitzen und darin die Speckwürfel knusprig braten, sofort über den Salat gießen. Sorgfältig vermischen und mit Salz und Pfeffer würzig abschmecken. Mit Schnittlauch bestreut servieren.

*Für 4 Personen*

*Die Qualität des Krautsalats ist eine wichtige Messlatte für den Ruf eines bayerischen Gasthofes. Ist der Krautsalat gut, dann kann man dort sicherlich auch andere Spezialitäten genießen.*

## Baden-Württemberg

# Feldsalat mit Roter Bete

*Feldsalat hat in der letzten Zeit eine Vorrangstellung unter den Salaten eingenommen, insbesondere in der kühleren Jahreszeit. Kein Wunder, denn die kleinen Rosetten sehen appetitlich aus, sind sehr mineralstoff- und vitaminreich und schmecken angenehm nussig. Die zarten Pflänzchen werden regional unterschiedlich bezeichnet, zum Beispiel als Rapunzel, Ackersalat, Nüsslisalat oder auch Vogerlsalat.*

*200 g Feldsalat, verlesen und geputzt*

*1 Zwiebel, geschält und in kleine Würfel geschnitten*

*1 kleine gekochte Kartoffel, geschält und fein zerdrückt*

*1 EL Rotweinessig*

*1 EL Balsamico-Essig*

*3 EL Öl*

*1 EL Nussöl*

*FÜR DEN ROTE-BETE-SALAT:*

*400 g gekochte Rote Bete, geschält und in kleine Würfel geschnitten*

*¼ TL Kümmel, fein gehackt*

*1 TL Meerrettich, fein gerieben*

*4 EL Rotweinessig*

*4 EL Öl*

*Frisch gemahlener Pfeffer*

*2 EL Petersilie, frisch gehackt*

◆ Den vorbereiteten Feldsalat in eine Schüssel geben. Die Zwiebelwürfel mit der zerdrückten Kartoffel verrühren und dabei nach und nach den Essig und die Öle unterrühren.

◆ Für den Salat die Gemüsewürfel ebenfalls in eine Schüssel geben. In einer zweiten kleinen Schüssel Kümmel, Meerrettich, Essig und Öl gründlich verquirlen und die Rote-Bete-Würfel damit marinieren. Mit Pfeffer würzen.

◆ Den Feldsalat mit Kartoffeldressing anmachen, auf vier Teller verteilen, in die Mitte Rote-Bete-Salat häufen. Mit Petersilie bestreuen und servieren.

*Für 4 Personen*

*schmeckt auch mit roh geraspelten Roten Beten köstlich!*

## Alle Regionen

# Bunter Gemüsesalat

*Gemüsesalate sind keine speziellen regionalen Gerichte, sondern vielmehr Famlienrezepte. Sozusagen quer durch den Gemüsegarten werden die Salate zusammengestellt, je nachdem, was die Saison gerade bietet. Hier meine Version, die ich gerne zubereite, wenn ich zahlreiche Gäste bewirte. Zum Verfeinern mische ich zum Schluss noch frisch pochierten Lachs unter den Salat.*

*100 g junge Stangenbohnen, geputzt*

*Salz und frisch gemahlener Pfeffer*

*4 junge Möhren, geschält und in kleine Würfel geschnitten*

*1 kleine Fenchelknolle, geputzt, halbiert und in feine Streifen gehobelt*

*1 kleine rote Paprikaschote, geputzt und in kleine Würfel geschnitten*

*4 kleine gekochte Kartoffeln, geschält und in Würfel geschnitten*

*4 Frühlingszwiebeln, geputzt und mit einem Drittel des Grüns in feine Scheiben geschnitten*

*1 EL kleine Kapern*

*2 EL Crème fraîche*

*1 TL feinwürziger Senf*

*3 EL Estragonsenf*

*3 EL Estragonessig*

*6 EL Öl*

*2 EL Petersilie, fein gehackt*

◆ Die Bohnen in kochendem Salzwasser bissfest kochen, in eiskaltem Wasser abschrecken und gut abtropfen lassen. Mit den übrigen Gemüsesorten und den Kapern in einer großen Schüssel vermischen.

◆ Die Crème fraîche mit dem Senf, Essig, Salz und Pfeffer verrühren. Zum Schluss unter ständigem Rühren das Öl unterschlagen. Die Sauce über dem Salat verteilen und gut durchmischen.

◆ Etwa 30 Minuten durchziehen lassen, dann mit Petersilie bestreut servieren.

*Für 4 Personen*

*Das Gemüse ist je nach Saison austauschbar. Wichtig ist allein die Frische!*

## Einmachen

Es geschieht nicht selten, dass ich beim Schnuppern an einem Wein an die frisch gekochte Erdbeermarmelade meiner Mutter oder auch an ihren verführerischen »Zwetschgenröster« erinnert werde. Düfte der Kindheit bleiben ein Leben lang haften und werden sofort reaktiviert, wenn sie – sei es auch in einer ganz anderen Form – wieder auftauchen.

Für den Zwetschgenröster werden vollreife, halbierte und entsteinte Spätzwetschgen in einer ofenfesten Form mit Zucker und einem Stück Zimtstange (pro 1 kg Zwetschgen etwa 60–70 g Zucker) im Backofen bei 120 Grad so lange gegart, bis die Früchte zerfallen. Dabei die Zuckermenge nach und nach unterrühren und ganz zum Schluss mit Zwetschgenwasser verfeinern. Noch heiß in saubere, am besten abgekochte Gläser gefüllt und fest verschlossen, hält sich der Zwetschgenröster einige Monate und ist eine aromatische Beilage zu Desserts oder Vanilleeis und schmeckt auch pur aufs Butterbrot einfach wunderbar.

Diese nostalgischen Gefühle sind der Grund, weshalb heute – ohne die Notwendigkeit, für lange karge Wintermonate vorzusorgen – wieder Früchte eingeweckt, Marmelade gekocht oder Kürbis und allerlei andere Gemüse süßsauer eingelegt werden. Es sind der individuelle Geschmack und die eigene Kreativität, denen man hier freien Lauf lassen kann – und natürlich die Freude darüber, selbst Hand angelegt zu haben. Es gibt heute im Handel Twist-off-Gläser in allen möglichen Formen und Größen, die das Einmachen – auch kleiner Mengen – erleichtern und zudem noch hübsch aussehen. Selbst kreierte Marmeladesorten oder würzige Pickles, etwa eingelegte Essigpflaumen oder herzhafte Senfgurken, sind zudem ein sehr persönliches Geschenk, über das sich jeder Gourmet ganz besonders freut.

Jeden Genießer begeistern sicherlich die würzig eingelegten Selleriescheiben: die Sellerieknollen schälen, in Scheiben schneiden und in Salzwasser, gewürzt mit Essig, Pfefferkörnern, Fenchel- und Dillsamen kochen. Dann abwechselnd mit Zwiebelscheiben und frisch geriebenem Ingwer in Einmachgläser schichten, mit dem Kochsud begießen und in etwa 2 Stunden offen bei 100 Grad in einem Wasserbad im Backofen einkochen, die Gläser noch heiß verschließen.

Grundsätzlich gilt: Je frischer und reifer die Früchte, umso aromatischer das Ergebnis: Falls man keinen eigenen Garten besitzt, sollte man die Früchte oder das Gemüse zum Einmachen am besten auf dem Markt und immer nach der Saison einkaufen – so lassen sich die Jahreszeiten im Glas einfangen.

## Mecklenburg-Vorpommern
# Eingelegtes Gemüse

*Sicherlich kann man Essiggurken und Mixed Pickles fertig in Gläsern kaufen, aber selbst gemacht, nach eigenem Geschmack gewürzt, schmeckt es doch noch mal so gut. Außerdem sind marinierte Gemüse, in hübsche Gläser abgefüllt, ein sehr persönliches Geschenk für liebe Freunde.*

*¾ l Weinessig*

*½ l Wasser*

*200 g Zucker*

*4 EL Salz*

*8 cm frische Meerrettichwurzel, geschält und in feine Scheiben gehobelt*

*1 EL Senfkörner*

*1 EL Pfefferkörner*

*4 Dillblüten*

*300 g junge grüne Bohnen, geputzt und in der Mitte durchgebrochen*

*500 g Blumenkohl, geputzt und in kleine Röschen zerteilt*

*500 g junge Möhren, geschält und mit einem Buntmesser in dicke Scheiben geschnitten*

*Je 1 gelbe und rote Paprikaschote, halbiert, geputzt und in Rauten geschnitten*

*200 g Perlzwiebeln, geschält*

*200 g sehr kleine Champignons, geputzt*

◆ Den Essig mit Wasser, Zucker, Salz, Meerrettich, Senf- und Pfefferkörnern sowie Dillblüten erhitzen und etwa 5 Minuten köcheln lassen.

◆ Das vorbereitete Gemüse bis auf die Champignons in kochendem Salzwasser 4–5 Minuten blanchieren, die letzten 2 Minuten die Pilze hinzufügen. In einem Sieb abtropfen lassen.

◆ Das Gemüse auf Schraubgläser verteilen, jeweils 1 gekochte Dillblüte darauf legen und mit dem heißen Sud begießen. Die Gläser sofort verschließen und kühl und dunkel aufbewahren.

◆ Nach 3 Tagen den Sud in einen Topf gießen, erneut aufkochen und über das Gemüse geben. Wieder gut verschließen, kühl und dunkel lagern.

*Für 4 Twist-off-Gläser von je 1 Liter Inhalt*

Achten Sie darauf, dass Gläser und Deckel gründlich sauber sind.

*Mark Brandenburg*

## Kürbis süßsauer

*1 kg Kürbisfleisch, in 3 cm große Würfel geschnitten*

*500 g Zucker*

*¼ l Weißweinessig*

*¼ l Wasser*

*4 Gewürznelken*

*½ Zimtstange*

*Abgeriebene Schale von ½ unbehandelten Orange*

*Abgeriebene Schale von ½ unbehandelten Zitrone*

*2 EL Ingwer, frisch gerieben*

◆ Die Kürbiswürfel mit den übrigen Zutaten in einer Schüssel vermischen und das Ganze 24 Stunden durchziehen lassen.

◆ Am nächsten Tag bei mittlerer Hitze 10–15 Minuten kochen lassen, bis die Kürbisstücke glasig werden. In Gläser füllen und fest verschließen.

*Für 2 Twist-off-Gläser von je 1 Liter Inhalt*

Früchte und Gemüse zur besten Zeit geerntet –
so lassen sich die Jahreszeiten im Glas einfangen.

*Mark Brandenburg*

## Gurkenhappen süßsauer

*2 kg Schmorgurken, geschält, halbiert, entkernt und in 1 cm breite Streifen geschnitten*

*100 g Salz*

*¾ l Weißweinessig*

*½ l Wasser*

*200 g Zucker*

*1 EL Ingwer, frisch gerieben*

*50 g Senfkörner*

*1 EL weiße Pfefferkörner*

*2 Lorbeerblätter*

◆ Die Gurken mit Salz bestreuen, sorgfältig miteinander vermischen und das Ganze zugedeckt über Nacht an einem kühlen Ort ziehen lassen.

◆ Essig, Wasser und die übrigen Zutaten aufkochen lassen. Die gut abgetropften Gurken 1–2 Minuten in der Kochflüssigkeit garen und mit dem Sud in Gläser füllen. Sofort fest verschließen und kühl stellen. Nach 1 Woche die Flüssigkeit in einen Topf gießen, aufkochen lassen und erneut über den Gurken verteilen. Gut verschließen und kühl lagern.

*Für 2 Twist-off-Gläser von je 1 Liter Inhalt*

# KNÖDEL, KLÖSSE UND SPÄTZLE

*Typisch deutsch,
regional geprägt*

Wie so viele kulinarische Köstlichkeiten sind auch die herzhaften Mehlspeisen aus der Not heraus entstanden. Getreide – ob Weizen, Roggen oder Gerste – wuchs überall und so bereiteten die Hausfrauen daraus Breie zu. Mal waren sie aus grob, mal aus feiner geschrotetem Getreide, mal wurden sie süß und mal herzhaft abgeschmeckt. Milch, Butter und Schmalz gab es auf den Bauernhöfen auch, und so entwickelten sich im Lauf der Zeit von Nord nach Süd zahlreiche wohlschmeckende Speisen auf Getreidebasis.

Im Schwabenland entstanden aus Mehl und Eiern, ein bisschen Wasser, einer Prise Salz und einer gehörigen Portion Fantasie die Spätzle – bis heute die Lieblingsspeise der Schwaben. Man erzählt sich zwar, dass das Wort Spätzle vom italienischen Wort »spezzare« (brechen, zerteilen) kommt, und schließt daraus, dass es eventuell italienische Weinhändler waren, die die »Pasta-Kultur« ins Schwabenland brachten. Wie dem auch sei: Die Alemannen haben daraus »ihre« Spätzle entwickelt, die man in dieser Form in Italien nicht findet.

Ähnlich war es mit den Eiernudeln. Wer immer sie erfand – Chinesen oder Italiener –, eines steht fest: Die deutsche Nudelkultur entstand im Schwabenländle. Pfiffige schwäbische Mönche haben gehacktes Fleisch mit Spinat vermischt und unter dünn ausgerolltem Nudelteig versteckt, um so die langen Fastenzeiten genussvoller zu überstehen (daher heißen sie auf Schwäbisch auch »Hergottsbscheißerle«).

Mit dem systematischen Anbau der Kartoffel, den Friedrich der Große nach dem Siebenjährigen Krieg (1756–1763) befahl, kam Abwechslung in die deutsche Küchenszene. Man erzählt sich, dass der schlaue Preußenkönig die von ihm angelegten Kartoffelfelder durch Soldaten bewachen ließ, um damit bei der Bevölkerung die gewünschte Aufmerksamkeit für dieses neue Lebensmittel zu erreichen. Anfangs war man skeptisch, aber bald florierte der Anbau und gleichzeitig die Entwicklung neuer Rezepte rund um den Erdapfel.

Traditionsgemäß ist der Freitag für Katholiken ein fleischloser Tag und somit der klassische Mehlspeisentag. In der heutigen Zeit sind diese kirchlichen Vorgaben nicht mehr nötig – fleischlose Mahlzeiten sind das ganze Jahr hindurch beliebt und bedeuten längst nicht mehr Verzicht. Oder denken Sie etwa ans Fasten, wenn vor Ihnen ein Teller mit leckeren Käsespätzle oder Fingernudeln mit Sauerkraut steht? Ganz im Gegenteil, herzhafte Mehlspeisen sind im Trend und begeistern Feinschmecker in allen Regionen.

Knödel, Spätzle und Co. sind einerseits beliebte Hauptgerichte, andererseits aber auch die so genannten Sättigungsbeilagen. Welche Beilage wozu am besten passt, dass ist regional sehr verschieden und auch darin spiegelt sich die Vielfalt der deutschen Küche wider.

Eines steht fest: Die Knödelregion ist Bayern. Und einem g'standnen Bayern würde der Knödel

im Hals stecken bleiben, würde man das, was kugelrund und wohlgeformt auf seinem Teller nebst einem knusprigen Schweinebraten liegt, als Kloß bezeichnen. Umgekehrt könnte dasselbe einem Thüringer passieren, würde man ihm den klassischen Thüringer Kartoffelkloß als Knödel anbieten. Diese regionalen Eigenheiten machen das kulinarische Spektrum des Landes interessant und liebenswert.

Hinzu kommt, dass jede Hausfrau ihre ganz speziellen Tricks hat, weshalb zum Beispiel Knödel oder Klöße bei ihr besonders gut munden. Diese kleinen Geheimnisse der Köchinnen und Köche sorgen für den ganz persönlichen Reiz der Küche quer durch alle deutschen Regionen. Überall gilt jedoch eins: Selbst gemachte Knödel oder Klöße sind immer etwas Besonderes und demjenigen, der sie zubereitet hat, ist stets höchste Anerkennung garantiert.

Was wäre ein Gänsebraten ohne Thüringer Kartoffelkloß, ein bayerisches Lüngerl ohne Semmelknödel, ein Schäufele ohne fränkische halbseidene Klöße, ein Schwäbischer Rostbraten ohne Spätzle oder Leber Berliner Art ohne lockeres Kartoffelpüree – um nur einige Beilagenklassiker zu nennen.

Die Beilage ist es, die hierzulande die Mahlzeit erst komplett macht. Die deutsche Regionalküche ist geprägt von der Vielfalt der Beilagen und der herzhaften Mehlspeisen, die sich zwar ähneln, aber dennoch von Region zu Region unterschiedliche Traditionen und verschiedene Namen haben. Im Norden und im Westen spielen Kartoffeln die wichtigste Rolle.

In Berlin und der Mark Brandenburg begleiten ein lockeres Kartoffelpüree oder Quetschkartoffeln, das sind grob zerstampfte Kartoffeln mit Milch oder Brühe verrührt, die zahlreichen Fleischspeisen. Ähnlich, aber dennoch wieder ein wenig anders, sind die Stampfkartoffeln, vermischt mit Endiviensalat oder Chinakohl, wie man sie in Westfalen und im Ruhrgebiet mag – am liebsten mit ausgebratenen Speckwürfeln bestreut. Und selbst gemachtes Kartoffelpüree ist quer durchs Land und nicht nur für Kinder eine Lieblingsbeilage.

In Hamburg schätzt man Béchamelkartoffeln als Beilage zu gebratenem Fisch und Fleisch. Eine Ausnahme in dieser Kartoffeltradition des hohen Nordens ist der »Große Hans«, ein Mehlkloß, der,

Links unten: Ruhig und still liegt der Chiemsee vor herrlicher Kulisse. Rechts oben: In Butter gebraten schmecken Mehlspeisen besonders lecker. Rechts unten: Technik und Tradition ergänzen sich gut.

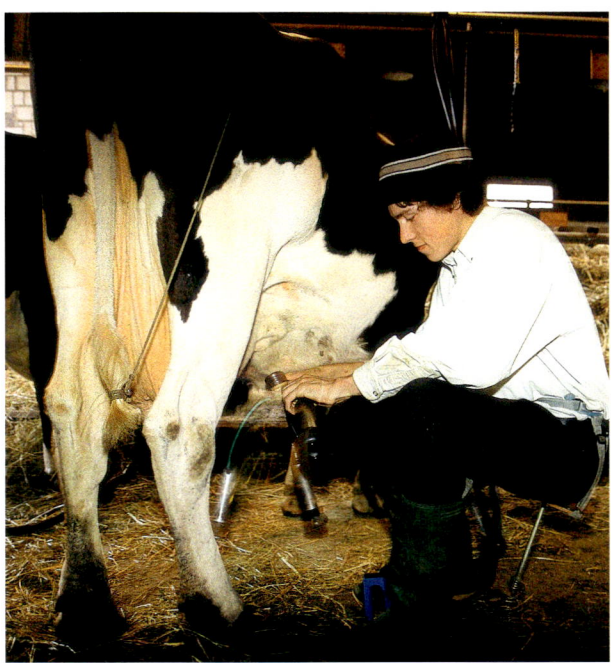

eingehüllt in eine Serviette, mit einer Schweinebacke gekocht wird. Dazu isst man Kompott aus Backobst. Für Holsteiner ebenso ein traditioneller Hochgenuss wie für die Ostfriesen ihr »Bookweeten Janhinnerk«, ein mit Speckstreifen angereicherter Buchweizenpfannkuchen.

In den westlichen Regionen Deutschlands, im Saarland, in der Pfalz und in Rheinhessen liebt man die herzhaften Gerichte aus »Grumbeere«, auch »Grundbirne« genannt, regionale Namen für Kartoffeln. Köstlich sind die »Backesgrumbeere«, das sind Kartoffelwürfel mit Speck- und Zwiebelwürfeln auf einem Backblech verteilt, mit Sahne begossen und goldbraun gebacken. Ein weit über

das Rheinland hinaus beliebtes Kartoffelgericht sind die »Rievkooche« (Kölsch für Reibekuchen), die dort üblicherweise mit Rübenkraut gegessen werden. Im Laufe der Zeit haben sie sich als »Kartoffelpuffer« in Berlin und als »Reiberdatschi« in Bayern eingebürgert.

Und weil in Hessen Kartoffeln und Äpfel besonders gut gedeihen, kreierte man einen herzhaften Hefekuchen, belegt mit Kartoffel-, Apfel- und Zwiebelscheiben – »Bloatz« genannt –, der am besten frisch gebacken und direkt aus der Hand gegessen schmeckt.     .

Je weiter man in den Süden fährt, umso mehr bevorzugt man Beilagen aus Mehl und Eiern. In Baden zum Beispiel reicht man zum Spargel keine Kartoffeln, sondern »Kratzete«, ein mit zwei Gabeln in große Stücke zerrissener lockerer Eierkuchen. Und wie allerorts bekannt ist, essen die Schwaben gerne und zu fast allem ihre heiß geliebten Spätzle oder die dickeren »Knöpfle« –

**Oben:** Leuchtende Sonnenblumen, deren Samen ein gesundes Öl liefern. **Rechts:** In der »Krone« in Assmannshausen locken die ersten Sonnenstrahlen zum Genuss auf der Terasse.

mal als Beilage, mal mit Käse vermischt und mit gerösteten Zwiebeln als Hauptgericht.

Im Frankenland kommen dann Kartoffelklöße, beeinflusst vom nahen Thüringen, zu ihrem Recht. Rund um Nürnberg werden die Klöße aus rohen und gekochten Kartoffeln gemacht, die »Halbseidene« oder einfach nur »Klöß« heißen und nicht wie etwa in Bayern oder Schwaben »Knödel«.

Die »grünen Klöß«, die Urknödel schlechthin, stammen aus Thüringen. Ausschließlich aus rohen Kartoffeln und ein wenig Salz, ohne jeglichen Ei- oder Mehlzusatz, entstehen Klöße, die fast samtig auf dem Teller liegen und begierig darauf warten, die Sauce aufzusaugen. Jede Hausfrau hat dazu noch ihr spezielles Geheimnis: Mal ist es ein Löffelchen Quark, mal ein wenig Grießbrei oder ein Quäntchen Kartoffelpüree, das hinzugefügt wird! Niemals fehlen dürfen bei den Thüringer Klößen die knusprigen Brotwürfel in der Mitte. Im Gegensatz zu den Vogtländer Klößen aus Sachsen, die keine Einlage haben und halb und halb aus gekochten und rohen Kartoffeln zubereitet werden. Ein wenig im Schatten der echten Thüringer Klöße stehen die nicht minder schmackhaften Thüringer »Watteklöße« aus gekochten Kartoffeln.

Entlang der Ostseeküste Mecklenburg-Vorpommerns mit den schmucken Städten Wismar, Rostock und Stralsund bis hin zur traumhaft weißen Insel Rügen gibt es heute in vielen Restaurants Blini mit Schmand, die je nach Geldbeutel mit Kaviar, Lachs oder eingelegten Heringen belegt als Vorspeise serviert werden. Die einfache Version der weltweit unter Feinschmeckern geschätzten Blini, die von Russland aus in den Ostseeprovinzen heimisch wurden, sind »Flinsen«, mancherorts auch »Plinzen« oder »Flinzen« genannt. Es sind Pfannkuchen, hergestellt aus einer Mischung aus Mehl und Buchweizenmehl, Buttermilch und Eiern, die entweder herzhaft mit Speck oder süß mit Kompott aufgetischt werden.

In Altbayern muss traditionell ein Semmelknödel den Schweinsbraten begleiten, neuerdings kann es als raffinierte Variante aber auch ein Brezenknödel sein. Wichtig ist nur, dass die wohlgeformten Kugeln weich und locker sind, damit sie ordentlich Sauce aufnehmen können. Und auch gegen einen Kartoffelsalat haben Bayern, Schwaben und Franken nichts einzuwenden. Allerdings nicht mit Mayonnaise, wie man ihn im Rheinland schätzt, sondern mit Fleischbrühe angemacht und entweder im Winter mit Endiviensalat und im Sommer mit Gurkensalat vermischt oder – als ganz besonderes Schmankerl – mit frisch gebratenen Speckwürfeln herzhaft abgerundet.

*Thüringen*

## Thüringer Kartoffelklöße

*Die Klassiker aus Thüringen, häufig auch als grüne Klöße bezeichnet, sollten wohlgeformt, aber keineswegs zu fest sein. Sie dürfen aber auch nicht zu weich sein und die Farbe sollte eine zart grünliche Note haben. Daran sieht der Kenner sofort, dass diese Klöße tatsächlich mit rohen Kartoffeln gemacht worden sind.*

*2 kg möglichst große, mehlig kochende Spätkartoffeln, geschält*

*Salz*

*300–400 ml heiße Milch*

*2 Brötchen, in kleine Würfel geschnitten*

*40 g Butter*

◆ 500 g Kartoffeln in Stücke schneiden und in Salzwasser weich kochen, bis sie zerfallen.

◆ Die übrigen Kartoffeln entweder von Hand auf einer Kartoffelreibe oder mit der Küchenmaschine reiben. In ein Leinensäckchen oder ein Baumwolltuch füllen und auspressen, dabei den Kartoffelsaft aufbewahren, denn die darin enthaltene Stärke stetzt sich am Schüsselboden ab. Je trockener die Masse ist, umso weißer werden die Knödel.

◆ Die gekochen Kartoffelstücke abgießen und mit einem Kartoffelstampfer fein zerstampfen. So viel heiße

Milch hinzufügen, bis ein weicher Brei entsteht. Die durchgepressten Kartoffelraspeln und die sich am Schüsselboden angesammelte Stärke sorgfältig mit dem Kartoffelbrei verkneten.

◆ Reichlich Salzwasser in einem großen breiten Topf zum Kochen bringen. Die Brotwürfel in einer Pfanne mit heißer Butter goldbraun knusprig rösten.

◆ Aus der Kartoffelmasse mit angefeuchteten Händen 8 kleine Klöße formen und in die Mitte jeweils 3–4 Brotwürfel drücken. Die Klöße nachformen und ins kochende Salzwasser legen. Im leicht siedenden Wasser in etwa 15–20 Minuten offen gar ziehen lassen. Mit einem Schaumlöffel herausheben und gut abtropfen lassen.

*Für 4 Personen*

*Der Klassiker zur gebratenen Gans oder Ente! Aber das wären für die Thüringer zu wenig Anlässe. Deshalb genießt man diese Leibspeise auch zu allen Schmorgerichten. Und sollte es mal vorkommen, dass etwas übrig bleibt, werden die Knödel tags darauf in Butter geröstet.*

*Franken*

## Halbseidene mit Leberwurstfüllung

*Diese flaumigen Klöße sind auch in anderen Regionen geschätzt und heißen dort entweder Stärkeklöße, Watteklöße, baumwollne Klöße oder schlichtweg gekochte Kartoffelknödel. Die Klöße avancieren zu einem Hauptgericht, wenn man sie entweder mit Hackfleisch oder mit Leberwurst füllt.*

*1 kg mehlig kochende Kartoffeln, am Vortag gekocht und gepellt*

*150 g Kartoffelstärke*

*2 Eigelbe*

*250 g geräucherte Leberwurst*

*2 EL Sahne*

*1 TL Majoranblätter, frisch gehackt*

*Salz*

*Frisch geriebene Muskatnuss*

*60 g Butter*

*40 g Semmelbrösel*

◆ Die Kartoffeln auf der feinen Seite einer Rohkostreibe reiben. Die Kartoffelstärke und die Eigelbe hinzufügen und rasch mit den Händen zu einem geschmeidigen Teig verkneten.

◆ Die Leberwurst mit Sahne, Majoran und Muskat verrühren. Reichlich Salzwasser in einem halbhohen, breiten Topf zum Kochen bringen.

◆ Mit bemehlten Händen aus der Kartoffelmasse Klöße formen und jeweils in die Mitte eine Mulde drücken. 1 EL Leberwurstfüllung hineingeben und fest mit dem Kloßteig umhüllen. Erneut formen und in das kochende Salzwasser geben. In etwa 20 Minuten gar ziehen lassen.

◆ Die Butter zerlassen und die Semmelbrösel darin goldbraun rösten.

◆ Die Knödel mit einem Schaumlöffel herausheben, auf eine vorgewärmte Platte legen und mit den Butterbröseln bestreuen.

*Für 4 Personen*

*Mit Wirsinggemüse oder Salat genießen.*

*Bayern*

## Knödelsalat

*4 Halbseidene Klöße (ohne Füllung) oder 4 Kartoffel-, Semmel- oder Brezenknödel vom Vortag, in Scheiben geschnitten*

*4 Frühlingszwiebeln, in feine Ringe geschnitten*

*8 Radieschen, in dünne Scheiben geschnitten*

*3–4 EL Weißweinessig*

*Salz*

*Frisch gemahlener Pfeffer*

*100 ml Fleischbrühe*

*5 EL Öl*

*1 Hand voll Brunnenkresseblätter*

◆ Die Knödelscheiben mit den Frühlingszwiebeln und den Radieschen vermischen. Essig, Salz, Pfeffer und Fleischbrühe mit dem Öl zu einer Marinade verquirlen und mit den Salatzutaten vermischen. Das Ganze mindestens 1 Stunde durchziehen lassen, erst kurz vor dem Servieren die Brunnenkresse untermischen und genießen.

Eine Leberwurstvariation aus der Pfalz.

## Kartoffeln

Der Anblick einer aromatischen, heiß dampfenden Kartoffel mit einem Stückchen Butter und einer Prise Salz weckt die kulinarische Begierde vieler Gourmets. Geschätzt wird aber nicht nur der gute Eigengeschmack der Erdknolle, sondern vor allem auch die vielseitige Verwendbarkeit.

Kartoffeln haben in der deutschen Küche einen hohen Stellenwert. Dabei ist die Geschichte der braunen Knolle bei uns noch jung, gerade mal 250 Jahre ist es her, dass diese Pflanze den Siegeszug in Europa angetreten hat.

Die Urheimat der beliebtesten deutschen Beilage ist Südamerika, wie Ausgrabungen alter Gräber in Peru, bei denen man Tonkrüge in Kartoffelform fand, bestätigen. Bei den Inkas hatte die Erdfrucht bereits vor 8000 Jahren einen hohen Stellenwert. Anfang des 16. Jahrhunderts brachten Mönche diese Knolle von Ecuador nach Spanien und von dort aus verbreitete sie sich in ganz Europa unter den verschiedenartigsten Bezeichnungen, etwa »Fruit de terre«, »Patate«, »Aardappel«, »Erdbirne« oder »Erdapfel«, wie sie heute noch in einigen deutschen Regionen mundartlich genannt wird.

Die heutige Bezeichnung »Kartoffel« stammt von »tartufolo«, abgeleitet vom italienischen tartufo (Trüffel). Diese Sprachverwirrungen erklären, weshalb es so schwierig ist, den langen Weg der Kartoffel von Peru nach Europa exakt zu verfolgen. Sicher ist, dass im 16. Jahrhundert der Exot »Kartoffel« in vielen botanischen Gärten Europas als Zierpflanze blühte, lediglich in Spanien, Italien und Belgien hatte man bereits entdeckt, dass die unterirdischen Knollen köstlich schmecken.

In Deutschland bewegten Armut und Hungersnöte Friedrich den Großen 1756 dazu, diese Pflanze – per Dekret – im großen Stil anzubauen. Im ganzen Land entstanden Kartoffelfelder und mit der Zeit entwickelte man immer neue Sorten. 1875 wurden auf einer großen Ausstellung in Altenburg 2644 Kartoffelsorten präsentiert. Diese riesige Auswahl und die hohe Marktbedeutung regte natürlich die Fantasie der Köche an, es entstanden unzählige schmackhafte Rezepte und peu à peu wurde die Knolle auch in der feinen Gesellschaft salonfähig.

Kartoffeln sind unumstritten gesund und sind beileibe keine Dickmacher, ganz im Gegenteil: Kartoffeln entsprechen exakt den modernen Ernährungsvorstellungen, sind sie doch kalorienarm und reich an Vitaminen und Mineralstoffen. Lediglich die falsche Zubereitung, zum Beispiel ein triefendes Fettbad oder reichlich Mayonnaise, machen die Knollen zu Kalorienbomben.

Die Verwendungsmöglichkeiten in der Küche sind schier grenzenlos. Im Frühjahr freuen wir uns auf die neuen Kartoffeln, Schälen ist kaum nötig, denn die Schale ist noch hauchdünn und kann mit der Hand abgerubbelt oder auch mit verzehrt werden. Pur – lediglich mit einem Stückchen Butter – schmecken die frisch geernteten Knollen am besten.

Anders ist das mit den Kartoffeln im Spätsommer und Herbst. Nun hat sich die Stärke richtig entwickelt, und deshalb eignen sich diese späten Sorten vorzüglich für Püree, Knödel oder Klöße, Suppen und Eintöpfe, Reibekuchen und Röstkartoffeln, um nur einige Beispiele zu nennen. Außerdem sind diese Spätkartoffeln optimal zum Einlagern geeignet und erfreuen uns dann den ganzen Winter hindurch.

**Links:** Kartoffeln direkt vom Bauernhof zu kaufen wird immer beliebter. **Rechts:** Große Maschinen erleichtern die Kartoffelernte.

## Kleine Kartoffelkunde

Kartoffel ist nicht gleich Kartoffel! Die richtige Auswahl der Sorte ist entscheidend für das gute Gelingen des jeweiligen Rezeptes.

**Fest kochende Sorten** zeichnen sich durch einen vergleichsweise geringen Stärkegehalt aus. Wegen ihrer Formfestigkeit eignen sie sich optimal für Bratkartoffeln, Gratins und Kartoffelsalat. Die bekanntesten Sorten sind Cilena, Linda , Sieglinde, Hansa oder Nicola.

**Mehlig kochende Sorten** verfügen über einen hohen Stärkegehalt, das bedeutet, dass sie beim Garen leicht aufbrechen und sich auch sehr gut mit Flüssigkeiten verbinden. Sie sind also optimal für cremige Kartoffelsuppen, Eintöpfe, Knödel oder Klöße und natürlich für die Zubereitung eines lockeren Kartoffelpürees. Diese Kartoffeltypen werden unter den wohlklingenden Namen Afra, Aula, Irmgard und Likaria angeboten.

Wer sich nicht entscheiden kann, für den gibt es noch die **vorwiegend fest kochenden** Sorten. Der Stärkegehalt bewegt sich zwischen den vorher genannten Kellerkindern. Die Sorten Quarta, Agria, Christa und Secura eignen sich für fast alle Zubereitungen. Ein echter Kartoffelfan allerdings weiß, was er aus der Knolle zubereiten will, und wählt gezielt zwischen den genannten Sorten aus.

Außerdem unterscheidet man noch, je nach Ernte, zwischen Früh- und Spätkartoffeln. Frühkartoffeln sind Spezialsorten, die lediglich 90 Tage Reifezeit benötigen. Sie sind jedoch noch nicht völlig ausgereift und haben einen geringen Stärkegehalt. Anders die Spätkartoffeln, die stärkehaltig, geschmacksintensiv und daher auch lagerfähig sind. Kartoffeln kühl, dunkel und möglichst trocken aufbewahren. Entwickeln sich dennoch Triebe, auch »Augen« genannt, diese beim Schälen großzügig entfernen. »Ergrünte« Kartoffeln sind übrigens ungenießbar.

---

*Schwaben, Baden, Franken, Bayern*

# Schupfnudeln, Bubespitzle, Bauchstecherla, Fingernudeln

*Der Grundteig ist zwar fast immer identisch, lediglich die Mehlzugabe ändert sich von Region zu Region. Für alle aber gilt: Nur mehlig kochende Spätkartoffeln mit einem hohen Stärkeanteil garantieren, dass die kleinen Röllchen nach dem Garen in Form bleiben. In Baden und in Schwaben werden die »Bubespitzle« in kochendem Salzwasser gegart, bevor man sie in Butterschmalz schwenkt, ebenso die fränkischen »Bauchstecherla«. Die bayerischen »Fingernudeln« hingegen werden direkt nach dem Formen im heißen Schmalz gebraten oder auch spiralförmig in eine Bratreine gelegt, mit Fett bepinselt und im Backofen goldbraun gebraten.*

*1 kg mehlig kochende Kartoffeln, am Vortag gekocht*
*Salz*
*2 Eier*
*80–100 g Mehl*
*Frisch geriebene Muskatnuss*
*Butter oder Schweineschmalz zum Braten*

◆ Die Kartoffeln schälen und auf der feinen Seite der Rohkostreibe in eine Schüssel reiben. Salzen, in die Mitte eine Mulde drücken und die verquirlten Eier hineingeben. Mehl und Muskat auf dem Rand verteilen und alles rasch mit den Händen zu einem glatten Teig verkneten.

◆ Mit leicht bemehlten Händen zu kleinfingerdicken Rollen formen, die in der Mitte dicker sind und an beiden Enden spitz zulaufen.

◆ Für »Bubespitzle«: Die Kartoffelröllchen portionsweise in kochendes Salzwasser geben und so lange kochen, bis sie an die Oberfläche kommen. Dann mit einem Schaumlöffel herausheben, gut abtropfen lassen und in heißem Butterschmalz schwenken. So fortfahren, bis alle Bubespitzle gegart sind.

◆ Für »Fingernudeln«: Reichlich Schmalz in einer möglichst beschichteten Pfanne erhitzen und die Kartoffelröllchen portionsweise darin unter ständigem Wenden goldbraun braten.

---

*für 4 Personen*

*Dazu passt Sauerkraut oder ein herbstlicher Salatteller.*

## Niedersachsen

# Bouillonkartoffeln

*Das saftige Kartoffelgericht, angereichert mit frischem Gemüse, ist nicht nur in Niedersachsen eine heiß geliebte Beilage zu Lyoner oder zu gekochtem Rindfleisch.*

*800 g fest kochende Kartoffeln, geschält und in kleine Würfel geschnitten*

*½ kleine Sellerieknolle, geschält und in kleine Würfel geschnitten*

*2 Petersilienwurzeln, geschält und in kleine Würfel geschnitten*

*3 große Möhren, geschält und in kleine Würfel geschnitten*

*1 Lauchstange, geputzt und in feine Ringe geschnitten*

*1 frisches Lorbeerblatt*

*3 Petersilienstängel*

*2 Thymianzweige*

*Salz*

*Frisch gemahlener Pfeffer*

*1 l Rindfleischbrühe*

*40 g Butter*

*2 EL gehackte Petersilie*

◆ Klein geschnittene Kartoffel-, Sellerie-, Petersilienwurzel- und Möhrenwürfel und die Lauchringe in einen Kochtopf geben. Lorbeerblatt, Petersilie und Thymian mit Küchengarn zu einem Sträußchen binden, hinzufügen und mit Salz und Pfeffer würzen. Mit der Brühe begießen und zum Kochen bringen. Das Gemüse bei schwacher Hitze zugedeckt 25–30 Minuten sanft köcheln lassen.

◆ Das Kräutersträußchen entfernen und die Butter in kleinen Flöckchen unter das Gemüse mischen. Mit Petersilie bestreut servieren.

*Für 4 Personen*

*Für dieses leicht bekömmliche Kartoffelgericht nimmt man am besten fest kochende Kartoffeln, die beim Kochen in Form bleiben.*

## Hamburg

# Béchamelkartoffeln

*In Hamburg isst man »Püschamelkartoffeln«, wie sie hier genannt werden, am liebsten zu kurz gebratenem Fleisch oder Fisch, bevorzugt zu Frikadellen. Gut gemacht schmecken sie so fein, dass »Püschamelkartoffeln« auch solo mit einem knackigen Salat eine gute Figur machen.*

*1 kg fest kochende Kartoffeln, gründlich gewaschen*

*40 g Butter*

*30 g Mehl*

*¼ l Kalbsfond*

*250 g Sahne*

*Salz*

*Frisch gemahlener weißer Pfeffer*

*Frisch geriebene Muskatnuss*

*1–2 EL Zitronensaft*

*Etwas abgeriebene unbehandelte Zitronenschale*

*½ Bund Petersilie, fein gehackt*

◆ Die Kartoffeln am besten in einem Dampfgarer oder in einem Kartoffeldämpfer garen.

◆ Für die Béchamelsauce die Butter in einem Kochtopf zerlassen und unter Rühren mit einem Kochlöffel das Mehl darin aufschäumen lassen und anschwitzen, ohne dabei Farbe nehmen zu lassen. Unter ständigem Rühren den Kalbsfond und die Sahne aufgießen. Mit Salz, Pfeffer und Muskat würzen, etwa 10 Minuten unter gelegentlichem Rühren sämig einköcheln lassen.

◆ Die Kartoffeln noch heiß schälen, etwas abkühlen lassen und in dünne Scheiben schneiden. Vorsichtig unter die Béchamelsauce mischen und mit Zitronensaft, -schale und Petersilie abschmecken. Vor dem Servieren kurz durchziehen lassen.

*Für 4 Personen*

*In Bayern liebt man saures Kartoffelgemüse. Dazu lässt man Butter mit etwas Zucker goldbraun karamellisieren, bevor man das Mehl hinzufügt und mit Brühe aufgießt. Abgeschmeckt wird das Gemüse mit einem Schuss Essig.*

*Schleswig-Holstein*

## Bratkartoffeln

*Das Rezept klingt zwar einfach, ist es aber nicht. An richtig guten Bratkartoffeln erkennt man, wie gut jemand kochen kann. Die besten Bratkartoffeln gibt es in Norddeutschland. Entlang der Küste sind die knusprig gebratenen Kartoffelscheiben auch die begehrteste Beilage. Wichtigste Voraussetzung für gutes Gelingen sind fest kochende, aromatische Kartoffeln, die bereits am Vortag gekocht wurden.*

*800 g fest kochende Kartoffeln, am Vortag gekocht*
*50 g Schweine- oder Butterschmalz oder Öl*
*Salz*
*1 TL Kümmel*

◆ Die gekochten Kartoffeln schälen und in gleichmäßige, dünne Scheiben schneiden.

◆ Das Schmalz in einer Eisenpfanne erhitzen und die Kartoffelscheiben unter ständigem Wenden mit einem Pfannenheber goldbraun und knusprig braten. Salzen, mit Kümmel bestreuen und noch einmal kurz durchschwenken.

*Für 4 Personen*

*Zur Abwechslung würzen sie mal anstatt mit Kümmel mit Thymian, Majoran oder Rosmarin.*

*Rheinland*

## Rievkooche

*Im Rheinland isst man dazu Rübenkraut, in Bayern mag man sie mit Apfelmus und Preiselbeeren. Neuerdings bekommt man die guten alten Reibekuchen in modernen Bistros und guten Restaurants mit Räucherlachs und Crème fraîche als Vorspeise serviert. Übrig gebliebene »Rievkooche« isst man im Rheinland tags darauf auf gebuttertem Vollkornbrot.*

*1 kg mehlig kochende Spätkartoffeln, geschält*
*3 Eier*
*60 g Mehl*
*Salz*
*Frisch geriebene Muskatnuss*
*Ca. ⅛ l Öl*

◆ Die Kartoffeln auf einer Rohkostreibe nicht zu fein raspeln. In einem Sieb abtropfen lassen. Die Flüssigkeit dabei auffangen und wenige Minuten stehen lassen, bis sich die Stärke unten abgesetzt hat. Die Flüssigkeit so abgießen, dass die Stärke zurückbleibt. Mit den Eiern und dem Mehl unter die Kartoffelraspeln mischen und die Masse mit Salz und Muskat herzhaft abschmecken.

◆ Etwas Öl in einer beschichteten Pfanne erhitzen. Mit einem Esslöffel kleine Häufchen in das heiße Fett setzen. Mit dem Löffelrücken flach drücken und goldbraun braten. Vorsichtig wenden und auch die zweite Seite knusprig braten. So fortfahren, bis alle Reibekuchen gebacken sind. Die Rievkooche am besten frisch und direkt aus der Pfanne genießen.

*Für 4 Personen*

*Die fertig gebratenen Kartoffelpuffer niemals übereinander legen oder länger stehen lassen, sie verlieren sofort ihre Knusprigkeit.*

Je nach Rezept sollten Sie fest oder mehlig kochende Kartoffeln kaufen.

## schwaben und Baden

## Spätzle, Knöpfle

*Der Teig ist derselbe, lediglich die Form ist unterschiedlich. Einfacher für Nichtschwaben sind die Knöpfle, die man lediglich durch ein spezielles Knöpflesieb drückt oder hobelt. Handgeschabte Spätzle vom Brett erfordern schon Fingerfertigkeit und einige Übung! Ob Spätzle oder Knöpfle – in Schwaben sind sie die Beilage schlechthin, und nach Lust und Laune kann man den Grundteig mit Pilzen, Leber oder Spinat abwandeln.*

KLASSISCHE SPÄTZLE:

400 g Mehl

1 TL Salz

6 Eier

Etwas Wasser

SPINATSPÄTZLE:

400 g Mehl

Salz

5 Eier

2 Eigelbe

100 g frischer, pürierter Spinat

Frisch geriebene Muskatnuss

STEINPILZSPÄTZLE:

300 g Mehl

Salz

5 Eier

20 g getrocknete Steinpilze, fein zerstoßen

Etwas Wasser

Außerdem: 50 g Butter

◆ Mehl, Salz, Eier und die jeweils angegebenen Zutaten in eine Schüssel geben und mit einem Kochlöffel so lange schlagen, bis ein glatter, glänzender Teig ensteht. Mindestens 15 Minuten ruhen lassen.

◆ Reichlich Salzwasser in einem breiten, großen Topf zum Kochen bringen und den Teig portionsweise mithilfe eines Spätzlesiebs, -hobels, einer Spätzlepresse oder per Hand ins Wasser hobeln oder schaben.

◆ Sobald die Spätzle oben schwimmen, mit einem Schaumlöffel herausheben, gut abtropfen lassen und, falls sie als Beilage gereicht werden, kurz in heißer Butter schwenken. Wenn sie nicht sofort verzehrt werden, unbedingt in kaltem Wasser abschrecken.

*Für 4 Personen*

## schwaben

## Allgäuer Kässpatzen

*Die Lieblingsbeilage der Schwaben wird im Allgäu mit aromatischem Berg- und Emmentalerkäse umhüllt zu einem unwiderstehlichen Hauptgericht, das mittlerweile auch außerhalb Schwabens heiß begehrt ist.*

400 g Mehl

Salz

6 Eier

Etwas Wasser

4 Zwiebeln, geschält und in dünne Scheiben geschnitten

40 g Butterschmalz

8 dünne Scheiben Räucherspeck

200 g Allgäuer Emmentaler, frisch gerieben

200 g Allgäuer Bergkäse, frisch gerieben

Frisch gemahlener Pfeffer

1 Bund Schnittlauch, fein geschnitten

◆ Mehl, 1 TL Salz, Eier und so viel Wasser wie nötig mit dem Kochlöffel oder den Knethaken der Küchenmaschine zu einem glatten, geschmeidigen Spätzleteig verarbeiten. Den Teig mindestens 15 Minuten ruhen lassen.

◆ Inzwischen die Zwiebelringe im erhitzten Butterschmalz goldbraun braten. In einer zweiten Pfanne die Speckscheiben knusprig braten. Reichlich Salzwasser in einem großen, breiten Topf zum Kochen bringen.

◆ Den Spätzleteig portionsweise entweder vom Brett oder mithilfe eines Spätzlehobels in das kochende Wasser schaben oder hobeln. Sobald die Spätzle oben schwimmen, mit einem Schaumlöffel herausheben, gut abtropfen lassen und in eine vorgewärmte Schüssel geben.

◆ Die beiden Käsesorten vermischen und etwas davon über die Spätzle streuen. Mit Pfeffer aus der Mühle bestreuen und erneut mit frisch gegarten, gut abgetropften Spätzle bedecken. So fortfahren, bis Spätzle und Käse aufgebraucht sind.

◆ Zum Schluss mit zwei Löffeln alles gründlich vermischen. Die Spatzen müssen gleichmäßig von dem zart schmelzenden Käse umhüllt sein.

◆ Mit den Zwiebelringen und den Speckscheiben belegen und mit Schnittlauch bestreut servieren.

*Für 4 Personen*

## Regionale Spezialitäten und ein Hauch Exotik

Nicht weit von Augsburg entfernt, im kleinen Städtchen Thannhausen im schwäbischen Barockwinkel, machten schon vor 500 Jahren die Reisenden Halt, um sich bei guter Küche und mit frisch gebrautem Bier zu stärken. 1890 wurde das gastliche Haus zur »königlich bayerischen Posthalterei« erhoben. Als 1982 die letzte Posthalterin – Anna Schreiegg – starb, schloss das Haus, aber nur vorübergehend. Wenige Jahre später begannen Birgit Schreiegg-Goltermann und ihr Ehemann mit Vehemenz und großer Begeisterung das traditionsreiche, unter Denkmalschutz stehende Haus zu renovieren und es in ein schmuckes Kleinod voll luxuriöser Behaglichkeit zu verwandeln. Dank des wohligen Charmes der warmen Holztäfelungen und der offenen Kamine spürt man in den Gasträumen den Geist der Geschichte. Für das leibliche Wohlbefinden sorgt seit 2003 Küchenchef Ralf Marhencke mit seinem Team. Sein Credo lautet: einfach gut essen.

Darunter versteht Ralf Marhencke eine harmonische Symbiose aus frischen saisonalen Produkten aus dem schwäbisch-bayerischen Umland sowie regionale Rezepte mit dezent internationalem Stil.

Die Fische kommen aus den hauseigenen Fließgewässern der Mindel, das Fleisch vom Dorfmetzger, das Wild aus der eigenen Jagd und die Kräuter aus dem heimischen Kräutergarten.

Eine optimale Basis für einen Koch, um seine internationalen Erfahrungen und seine Kreativität erfolgreich

einzubringen. Gerne verleiht er traditionelle Gerichten einem exotischen Hauch aus fernen Ländern, ohne jedoch den Ursprung zu leugnen. Denn, so Ralf Marhencke, bei allen kulinarischen Höhenflügen, die man im Laufe einer Karriere erlebt, darf man nie die Bodenhaftung verlieren.

Obwohl die Weinkarte gut bestückt ist, sollte man nicht versäumen, zumindest als Aperitif eine der wirklich fantastischen Bierspezialiäten zu genießen, die selbst mich, als leidenschaftliche Weintrinkerin, völlig überzeugt haben.

Schreiegg's Post
Postgasse 1 + 2
86470 Thannhausen
Tel.: 08281 / 9951-0
Fax: 08281 / 9951-51
www.schreieggs-post.de

*Zum Anrichten die Maultaschen mit der Entenleber belegen und mit Petersiliensalat oder Wurzelgemüse servieren.*

*schwaben*

# Maultaschen mit Ochsenschwanzfüllung und Entenstopfleber

*Von Ralf Marhencke, Schreiegg's Post*

300 g Mehl

3 Eier, etwas Wasser

1 TL Öl, Salz

2 EL Öl

1,5 kg Ochsenschwanz, in Stücke geschnitten

1 Knoblauchzehe, geschält und zerdrückt

1 Petersilienwurzel, geschält, in Scheiben geschnitten

100 g Lauch, geputzt, in Scheiben geschnitten

100 g Knollensellerie, geschält, in Scheiben geschnitten

3 Schalotten, geschält, in Scheiben geschnitten

1 Lorbeerblatt, 2 Pimentkörner, zerdrückt

3 Wacholderbeeren, zerdrückt

Je ein paar Thymian-, Salbei- und Rosmarinzweige

1 EL Tomatenmark

¼ l Portwein

1 l kräftige Gemüsebrühe oder Kalbsjus

80 g Kalbsbrät

80 g Gemüsewürfel (Lauch, Karotte, Sellerie)

Je 1 EL Petersilie und Schnittlauch, fein geschnitten

2 Eigelbe

4 Entenstopflebern, von je ca. 40 g

◆ Aus Mehl, Eiern, Wasser, 1 TL Öl und 1 Prise Salz einen Nudelteig zubereiten (siehe Glossar).

◆ Den Backofen auf 165 °C vorheizen. 2 EL Öl erhitzen und den Ochsenschwanz darin anbraten. Das Gemüse hinzufügen und mit anrösten. Nach 10 Minuten Gewürze und Tomatenmark unterrühren und mit dem Portwein ablöschen. Etwas einkochen lassen, mit Brühe aufgießen und 2 ½ Stunden im Ofen schmoren.

◆ Das Fleisch herausnehmen, abkühlen lassen und von den Knochen lösen. Klein schneiden und mit Brät, Gemüse, Kräutern und einem Eigelb vermischen. Die Sauce durch ein Sieb passieren, etwas davon unterrühren, salzen und pfeffern.

◆ Die Füllung auf der Hälfte des dünn ausgerollten Nudelteigs in Häufchen verteilen. Die Ränder mit dem übrigen Eigelb bepinseln, die Teighälfte darüber schlagen und rundherum andrücken. In Quadrate schneiden, die Ränder festdrücken. Die Maultaschen in kochendem Salzwasser gar ziehen lassen, herausheben und in die Portweinsauce legen.

◆ Die Entenstopflebern salzen, pfeffern und beidseitig kurz braten.

*Für 4 Personen*

*Schwaben*

# Maultaschen

*Im Unterschied zu den italienischen Ravioli sind schwäbische Maultaschen ein wenig größer und ein bisschen üppiger gefüllt. Serviert werden die Maultaschen in einer kräftigen Fleischbrühe als Suppe, oder als Hauptgericht mit gebratenen Zwiebelwürfeln bestreut und von einem Salat begleitet.*

300 g Mehl

3 Eier

2–4 EL Wasser

Salz

FÜR DIE FÜLLUNG:

50 g durchwachsener Räucherspeck, in kleine Würfel geschnitten

1 Zwiebel, geschält und in kleine Würfel geschnitten

150 g Spinatblätter, blanchiert, abgetropft und fein gehackt

40 g Butter

250 g Hackfleisch

150 g rohes Bratwurstbrät

1 Ei

1 EL getrockneter Majoran, gerebelt

Salz, frisch gemahlener Pfeffer

1 l kräftige Fleischbrühe

2 große Zwiebeln, in kleine Würfel geschnitten

30 g Butterschmalz

1 Bund Schnittlauch, fein geschnitten

◆ Aus Mehl, Eiern, Wasser und 1 Prise Salz einen Nudelteig herstellen (siehe Glossar).

◆ Räucherspeck, Zwiebel und Spinat in der heißen Butter anschwitzen. Hackfleisch und Bratwurstbrät vermischen, das Ei, die Spinatmischung und den Majoran dazugeben und mit Salz und Pfeffer herzhaft würzen. Zu einem glatten Fleischteig verkneten.

◆ Den Nudelteig dünn ausrollen und auf eine Hälfte kleine Häufchen von der Füllung setzen. Die zweite Teighälfte darüber klappen und um die Füllung herum gut festdrücken. Mit einem Teigrädchen Quadrate ausschneiden und diese in der kochenden Brühe etwa 10–15 Minuten gar ziehen lassen.

◆ Die Zwiebelwürfel in Butterschmalz goldbraun braten. Die Maultaschen in der Suppe servieren und mit den Zwiebeln und Schnittlauch bestreuen.

*Für 4 Personen*

*Bayern*

# Brezenknödel

*Nahe liegend, dass man die Brezen, heiß geliebtes Kleingebäck der Bayern, auch wenn sie alt geworden sind, nicht einfach wegwirft. Alfons Schuhbeck, der beliebte bayerische Sternekoch, ist vor vielen Jahren auf die Idee gekommen, daraus Knödel zuzubereiten. Heute sind die Brezenknödel ein Klassiker in seinem riesigen Rezeptrepertoire. Hier meine Version: goldbraun gebratene Knödelscheiben (siehe Bild).*

6 altbackene, aber keinesfalls harte Brezen, in dünne Scheiben geschnitten

Ca. 200 ml heiße Milch

3 Eier

1 mittelgroße Zwiebel, geschält und in kleine Würfel geschnitten

3 EL Petersilie, fein gehackt

1 EL Majoranblätter, fein gehackt

50 g Butter

Salz und frisch gemahlener Pfeffer

◆ Die Brezenscheiben mit der Milch begießen und kurz darin ziehen lassen. Die Eier erst kräftig verquirlen und dann unter die Masse mischen.

◆ Zwiebelwürfel und Kräuter in 20 g Butter andünsten und gleichmäßig unter die Brezenmasse ziehen. Mit Salz und Pfeffer würzig abschmecken. Reichlich Wasser in einem breiten Topf zum Kochen bringen.

◆ Ein großes Stück feste Alufolie mit etwas Butter ausfetten. Die Brezenmasse zu einer Rolle von 5 cm Durchmesser formen und mit der Alufolie fest umhüllen. Die Enden gut zusammendrehen, damit kein Kochwasser eindringen kann.

◆ Die Knödelrolle im leicht siedenden Wasser in etwa 30 Minuten gar ziehen lassen.

◆ Die Knödelrolle herausnehmen und kurz ruhen lassen. Dann aus der Folie nehmen und in fingerdicke Scheiben schneiden. Die übrige Butter in einer Pfanne erhitzen und die Brezenknödelscheiben darin auf beiden Seiten goldbraun anbraten.

*Für 4 Personen*

*Die Brezenknödel kann man in der Alufolie sehr gut einfrieren.*

## Wenn aus reifen Früchten feine Edelbrände werden ...

... dann schlägt so manches Feinschmeckerherz höher. Nach einem üppigen Mahl ist so ein feines Kirschwasser, ein Himbeergeist oder eine Williamsbirne nicht nur eine Wohltat für den Magen, sondern auch eine Freude für den Gaumen.

Die Geschichte des Brennens ist geheimnisumwittert: Niemand weiß genau, wann, wo oder aus welcher Frucht der erste Schnaps gebrannt wurde. Das ist auch nicht so wichtig – wichtig ist aber, dass sich bis heute eine hohe Kultur des Schnapsbrennens entwickelt hat. Vorbei sind die Zeiten der hochprozentigen Rachenputzer, die stolz von so genannten »harten Männern« gekippt wurden. Heute trinkt man die Edeldestillate in erster Linie des feinen Aromas wegen.

Etwa 31.000 kleine Brennereien, vorwiegend verstreut in den südlichen Regionen Baden-Württemberg, Franken, Bayern, Rheinland-Pfalz und Saarland, verfügen über ein Brennrecht, das gesetzlich streng reglementiert ist. Das bedeutet, dass jede dieser Kleindestillerien bis zu 300 Liter reinen Alkohol brennen darf, wobei die Brennblase maximal 150 Liter fassen darf. Sollte mal mehr Obst anfallen, dann dürfen sie auch mehr brennen, aber nicht mehr als 3000 Liter Alkohol in zehn Jahren. Darüber hinaus gibt es natürlich eine Vielzahl an Kontrollen und Vorschriften.

A und O eines feines Edelbrands ist die Qualität der Früchte: Sie müssen optimal reif, dürfen aber auf keinen Fall faulig sein, weil dies alles zunichte machen würde. Eine sorgfältige Selektion ist die erste und wichtigste Arbeit. Dann kommen die gewaschenen und zerkleinerten Früchte in einen Maischebehälter, der früher meist aus Holz war, heute bevorzugt aus Edelstahl ist. Obwohl den Früchten natürlich Hefen anhaften, werden, ähnlich wie beim Wein, Reinzuchthefen zugesetzt. Kurz darauf beginnt es im geschlossenen Behälter zu gluckern – ein Signal für den Brenner, dass die Gärung im Gange ist. Wie lange die Maische gärt, hängt von der Fruchtsorte und vom Brenner ab, aber im Schnitt dauert dieser Vorgang zwei bis sechs Wochen. Die Maische mit einem Alkoholgehalt von etwa sieben Grad ist bereit zum Brennen.

Die gute alte Kupferbrennblase sieht zwar schön aus, wird aber heute kaum noch genutzt, da die Gefahr der Überhitzung zu groß ist. Zu viel Hitze ist der Feind des Aromas und darauf kommt es schlussendlich an. Moderne Brennblasen erhitzen die Maische durch Dampfeinleitung oder verfügen über einen doppelten Kesselboden, dessen Zwischenraum mit Wasser gefüllt ist und dadurch indirekt und schonend die Maische erhitzt.

Üblicherweise wird zwei Mal gebrannt. Beim ersten Mal entsteht der so genannte Rohbrand mit einem Alkoholgehalt von etwa 30 Prozent. Anschließend folgt der Feinbrand, von dem nur der mittlere Teil verwendet wird. »Kopf und Schwanz« – wie man in der Fachsprache sagt –, also der Vor- und der Nachlauf, werden abgetrennt. Da ist bei aller Technik immer noch das Fingerspitzengefühl des Brennmeisters gefragt. Nach all dem Stress hat sich der Obstbrand eine Ruhephase verdient. Bis zu sechs Monate bleibt er entweder im Tank oder in der Flasche, denn frischen Brand zu verkosten ist keine Freude, er ist noch unruhig und wenig aromatisch.

Bezeichnungen wie Obstbrand, Obstgeist oder Obstwasser sorgen für Verwirrung. Obstgeist wird normalerweise durch Mazeration (Auslaugen des Obstes) gewonnen. Aber genaue gesetzliche, für den Verbraucher verständliche Vorschriften für die Bezeichnungen gibt es leider nicht. So ist es ratsam, bei einem kleinen Brenner Ihres Vertrauens zu kaufen. Und wenn man den Produzenten kennt, schmeckt der Brand gleich noch mal so gut.

Der beliebteste Schnaps ist natürlich der Obstler – aus Äpfeln und Birnen destilliert. Weltweit haben aber deutsche Brände aus Kirschen, Williamsbirnen, Himbeeren oder Zwetschgen einen beachtlichen Ruf. Genießer stürzen sich in letzter Zeit verstärkt auf Brände aus wilden Früchten, wie beispielsweise Vogelbeere, Schlehe oder Quitte. Ein wirklich edler Digestif ist ein im Holzfass gelagerter Apfelbrand.

Schnapsbrennen erfordert sehr viel Fingerspitzengefühl – trotz moderner Technik.

## Bayern

## Semmelknödel

*Sie sind die Lieblingsbeilage der Bayern zu Schweinebraten, aber auch unerlässlich zu einer cremigen Schwammerlsauce (Pilzsauce). Ob nun Petersilie und Zwiebelwürfel in die Teigmasse kommen, da gehen die Meinungen auseinander. Mir schmecken sie auf jeden Fall »mit« besser. Ich mache immer gleich eine größere Menge, um dann tags darauf ein schmackhaftes »Gröstl« daraus zuzubereiten.*

*10 Semmeln vom Vortag, in dünne Scheiben geschnitten*
*Gut ¼ l heiße Milch*
*1 Zwiebel, in kleine Würfel geschnitten*
*2 EL Petersilie, fein gehackt*
*30 g Butter*
*4 Eier*
*Frisch geriebene Muskatnuss*
*Salz*

◆ Die Semmelscheiben in eine große Schüssel geben, salzen und mit heißer Milch übergießen. Etwa 20 Minuten durchziehen lassen.

◆ Zwiebel und Petersilie in der heißen Butter andünsten, mit den verquirlten Eiern und Muskat zu der Semmelmasse geben und rasch, aber sorgfältig vermischen. Acht Knödel aus der Masse formen.

◆ Reichlich Salzwasser in einem großen, breiten Topf zum Kochen bringen und die Knödel darin in 15 Minuten gar ziehen lassen. Das Wasser darf dabei auf keinen Fall kochen. Mit einem Schaumlöffel herausheben, abtropfen lassen und sofort servieren.

*Für 4 Personen*

## Semmelknödelgröstl

◆ Die kalten Semmelknödel vom Vortag halbieren und in dünne Scheiben schneiden.

◆ Öl in einer beschichteten Pfanne erhitzen und die Knödelscheiben darin goldbraun braten.

◆ In einer zweiten Pfanne Speck- und Zwiebelwürfel in heißer Butter anschwitzen, kurz vor dem Servieren mit den gerösteten Knödeln vermischen.

◆ Mit fein geschnittenem Schnittlauch bestreuen.

## Sachsen

## Serviettenknödel

*Für alle, die Saucen lieben und dafür sogar auf das Fleisch verzichten können, ist dies der optimale Knödel, denn seine Saugkraft ist enorm. Ich kann mich gut an meine ersten Versuche erinnern: Die Serviettenrolle im viel zu kleinen Topf wurde größer und größer und glich einem Ungeheuer. Schnell holte ich meinen größten Topf und bettete den Knödel samt Wasser um.*

*250 g Mehl*
*¼ l lauwarme Milch*
*10 g Hefe*
*1 Prise Zucker*
*4 Semmeln vom Vortag, in kleine Würfel geschnitten*
*50 g Butterschmalz*
*3 Eier*
*Salz*
*Frisch geriebene Muskatnuss*

◆ Das Mehl in eine Schüssel geben und in die Mitte eine Mulde drücken. Die warme Milch mit der zerbröckelten Hefe und dem Zucker verrühren und in die Mulde gießen. 15 Minuten an einem warmen Ort aufgehen lassen.

◆ Inzwischen die Semmelwürfel im heißen Butterschmalz goldbraun rösten und etwas abkühlen lassen.

◆ Die Hefemilch mit dem Mehl verrühren und die Eier hinzufügen. Mit einem Kochlöffel zu einem glatten Teig schlagen und mit Salz und Muskat würzen.

◆ Die Brotwürfel untermischen und erneut mit einem Tuch bedeckt 20 Minuten gehen lassen.

◆ Reichlich Salzwasser in einem großen, breiten Topf zum Kochen bringen.

◆ Eine große Serviette oder ein Küchentuch ausbreiten. Den Teig mit nassen Händen zu einem Laib formen und auf das Tuch legen. Mit dem Tuch umhüllen, die Enden eindrehen und mit Küchengarn fest zusammenbinden.

◆ Die Teigrolle in das kochende Salzwasser gleiten lassen und 35–40 Minuten bei leicht siedendem Wasser garen. Das Wasser darf auf keinen Fall kochen.

◆ Die Knödelrolle mit zwei Schaumlöffeln oder Backschaufeln vorsichtig herausheben, kurz ruhen lassen und dann das Tuch entfernen. Mit einem Faden in dicke Scheiben schneiden und sofort servieren.

*Für 4 Personen*

# SÜSSE GERICHTE UND DESSERTS

Mehlspeisen,
Cremes, Kuchen
und Plätzchen

Allzu gerne lassen wir uns den Alltag versüßen, denn Süßes ist nicht das tägliche Einerlei – Süßes ist Poesie, schmeichelt auf der Zunge und macht sinnlich! Das ist keine neue wissenschaftliche Erkenntnis – seit jeher erfreuen sich die Menschen an Süßigkeiten. Zu Beginn waren es Waldbeeren, die eine begehrte Abwechslung in die damals doch sehr einseitige Ernährung brachten. Bis ins 15. Jahrhundert waren Honig und Trockenfrüchte für Normalbürger die einzigen Süßungsmittel, den bräunlichen Rohrzucker konnten sich nur Wohlhabende leisten. Dies änderte sich, als 1747 der Chemiker Andreas Sigismund Markgraf das süße Innenleben der Runkelrübe entdeckte. Auch wenn anfangs die Ausbeute noch gering war, so war es dennoch ein erster Schritt ins süße Leben. Neue Techniken ermöglichten 50 Jahre später eine wesentlich ergiebigere Ausbeute, und auf dem schlesischen Gutshof Kunern entstand die erste Rübenzuckerfabrik. Weitere Jahrzehnte später – nachdem die Nachfrage ständig stieg – begann die industrielle Zuckergewinnung in verschiedenen Regionen Deutschlands.

Mit dem leichteren und vor allem erschwinglichen Zugriff auf Zucker begann auch ein neues Kapitel »Süßspeisen« in den Kochbüchern der damaligen Zeit. Unter der Bezeichnung »Mues« sind köstliche Cremes beschrieben, die mit »Zimmet, Mandeln, Citronen, Rosinlein und Chocolade«

gewürzt wurden. Erst im Brockhaus von 1898 findet man den Begriff »Creme«. Sie wird erklärt als rahmartige Speise aus Milch, Eiern und Aromaten. Innbegriff für diese auf der Zunge zergehende Nachspeise ist die Bayerische Creme. Wie der Name, so stammten auch viele Rezepte für die feinen Cremes aus Frankreich und sie werden noch heute fast unverändert nachgekocht – ohne nur ein bisschen altmodisch zu sein. Wer glaubt, dass Fruchtgelees und Rote Grütze eine Erfindung der heutigen Zeit sind, der täuscht sich gewaltig. Schon vor 200 Jahren bereitete man aus frisch gepressten Beerensäften, gebunden mit eingeweichter Hausenblase (ein kostspieliges Geliermittel aus der Blase einer Störart), diese erfrischenden Süßspeisen zu.

»Flammeri« war bis Anfang des letzten Jahrhunderts die Bezeichnung für eine mit Speisestärke oder Grieß gebundene Flüssigkeit. Nachdem dann 1910 das erste Dr.-Oetker-Schulkochbuch erschien, in dem das Kochen mit »Puddingpulver« vorgestellt wurde, verblasste allmählich der Begriff »Flammeri«, und er wurde zum »Pudding«. Um die moderne Variante von dem ursprünglichen Pudding, der aus Eiern, Mehl, Nüssen, Schokolade und anderen köstlichen Zutaten in einer gut verschlossenen Form im Wasserbad gart, zu unterscheiden, nannte man Letzteren nun »Kochpudding«. Diese meist sehr gehaltvolle Süßspeise stammt aus England.

Am berühmtesten ist sicherlich der für unsere Gaumen sehr opulente englische Weihnachtspudding. Die Grundidee wurde jedoch auch bei uns von vielen Köchen aufgenommen. Ein wenig schlanker zubereitet ist der Kochpudding ein nobles Dessert nach einem leichten Menü oder – mit einer süßen Sauce – eine sättigende Mehlspeise. Kochpuddingklassiker wie der Frankfurter Biskuitpudding mit Bischofssauce, der Kabinettpudding oder der Mohr im Hemd sind eine echte Bereicherung unserer süßen Mehlspeisen.

Mit der Entwicklung der Eismaschine begann ein neues Dessertzeitalter. Erfunden wurde das erste Speiseeis schon im 16. Jahrhundert von einem Sizilianer, aber es dauerte lange, bis die eisige Erfrischung auch bei uns Fuß fasste. Die berühmteste deutsche Eiskreation ist das Fürst-Pückler-Eis. Ein Lausitzer Konditormeister namens Schulz widmete diese dreifarbige Eisbombe aus Sahne, Makronen, Maraschino, Schokolade und Erdbeeren dem Feinschmecker, Gartenarchitekten und Reiseschriftsteller Fürst Pückler-Muskau (1785–1871). Das Original hat mit dem heute tiefgekühlt angebotenen Fürst-Pückler-Eis meist nur noch die Farbgestaltung gemeinsam.

Früchte spielen bei den Desserts seit jeher eine tragende Rolle. Im 17. Jahrhundert sprach man – zumindest in der gehobenen Gesellschaft – nicht vom Dessert, sondern dass man »beim Obst angelangt« sei. Auf den Tisch der feinen Gesellschaft kamen in erster Linie frische Äpfel, Birnen, Pflaumen, Feigen, Datteln und Rosinen.

Die Bezeichnung »Dessert« stammt ursprünglich von »desserte«, so nannte man Reste. Das war aber nicht abwertend gemeint, denn die »desserte« der königlichen Tafel zu speisen, war eine große Ehre. Auf gut Deutsch heißt es »Nachtisch«, und zwar deshalb, weil erst serviert wird, wenn alles vom Tisch entfernt ist, sogar die letzten Brotkrümel.

Gleichgültig, ob Dessert oder Nachtisch, sie sollen dem vom Essen ermüdeten Gaumen schmeicheln und den Körper nicht mehr allzu sehr belasten. Hinzu kommt, dass die kleinen süßen, als letzter Gang aufgetischten Verführungen natürlich besonders in Erinnerung bleiben. Eine große Herausforderung nicht nur für den Koch oder den Patissier eines Restaurants, sondern für jeden, der zu Hause Gäste eingeladen hat.

Backen ist eine deutsche Leidenschaft. Viele Länder haben zwar eine ausgeprägte Kaffeehauskultur, und auch in Deutschland geht man ab vier Uhr gerne in ein gemütliches Café, aber beim Selberbacken, da sind wir einfach unschlagbar. In Italien oder Frankreich werden die süßen Backwaren meist

**Links:** Üppig blühende Wiesen – der Sommer ist da! **Rechts oben:** Honig und Marmelade sind genau das Richtige für Süßschnäbel. **Rechts unten:** Imker versorgen uns, dank ihrer liebevollen Pflege der Bienen, mit feinen Honigsorten.

Bohnerwachs mit, denn während der Kuchen im Backofen war, wurden die Böden frisch gewachst. Auch der gute alte Hefezopf, mal mit Nussmasse gefüllt, mal nur mit Rosinen angereichert, ist ein Stück deutscher Kuchenkultur. Hefeteig ist ohnehin die Grundlage vieler beliebter deutscher Kuchen, insbesondere von Blechkuchen. Denken Sie nur an frisch gebackenen Zwetschgendatschi, der im Süden Deutschlands zum Herbst gehört wie die Stürme, oder an den saftigen Butterkuchen, der vor allem in Hamburg in jeder Bäckerei erhältlich ist. Verwerfen Sie jeden Gedanken an Kalorien und genießen Sie mit Wonne eine selbst gebackene »Dresdner Eierschecke« oder den mit Mohn, Quark und Früchten belegten sächsischen »Klecckelkuchen«, und, nicht zu vergessen, den Bienenstich – die Kombination aus luftiger Sahne und knusprigen Mandeln ist ein perfekter Genuss.

Einfach und schnell ist die Zubereitung eines Mürbeteigs. Die Schwaben belegen den Teig mit frischen Johannisbeeren und verstecken diese widerum unter einer mächtigen Baiserhaube, bevor der Kuchen gebacken wird. »Träubleskuchen« heißt das süße Wunderwerk, das im Juni und Juli im Schwabenland bei keiner Kaffeetafel fehlen darf und allen Sparmaßnahmen zum Trotz noch am Backtag aufgegessen wird.

Das Lieblingsobst der Deutschen, die Äpfel, werden oft klein geschnippelt zwischen zwei Mürbeteigplatten geschichtet, bevor sie knusprig gebacken werden. Bedeckt man die halbierten Apfelrundungen mit einem Mürbeteig, dann nannte man diese köstliche, anmutige Kreation in früheren Kochbüchern »Venusbusen«.

Quer durch alle deutschen Regionen war und ist der Marmorkuchen – ob in der Guglhupfform oder in der Kastenform gebacken – der Lieblingskuchen für Kinder. Aber auch andere saftige Rührteigkuchen wie der Sandkuchen oder Königskuchen sind absolute deutsche Kuchenklassiker. Ebenfalls Kuchengeschichte geschrieben hat die sächsische »Baumkuchentorte«, die Schicht um Schicht im heißen Backofen gebacken wird. Zu Hause bereitet man sie in einer Springform zu, Konditoren haben dafür ihre ganz spezielle Form. Baumkuchen bleiben lange saftig und sind ein ideales Gebäck zur Teestunde.

Die Zubereitung von Schmalzgebäck hat eine lange Geschichte und ist eng mit speziellen Festtagen verbunden. So gehören in Bayern die »Kirchweihkücherl« oder »Auszogne«, die in Schwaben »Knieküchle« genannt werden, weil sie angeblich am schönsten werden, wenn man sie über das nackte Knie formt, zum Kirchweihfest. Die Hessen

beim Konditor gekauft und dann nach dem Essen – sozusagen als Dessert – verzehrt. Kaffeekränzchen mit Bergen von köstlichen Kuchen und Kleingebäcken sind sicherlich eine deutsche Erfindung – vielleicht als Gegenpart zu den eher männlich geprägten Stammtischrunden.

Dies hat sich auch im Fast-Food-Zeitalter kaum verändert. Mag sein, dass die junge Generation nicht mehr so viel kocht und gerne auch auf Vorgefertigtes aus der Tiefkühltruhe zurückgreift, aber beim Backen legen auch die Jüngeren immer noch gerne selbst Hand an. Der verlockende Duft eines frischen Hefeteigs aus dem Backofen ist einfach unwiderstehlich: Selbst gerührt oder geknetet, schmeckt es einfach noch mal so gut!

Backen ist sehr stark mit regionaler und familiärer Tradition verbunden. Der Innbegriff des sonntäglichen Kuchens war in meiner Kindheit ein duftender »Guglhupf« – ein mit Rosinen und Mandeln angereicherter Hefeteig. In meiner Erinnerung schwingt dabei immer der Geruch von backen zu diesem höchsten kirchlichen Fest ihre »Hasenöhrl« und die Franken ihre »Schneeballen«, das sind mittelfeste Teigstreifen, die während des Ausbackens im heißen Fett so geformt werden, dass ein tennisballgroßes Gebilde entsteht. Bei den Rheinländern ist Karneval ohne »Mutzen« undenkbar und mittlerweile versüßen sich längst nicht nur die Berliner die närrische Zeit mit »Berliner Pfannkuchen«, die auch als »Krapfen« bekannt sind.

Kein Geburtstag ohne aufwendig dekorierte Torte – früher mit Buttercreme, heute lieber mit Sahne! Während einst der »Frankfurter Kranz«, ein mit Buttercreme gefüllter Rührteigkuchen, in einer Kranzform gebacken, oder die »Prinzregententorte«, sieben mit Schokoladenbuttercreme zusammengesetzte Rührteigböden, die absoluten Hits waren, ist derzeit sicherlich die »Schwarzwälder Kirschtorte« die Nummer 1 unter den deutschen Torten. Diese aus Mürbeteig und Schokoladenbiskuit zusammengesetzte, mit Kirschwasser getränkte und mit Sauerkirschen und Sahne gefüllte Torte ist ein wahres Meisterwerk badischer Backkunst, das alle Süßmäuler landauf landab begeistert.

Wer auf Kalorien achten muss – und wer muss das nicht –, bevorzugt Biskuitkuchen, belegt mit frischen Beeren oder anderen Früchten der Saison.

Selbst wenn man das ganze Jahr hindurch das Gebäck in der Konditorei kauft, spätestens in der Adventszeit erwacht die Backleidenschaft. Ein Weihnachtsteller ohne selbst gebackene Plätzchen ist auch heute noch für die meisten hierzulande unvorstellbar. Und obwohl Backen mit sehr viel Aufwand und akribischer Präzision verbunden ist, gehört Selberbacken in Deutschland untrennbar zur Vorweihnachtszeit. Kneten, formen, ausstechen und mit Zuckerguss verzieren, das ist für Kinder ein unvergessliches Erlebnis und eine wunderschöne Tradition, die immer noch aktuell ist.

Ob es der klassische Sonntagskuchen ist, die duftenden Plätzchen zur Weihnachtszeit, die üppig verzierten Torten zum Geburtstag oder die saftigen Obstkuchen zum Kaffeklatsch – Backen ist ein sinnliches Erlebnis, das in unserer hektischen Zeit für wohltuende Entspannung sorgt.

**Links:** Im Café »Faßbender« in Bonn wird für »Kaffee und Kuchen« eingedeckt. **Rechts oben:** Ob Fasching, Fasnet oder Karneval – Schmalzgebäck und ein Verdauungstrunk gehören auf jeden Fall dazu. **Rechts unten:** Qual der Wahl? Kein Wunder, bei dieser Tortenauslage!

## Hamburg

# Rote Grütze

*Früher war rote Grütze ein typisches Armeleuteessen. Früchte gab es in Hülle und Fülle – was lag also näher, als daraus eine erfrischende Mahlzeit zuzubereiten? Die heutige Rote Grütze (im Bild vorne) findet man – etwas verfeinert und nicht mehr nur ausschließlich aus Roten Johannisbeeren und Himbeeren – als erfrischendes Sommerdessert auf allen Speisekarten von Nord bis Süd.*

300 g Rote Johannisbeeren
100 g Schwarze Johannisbeeren
250 g Himbeeren
200 g Sauerkirschen
100 g Zucker
½ l roter Johannisbeersaft
60 g Speisestärke
*Außerdem:*
*Kalte Milch, Vanilleeis oder Vanillesauce*

◆ Die Früchte waschen. Johannisbeeren von den Rispen streifen, Himbeeren verlesen und die Sauerkirschen entsteinen.

◆ 200 g Rote Johannisbeeren, die Schwarzen Johannisbeeren sowie die Hälfte der Himbeeren in einen Topf geben und mit Zucker bestreuen. Mit dem Saft begießen und zum Kochen bringen. Einige Minuten köcheln lassen, durch ein Sieb passieren und erneut zum Kochen bringen.

◆ Die Speisestärke mit etwas kaltem Wasser anrühren und das Fruchtpüree damit andicken. Einige Male aufkochen lassen, damit die Grütze klar wird.

◆ Die restlichen Früchte vorsichtig unterheben, noch einmal kurz erhitzen und den Topf sofort von der Kochstelle nehmen.

◆ Die Grütze leicht abgekühlt in eine Schüssel oder in Portionsschalen füllen und kalt stellen.

◆ Gut gekühlt mit flüssiger Sahne, Vanillesauce oder Vanilleeis servieren.

*Für 4–6 Personen*

*Wenn man die Rote Grütze stürzen will, muss man die Speisestärkemenge um mindestens 10 g erhöhen.*

## Bayern

# Bayerische Creme

*Die zarte Creme hat als »Crème Bavaroise« weltweit die feine Küche erobert (im Bild hinten). Zu verdanken haben die Bayern dieses Rezept der bayerischen Prinzessin Isabeau, die sich diese Creme – in spezielle eckige Formen gefüllt – zu festlichen Anlässen zubereiten ließ und dazu eine fruchtige Sauce reichte.*

½ l Milch
1 Vanilleschote
6 Gelatineblätter
5 Eigelbe
120 g Zucker
200 g Sahne, steif geschlagen

*FÜR DIE FRUCHTSAUCE:*
250 g frische Himbeeren
2 EL Puderzucker
1 EL frisch gepresster Orangensaft

◆ Die Milch in einen Kochtopf gießen. Die Vanilleschote längs aufschlitzen, das Mark mit einem spitzen Messer herausschaben und mit der Schote in der Milch zum Kochen bringen. Die Gelatine in kaltem Wasser einweichen.

◆ Die Eigelbe und den Zucker in einer Metallschüssel so lange schlagen, bis die Masse weiß und cremig ist und der Zucker sich vollständig aufgelöst hat.

◆ Die Vanilleschote entfernen und die Milch langsam unter die Eimasse rühren. Die Mischung über einem leicht siedenden Wasserbad schaumig aufschlagen.

◆ Die Gelatineblätter ausdrücken und nacheinander in der heißen Creme unter Rühren auflösen.

◆ Die Schüssel über eine größere Schüssel mit eisgekühltem Wasser stellen und so lange schlagen, bis die Creme abgekühlt ist.

◆ Bevor die Creme zu gelieren beginnt, die steif geschlagene Sahne gleichmäßig unterziehen. Die Creme in eine kalt ausgespülte hohe Form füllen und im Kühlschrank in mehreren Stunden erstarren lassen.

◆ Für die Fruchtsauce die Himbeeren im Mixer mit dem Puderzucker pürieren, durch ein feines Sieb streichen und mit Orangensaft abschmecken.

◆ Die Form kurz in heißes Wasser tauchen, Creme auf eine Platte stürzen, mit der Fruchtsauce servieren.

*Für 4–6 Personen*

*Baden und Pfalz*

# Walnuss-Honig-Eissoufflé mit marinierten Feigen

*Von wegen ein mediterranes Rezept: Alle Zutaten gedeihen in Baden und der Pfalz und werden dort auch zu feinen Desserts verarbeitet. Hier eine kleine Kostprobe.*

70 g Zucker

80 g Walnüsse, grob gehackt

250 g Sahne

2 Eiweiße

2 EL Crème double

2 EL dünnflüssiger Waldhonig

Etwas Kakao und Puderzucker zum Bestäuben

FÜR DIE FEIGEN:

100 ml Portwein

Saft und Schale von ½ unbehandelten Orange

20 g Zucker

1 TL Speisestärke

4 nicht zu weiche frische Feigen, in Scheiben geschnitten

◆ Den Portwein mit Orangenschale und -saft, Zucker und Speisestärke aufkochen lassen und über den Feigen verteilen. Einige Stunden marinieren.

◆ 30 g Zucker in einer Pfanne schmelzen lassen und die gehackten Walnüsse darin unter Rühren goldbraun karamellisieren. Abkühlen lassen.

◆ Die Sahne mit den Schneebesen eines Handrührgeräts steif schlagen. In einer zweiten Schüssel die Eiweiße ebenfalls steif schlagen und dabei nach und nach den restlichen Zucker einrieseln lassen. Die Masse sollte glänzend und schnittfest sein.

◆ Sahne und Crème double mit einem Teigspachtel sorgfältig vermischen. Honig und Nüsse untermischen und den Eischnee vorsichtig unterheben.

◆ Vier Souffléförmchen mit Pergamentpapierstreifen, die 3 cm höher als die Förmchen sind, umwickeln. Die überlappenden Enden mit einem Klebestreifen fixieren. Die Masse 2 cm über den Förmchenrand einfüllen. Für einige Stunden ins Tiefkühlgerät stellen.

◆ Das Soufflé 15 Minuten vor dem Servieren aus dem Tiefkühler nehmen. Die Papierstreifen entfernen und die Oberfläche mit Puderzucker und Kakao bestäuben. Die marinierten Feigen dazu reichen.

*Für 4 Personen*

*Deutschland mediterran*

Zartrosa blühende Mandelbäume läuten in der Südpfalz und am Kaiserstuhl oft schon Ende Februar, Anfang März, den Frühling ein. Wenn andernorts in Deutschland noch Schnee geschaufelt wird, kann man sich hier schon an blühenden Bäumen erfreuen. Mit über 180 Sonnentagen im Jahr herrscht ein fast mediterranes Klima. In dieser südwestlichen Ecke Deutschlands reifen Feigen, Kiwis, Pfirsiche, Walnüsse, und an besonders geschützten Stellen sogar Zitronen.

Frische Pfälzer Feigen oder Walnüsse kann man natürlich nur vor Ort kaufen und genießen, denn die geernteten Mengen sind relativ klein. Wer jedoch im Herbst in dieser Region Urlaub macht, sollte sie unbedingt kosten.

Die Hänge in diesem sonnenverwöhnten Gebiet sind mit Weinreben bestückt, die in erster Linie zu feinen Weiß- oder Rotweinen gekeltert werden. Aber natürlich gibt es hier auch süße, aromatische Tafeltrauben, aus denen die kreativen Köche wunderbare Nachtische zaubern.

Apropos Wein: Wenn im Spätherbst der neue Wein ausgeschenkt wird, fallen in der Pfalz und in Baden die reifen Esskastanien (Maroni) von den Bäumen, die dann – frisch geröstet – unvergleichlich gut dazu schmecken! Ein wahres Paradies für mediterrane Genießer …

## Johann Lafer –
## Multitalent mit Hang zum Süßen

Mag sein, dass es den Österreichern im Blut liegt, Desserts und Mehlspeisen so verführerisch zuzubereiten, dass keiner widerstehen kann. Für Johann Lafer trifft dies auf jeden Fall zu. Seine Desserts, Mehlspeisen und Kuchenkreationen begeistern nicht nur die Gäste seines Feinschmeckerrestaurants »Le Val d'Or« auf der Stromburg, sondern auch die Millionen Fernsehzuschauer seiner Kochsendungen sowie die Leser seiner vielen Kochbücher. Zu Recht hat er 1999 eine Goldmedaille für sein Buch »Desserts, die mein Leben begleiten« erhalten. Wer jemals einen Kochkurs in seiner Kochschule »Table d'Or« mitgemacht hat, wird nicht nur von seinen süßen Rezepten begeistert sein. Ich hatte einmal das Vergnügen und bin seither von seiner Multi-Kulti-Kreativität vollends überzeugt.

Der aus der steirischen Hauptstadt Graz stammende Koch hat nach seinen Wanderjahren mit berühmten Stationen – unter anderem bei Witzigmann in der »Aubergine« und bei Gaston Lenôtre – seine Nase in fast alle Kochtöpfe der Welt gesteckt. Die so gewonnenen fremdartigen und exotischen Erkenntnisse kombiniert er – niemals seine Wurzeln vergessend – perfekt mit der heimischen, frischen Küche. Hinzu kommt sein untrügliches Gespür für das Wesentliche, seine reflektierte, auf das Detail konzentrierte Kochphilosophie und natürlich seine ganz große Liebe zum Kochen.

Johann Lafer ist aber nicht nur ein leidenschaftlicher Koch, der seine Gäste im wunderschön gelegenen, heimeligen Restaurant und Hotel aufs Feinste verwöhnt. Er ist Deutschlands Fernsehkoch Nr. 1, erfolgreicher Buchautor zahlreicher Kochbücher, sicherlich einer der erfolgreichsten Werbeträger rund ums Genießen, er verfügt über ein hauseigenes Fernsehstudio für seine TV-Sendungen und, seit er seinen Traum, Helikopter-Pilot zu werden, verwirklicht hat, steht auch »Genuss zum Abheben« auf seinem Programm!

Bei all den vielen Aktivitäten würde ich dennoch Johann Lafer nicht als Tausendsassa der Kochkunst bezeichnen. Alles, was er anfängt, ist wohl durchdacht, er ist kreativ, kompetent und was er macht, ist perfekt organisiert. So schafft er den Spagat, einerseits erfolgreicher Sternekoch und Gastgeber in seinem wunderschönen Relais- und Châteaux-Hotel Stromburg zu sein, andererseits ist er Publikumsliebling bei seinen Kochsendungen und den Teilnehmern seiner Kochkurse.

Der 1980 zum besten Patissier Deutschlands gekürte Johann Lafer verrät hier eine seiner verlockenden Dessert-Kreationen aus den süßen roten Lieblingsfrüchten deutscher Genießer.

Johann Lafers Stromburg
Schlossberg 1
55442 Stromberg
Tel.: 06724 / 9310-0
Fax: 06724 / 9310-90
www.johannlafer.de

## Alle Regionen

# Erdbeerrosette
# mit Rhabarberschaum

*Von Johann Lafer, Stromburg*

Saft von 3 Zitronen

240 g Zucker

200 ml trockener Weißwein, am besten Riesling

375 g Rhabarber, geschält, und in 1 cm lange
Stücke geschnitten

6 Eigelbe

Mark von 1 Vanilleschote

1 Prise Zimtpulver

1 Prise Gewürznelkenpulver

100 g Sahne, geschlagen

500 g Erdbeeren, geputzt

Etwas Puderzucker

Einige frische Minzeblätter

◆ Zitronensaft, 180 g Zucker und Weißwein in einen Topf geben und einmal aufkochen lassen. Die Rhabarberstücke hinzufügen und zugedeckt in wenigen Minuten weich kochen. Die Stücke sollen weich sein, aber nicht zerfallen. In ein Sieb schütten, die Flüssigkeit auffangen und 125 ml abmessen.

◆ Die Eigelbe mit dem restlichen Zucker, Vanillemark, Zimt und Nelken mit dem Handrührgerät über einem leicht siedenden Wasserbad schaumig schlagen. Dann über einer Schüssel mit eisgekühltem Wasser kalt schlagen. Die Rhabarberstückchen vorsichtig unter die abgekühlte Masse heben und zum Schluss die Sahne locker unterziehen.

◆ Die Erdbeeren längs in dünne Scheiben schneiden. Den Rhabarberschaum auf vier gut gekühlte Teller häufen und die Erdbeerscheiben kreisförmig darauf anordnen. Mit Puderzucker leicht bestäuben und mit frischer Minze garnieren.

*Für 4 Personen*

Der angenehm säuerliche, erfrischende Rhabarber, der botanisch eigentlich zum Gemüse zählt, harmoniert fantastisch mit den zur gleichen Zeit reifenden knallroten und aromatischen Erdbeeren. Im Frühjahr sind Kombinationen aus den beiden Früchten nicht nur bei Johann Lafer die absoluten Desserthits.

## Alte wiederentdeckte Apfelsorten

Ob es tatsächlich ein Apfel im heutigen Sinne war, mit dem Eva ihren Adam verführt hat, mag fraglich sein, sicher ist jedoch, dass es noch Anfang des 20. Jahrhunderts mehr als 1000 Apfelsorten gab. In den vergangenen Jahren war das Angebot auf fünf bis sechs verschiedene Sorten im Supermarkt zusammengeschrumpft. Lediglich auf den Wochenmärkten fand man, wenn man Glück hatte, vielleicht an die Dutzend verschiedene Sorten. Allmählich erkannte man aber, dass der gut aussehende Einheitsapfel – mal etwas säuerlicher, mal eher süßlicher – auf Dauer keine Freude macht. Insbesondere, weil Äpfel das beliebteste Obst in Deutschland sind und die Verbraucher Wert auf Aroma legen. Deshalb begann man in den letzten Jahren wieder verstärkt, die alten, aromatischen, rotbackigen, gelblichen oder grünlichen Apfelsorten anzupflanzen. Dank dieser neuen Vielfalt an Geschmack und Beschaffenheit haben nunmehr die köstlichen Kuchen, die feinen Bratäpfel oder das leckere Kompott wieder einen individuellen und intensiven Geschmack.

Den Anfang des Apfelreigens macht der »Klarapfel«, ein säuerlicher Apfel, der bereits Anfang Juli geerntet wird und am besten frisch vom Baum schmeckt. Ebenfalls feinsäuerlich schmeckt »Jamba«, noch ein wenig würziger »James Grieve« und besonders aromatisch ist die alte und überaus beliebte Apfelsorte »Gravensteiner« – alle sind ab Mitte August reif. Auch »Cox Orange« und »Boskop«, zwei hocharomatische Apfelsorten, die sich wunderbar zum Backen leckerer Kuchen eignen, werden wieder in größerem Stil geerntet, sodass man nicht nur als Kleingartenbesitzer in diesen feinen Apfelgenuss kommt. Köstlich auch das süßsäuerliche Aroma des »Berlepsch« und das fruchtig-nussige Aroma der »Goldparmäne«, die nun gelegentlich wieder erhältlich sind.

### Alle Regionen

## Bratapfel mit Marzipanfüllung

*Der unnachahmliche Duft eines vor sich hin brutzelnden Bratapfels weckt wohlige Gefühle. Früher wurden die Äpfel ohne Füllung in den Kachelofen geschoben und begeisterten alleine durch ihr köstliches Eigenaroma. Heute füllt man sie raffiniert, aber dennoch gilt: je aromatischer der Apfel, umso feiner der Bratapfel. Damals wie heute ein verführerisches winterliches Dessert für Groß und Klein.*

1 EL Zitronat, in kleine Würfel geschnitten
1 EL Orangeat, in kleine Würfel geschnitten
30 g Marzipanrohmasse
30 g Mandeln, gehäutet und gehackt
2–3 EL Kirschwasser (oder Orangensaft)
4 große, aromatische Äpfel (am besten Boskop oder Cox Orange), Kerngehäuse ausgestochen
40 g Butter
⅛ l Weißwein (oder Orangensaft)
1 Eiweiß
50 g Zucker
2 EL Mandelblättchen

◆ Zitronat und Orangeat in eine Schüssel geben und mit der Marzipanrohmasse und den gehackten Mandeln vermischen. Kirschwasser oder Orangensaft hinzufügen und zu einer geschmeidigen Masse verrühren. Den Backofen auf 200 °C vorheizen.

◆ Von den entkernten Äpfeln jeweils einen Deckel abschneiden und die Früchte nebeneinander in eine mit 20 g Butter ausgestrichene Auflaufform setzen. Das fehlende Kerngehäuse durch die Füllung ersetzen und die restliche Füllung um die Äpfel verteilen. Die Deckel auf die Äpfel setzen und die restliche Butter in kleinen Flöckchen darauf setzen. Nach 10 Minuten Backzeit die Äpfel mit Wein (oder Orangensaft) umgießen. Im heißen Backofen in weiteren 10–20 Minuten, je nach Größe und Sorte der Äpfel, weich garen.

◆ Nach Ende der Garzeit das Eiweiß mit Zucker sehr steif schlagen, den Eischnee in einen Spritzbeutel füllen und als große Tupfen auf die Apfeldeckel spritzen und mit Mandelblättchen bestreuen. Etwa 5 Minuten weiterbacken, bis die Baiserhaube goldbraun ist. Die Bratäpfel heiß mit Vanillesauce oder mit Vanilleeis servieren.

*Für 4 Personen*

## Franken und Schwaben

## Hollerküchle

*Kurz ist die Zeit, in der man die Gelegenheit hat, die duftenden Blütendolden des Holunderstrauchs in knuspriges Gebäck zu verwandeln.*

> 8 frisch gepflückte Holunderblütendolden
> 120 g Mehl, 1 Prise Salz
> 1 EL Zucker
> 1 TL Vanillezucker
> Abgeriebene Schale von ½ unbehandelten Orange
> 150 ml Weißwein, am besten trockener Muskateller
> 2 cl Orangenlikör
> 2 EL flüssige Butter
> 2 Eiweiße
> Butterschmalz zum Ausbacken
> Puderzucker zum Bestäuben

◆ Die Blütendolden in kaltem Wasser hin und herschwenken. Auf einem Tuch abtropfen lassen.

◆ Mehl, Salz, Zucker, Vanillezucker und Orangenschale vermischen. Wein, Likör und Butter unterrühren und den Teig 20 Minuten ruhen lassen. Dann die Eiweiße steif schlagen und gleichmäßig unterziehen.

◆ Die Blütendolden nacheinander in den Teig tauchen und im 180 °C heißen Schmalz knusprig und goldgelb backen. Mit Puderzucker bestäubt sofort genießen.

*Für 4 Personen*

## Bayern

## Dampfnudeln

*Die Dampfnudeln meiner Oma vergesse ich nie! Sie waren meine absolute Leibspeise und einmal schaffte ich sieben Stück! Natürlich sehr zur Freude meiner Großmutter, da dies die höchste Anerkennung ihrer Kochkunst war. Später habe ich die Dampfnudeln (siehe Bild) öfters nachgemacht, aber so gut wie bei ihr haben sie mir einfach nicht geschmeckt. Sicherlich schwingt da eine Portion Nostalgie mit. Ihr gusseiserner Topf, der ausschließlich für Dampfnudeln verwendet wurde, war ein sicherer Garant für das saftigste und knusprigste »Rammerl« (Kruste).*

> 500 g Mehl, 1 Prise Salz
> 20 g frische Hefe
> 1 TL Zucker
> ¼ l lauwarme Milch
> 2 Eier
> Etwas abgeriebene unbehandelte Zitronenschale
> 30 g Butter
> 50 g Zucker
>
> ZUM BRATEN:
> 80 g Butterschmalz
> ¼ l Milch
> 60 g Zucker

◆ Aus den Zutaten einen Hefeteig nach Anleitung auf Seite 236 (Zwetschendaschi) zubereiten und an einem warmen Platz zugedeckt aufgehen lassen.

◆ Aus dem Teig auf der bemehlten Arbeitsfläche golfballgroße Stücke abstechen, kugelrund formen und zugedeckt erneut 10 Minuten gehen lassen.

◆ Butterschmalz, Milch und Zucker in einem flachen, möglichst schweren Topf kurz aufkochen lassen. Die Flüssigkeit soll etwa 2 cm hoch im Topf stehen. Nun die Kugeln im Abstand von mindestens 1 cm hineinsetzen. Die Milch darf auf keinen Fall die Nudeln bedecken. Sofort mit einem passenden, vorgewärmten Deckel zudecken und bei mittlerer Hitze etwa 25–30 Minuten garen. Während der ganzen Zeit darf der Deckel nicht geöffnet werden, sonst fallen die luftigen Nudeln sofort zusammen. Wenn das Brutzeln im Topf zu laut wird, die Hitze etwas reduzieren. Nach dem Ende der Garzeit den Deckel öffnen und die Nudeln mit einer Backschaufel vom Topfboden lösen und mit Vanillesauce oder Apfelmus genießen.

*Für 4 Personen*

## Schwaben und andere Regionen

# Apfelküchle

*Apfelküchle kann man als süßes Hauptgericht, als Dessert oder zum Kaffee genießen. Außen goldbraun und knusprig, innen saftig und weich – so müssen Apfelküchle sein. Aber das Wichtigste ist das Aroma der Äpfel. Mürbe Spätäpfel wie Boskop eignen sich am besten dafür.*

*120 g Mehl*
*1 Prise Salz*
*20 g Zucker*
*2 Eigelbe*
*Ca. ⅛ l helles Bier*
*Abgeriebene Schale von ½ unbehandelten Zitrone*
*4–5 mittelgroße, säuerliche Äpfel, geschält und Kerngehäuse ausgestochen*
*4 cl Apfelbrand*
*2 Eiweiße*
*1 TL Vanillezucker*
*1 TL Speisestärke*
*Butterschmalz zum Ausbacken*
*Zucker und Zimt nach Belieben*

◆ Mehl, Salz und Zucker in eine Schüssel geben und Eigelbe, Bier und Zitronenschale mit den Schneebesen eines Handrührers unterrühren, bis ein glatter Teig entsteht. Etwa 20 Minuten ruhen lassen.

◆ Die Äpfel in 1 cm dicke Scheiben schneiden und mit Apfelbrand beträufeln. Die Eiweiß mit Vanillezucker und Speisestärke zu sehr steifem Schnee schlagen und gleichmäßig unter den Teig ziehen.

◆ Das Ausbackfett auf 180 °C erhitzen. Die Apfelringe in den Teig tauchen und im heißen Fett goldbraun und knusprig backen.

◆ Die Apfelküchle auf mehrfach gefaltetem Küchenpapier abtropfen lassen und in einer Mischung aus Zimt und Zucker wenden.

*Für 6–8 Personen als Dessert*

*Das i-Tüpfelchen dazu:*
*Vanilleeis oder, noch besser,*
*Vanilleeis mit Zimt und*
*ein wenig Apfelbrand verrührt.*

## Hessen, Pfalz und Baden

# Kirschenmichel

*Ein klassisches Freitagsessen in Baden und der Pfalz, wo der beliebte Auflauf »Kirschenplotzer« genannt wird. Mit erntefrischen Kirschen schmeckt der Auflauf natürlich am besten, man kann aber auch eingemachte oder tiefgekühlte Kirschen dafür verwenden. Sollte etwas übrig bleiben – kein Problem – der Kirschenmichel schmeckt auch kalt zum Kaffee.*

*5 Milchbrötchen, in kleine Würfel geschnitten*
*¼ l heiße Milch*
*800 g feste Kirschen, entsteint*
*4 cl Kirschwasser*
*125 g weiche Butter*
*125 g Zucker*
*5 Eigelbe*
*1 Messerspitze Zimtpulver*
*Mark von ½ Vanilleschote*
*Abgeriebene Schale von ½ unbehandelten Zitrone*
*125 g Mandeln, grob gehackt*
*5 Eiweiße*
*40 g Butter für die Form und zum Belegen*
*2 El Semmelbrösel für die Form*
*Puderzucker zum Bestäuben*

◆ Die Brötchenwürfel in eine Schüssel geben und mit der Milch übergießen. Die Kirschen in eine zweite Schüssel geben und mit Kirschwasser beträufeln. Beides kurz durchziehen lassen. Den Backofen auf 180 °C vorheizen.

◆ In der Zwischenzeit die Butter mit 100 g Zucker und den Eigelben mit dem Handrührgerät schaumig rühren. Zimt, Vanillemark und Zitronenschale dazugeben und zum Schluss die Mandeln unterrühren. In einer zweiten Schüssel die Eiweiße mit dem restlichen Zucker zu sehr steifem Schnee schlagen.

◆ Die eingeweichten Brötchen und die Kirschen unter die Schaummasse heben und zum Schluss den Eischnee unterziehen.

◆ Die Masse in eine gefettete und mit Semmelbröseln ausgestreute Auflaufform oder in eine Springform (Ø 24 cm) füllen und mit Butterflöckchen belegen. Im vorgeheizten Backofen etwa 50 Minuten goldbraun backen. Mit Puderzucker bestäubt servieren.

*Für 4 Personen*

*Hessen*

# Frankfurter Pudding

*Der Klassiker der Frankfurter Mehlspeisenküche (siehe Bild)*
*wird immer mit »Bischofssauce«, einer Rotweinsauce serviert.*
*Reste vom Sonntagshefezopf, Biskuitroulade oder auch alt*
*gewordenes Weißbrot wurden auf diese Weise köstlich ver-*
*arbeitet. Keiner käme auf die Idee, dass es sich hier um ein*
*Resteessen handelt.*

> *200 g altbackener Hefezopf oder Biskuitboden, in*
> *kleine Würfel geschnitten*
>
> *100 g Butter*
>
> *80 g Rosinen*
>
> *Je 40 g Orangeat und Zitronat, in kleine Würfel*
> *geschnitten*
>
> *50 ml Orangenlikör*
>
> *200 ml Milch*
>
> *5 Eier*
>
> *60 g Zucker*
>
> *1 Messerspitze Zimt*
>
> *Abgeriebene Schale von ½ unbehandelten Zitrone*
> *und Orange*
>
> *40 g geschälte Mandeln, gehackt*
>
> *20 g geschälte Pistazien, grob gahackt*
>
> *Butter und Semmelbrösel für die Form*

◆ Die Kuchenwürfel in der heißen Butter goldgelb
braten. Rosinen, Zitronat und Orangeat in eine Schüssel geben und mit Orangenlikör marinieren.

◆ Milch mit den Eiern, Zucker und Aromaten gründlich verquirlen und über die Kuchenwürfel gießen.
Kurz durchziehen lassen, dann die eingeweichten
Trockenfrüchte sowie die Mandeln und die Pistazien
untermischen.

◆ Eine Kochpuddingform und den Deckel gut einfetten und mit Semmelbröseln ausstreuen. Die Masse
so einfüllen, dass noch ein 4 cm hoher Rand bleibt.
Die Form gut verschließen und den Pudding im Wasserbad etwa 1 Stunde und 15 Minuten bei schwacher
Hitze garen.

◆ Aus dem Wasserbad nehmen und vor dem Öffnen
noch etwa 5 Minuten auf einem mehrfach zusammen-
gefalteten feuchten Tuch ruhen lassen. Den Pudding
auf eine Platte stürzen und sofort mit der Bischofssauce (Rezept siehe Glossar) servieren.

*Für 4 Personen*

*Sachsen*

# Mohr im Hemd

*A und O dieses Kochpuddings ist die Qualität der Schoko-*
*lade. Wer an der Schokolade spart, kann sich auch die*
*Mühe für dieses Dessert sparen. Mindestens 70 Prozent*
*Kakaoanteil sollte die Schokolade haben, dann ist der*
*»Mohr« die Sünde wert.*

> *100 g Zartbitter-Schokolade (mindestens*
> *70 % Kakaoanteil)*
>
> *80 g Haselnüsse*
>
> *50 g zimmerwarme Butter*
>
> *50 g Zucker*
>
> *5 Eigelbe*
>
> *1 EL Kakaopulver, stark entölt*
>
> *1 EL Instant-Kaffeepulver*
>
> *Abgeriebene Schale von ½ unbehandelten Orange*
>
> *2 cl Orangenlikör*
>
> *5 Eiweiße*
>
> *20 g Löffelbiskuit, fein gerieben*
>
> *Butter und Semmelbrösel für die Form*
>
> *250 g Sahne*
>
> *1 EL Vanillezucker*

◆ Die Schokolade in Stücke brechen und im Wasserbad schmelzen lassen. Die Haselnüsse im heißen
Backofen 15–20 Minuten rösten, dann die Schale
abreiben und die Nüsse fein reiben.

◆ Butter und Zucker cremig rühren und nach und
nach die Eigelbe, Schokolade, Kakao- und Kaffeepulver, Orangenschale und Likör hinzufügen.

◆ Eiweiße steif schlagen, auf die Schaummasse häufen
und vorsichtig mit den Nüssen und den Biskuitbröseln mithilfe eines Teigspachtels unterheben.

◆ Eine Kochpuddingform und den Deckel gut einfetten und mit Semmelbröseln ausstreuen. Die Masse
so einfüllen, dass noch ein 4 cm hoher Rand bleibt.
Die Form gut verschließen und den Pudding im Wasserbad etwa 1 Stunde bei schwacher Hitze garen.

◆ Aus dem Wasserbad nehmen und vor dem Öffnen
noch etwa 5 Minuten auf einem mehrfach zusammen-
gefalteten feuchten Tuch ruhen lassen.

◆ Die Sahne mit dem Vanillezucker steif schlagen.
Den Pudding auf einen Teller stürzen und sofort mit
der gut gekühlten Schlagsahne servieren.

*Für 6 Personen*

*Mecklenburg-Vorpommern*

# Arme Ritter

*Nicht nur in Mecklenburg-Vorpommern, fast im ganzen Land ist diese köstliche Verwertung von altbackenem Brot eine beliebte Mehlspeise. In manchen Regionen heißt das Rezept »Karthäuser Klöße« – wird aber genauso zubereitet.*

> 4 Milchbrötchen vom Vortag
> ¼ l Milch
> 125 g Sahne
> 4 Eier
> Abgeriebene Schale von ½ unbehandelten Zitrone
> Mark von ½ Vanilleschote
> Ca. 60 g Semmelbrösel
> Butterschmalz zum Braten
> Zucker und Zimt zum Bestreuen

◆ Die Brötchen in fingerdicke Scheiben schneiden und in eine tiefe Form legen.

◆ Milch, Sahne und Eier verquirlen und die Zitronenschale und das Vanillemark untermischen. Die Eiermilch über die Brotscheiben gießen und kurz durchziehen lassen.

◆ Die Brötchenscheiben etwas abtropfen lassen, dann in den Semmelbröseln wenden.

◆ Reichlich Butterschmalz in einer Pfanne erhitzen und die panierten Brotscheiben darin auf beiden Seiten goldbraun und knusprig braten. Mit einer Gabel aus dem Fett nehmen, in Zimtzucker wenden und sofort servieren.

*Für 4 Personen*

*Dazu passt besonders gut Zwetschgenkompott. Füllt man zwei Brotscheiben vor dem Backen mit Zwetschgenmus, werden daraus »Reiche Ritter«. Begießt man sie nach dem Backen mit gewürztem Rotwein, heißen sie »Trunkene Jungfrauen«.*

*Schleswig-Holstein*

# Förtchen

*Das typische Neujahrsgebäck aus der Gegend um Husum wird in einer speziellen Förtchenpfanne (Pfanne mit runden Ausbuchtungen) gebacken und lauwarm verspeist.*

> 25 g Hefe
> 300 ml lauwarme Milch, 100 ml lauwarme Sahne
> 1 EL Zucker
> 250 g Mehl
> 1 Prise Salz
> Schale von ½ unbehandelten Zitrone
> 2 Eier
> 30 g zimmerwarme Butter
> Etwa 50 g flüssige Butter zum Braten
> Puderzucker zum Bestäuben

◆ Die Hefe in die Milch bröckeln, 1 Prise Zucker dazugeben und an einem warmen Ort etwa 15 Minuten aufgehen lassen.

◆ Den restlichen Zucker und das Mehl unter die Hefemilch rühren, Salz, Zitronenschale, Butter und Eier hinzufügen und alles zu einem glatten, dickflüssigen Teig verrühren. Den Teig zugedeckt etwa 20 Minuten aufgehen lassen.

◆ Die Vertiefungen in der Förtchenpfanne mit flüssiger Butter auspinseln und die Pfanne erhitzen. Mit einem Esslöffel so viel vom Teig hineingeben, dass die Vertiefung jeweils bis zum Rand gefüllt ist. Dann jeweils um 45 Grad (am besten mit einem Zahnstocher) weiterdrehen, bis am Ende eine goldbraune Kugel entstanden ist. So fortfahren, bis der Teig verbraucht ist.

◆ Die gebackenen Förtchen mit Puderzucker bestäuben und noch warm servieren.

*Für 4 Personen*

*Dazu gibt es entweder Holler-Apfel-Kompott oder Pflaumenkompott. Wer die Förtchen gerne saftig mag, der taucht sie nach dem Backen kurz in eien Mischung aus heißer Milch und Vanillezucker.*

## Sachsen

# Quarkkeulchen

*Die süßen Püfferchen aus Quark-Kartoffelteig (siehe Bild) werden in Sachsen auch »Gäsegeulchen« genannt. Der feine milchsaure Geschmack kommt besonders gut zur Geltung, wenn man den Quark über Nacht auf einem Sieb abtropfen lässt. Ein weiterer Vorteil: Je trockener der Quark, umso besser lassen sich die Keulchen formen und umso weniger Mehl muss man hinzufügen. Und nicht vergessen: Unbedingt mehlig kochende Spätkartoffeln verwenden!*

> *800 g mehlig kochende Kartoffeln, am Vortag gekocht, geschält und fein gerieben*
>
> *Ca. 100–120 g Mehl*
>
> *1 Prise Salz*
>
> *500 g Magerquark, in einem Sieb über Nacht abgetropft*
>
> *Abgeriebene Schale von 1 unbehandelten Zitrone*
>
> *2 EL Vanillezucker*
>
> *50 g Korinthen*
>
> *Ca. 60 g Butterschmalz zum Braten*
>
> *Zucker und Zimt zum Bestreuen*

◆ Die geriebenen Kartoffeln mit dem Mehl und dem Salz vermischen. Nach und nach den Quark einarbeiten und die Zitronenschale und den Vanillezucker hinzufügen. Falls der Teig zu klebrig ist, fügen Sie noch etwas Mehl hinzu. Zum Schluss die Korinthen untermischen.

◆ Mit einem Löffel etwas vom Teig abstechen und auf der bemehlten Arbeitsfläche zu runden fingerdicken Plätzchen formen.

◆ Das Schmalz in einer großen Pfanne erhitzen und die Quarkkeulchen darin beidseitig goldgelb braten.

◆ Zucker und Zimt auf einem Teller mischen und die Quarkkeulchen darin wenden. Sofort servieren.

*Für 4 Personen*

*Apfel- oder Pflaumenkompott passt gut zu dieser Mehlspeise, die man entweder als kleines Hauptgericht nach einer Suppe oder als üppige Nachspeise serviert.*

## Sachsen-Anhalt

# Grießflammerie

> *½ l Milch*
>
> *1 Vanilleschote, längs aufgeschnitten*
>
> *80 g Zucker*
>
> *1 Prise Salz*
>
> *70 g Hartweizengrieß*
>
> *Abgeriebene Schale von 1 unbehandelten Zitrone*
>
> *2 Eigelbe*
>
> *2 Eiweiße*

◆ Die Milch mit der Vanilleschote, 60 g Zucker und Salz zum Kochen bringen. Die Vanilleschote längs mit einem spitzen Messer aufschlitzen und das Mark zurück in die kochende Milch kratzen.

◆ Unter Rühren den Grieß einlaufen lassen und unter weiterem Rühren aufkochen lassen. Die Zitronenschale untermischen, Topf vom Herd ziehen und den Grießbrei einige Minuten ausquellen lassen.

◆ Die Eigelbe mit etwas heißem Grießbrei verrühren, dann zum restlichen Brei geben.

◆ Die Eiweiße mit dem restlichen Zucker steif schlagen und unter die Grießcreme ziehen. Die Masse in kalt ausgespülte Förmchen oder kleine Tassen füllen und einige Stunden kalt stellen.

◆ Die Förmchen auf Teller stürzen und je nach Jahreszeit mit marinierten Erdbeeren oder mit einer Schokoladensauce servieren.

*Für 4 Personen*

## Niedersachsen

# Blaubeerpfannkuchen

*Im Dialekt heißen sie »Bickbeerpfannkuchen« und kommen speziell in der Lüneburger Heide zur Ernetezeit der Blaubeeren mehrmals die Woche auf den Tisch. Auf die gleiche Weise bereiten die Hamburger Apfel- oder Kirschpfannkuchen zu.*

*200 g Mehl*
*1 Prise Salz*
*¼ l Milch*
*4 Eier*
*Abgeriebene Schale von ½ unbehandelten Zitrone*
*1 EL Vanillezucker*
*400 g frische Blaubeeren (Heidelbeeren)*
*2 EL Zucker*
*Ca. 80 g Butter zum Braten*
*Puderzucker zum Bestäuben*

◆ Mehl mit Salz in eine Schüssel geben und mit dem Handrührgerät nach und nach die Milch und die Eier unterrühren. Zitronenschale und Vanillezucker unterrühren und 30 Minuten stehen lassen, damit das Mehl ausquellen kann.

◆ Die Blaubeeren mit Zucker bestreuen und ebenfalls kurz durchziehen lassen.

◆ Etwas Butter in einer beschichteten Pfanne erhitzen und mit einem kleinen Schöpflöffel etwas Teig hineingeben. Durch Schwenken der Pfanne den Teig gleichmäßig darin verteilen und kurz anbraten. Ein Viertel der Beeren darauf verteilen und mit etwas Teig bedecken.

◆ Den Pfannkuchen mithilfe eines flachen Tellers wenden und auch die zweite Seite goldbraun braten. Warm stellen und die weiteren drei Pfannkuchen ebenso backen. Mit Puderzucker bestäubt servieren.

*Für 4 Personen*

*Dazu trinkt man in der Lüneburger Heide kalte Milch oder heißen Kaffee!*

## Bayern

# Millirahmstrudel

*Während ein echter Wiener Apfelstrudel nur mit Butter bestrichen trocken gebacken wird, liebt man im Nachbarland Bayern den Strudel saftig. Übergossen mit Milli (Milch) bekommt er ein knuspriges Rammerl (Kruste, siehe Bild). Aber auch hier gilt: Der Teig sollte hauchdünn sein.*

*250 g Mehl, 1 Prise Salz*
*1 Eigelb*
*1 EL Öl*

*FÜR DIE FÜLLUNG:*
*2 Eigelbe*
*80 g Zucker*
*500 g Topfen oder Speisequark (20 % Fett)*
*1 EL Speisestärke*
*Schale von 1 unbehandelten Zitrone*
*Mark von 1 Vanilleschote*
*40 g Mandeln, geschält und grob gehackt*
*60 g Rosinen, in 2 cl Rum eingeweicht*
*2 Eiweiße*
*50 g flüssige Butter*
*50 g Löffelbiskuit, fein gerieben*
*¼ l Milch*
*Puderzucker zum Bestäuben*

◆ Aus den angegebenen Zutaten einen Strudelteig (siehe Glossar) zubereiten und ruhen lassen.

◆ Für die Füllung die Eigelbe mit Zucker schaumig schlagen und nach und nach Topfen, Stärke, Zitronenschale, Vanillemark, Mandeln und Rosinen unterrühren. Die Eiweiße zu steifem Schnee schlagen und gleichmäßig unter die Topfenmasse ziehen. Den Backofen auf 180 °C vorheizen.

◆ Den Strudelteig ausrollen und über den Handrücken hauchdünn ausziehen. Auf einem Tuch ausbreiten und mit der Hälfte der flüssigen Butter bestreichen. Mit den Biskuitbröseln bestreuen und mit der Topfenmasse bestreichen. Den Strudel mithilfe des Tuchs aufrollen.

◆ Eine Auflaufform mit etwas flüssiger Butter ausfetten und den Strudel hineingleiten lassen. Mit der übrigen Butter bestreichen und im Ofen etwa 10 Minuten backen. Mit der Milch übergießen und in weiteren 30 Minuten fertig backen.

*Für 6–8 Personen*

## schwaben

# Zwetschgendatschi

*Ob dieser herbstliche Kuchen tatsächlich in der Fuggerstadt Augsburg erfunden wurde, ist nicht gewiss. Auf jeden Fall werden die Augsburger scherzhaft oft als »Datschiburger« bezeichnet. Zwetschgendatschi bäckt man in Schwaben immer auf dünnem Hefeteig (siehe Bild). Doch auch anderswo ist der fruchtige Kuchen beliebt. In Bayern zieht die Hausfrau manchmal knusprigen Mürbeteig als Unterlage für die saftigen Zwetschgen vor, in Norddeutschland streut man Streusel auf die Zwetschgen, und in Thüringen versteckt man die Früchte unter Eiermilch. Welche Art man auch bevorzugt: Nur die süßen und weniger safttriefenden Spätzwetschgen garantieren allerhöchsten Genuss.*

*250 g Mehl, 1 Prise Salz*

*20 g Hefe*

*60 g Zucker*

*Ca. 100 ml lauwarme Milch*

*60 g zimmerwarme Butter, etwas Butter für das Blech*

*1 Ei*

*Abgeriebene Schale von ½ Zitrone*

*40 g Löffelbiskuit, fein gerieben*

*Ca. 2 kg Spätzwetschgen*

*Zucker und Zimt zum Bestreuen*

◆ Mehl und Salz in eine Schüssel geben und in die Mitte eine Vertiefung drücken. Die Hefe hineinbröckeln, mit etwas Zucker bestreuen und mit der Milch verrühren. 15 Minuten aufgehen lassen, dann den restlichen Zucker, die Butter, das Ei und die Zitronenschale hinzufügen und alles mit einem Kochlöffel oder den Knethaken des Handrührgeräts zu einem glatten, glänzenden Teig verarbeiten. Mit einem Tuch bedeckt an einem warmen Platz etwa 45 Minuten auf die doppelte Größe aufgehen lassen.

◆ In der Zwischenzeit die Zwetschgen waschen, halbieren und entkernen. Jede Hälfte noch einmal längs bis zur Mitte einschneiden.

◆ Den Hefeteig auf der bemehlten Arbeitsfläche noch einmal kurz durchkneten und dünn auf die Größe des Backbleches ausrollen. Das Backblech mit etwas Butter einfetten und die Teigplatte mithilfe des Nudelholzes darauf gleiten lassen. Mit den Biskuitbröseln bestreuen und dicht an dicht mit den Zwetschgenhälften belegen. Erneut 15 Minuten aufgehen lassen. Den Backofen auf 210 °C vorheizen.

◆ Den Datschi auf der mittleren Schiene etwa 25–30 Minuten backen. Herausnehmen und sofort dick mit Zucker und Zimt bestreuen. In Portionsstücke teilen und nach dem Abkühlen am besten mit steif geschlagener Sahne genießen.

*Für 1 Backblech*

## sachsen

# Bienenstich

*Der aus Sachsen stammende Blechkuchen hat ziemlich rasch die Konditoren im ganzen Land begeistert. Ich erinnere mich gut daran, dass es schon in meiner Kindheit Bienenstich in einer Konditorei in der hintersten Ecke des Bayerischen Waldes gab. Zugegeben, die Herstellung ist etwas zeitaufwendig, aber man bereut die Mühe nicht …*

*500 g Mehl*
*42 g Hefe*
*200 ml lauwarme Milch*
*40 g Zucker*
*100 g zimmerwarme Butter und Butter für das Blech*
*2 Eier*
*Abgeriebene Schale von 1 unbehandelten Zitrone*

*FÜR DEN BELAG:*
*100 g Zucker*
*150 g Butter*
*100 g Honig*
*250 g Mandelblättchen*
*Für die Füllung:*
*150 g Zucker*
*3 Eigelbe*
*1 Päckchen Vanillepuddingpulver*
*½ l Milch*
*4 Blatt weiße Gelatine, in kaltem Wasser eingeweicht*
*400 g Sahne*

◆ Aus den angegebenen Zutaten einen Hefeteig, wie im nebenstehenden Rezept beschrieben, zubereiten. Nach dem Aufgehen ein gefettetes Backblech damit belegen. Den Backofen auf 210 °C vorheizen.

◆ Zucker und Butter schmelzen lassen und Honig und Mandeln untermischen. Leicht abgekühlt auf dem Teig verteilen und in 25 Minuten goldbraun backen.

◆ Zucker, Eigelbe, Puddingpulver und etwas Milch verquirlen. Die restliche Milch zum Kochen bringen und die Mischung unterrühren. Aufkochen lassen, von der Kochstelle nehmen und die ausgedrückte Gelatine unterrühren. Nach dem Erkalten die steif geschlagene Sahne unterziehen. Den abgekühlten Kuchen einmal quer durchschneiden, mit der Creme füllen und den Deckel wieder darauf setzen. Den Bienenstich mit einem scharfen Messer in Quadrate schneiden.

*Für 1 Backblech*

## Kaffeekränzchen & Teestunde

Quer durch alle deutschen Regionen wird diese alte Tradition auch heute noch intensiv gepflegt. Die Kaffee- oder Teestunde schlägt hierzulande um vier Uhr herum, entweder zu Hause oder im Café, und neben dem gemütlichen, ungezwungenen Beisammensein mit angeregtem Plausch über alle möglichen Themen, sei es Mode, Familie oder Kultur, gehören ein (selbstgebackener) Kuchen oder eine Torte unbedingt dazu. Neue Rezepte für Kuchen und Torten sind oft von besonderem Interesse bei diesen Anlässen. Die »Eierlikörtorte« oder die »Donauwellen«, zwei neuere Kuchenrezepte, wurden in erster Linie durch die Mund-zu-Mund-Propaganda bei Kaffeekränzchen bekannt und haben sich von dort aus heute in ganz Deutschland verbreitet. Aber nicht nur bei Kuchen und Torten, auch beim passenden Getränk wird abgewechselt und auch mal experimentiert. Neben der guten Tasse Tee oder Kaffee trinkt man heute auch Espresso, Milchkaffee oder Capuccino und neuerdings Kaffees mit verschiedenen Sirups, etwa mit Zimt-, Vanille- oder Haselnuss-Geschmack. Und was wäre ein Sommer, ohne einen großen Eiskaffee mit Vanilleeis und Sahnehaube auf dem Balkon oder der Terrasse zu genießen? Im Winter trinkt man stattdessen gerne einmal den wärmenden Pharisäer, bei dem Kakao, Rum und Zucker verrührt und dann mit heißem, starkem Kaffee aufgegossen werden.

Kaffee oder Tee? Die Damen haben ihren Spaß beim netten Plausch.

## Berlin

## Liebesknochen

*Unbedingt am Backtag genießen!*

⅛ l Wasser, ⅛ l Milch

1 Prise Salz, 1 TL Zucker

80 g Butter und Butter für das Blech

180 g Mehl, 5–6 Eier

FÜR DIE FÜLLUNG:

¼ l Milch

2 EL Instant-Kaffeepulver

60 g Zucker

2 Eigelbe

20 g Speisestärke

200 g Sahne

FÜR DEN GUSS:

200 g Puderzucker

1–2 EL Espresso, 1 EL Rum

◆ Wasser, Milch, Salz, Zucker und Butter zum Kochen bringen. Von der Kochstelle nehmen und das Mehl auf einmal in die kochende Flüssigkeit schütten. Mit einem Holzlöffel glatt rühren, erneut auf die Kochplatte stellen und weiterrühren, bis ein glatter Kloß entsteht und sich am Topfboden ein weißer Belag bildet. Von der Kochstelle nehmen und 1 Ei unterrühren. Nach und nach die übrigen Eier unterrühren, dabei jedes Mal so lange rühren, bis der Teig wieder glatt ist, dann das nächste Ei hinzufügen. Backofen auf 200 °C vorheizen.

◆ Den Teig in einen Spritzbeutel mit breiter, gezackter Tülle füllen und 12 Streifen auf ein gefettetes Backblech spritzen, in 30 Minuten backen.

◆ Für die Füllung 2 EL kalte Milch mit Kaffeepulver, Zucker, Eigelben und Speisestärke verrühren. Die restliche Milch zum Kochen bringen und die Mischung dazugießen. Aufkochen und abkühlen lassen. Dann die steif geschlagene Sahne unterziehen.

◆ Die gebackenen Liebesknochen abkühlen lassen, längs so einschneiden, dass noch eine Seite zusammenhält. Die Creme in einen Spritzbeutel füllen und die Eclairs damit füllen.

◆ Puderzucker mit Espresso und Rum verrühren, die Oberfläche damit glasieren.

*Für etwa 12 Liebesknochen*

## Alle Regionen

## Altdeutscher Apfelkuchen

*Kein Mensch kann sagen, wie viele unterschiedliche Apfelkuchenrezepte es in Deutschland gibt. Mal versinken die Äpfel in einem Rührteig, mal werden sie ordentlich auf einen Hefeteig gelegt und mit Sahneguss überzogen, mal umhüllt man sie im Ganzen mit Blätterteig und nennt das Gebäck dann Apfel im Schlafrock usw. Für alle aber gilt: Je aromatischer der Apfel, umso besser der Kuchen.*

250 g Mehl, 1 Prise Salz

125 g Zucker

125 g kalte Butter, in Stücke geschnitten

1 Ei

Mark von 1 Vanilleschote

800 g leicht säuerliche Äpfel, geschält, entkernt und in dünne Scheiben geschnitten

Saft von 1 Zitrone

1 Messerspitze Zimtpulver

50 g Zucker

50 g Mandeln, grob gehackt

50 g Sultaninen, in 4 cl Apfelbrand eingeweicht

Butter und Semmelbrösel für die Form

2 EL Aprikosenkonfitüre, fein püriert

100 g Puderzucker

2–3 EL Apfelbrand

2 EL Mandelblättchen

◆ Mehl, Salz, Zucker, Butter, Ei und Vanillemark mit den Knethaken eines Handrührgerätes zu einem Mürbeteig verarbeiten. Etwa 30 Minuten im Kühlschrank ruhen lassen. Den Backofen auf 200 °C vorheizen.

◆ Die Äpfel mit Zitronensaft, Zimt, Zucker, Mandeln und Sultaninen samt Einweichflüssigkeit vermischen.

◆ Zwei Drittel des Teiges ausrollen und Boden und Rand einer Springform (Ø 24 cm) damit auskleiden. Die Apfelmischung einfüllen und leicht andrücken. Den restlichen Teig auf Springformgröße ausrollen und die Füllung damit bedecken. Die Ränder festdrücken und den Teig mit einer Gabel mehrfach einstechen. In etwa 45 Minuten goldbraun backen.

◆ Den Kuchen mit erhitzter Aprikosenkonfitüre bestreichen. Puderzucker und Apfelbrand glatt rühren und den Kuchen damit überziehen. Mit Mandeln bestreuen.

*Für eine Springform von 24 cm Durchmesser*

<br>

## schwaben

### Träubleskuchen

*»Träuble« sind im Schwäbischen keineswegs kleine Wein-*
*trauben, sondern Johannisbeeren. Und im Juni, wenn die*
*roten säuerlichen Früchte reif an den Sträuchern hängen,*
*wird daraus ein feiner Träubleskuchen gebacken. Umwer-*
*fend erfrischend und saftig.*

> 250 g Mehl
>
> 125 g Zucker und eine Prise Salz
>
> 2 Eigelbe
>
> 125 g kalte Butter, in kleine Stücke geschnitten
>
> Abgeriebene Schale von ½ unbehandelten Zitrone
>
> 4 Eiweiße
>
> 180 g Zucker
>
> 1 EL Speisestärke
>
> 50 g Mandeln, gehackt und geröstet
>
> 500 g Johannisbeeren, abgezupft
>
> 30 g Löffelbiskuit, fein gerieben
>
> Einige Johannisbeerrispen zum Dekorieren

◆ Mehl, Salz und Zucker in einer Schüssel mischen,
die Eigelbe und die Butterstücke sowie die Zitronenschale dazugeben und rasch mit den Knethaken
des Handrührgeräts zu einem glatten Mürbeteig verarbeiten. Etwa 30 Minuten im Kühlschrank ruhen
lassen.

◆ Den Backofen auf 160 °C vorheizen. Den Mürbeteig dünn ausrollen und Boden und etwa 3 cm Rand
einer Springform (Ø 26 cm) damit auskleiden.

◆ Die Eiweiße steif schlagen und dabei nach und nach
den Zucker und die Speisestärke hinzufügen. Weiterschlagen, bis eine schnittfeste, glänzende Masse entsteht. Mandeln und Johannisbeeren unterheben.

◆ Die Biskuitbrösel in die ausgekleidete Form streu-
en, die Johannisbeer-Baiser-Mischung einfüllen und
die Oberfläche glatt streichen. In etwa 40–45 Minuten
hellgelb backen.

◆ Nach dem Abkühlen sofort mit einem scharfen, in
heißes Wasser getauchten Messer in Stücke schneiden,
mit Johannisbeerrispen garnieren und noch am gleichen Tag genießen.

*Für eine Springform von 26 cm Durchmesser*

## Bowlen, Punsch und andere Lieblingsgetränke

Wer erinnert sich nicht gerne an den ersten Schluck selbst gemacher Mai- oder Erdbeerbowle?

Für die meisten war es gleichzeitig die erste, zarte Berührung mit Alkohol. In den 1960er-Jahren war eine Waldmeisterbowle der ultimative Start in den Frühling, und die Bowle hat seither in Deutschland schon mehrere Revivals erlebt.

Besonders köstlich schmeckt eine Himbeerbowle. Dazu für 4–6 Personen 400 g frische Waldhimbeeren mit 1 EL Vanillezucker und 1 EL dünnflüssigem Waldhonig behutsam vermischen. Mit 2 Flaschen fruchtigem Roséwein begießen und einige Stunden kalt stellen. Unmittelbar vor dem Servieren mit eisgekühltem Rosésekt aufgießen und das Ganze mit frischen Minzeblättern garnieren. Damit die Bowle auch bei heißen Temperaturen schön kalt bleibt, sollte man sie in eine größere, mit Eiswürfeln gefüllte Schale setzen.

So wie die Bowle den Frühling und Sommer signalisiert, denkt man bei Punsch oder Glühwein sofort an den Winter – und da besonders an die vorweihnachtliche Zeit: Was wäre ein Christkindlmarkt ohne heißen Glühwein oder ein sinnlicher Adventabend ohne fruchtigen Punsch? Glühwein wird aus erhitztem Rot- oder Weißwein, verschiedenen weihnachtlichen Gewürzen und Orangenscheiben zubereitet. Punsch besteht aus Wein, unterschiedlichen Spirituosen und verschiedensten Aromen. »Nordlichter« bevorzugen den Grog, frei nach dem Motto »Rum muss, Wasser kann« enthalten sein.

## Sachsen

# Dresdner Eierschecke

*Dieser Klassiker aus Sachsen ist die Kaloriensünde wert!*

300 g Mehl, ½ TL Salz

20 g Hefe

Gut ⅛ l lauwarme Milch

60 g Butter und Butter für das Blech

30 g Zucker

1 Ei

Abgeriebene Schale von 1 unbehandelten Zitrone

FÜR DEN BELAG:

500 g Speisequark

50 g Zucker

2 Eigelbe

20 g Vanillepuddingpulver

4 EL Milch

FÜR DEN GUSS:

250 g zimmerwarme Butter

125 g Zucker

4 Eier

80 g Rosinen

50 g Zitronat, in kleine Würfel geschnitten

50 g flüssige Butter

50 g Zucker

1 Messerspitze Zimt

◆ Aus den Zutaten einen Hefeteig zubereiten (siehe Seite 236) und etwa 1 Stunde gehen lassen.

◆ Inzwischen den Quark, Zucker und Eigelbe mit dem Handrührgerät cremig schlagen und das Vanillepuddingpulver und die Milch hinzufügen.

◆ Für den Guss Butter, Zucker und Eier mit den Schneebesen des Handrührgeräts schaumig schlagen. Den Backofen auf 180 °C vorheizen.

◆ Den Hefeteig auf die Größe des Backblechs ausrollen und auf das gefettete Blech legen. Noch mal 20 Minuten gehen lassen, dann mit der Quarkmasse bestreichen und die Buttercreme darüber verteilen. Mit Rosinen und Zitronat bestreuen. In 30 Minuten goldgelb backen und sofort mit der flüssigen Butter bestreichen und mit Zimtzucker bestreuen. In Vierecke schneiden.

*Für 1 Backblech*

## Thüringen

# Streuselkuchen

Bei uns ist er ein beliebter Sonntagskuchen, und mit Begeisterung habe ich als Kind die knusprigen Streusel vom Kuchen genascht, weil die mir viel besser schmeckten als der darunter liegende Hefeteig.

400 g Mehl

1 Prise Salz

30 g Hefe

Ca. 200 ml lauwarme Milch

50 g Zucker

60 g Butter und Butter für das Blech

1 Ei

Abgeriebene Schale von ½ unbehandelten Zitrone

80 g Rosinen

80 g Mandeln, gehäutet, grob gehackt

FÜR DIE STREUSEL:

400 g Mehl

200 g Zucker

300 g weiche Butter

½ TL Zimt, Puderzucker zum Bestäuben

◆ Aus den Zutaten einen Hefeteig zubereiten (siehe Seite 236) und zum Schluss die Rosinen und die Mandeln einarbeiten. An einem warmen Ort etwa 1 Stunde gehen lassen.

◆ Den aufgegangenen Hefeteig in der Größe des Backblechs ausrollen und auf das gefettete Backblech legen. Den Teig noch einmal 30 Minuten aufgehen lassen. Den Backofen auf 200 °C vorheizen.

◆ Für die Streusel Mehl und Zucker in einer Schüssel vermischen, die Butter und den Zimt hinzufügen und mit den Händen zu Streuseln zerkrümeln. Die Streusel gleichmäßig auf dem Hefeteig verteilen. Den Kuchen im vorgeheizten Ofen in 25–30 Minuten goldgelb backen.

◆ Den Streuselkuchen in Quadrate oder Rechtecke schneiden und mit Puderzucker bestäuben.

*Für 1 Backblech*

*Noch saftiger wird der Kuchen, wenn man den Hefeteig mit Früchten der Saison belegt, bevor man die Streusel darüber verteilt.*

## Schwaben

# Guglhupf

Der gute alte Guglhupf ist fast ein wenig in Vergessenheit geraten. Moderne Torten, Blechkuchen und Kleingebäck haben den traditionellen Sonntagskuchen ein wenig verdrängt. Dabei strahlt alleine schon die Form etwas ungemein Heimeliges aus. Außer dem traditionellen, üppigen Hefeteig, angereichert mit Trockenfrüchten und Mandeln, kann man in diese Form auch saftige Rührteige füllen. Der klassische Marmorkuchen wird auch heute noch häufig in einer Guglhupfform gebacken.

250 g Mehl

1 Prise Salz

60 g Zucker

20 g Hefe

2 Eier

2 Eigelbe

Abgeriebene Schale von ½ unbehandelten Orange

Mark von ½ Vanilleschote

80 g weiche Butter und Butter für die Form

50 g Orangeat, in 4 cl Orangenlikör eingeweicht

50 g Rosinen

50 g Mandeln, gehäutet und grob gehackt

Puderzucker zum Bestäuben

◆ Aus den Zutaten einen Hefeteig zubereiten (siehe Seite 236) und zum Schluss Orangeat mit Likör, Rosinen und Mandeln einarbeiten. An einem warmen Ort etwa 1 Stunde gehen lassen.

◆ Eine Guglhupfform sorgfältig mit Butter ausfetten und den Teig einfüllen. Mit einem Tuch bedeckt an einem warmen Ort noch einmal 30 Minuten aufgehen lassen. Den Backofen auf 170 °C vorheizen.

◆ Den Guglhupf in etwa 1 Stunde goldbraun backen. In der Form abkühlen lassen, dann auf ein Kuchengitter stürzen. Mit Puderzucker bestäuben.

*Für 1 Guglhupfform*

*Besonders saftig wird der Guglhupf, wenn sie ihn nach dem Backen mit heißem Orangensirup oder mit flüssiger Butter bestreichen.*

| | |
|---|---|
| *Baden* | *Niedersachsen* |

## Schwarzwälder Kirschtorte

*150 g Mehl*

*50 g Zucker*

*2 EL Vanillezucker*

*1 Eigelb*

*100 g Butter und Butter für die Form*

*FÜR DEN SCHOKOLADENBISKUIT:*

*5 Eigelbe mit 120 g Zucker schaumig gerührt*

*5 Eiweiße, steif geschlagen*

*120 g Mehl, mit 1 ½ TL Backpulver vermischt*

*40 g Kakao*

*3 EL flüssige Butter und Butter für die Form*

*FÜR DIE FÜLLUNG:*

*1 Glas Sauerkirschen, abgetropft und Saft aufbewahrt*

*3 Blatt weiße und 1 Blatt rote Gelatine, in kaltem Wasser eingeweicht und ausgedrückt*

*8 cl Schwarzwälder Kirschwasser*

*1000 g Sahne, 2 EL Vanillezucker*

*2 EL Kirschkonfitüre*

*Etwa 5 EL Schokoladenblättchen*

◆ Aus den Zutaten einen Mürbeteig zubereiten. Mit Folie umhüllt 30 Minuten kühl stellen. Den Backofen auf 200 °C vorheizen.

◆ Aus den weiteren Zutaten einen Biskuit zubereiten. In eine gefettete Springform füllen und im Ofen etwa 30 Minuten backen, stürzen.

◆ Den Mürbeteig ausrollen, auf den Boden der gefetteten Springform legen und im Ofen in etwa 20 Minuten goldbraun backen.

◆ Die Kirschen auf einem Sieb abtropfen lassen. ¼ l Kirschsaft mit der in wenig heißem Kirschsaft aufgelösten Gelatine verrühren und die Kirschen sowie 2 cl Kirschwasser untermischen und erstarren lassen. Die Sahne mit Vanillezucker sehr steif schlagen.

◆ Den abgekühlten Biskuit zweimal durchschneiden und mit restlichem Kirschwasser tränken. Den Mürbeteig mit Konfitüre bestreichen, Biskuitplatte darauf legen, dick mit Sahne bestreichen und die Hälfte der marinierten Kirschen darauf geben. Den Vorgang noch einmal wiederholen. Die Torte dick mit der restlichen Sahne bestreichen und mit Schokoladenblättchen bestreuen.

*Für 1 Springform von 24 cm Durchmesser*

## Käsekuchen

*200 g Mehl*

*1 Prise Salz*

*50 g Zucker*

*1 Ei*

*100 g kalte Butter und Butter für die Form*

*FÜR DEN BELAG:*

*1 kg Topfen oder Magerquark*

*150 g Zucker*

*Mark von 1 Vanilleschote*

*40 g Vanillepuddingpulver*

*4 Eigelbe*

*250 g Sahne*

*50 g Rosinen*

*50 g Mandeln, gehäutet und gerieben*

*3 Eiweiße*

*2 EL Milch*

◆ Aus Mehl, Salz, Zucker, Ei und Butter einen Mürbeteig zubereiten. Mit Folie umhüllt 30 Minuten kühl stellen.

◆ Topfen oder Quark in eine Schüssel geben und nach und nach mit Zucker, Vanillemark, Puddingpulver, 3 Eigelben und der Sahne zu einer glatten Creme verrühren. Dann die Rosinen und die Mandeln unterrühren. Die Eiweiße steif schlagen und locker und gleichmäßig unterziehen. Den Backofen auf 180 °C vorheizen.

◆ Den Mürbeteig auf der bemehlten Arbeitsfläche ausrollen und Boden und Rand einer gefetteten Springform damit auskleiden. Die Topfenmasse einfüllen und die Oberfläche glatt streichen. Das restliche Eigelb mit Milch verquirlen und die Oberfläche damit bestreichen. Auf der mittleren Schiene des heißen Backofens knapp 1 Stunde backen. In der Form abkühlen lassen.

*Für 1 Springform von 24 cm Durchmesser*

Je trockener der Topfen, desto besser gelingt der Kuchen. Deshalb Topfen oder Quark am besten über Nacht in einem Sieb abtropfen lassen.

## Weihnachtszeit – Plätzchenzeit

Wie der Adventskranz mit seinen vier Kerzen, die ersten Schneeflocken, die früh einsetzende Dunkelheit und die Weihnachtslieder, so untrennbar gehören auch frisch gebackene Plätzchen zur Vorweihnachtszeit. Was wäre Weihnachten ohne sie, ohne Lebkuchen oder Stollen? Der Duft von Honig, Butter, Zimt, Nelken und frisch gerösteten Nüssen, der beim Backen durchs Haus zieht, weckt bei jedem unvergessliche Kindheitserinnerungen. Und jeder jungen Mutter kann man nur raten, den bunten Weihnachtsteller nicht mit gekauften Keksen zu füllen: Für Kinder – ob Jungen oder Mädchen – ist Backen und das dazugehörende Naschen in der Vorweihnachtszeit ein ganz besonderes, unvergessliches Highlight im Jahr.

In Deutschland wird im Vergleich zu anderen Ländern das ganze Jahr hindurch noch sehr viel selbst gebacken, aber speziell zur Weihnachtszeit greift selbst der hartnäckigste Backmuffel zu Knethaken und Rührschüssel, rührt Zuckerguss an und füllt leere Blechdosen mit den selbst gebackenen Meisterwerken.

Jede Familie hat ihre ureigenen, traditionellen Rezepte, die Jahr für Jahr gebacken werden: Nürnberger Lebkuchen, Liegnitzer Bomben, Spitzbuben, Zimtsterne, Rheinische Spekulatius, Honigkuchen, Frankfurter Brenten, Pommersche

Pfeffernüsse, Aachener Printen, Dominosteine oder Pflastersteine und gar Dresdner Christstollen.

Die meisten unserer Weihnachtsplätzchen haben eine lange Geschichte, beispielsweise die Gebildebrote, wie etwa Springerle oder Spekulatius, die in ähnlicher Form schon bei den alten Ägyptern und auch bei den Germanen gebacken wurden. Die unterschiedlichen Symbole und magischen Formen sollten Gutes anziehen und Böses vertreiben.

Zu den wohl ältesten und beliebtesten Weihnachtsbäckereien zählen Lebkuchen und Honiggebäck. Sie entstanden im Abendland, wo man Honig statt Zucker zum Süßen nahm und wo Gewürze eine ganz bedeutende Rolle spielten. Die geheimnisvollen Rezepte aus Klöstern und herrschaftlichen Höfen wurden streng gehütet. Die berühmtesten Lebzelter gab es in Ulm, wo schon 1296 der Patriziername »Lebzelter« registriert war. Nürnberg und Köln sind heute immer noch Hochburgen für diese würzigen Backwaren. Der mit Honig gesüßte dunkle Teig ist aber auch Ausgangsmaterial für künstlerisch geformte Hexenhäuschen, Weihnachtsmänner oder andere Figuren, die sich auch bestens als essbarer Weihnachtsbaumschmuck eignen. Hier sind ganz besonders die kleinen Künstler gefragt, die mit viel Zuckerguss und Liebe traumhafte Gebilde formen, die dann oft viel zu schön zum Aufessen sind.

Als vor etwa 500 Jahren Naumburger Mönche die ersten Rosinenlaibe aus Hefeteig formten, um damit das in Windeln gewickelte Christuskind zu symbolisieren, ahnten sie nicht, dass dieses Gebäck, das später ein Dresdner Zuckerbäcker »Christstollen« nannte, weltberühmt werden würde. Heute gehört der Christstollen zum Weihnachtsfest wie die Weihnachtsgans. Dresdner Christstollen ist ein beliebtes Geschenk, das von namhaften Stollenherstellern in die ganze Welt versandt wird. Im Ursprungsland Sachsen ist es üblich, nicht nur einen Stollen zu backen, sondern bis zu zwanzig, die dann an liebe Freunde verschenkt werden. Es gibt zwar nur einen Dresdner Christstollen, aber zahlreiche Stollenvariationen, die uns die Adventszeit versüßen, wie etwa der saftige Quarkstollen, der schlesische Mohnstollen oder der edle, nur mit Mandeln angereicherte Mandelstollen.

Eine wichtiger Bestandteil vieler Weihnachtsleckereien und auch pur ein Genuss – nicht nur zur Weihnachtszeit – ist Lübecker Marzipan. Zu verdanken haben wir diese verführerische Süßigkeit einem venezianischen Zuckerbäcker, der das Rezept dafür im späten Mittelalter in den hohen Norden brachte. Damals war es wegen der teuren Zutaten – Zucker und Mandeln – für Normalbürger unerschwinglich. Heute ist die Stadt Lübeck berühmt für diese Köstlichkeit, die man entweder als Rohmasse oder auch zu feinsten Pralinen verarbeitet kaufen kann.

Die vorweihnachtliche Bäckerei ist eine der schönsten kulinarischen Traditionen in Deutschland, die es wert ist, dass sie den Kindern liebevoll weitervermittelt wird.

Selbst gebackene Plätzchen sind ein sehr persönliches Geschenk, das in der Adventszeit viel Freude macht!

## Alle Regionen

### Zimtsterne

*3 Eiweiße*
*1 Prise Salz*
*200 g Puderzucker*
*Saft und Schale von ½ unbehandelten Zitrone*
*1 gehäufter TL Zimt*
*250 g Mandeln, fein gerieben*
*1 EL Kirschwasser*
*Zucker zum Ausrollen*

◆ Die Eiweiße mit Salz sehr steif schlagen. Puderzucker, Zitronensaft und -schale nach und nach hinzufügen. 4 EL Eischnee beiseite stellen. Zimt, gemahlene Mandeln und Kirschwasser unter die übrige Eischneemasse rühren.

◆ Die Baisermasse auf der dick mit Zucker bestreuten Arbeitsfläche ½ cm dick ausrollen. Sterne von etwa 5 cm ausstechen und auf ein mit Backpapier ausgelegtes Backblech legen. Die Sterne vor dem Backen mindestens 2 Stunden trocknen lassen.

◆ Den Backofen auf 140 °C vorheizen. Die Sterne mit dem zurückbehaltenen Eischnee bestreichen und im Ofen in etwa 30–40 Minuten eher trocknen als backen. Die Sterne sollen innen noch weich sein.

## Schwaben

### Spitzbuben

*200 g Mehl*
*100 g Zucker*
*1 EL Vanillezucker*
*60 g Mandeln, fein gemahlen*
*125 g kalte Butter*
*200 g schwarze Johannisbeerkonfitüre*
*Puderzucker zum Bestäuben*

◆ Aus Mehl, Zucker, Vanillezucker, Mandeln und Butter einen Mürbeteig herstellen und in Folie gehüllt 30 Minuten im Kühlschrank ruhen lassen.

◆ Den Backofen auf 180 °C vorheizen. Den Teig auf der bemehlten Arbeitsfläche 3 mm dick ausrollen und Kreise mit 3 cm Ø ausstechen. Auf ein mit Backpapier ausgelegtes Backblech legen, in etwa 10 Minuten goldgelb backen. Jeweils 2 Plätzchen mit Konfitüre zusammensetzen und mit Puderzucker bestäuben.

## Rheinland

### Spekulatius

*Die speziellen Holzmodel für Spekulatius haben im Rheinland eine über 200-jährige Tradition.*

*500 g Mehl und Mehl für die Model*
*250 g Farinzucker (brauner Zucker)*
*1 TL Backpulver*
*1 TL Zimtpulver*
*1 Msp. Gewürznelkenpulver*
*1 Msp. Kardamompulver*
*100 g Mandeln, gemahlen*
*2 kleine Eier*
*2 EL Rum*
*250 g Butter und Butter für das Blech*
*5 EL Milch*
*3–4 EL Mandelblättchen*

◆ Aus Mehl, Farinzucker, Backpulver, Gewürzen, Mandeln, Eiern, Rum und Butter einen Mürbeteig herstellen. Den Teig mit Folie umhüllt im Kühlschrank mindestens 1 Stunde ruhen lassen.

◆ Den Teig in kleinen Portionen aus dem Kühlschrank nehmen und in die mit Mehl bestäubten Spekulatiusmodel geben. Mit einem Nudelholz hineindrücken und die überstehenden Ränder mit einem Messer abschneiden.

◆ Den Backofen auf 180 °C vorheizen. Dann die Teigfiguren durch leichtes Klopfen auf die Rückseite der Model auf ein gefettetes Backblech stürzen. So fortfahren, bis der Teig aufgebraucht ist. Die Figuren auf dem Backblech mit Milch bestreichen und mit Mandelblättchen bestreuen. Im Ofen in etwa 10 Minuten goldbraun backen.

Wer keine Spekulatiusmodel besitzt,
kann den Teig auch dünn ausrollen,
beliebig ausstechen,
mit Milch bestreichen und
mit Mandelblättchen bestreuen.
Noch aromatischer werden
die leckeren Plätzchen,
wenn man den Teig über Nacht
an einem kühlen Ort ruhen lässt.

# Glossar

*Hier finden Sie einige der wichtigsten Grundrezepte der deutschen Küche sowie interessante Adressen für kulinarische Museen.*
*Weitere detaillierte Beschreibungen von typischen Produkten und besonderen Traditionen finden Sie in den Essays über das Register.*

## BROTAUFSTRICHE

Die vielen verschiedenen Brotsorten genießt man hierzulande sehr gerne mit herzhaften Brotaufstrichen. Hier eine kleine Auswahl:

### ANGEMACHTER QUARK

(in Baden »Bibbeliskäs«, in Hessen ›Sachsenhauser Schneegestöber‹ und in Schwaben »Luckeleskäs«).

> *250 g Sahnequark*
> *2 EL frisch gehackte Frühlingskräuter, z. B. Schnittlauch, Kerbel, Petersilie und Dill*
> *1 kleine Zwiebel, fein gehackt*
> *1 Prise gemahlener Kümmel*
> *1 Messerspitze Paprikapulver*
> *Salz*
> *Frisch gemahlener Pfeffer*

◆ Alle Zutaten miteinander verrühren und, falls nötig, noch mit etwas Sahne verdünnen.

### OBATZDA

> *250 g vollreifer Camembert*
> *50 g weiche Butter*
> *1 Zwiebel, fein gehackt*
> *1 EL Paprikapulver, edelsüß*
> *Salz*
> *Frisch gemahlener Pfeffer*
> *Evtl. ein Schuss helles Bier*

◆ Den Camembert mit einer Gabel fein zerdrücken. Die Butter und die Zwiebel nach und nach unterrühren und mit Paprika, Salz und Pfeffer würzig abschmecken. Einige Stunden durchziehen lassen. Mit Bauernbrot oder mit knusprigen Brezen, Rettich und einem Bier genießen.

### GRIEBEN-APFELSCHMALZ

> *1 kg roher, grüner Speck ohne Schwarte, in kleine Würfel geschnitten*
> *1 Zwiebel, in kleine Würfel geschnitten*
> *2 große aromatische Äpfel, z. B. Boskop, geschält, entkernt und in kleine Würfel geschnitten*
> *2 EL Majoranblätter, frisch gehackt*
> *Salz*
> *Frisch gemahlener Pfeffer*

◆ Die Speckwürfel in einem Topf bei nicht zu starker Hitze auslassen. Dann die Zwiebelwürfel und den Majoran unterrühren und einige Minuten mitbraten. Nun die Apfelwürfel hinzufügen und bei mittlerer Hitze unter gelegentlichem Umrühren so lange braten, bis die Äpfel zerfallen.

Darauf achten, dass die Grieben (Speckkrusteln) nicht zu braun werden. Das Schmalz vorsichtig mit Salz und Pfeffer würzen und etwas abkühlen lassen. Dann in einen Steinzeugtopf füllen und mindestens 2 Stunden erstarren lassen. Noch einmal umrühren und mit Folie bedeckt kühl stellen. Das Schmalz hält im Kühlschrank einige Tage.

## BRÜHEN

Eine klare Brühe – ob aus Knochen, Rindfleisch, Geflügel oder Fisch – ist die Basis feiner Suppen, die dann mit unterschiedlichen Einlagen serviert werden.

### KLARE HÜHNERBRÜHE

> *1 küchenfertiges Suppenhuhn, ca. 1,5 kg*
> *3 l Wasser*
> *1 kleine Lauchstange, geputzt und in Scheiben geschnitten*
> *1 kleine Petersilienwurzel, geputzt und in Scheiben geschnitten*
> *¼ Sellerieknolle, geputzt und in Stücke geschnitten*
> *1 Zwiebel, mit der Schale quer halbiert und auf den Schnittflächen angeröstet*
> *3 Petersilienstängel*
> *1 frischer Thymianzweig*
> *1 Stückchen unbehandelte Zitronenschale*
> *8–10 Pfefferkörner*
> *Salz*

◆ Das Suppenhuhn waschen und mit der Brustseite nach unten in einen großen Kochtopf legen. Mit kaltem Wasser begießen und zum Kochen bringen. Den dabei sich bildenden Schaum abschöpfen und die Hitze reduzieren. Das klein geschnittene Gemüse, die Zwiebelhälften, die Kräuter, Zitronenschale und Pfefferkörner dazugeben und salzen. Bei schwacher Hitze und nicht ganz geschlossenem Deckel 2–2½ Stunden sehr sanft köcheln lassen. Nach etwa 1 Stunde das Huhn wenden. Die Brühe darf auf keinen Fall sprudelnd kochen, da sie sonst trüb wird.

◆ Wenn der austretende Fleischsaft beim Einstechen in den dicksten Teil des Schenkels klar ist und sich das Fleisch leicht von den Knochen löst, ist das Huhn gar und die Brühe aromatisch.

◆ Das Huhn mit einem Schaumlöffel herausheben und das Fleisch anderweitig verwenden.

◆ Die Brühe durch ein Haarsieb gießen. Entweder sofort mit einem Löffel entfetten oder die Brühe kalt stellen und dann die fest gewordene Fettschicht entfernen.

◆ Ergibt etwa 1½ Liter.

## RINDFLEISCHBRÜHE

*500 g Ochsenbrust*
*300 g Fleischknochen*
*1 große Zwiebel, mit der Schale quer halbiert und auf*
*den Schnittflächen angeröstet*
*1 frisches Lorbeerblatt*
*3 Petersilienstängel*
*1 Thymianzweig*
*8–10 Pfefferkörner*
*4 l Wasser*
*Salz*
*1 Bund Suppengrün*
*2 Markknochen*

◆ Fleisch und Fleischknochen unter kaltem Wasser waschen, in einen großen Kochtopf legen und die Kräuter sowie die Pfefferkörner darauf verteilen. Das Ganze mit Wasser begießen, salzen und zum Kochen bringen. Den sich bildenden Schaum abschöpfen und bei schwacher Hitze mindestens 3 Stunden sanft köcheln lassen. 1 Stunde vor Ende der Garzeit das Suppengrün und die Markknochen dazugeben.

◆ Das Fleisch und die Knochen herausheben und die Brühe durch ein Sieb gießen. Die Brühe entweder sofort entfetten oder erkalten lassen und dann die Fettschicht abheben.

◆ Falls die Brühe noch etwas kräftiger sein soll, noch weiter einkochen lassen.

◆ Ergibt etwa 1 ½ Liter.

## FISCHBRÜHE

*1, 5 kg Fischkarkassen (Köpfe, Flossen, Gräten)*
*1 Lauchstange, geputzt und in Scheiben geschnitten*
*2 Selleriestangen, in Scheiben geschnitten*
*2 Schalotten, geschält und grob zerschnitten*
*2 kleine Petersilienwurzeln, geschält und in Scheiben*
*geschnitten*
*40 g Butter*
*¼ l trockener Weißwein*
*2 l Wasser*
*1 frisches Lorbeerblatt*
*1 frischer Thymianzweig*
*1 Stückchen unbehandelte Zitronenschale*

◆ Die Fischkarkassen in ein Sieb geben und unter fließend kaltem Wasser säubern, bis das Wasser klar abläuft.

◆ Das klein geschnittene Gemüse in der heißen Butter anschwitzen. Die abgetropften Fischkarkassen dazugeben und kurz anbraten. Mit Wein ablöschen, mit Wasser aufgießen und die Kräuter und die Zitronenschale hinzufügen. Salzen und halb zugedeckt bei schwacher Hitze etwa 20 Minuten köcheln lassen. Den sich bildenden Schaum mehrmals abschöpfen.

◆ Ein Spitzsieb mit einem Mulltuch auslegen und die Brühe abseihen.

◆ Ergibt etwa 1 Liter. (Diese Brühe ist die aromatische Basis für Fischsuppen, Saucen oder Gelees.)

## EINLAGEN FÜR DIE KLARE BRÜHE

### GRIESSNOCKERL

*50 g weiche Butter*
*1 Prise Salz*
*Frisch geriebene Muskatnuss*
*2 Eier*
*Ca. 100 g Hartweizengrieß*

◆ Die Butter schaumig rühren und mit Salz und Muskat würzen. Zuerst nach und nach die Eier unterrühren, dann langsam den Grieß einrieseln lassen und weiterrühren, bis eine glatte Masse entsteht. Diese Masse etwa 15 Minuten bei Zimmertemperatur quellen lassen.

◆ Mit zwei nassen Teelöffeln Nocken abstechen und im schwach kochenden Salzwasser in etwa 15–20 Minuten gar ziehen lassen. Nicht zu viele Nocken auf einmal in das Wasser geben, da sie ihre Größe fast verdoppeln. Die Nocken mit einem Schaumlöffel aus dem Wasser heben und in der Brühe servieren.

◆ Für 4 Personen.

### MARKKLÖSSCHEN

*60 g frisches Rindermark, in kleine Stücke geschnitten*
*2 kleine Eier*
*Ca. 90 g frisch geriebenes, entrindetes Weißbrot*
*1 Prise Salz*
*Frisch geriebene Muskatnuss*
*1 TL fein gehackte frische Petersilie*
*Etwas abgeriebene, unbehandelte Zitronenschale*

◆ Das Mark in einer Pfanne bei schwacher Hitze schmelzen lassen. Das flüssige Fett durch ein Sieb streichen und mit einem Schneebesen schaumig rühren. Abwechselnd nach und nach die Eier und das geriebene Weißbrot unterrühren. Falls die Masse noch zu weich ist, etwas von den Brotbröseln dazugeben. Mit Salz, Muskat, Petersilie und Zitronenschale würzen.

◆ Den Teig etwa 20 Minuten ruhen lassen. Dann zu kleinen Bällchen formen und in die kochende Brühe geben. Bei schwacher Hitze in etwa 15 Minuten gar ziehen lassen.

◆ Für 4 Personen.

### FRANKFURTER EIERSCHWÄMMCHEN

*50 g zerlassene Butter*
*100 g Mehl*
*3 Eier, 1 Prise Salz*
*Frisch geriebene Muskatnuss*

◆ Die Butter in eine Schüssel geben und abwechselnd das Mehl und die Eier unterrühren. So lange mit einem Schneebesen rühren, bis der Teig Blasen wirft. Mit Salz und Muskat würzen. Mit zwei nassen Teelöffeln kleine Nocken formen und in das schwach kochende Salzwasser legen. Wenn die Schwämmchen an die Oberfläche kommen, noch etwa 5 Minuten ziehen lassen. Mit einem Schaumlöffel herausheben und in der heißen Brühe servieren.

### SCHWEMMKLÖSSCHEN

*¼ l Wasser*
*80 g Butter*
*1 Prise Salz*
*125 g Mehl*
*Frisch geriebene Muskatnuss*
*3 Eier*

◆ Das Wasser mit Butter und Salz in einem Topf zum Kochen bringen. Das Mehl auf einmal hineinschütten. Sofort mit einem Kochlöffel (am besten aus Holz) so lange rühren, bis sich ein Kloß bildet und dieser sich vom Topfboden löst. Von der Kochstelle nehmen und sofort ein Ei unterrühren. Sobald die Masse wieder glatt ist, das nächste Ei hinzufügen, kräftig rühren und auf diese Weise auch das dritte Ei unterrühren.

◆ Mit zwei nassen Teelöffeln Klößchen von der Masse abstechen und im schwach kochenden Salzwasser in 10 Minuten gar ziehen lassen. Mit einem Schaumlöffel herausheben und in der heißen Brühe servieren.

◆ Die typische Einlage für die Hamburger Aalsuppe.

◆ Für 4 Personen.

### EIERSTICH

*2 Eier*
*100 ml heiße Milch*
*1 Prise Salz*
*Frisch geriebene Muskatnuss*
*Butter für die Form*

◆ Backofen auf 140° C vorheizen. Die Eier mit einer Gabel verquirlen und die Milch unter weiterem Rühren hinzugießen. Die Eiermilch mit Salz und Muskat würzen und durch ein feines Sieb etwa 1 ½ cm hoch in kleine, mit Butter gefettete Förmchen oder Tassen gießen. Diese in einen etwa zweifingerhoch mit Wasser gefüllten Topf stellen. Die Förmchen im heißen Backofen in etwa 40 Minuten stocken lassen.

◆ Den Eierstich vorsichtig mit einem spitzen Messer vom Formrand lösen, stürzen und in kleine Würfel schneiden.

◆ Man kann den Eierstich mit frisch geriebenem Käse oder mit Kräutern anreichern.

◆ Für 4 Personen.

### FLÄDLE – PFANNKUCHEN

*70 g Mehl*
*Gut 100 ml Milch*
*1 Ei*
*1 Prise Salz*
*1 EL Schnittlauch, fein geschnitten*
*20 g Butter*

◆ Das Mehl mit der Milch, dem Ei und etwas Salz am besten im Mixer oder mit dem Handrührgerät zu einem glatten Teig verarbeiten. Den Schnittlauch unterrühren und 30 Minuten ruhen lassen.

◆ In einer Pfanne nach und nach etwas von der Butter erhitzen und hauchdünne Pfannkuchen ausbacken. Die fertigen Pfannkuchen etwas abkühlen lassen, dann einzeln aufrollen und jeweils quer in sehr feine Streifen (Flädle) schneiden. In der heißen Brühe servieren.

◆ Für 4 Personen.

### BACKERBSEN

*⅛ l Wasser*
*30 g Butter*
*1 Prise Salz*
*60 g Mehl*
*2 Eier*
*Öl oder Butterschmalz zum Ausbacken*

◆ Das Wasser mit der Butter in einem Topf erhitzen. Salzen und das Mehl auf einmal hineinschütten. Sofort mit einem Kochlöffel rühren, bis sich ein Kloß bildet und dieser sich vom Topfboden löst. Von der Kochstelle nehmen und sofort ein Ei unterrühren. Sobald die Masse wieder glatt ist, das zweite Ei hinzufügen. Den Teig zu einer glatten Masse verrühren.

◆ Das Ausbackfett in einer Fritteuse auf 180° C erhitzen. Den Teig durch ein großlöcheriges Sieb in das heiße Fett drücken. Sobald die Backerbsen goldbraun sind, mit einem Schaumlöffel herausheben und zum Entfetten auf mehrfach zusammengefaltetes Küchenpapier legen.

◆ Die Backerbsen erst bei Tisch in die heiße Brühe geben, damit sie nichts von ihrer Knusprigkeit verlieren.

◆ Für 4 Personen.

### MILZSCHNITTEN

*1 kleine Zwiebel, in kleine Würfel geschnitten*
*1 EL Petersilie, fein gehackt*
*10 g Butter*
*150 g fein geschabte Milz*
*1 kleines Ei*
*1 Prise Salz und frisch gemahlener Pfeffer*
*Etwas Majoran*
*Etwas abgeriebene Schale einer unbehandelten Zitrone*
*4 Scheiben Toastbrot*
*Butterschmalz zum Braten*

◆ Die Zwiebelwürfel mit der Petersilie in der heißen Butter andünsten. Die Milz in eine Schüssel geben und das Ei und die angedünstete Zwiebel-Petersilienmischung dazugeben. Gründlich verrühren und mit Salz, Pfeffer, Majoran und Zitronenschale würzen.

◆ Die Milzcreme auf die vier Brotscheiben streichen. Butterschmalz in einer beschichteten Pfanne erhitzen und die Brotscheiben darin mit der bestrichenen Seite in das heiße Fett setzen. Goldbraun braten, dann wenden und auch die andere Seite kross braten.

◆ Herausnehmen und auf einem Küchenpapier etwas entfetten. In kleine Würfel oder Rauten schneiden und sofort in heißer Rinderbrühe servieren.

◆ Für 4 Personen.

## LEBERSPÄTZLE

*1 Zwiebel, in kleine Würfel geschnitten*
*1 EL Petersilie, fein gehackt*
*20 g Butter*
*200 g pürierte Rinderleber*
*2 Eier*
*Ca. 100 g Semmelbrösel*
*1 Prise Salz*
*Etwas gerebelter Majoran*
*Etwas abgeriebene, unbehandelte Zitronenschale*

◆ Die Zwiebelwürfel und die Petersilie in der heißen Butter kurz andünsten. Die Leber in eine Schüssel geben und die Zwiebelmischung, die Eier sowie die Semmelbrösel nach und nach mit einem Kochlöffel unterrühren. Mit Salz, Majoran und Zitronenschale herzhaft abschmecken. Etwa 15 Minuten ruhen lassen.

◆ Dann die Masse durch ein Spätzlesieb oder ein großlöcheriges Sieb in kochendes Salzwasser drücken. Bei schwacher Hitze gar ziehen lassen, bis die Spätzle nach oben kommen. Mit einem Schaumlöffel herausheben und in die heiße Brühe geben.

## KARTOFFELPÜREE

*1 kg mehlig kochende Kartoffeln, geschält und geviertelt*
*Salz*
*Ca. ¼ l heiße Milch*
*80 g Butter*
*Frisch geriebene Muskatnuss*

◆ Die Kartoffeln in wenig Salzwasser weich kochen. Das Kochwasser abgießen und die Kartoffeln unter Rütteln des Topfes etwas ausdampfen lassen. Dann durch eine Kartoffelpresse in eine Schüssel drücken.

◆ Nach und nach die heiße Milch und die Butter in kleinen Flöckchen dazugeben. Mit einem Schneebesen so lange kräftig durchschlagen, bis das Püree locker und schaumig ist. Mit Salz und Muskat würzig abschmecken.

◆ Tipp: Bestreuen Sie das Püree mit goldbraunen Butterbröseln: Dazu 70 g Butter in einer Pfanne schmelzen lassen und 50 g Semmelbrösel darin goldbraun rösten. Sofort über das Püree verteilen und servieren.

◆ Für 4 Personen.

### WEITERE VARIATIONEN:
### KARTOFFEL-SELLERIE-PÜREE
◆ Dazu eine Sellerieknolle von etwa 400 g schälen, in kleine Stücke schneiden und in wenig Salzwasser oder über Dampf weich kochen. Das Kochwasser abgießen und mit ⅛ l Sahne noch einmal durchkochen lassen. Mit dem Stabmixer fein pürieren und unter das fertige Püree rühren.

### KARTOFFEL-BIRNEN-PÜREE
◆ 2 feste aromatische Birnen, z. B. Williams Christ, schälen, entkernen und in kleine Würfel schneiden. 40 g Butter mit 1 TL Zucker leicht karamellisieren lassen und die Birnen-

würfel darin goldbraun braten. Die gebratenen Früchte unter das fertige Kartoffelpüree mischen und das Ganze mit 2 EL gerösteten Pinienkernen bestreuen.

◆ Tipp: Anstelle der Birnen säuerliche Äpfel verwenden und das Püree mit gerösteten Haselnüssen bestreuen.

### KARTOFFEL-KRÄUTER-PÜREE
◆ Zum Schluss noch 2 EL fein gehackte frische Frühlingskräuter unter das fertige Kartoffelpüree mischen.

## NUDELTEIG FÜR EIERNUDELN

*200 g griffiges Weizenmehl (Dunst oder Wiener Grießler)*
*200 g Hartweizengrieß*
*1 TL Salz*
*4 Eier*

◆ Das Mehl, Grieß und Salz vermischen und auf ein Backbrett häufen. In die Mitte eine Mulde drücken und die Eier hineingeben. Die Eier mit einer Gabel verquirlen, dabei etwas Mehl mit einarbeiten. Falls nötig, etwas Wasser zugeben. Mit den Handballen von außen nach innen so lange kräftig durchkneten, bis ein glatter, formbarer Teig entsteht. Der Teig ist optimal, wenn er sich leicht vom Holzbrett löst und die Oberfläche glänzt. Den Teig zu einer Kugel formen und mit einem Tuch bedeckt 30 Minuten ruhen lassen.

◆ Dann mit einem Nudelholz oder einer Nudelmaschine möglichst dünn ausrollen. Jede Teigplatte mit etwas Mehl bestäuben, locker aufrollen und mit einem scharfen Messer in schmale oder breitere Streifen schneiden oder durch die Nudelmaschine drehen.

◆ Vor dem Kochen leicht antrocknen lassen. Dann in kochendem Salzwasser in 2–4 Minuten bissfest kochen.

## STRUDELTEIG

*250 g Mehl, Salz*
*1 EL Öl*
*1 Ei*
*6–8 EL lauwarmes Wasser*
*Öl zum Bestreichen*

◆ Das Mehl auf ein Backbrett sieben, in die Mitte eine Mulde drücken und das Salz, das Öl, das Ei und etwa die Hälfte des Wassers hineingeben. Mit einer Gabel verquirlen und dabei etwas Mehl mit einarbeiten. Dann mit warmen Händen vermischen und mit den Handballen so lange kneten und walken, bis ein glatter, elastischer und leicht glänzender Teig daraus entstanden ist.

◆ Den Teig mit Öl bestreichen und eine vorgewärmte Schüssel aus Metall darüber stülpen und etwa 20 Minuten an einem warmen Ort ruhen lassen.

◆ Anschließend auf einem leicht bemehlten Küchentuch mit dem Nudelholz ausrollen, dann mithilfe der Handrücken hauchdünn ausziehen.

◆ Beliebig füllen und aufrollen. Bei 180 °C im vorgeheizten Ofen 30–40 Minuten backen.

## SÜSSE SAUCEN

### VANILLESAUCE

*¼ l Milch*
*⅛ l Sahne*
*1 Vanilleschote, der Länge nach aufgeschlitzt*
*3 Eigelbe*
*80 g Zucker*

◆ Die Milch und die Sahne in einen Topf gießen, die Vanilleschoten hinzufügen und das Ganze zum Kochen bringen. Die Schote wieder herausfischen und das Mark mit einem spitzen Messer in die Sahnemilch schaben.

◆ Eigelbe und Zucker in einer Metallschüssel mit einem Schneebesen schaumig schlagen. Die heiße Sahnemilch nach und nach unter weiterem Schlagen dazugießen und über einem Wasserbad so lange schlagen, bis die Masse dickschaumig ist. Über einer Schüssel mit Eiswasser unter gelegentlichem Durchschlagen erkalten lassen.

### SCHOKOLADENSAUCE

*200 ml Milch*
*100 ml Sahne*
*50 g sehr gute Zartbitterschokolade*
*1 EL Kakao, schwach entölt*
*1 TL Speisestärke*
*2 cl Kirschwasser*

◆ Milch und Sahne in einem Topf zum Kochen bringen. Die Schokolade in kleinen Stücken in die heiße Sahnemilch geben und darin unter Rühren auflösen.

◆ Die Speisestärke mit dem Kirschwasser glatt rühren und in die kochende Sahnemilch gießen. Einmal aufkochen lassen und unter gelegentlichem Umrühren erkalten lassen.

### WEINSCHAUMSAUCE

*2 Eigelbe*
*1 Ei*
*Ca. 80 g Zucker*
*200 ml halbtrockener Riesling oder Gewürztraminer*

◆ Eigelbe, Ei und Zucker in eine Schlagschüssel aus Metall geben und über einem Wasserbad mit einem Schneebesen cremig rühren. Den Weißwein dazugießen und so lange schlagen, bis die Masse dickschaumig ist und sich das Volumen verdoppelt hat. Entweder warm zu Desserts servieren oder über einer Schüssel mit Eiswasser unter Rühren abkühlen lassen.

### ROTWEINSAUCE (BISCHOFSSAUCE)

*½ l deutscher Rotwein, z. B. Blauburgunder*
*6 EL Johannisbeergelee*
*50 g Zucker*
*Abgeriebene Schale von je einer ½ unbehandelten Zitrone und Orange*
*Je 1 Msp. Zimt, Nelken, Muskat und Kardamom*
*1 EL Speisestärke*
*4 cl Orangenlikör*

◆ Den Rotwein mit dem Gelee, Zucker, Zitrusschalen und den Gewürzen zum Kochen bringen und einige Minuten köcheln lassen. Die Speisestärke mit dem Orangenlikör glatt rühren und unter Rühren in die kochende Flüssigkeit gießen. Kurz durchkochen lassen, damit die Stärke aufquellen kann und die Sauce bindet.

◆ Abkühlen lassen und zum Frankfurter Pudding (siehe S. 231) servieren. Passt aber auch zu anderen Mehlspeisen, wie z. B. Arme Ritter (siehe S. 232) oder zu Aufläufen.

## HERZHAFTE SAUCEN

### BÉCHAMELSAUCE

*30 g Butter*
*1 kleine Zwiebel, in kleine Würfel geschnitten*
*30 g Mehl*
*½ l heiße Milch*
*Salz*
*Frisch geriebene Muskatnuss*

◆ Die Butter in einem Topf schmelzen lassen und die Zwiebel darin glasig dünsten. Das Mehl darüber streuen und mit einem Kochlöffel 2–3 Minuten anschwitzen. Dann die heiße Milch hinzugießen und mit einem Schneebesen glatt rühren. Einmal aufkochen lassen, dann unter weiterem Rühren bei schwacher Hitze etwa 15 Minuten ausquellen lassen. Mit Salz und Muskat abschmecken.

◆ Die Sauce ist die Grundlage für viele helle Saucen.

◆ Man kann die Sauce auch mit einem Eigelb legieren und mit Zitronensaft abschmecken.

◆ Mischt man zum Ende der Garzeit 1 Eigelb, verquirlt mit 40 g frisch geriebenem Emmentaler und 4 EL Sahne unter die Sauce, erhält man eine köstliche Käsesauce.

◆ Für eine **Meerrettichsauce** bereitet man die Béchamelsauce aus 300 ml Milch und 200 ml kräftiger Fleischbrühe zu und mischt zum Schluss 2 EL frisch geraspelten Meerrettich unter.

# Kulinarische Museen in Deutschland

*Wir empfehlen die aktuellen Öffnungszeiten vor dem Museumsbesuch im Internet oder telefonisch zu überprüfen.*

**SCHWERTER SENFMÜHLE**
Ruhrstr. 16 – Rohrmeisterei (P1)
58239 Schwerte/Ruhr
Tel.: 02304/776111
www.schwerter-senfmuehle.de/nav1024.htm
Öffnungszeiten: Mittwoch und Samstag von 10–13 Uhr

**SENFMÜHLE GUIDO BREUER**
Laufenstraße 118
52156 Monschau (Nähe Aachen)
Tel.: 02472/2245
www.senfmuehle.de
Führungen: jeden Mittwoch um 11 Uhr und um 14 Uhr

**HISTORISCHE SENFMÜHLE STEFFENS**
Stadionstraße 1
56812 Cochem
Tel.: 02671/607665
www.senfmuehle.net
Öffnungszeiten: täglich von 10–18 Uhr, mit Führungen

**MUSEUM DER BROTKULTUR**
Salzstadelgasse 10
89073 Ulm
www.brotmuseum-ulm.de
Öffnungszeiten: täglich 10–17 Uhr
Mittwoch 10–20.30 Uhr

**EUROPÄISCHES BROTMUSEUM E.V.**
Göttinger Straße 7
37136 Ebergötzen
Tel.: 05507/999498
www.brotmuseum.de
Öffnungszeiten: Dienstag bis Samstag 9.30–16.30 Uhr,
Sonn- und Feiertage von 9.30–17.30 Uhr

**KRIEMHILDMÜHLE – XANTEN**
Nordwall 5
46509 Xanten
Tel.: 02801/6556
www.xanten.de/muehle/
Öffnungszeiten: Dienstag bis Freitag 8.30–18.30 Uhr,
Montag ab 14 Uhr, Samstag bis 18 Uhr,
Sonntag je nach Witterung von 11–17 Uhr

**EUROPÄISCHES SPARGELMUSEUM**
Am Hofgraben 1
86529 Schrobenhausen
Tel.: 08252/909850
www.schrobenhausen.de/museen/spargel.htm
Öffnungszeiten: von Mai bis Juni: täglich 10–17 Uhr
von Juli bis April: Mi., Sa., So. 14–16 Uhr

**SPICY'S GEWÜRZMUSEUM**
Am Sandtorkai 32
20457 Hamburg
www.spicys.de
Öffnungszeiten: Dienstag bis Sonntag 10–17 Uhr

**ZUCKER-MUSEUM**
Im Deutschen Technikmuseum Berlin
Amrumer Str. 32
13353 Berlin–Wedding
Tel.: 030/31427574
www.dtmb.de
Öffnungszeiten: Montag bis Donnerstag 9–16.30 Uhr
Sonntag 11–18 Uhr

**DEUTSCHES SALZMUSEUM**
Industriedenkmal Saline Lüneburg
Sülfmeisterstraße 1, 21335 Lüneburg
Tel.: 04131/45065
www.salzmuseum.de
Öffnungszeiten:
Mai bis September: Montag bis Freitag 9–17 Uhr,
Samstag und Sonntag 10–17 Uhr
Oktober bis April: Montag bis Sonntag 10–17 Uhr

**RHEINGAUER WEINMUSEUM BRÖMSERBURG**
Rheinstraße 2
65385 Rüdesheim am Rhein
www.rheingauer-weinmuseum.de
Tel.: 06722/2348
Öffnungszeiten:
Mitte März bis Ende Oktober: täglich 9–18 Uhr
(letzter Einlass 17.15 Uhr). In den Wintermonaten nur
Führungen für Gruppen nach Vereinbarung

**SCHOKOLADENMUSEUM**
Imhoff-Stollwerck-Museum
Rheinauhafen 1a
50678 Köln
Tel.: 0221/9318880
www.schokoladenmuseum.de
Öffnungszeiten: Dienstag bis Freitag 10–18 Uhr
Samstag, Sonntag, Feiertag 11–19 Uhr

**THÜRINGER KLOSSMUSEUM**
Im Dorf 1
99439 Heichelheim
Tel.: 03643/900015
www.klossmuseum.de
Öffnungszeiten: Dienstag bis Sonntag 11–16 Uhr
(November bis März: Dienstag bis Freitag 11–16 Uhr)

**MEERRETTICH-MUSEUM**
Judengasse 11
91081 Baiersdorf
Tel.: 09133/77600
www.schamel.de
Öffnungszeiten: Samstag und Sonntag von 10–16.30 Uhr

**PFEFFERMINZMUSEUM**
Parkstraße 43
82223 Eichenau
www.minzmuseum.de
Öffnungszeiten: Sonntag von 14–16 Uhr

# Register

Kursiv gesetzte Angaben verweisen auf Essays zu typischen Produkten, Traditionen oder Spitzenköchen.

## A

*Äbbelwoistuben 32*
**Allgäu**
  Allgäuer Kässpatzen 206
  Krautkrapfen 181
Altdeutsche Kräutertorte 185
Angelschellfisch mit Senfsauce 98
Äpfel
  Altdeutscher Apfelkuchen 238
  *Alte Sorten 226*
  Apfeleis 128
  Apfelküchle 229
  Bratapfel mit Marzipanfüllung 226
  Hasenrücken mit marinierten Äpfeln 157
  Himmel und Erde 52
Arme Ritter 232

## B

Backerbsen 248
**Baden**
  Badische Bäckerkartoffeln 50
  Badischer Hecht 110
  Badischer Wurstsalat 65
  Bärlauchsuppe mit Kartoffel-croûtons 34
  Eglifilets mit Dillsauce über-backen 108
  Gebratener Aal mit Steinpilzen 101
  Gefüllte Kalbsbrust 126
  Gratiniertes Gemüse 185
  Hechtklößchen auf Rucola-schaum 107
  Kaiserstühler Löwenzahnsalat 60
  Kartoffelsuppe mit Brunnen-kresse 37
  Kirschenmichel 229
  Rosa gebratenes Rehfilet und geschmortes Rehhäxle mit Rhabarber-Confit 159
  Saure Kutteln 145
  Schwarzwälder Kirschtorte 243
  Spargel mit Sauce hollandaise 168
  Spargelsuppe mit Kalbsnockerl 27
  Spargeltorte 169
  Spätzle, Knöpfle 206
  Tarte mit Ziegenkäse 69
  Topinambur-Chips 174
  Walnuss-Honig-Eissoufflé mit marinierten Feigen 223
Bärlauch
  Bärlauchsuppe mit Kartoffel-croûtons 34
  Kabeljaufilet in Bärlauchkruste mit Paprikajus 92
*Bauernmärkte 140–141*
**Bayern**
  Aufgeschmalzene Brotsuppe 43
  Bayerische Creme 220

Bayrisch Kraut 183
*Biergärten 33*
Böfflamott 131
Bratensülze 70
Brezenknödel 210
Dampfnudeln 228
Frikadellen, Buletten und Fleisch-pflanzerl 136
Gebackene Egerlinge 189
Gefüllte Kalbsbrust 126
Gefüllte Rote-Bete-Schnitzel 177
Gefüllter Schweinebraten 124
Hopfensprossensalat 171
Kartoffelsalat mit Speckwürfeln 82
Knödelsalat 201
Kräutersuppe oder Gründonners-tagsuppe 34
Krautsalat 190
Leberknödelsuppe 42
Millirahmstrudel 234
Obatzda 146
Pichelsteiner 46
Räucherfischstrudel 114
Regensburger Wurstsalat 65
Renke Müllerin Art 108
Sauerkrautsuppe mit Simsee-fischen 29
Saure Kutteln 145
Semmelknödel 213
Spanferkelrücken 124
Spargel mit Sauce hollandaise 168
Spargelsuppe mit Kalbsnockerl 27
Waller im Wurzelsud 106
Wirsingstrudel 178
Béchamelkartoffeln 204
*Bergische Kaffeetafel 56–57*
**Berlin**
  Berliner Kartoffelsuppe 36
  Berliner Löffelerbsen 30
  Falscher Hase 136
  Frikadellen, Buletten und Fleisch-pflanzerl 136
  Gänsebraten mit verschiedenen Füllungen 151
  Gratin von Teltower Rübchen 170
  Hoppel-Poppel 83
  Hühnerfrikassee 149
  Leber Berliner Art 144
  Liebesknochen 238
  Selleriesalat 190
  Tatar 72
  Weißsauer von der Seddiner Ente mit Teltower Rübchen, Rote-Bete-Apfelsalat und Apfeleis 129
Betenbarschsuppe 31
Bienenstich 237
*Bierkultur 80–81*
Blaubeerpfannkuchen 234
Böfflamot 131
Bohnen
  Dicke Bohnen mit Speck 48
  Holsteiner Bohnen, Birnen und Speck 50

Matjes mit grünen Bohnen 97
Schnippelbohnensuppe 27
Bouillonkartoffeln 204
*Bowlen und Punsch 246*
*Brandl, Stephan 28*
Bratapfel mit Marzipanfüllung 226
Bratensülze 70
Bratheringe, eingelegte 95
Bratkartoffeln 204
**Bremen**
  Grünkohl und Pinkel 178
  Hühnerfrikassee 149
  Kabeljau mit Kartoffel-schuppen 98
  Krabbenbrot mit Rührei 85
  Matjes-Hamburger 67
  Variationen von Räucherfisch-Mousse 63
Brätstrudel (Suppeneinlage) 24
Brezenknödel 210
*Brot*
  Brotaufstriche 246
  Brotsuppe, aufgeschmalzene 43
  Krabbenbrot mit Rührei 85
*Brotzeit, Vesper und Abendbrot 56–59*
Brühen (Grundrezepte) 246
  Einlagen für klare Brühen 247

## D

Dampfnudeln 228
*Das Kochatelier (Volker Drkosch) 142–143*
*Deutschland mediterran 223*
Dicke Bohnen mit Speck 48
Dresdner Eierschecke 240
*Drkosch, Volker 142–143*

## E

*Edelbrände 212*
Eglifilets mit Dillsauce über-backen 108
Eierstich 248
*Einmachen 192*
Ente mit Lübscher Füllung 150
  *(siehe auch Geflügel)*
Erbsen
  Berliner Löffelerbsen 30
Erdbeerrosette mit Rhabarber-schaum 225
*Eurotoques-Köche 40–41*

## F

Falscher Hase 136
Fasane auf Traubensauce 154
*Fehrenbacher, Otto 158–159*
Feldsalat mit Roter Bete 191
*Festtagsbraten 152–153*
*Fisch 88–91*
  Angelschellfisch mit Senfsauce 98
  Badischer Hecht 110
  Eglifilets mit Dillsauce über-backen 108
  Eingelegte Bratheringe 95
  Fischbrühe (bzw. -fond) 247
  Fischfrikadellen 94

Forellenfilets blau auf Dill-Gurken-
    Gemüse 106
Gebackener Karpfen 109
Gebratener Aal mit Steinpilzen 101
Hamburger Aalsuppe 38
Hamburger Heringssalat 66
Hechtklößchen auf Rucola-
    schaum 107
Kabeljaufilet in Bärlauchkruste mit
    Paprikajus 92
Kabeljau mit Kartoffelschuppen 98
Karpfen in Weinsauce 109
Kieler-Sprotten-Rührei 85
Labskaus 53
Matjes-Hamburger 67
Matjes-Tatar 66
Pfannfisch 95
Räucherfischsalat mit Linsen 62
Räucherfischstrudel 114
Renke Müllerin Art 108
Sauerkrautsuppe mit Simsee-
    fischen 29
Scholle Finkenwerder Art 100
Variationen von Räucherfisch-
    Mousse 63
Waller im Wurzelsud 106
Zander im Mangoldmantel 110
*Fischers Weingenuss & Tafelfreuden*
    *(Christina Fischer) 132–133*
*Fleisch 118–123*
Flädle 249
Fliederbeersuppe 45
Förtchen 232
**Franken**
    Bratensülze 70
    Fränkische Kartoffelcreme-
        suppe 37
    Fränkischer Krautbraten 182
    Gebackene Flusskrebse auf
        Nudelrisotto 113
    Gebackener Karpfen 109
    Gefüllter Schweinebraten 124
    Halbseidene mit Leberwurst-
        füllung 201
    Hollerküchle 228
    Kalbsbries mit Gemüse-Julienne 141
    Pfifferlinge mit Eiernudeln 189
    Rehmedaillons mit Zwiebelcreme
        und Birnen-Kartoffelpüree 161
    Saure Zipfel 74
**Frankfurt**
    Frankfurter Eierschwämmchen 247
    Frankfurter Gemüsesuppe 26
    Frankfurter Pudding 231
    Gebratene Leber und Nieren
        vom Kalb mit Pfifferlingen,
        Balsamico-Heidelbeeren und
        Majoran-Emulsion 143
Franzosensuppe 26
Frikadellen, Buletten und Fleisch-
    pflanzerl 136
Frischlingsrücken mit Ziegen-
    käsekruste und Sauerkirschen 160
*Fruchtsuppen und Kaltschalen 45*
Füllungen (Braten-) 151

**G**
Gaisburger Marsch 52
Gänsebraten mit verschiedenen
    Füllungen 151

Gänseweißsauer – Gänsesülze 70
*Gastro-Kultur 32–33*
*Gastronomie-Adressen 28, 76, 93, 112,*
    *128, 132, 142, 158, 208, 224*
*Geflügel 122–123, 152–153*
    Ente mit Lübscher Füllung 150
    Fasane auf Traubensauce 154
    Füllungen 151
    Gänsebraten mit verschiedenen
        Füllungen 151
    Gänseweißsauer – Gänsesülze 70
    Gefüllter Gänsehals 153
    Geschmorte Putenkeule 149
    Geschmorte Täubchen 154
    Hähnchen mit Brätfüllung und
        Rieslingsauce 148
    Hühnerfrikassee 149
    Klare Hühnerbrühe 247
    Weißsauer von der Seddiner
        Ente mit Teltower Rübchen,
        Rote-Bete-Apfelsalat und
        Apfeleis 129
*Gemüse 164–168*
    Bunter Gemüsesalat 191
    Eingelegtes Gemüse 192
    Forellenfilets blau auf Dill-Gurken-
        Gemüse 106
    Frankfurter Gemüsesuppe 26
    Gratiniertes Gemüse 185
    Röstgemüse mit Ziegenkäse 187
    *Vergessene Gemüse 171*
*Genießen kann man lernen 40–41*
Gratin von Teltower Rübchen 170
Graupensuppe mit Kräuterschmand 42
Grieben-Apfelschmalz 246
Grießflammerie 233
Grießnockerl 247
Grüne Sauce 127
Grünkohl und Pinkel 178
Guglhupf 241
Gurkenhappen süßsauer 193
*Gut Apfelkam (Stephan Brandl) 28*

**H**
Hackbraten 136
Hähnchen mit Brätfüllung und
    Rieslingsauce 148
Halbseidene mit Leberwurst-
    füllung 201
**Hamburg**
    Béchamelkartoffeln 204
    Eingelegte Bratheringe 95
    Fischfrikadellen 94
    Fliederbeersuppe 45
    Frikadellen, Buletten und
        Fleischpflanzerl 136
    Hamburger Aalsuppe 38
    *Hamburger Fischmarkt 97*
    Hamburger Heringssalat 66
    Kabeljaufilet in Bärlauchkruste mit
        Paprikajus 92
    Kartoffelsuppe mit Krabben 36
    Kirschkaltschale mit Schnee-
        klößchen 44
    Labskaus 53
    Matjes mit grünen Bohnen 97
    Rote Grütze 220
    Scholle Finkenwerder Art 100
Hase
    Hasenpfeffer mit Backpflaumen 157

Hasenrücken mit marinierten
    Äpfeln 157
*Hauser, Karlheinz 92–93*
Hechtklößchen auf Rucolaschaum 107
Heidschnuckenkeule mit Wacholder-
    rahm 147
*Herrmann's Posthotel (Alexander*
    *Herrmann) 112–113*
**Hessen**
    Frankfurter Gemüsesuppe 26
    Frankfurter Pudding 231
    Gefüllte Zwiebeln 186
    Gekochte Rinderbrust mit grüner
        Sauce 127
    Geschmorte Lammschulter auf
        Kartoffeln 147
    Hasenrücken mit marinierten
        Äpfeln 157
    Kirschenmichel 229
    Linsensuppe 30
    Ochsenschwanzragout 134
Himmel und Erde 52
Hollerküchle 228
Holsteiner Bohnen, Birnen und
    Speck 50
Hopfensprossensalat 171
Hoppel-Poppel 83
*Hotel-Restaurant Adler*
    *(Otto Fehrenbacher) 158–159*
Hühnerbrühe, klare 247
Hühnerfrikassee 149

**J**
*Jeunes Restaurateurs d'Europe 41*
Johannisbeeren
    Schwäbischer Träubleskuchen 239

**K**
Kabeljaufilet in Bärlauchkruste mit
    Paprikajus 92
Kabeljau mit Kartoffelschuppen 98
*Kaffeekränzchen 237*
Kaiserstühler Löwenzahnsalat 60
Kalb
    Gebratene Kalbshaxe 127
    Gebratene Leber und Nieren
        vom Kalb mit Pfifferlingen,
        Balsamico-Heidelbeeren und
        Majoran-Emulsion 143
    Gefüllte Kalbsbrust 126
    Kalbsbries mit Gemüse-
        Julienne 141
    Kalbsnockerl (Suppeneinlage) 27
    Leber Berliner Art 144
    Saure Kutteln 145
Kaninchen
    Geschmortes Kaninchen 156
    Kaninchenfilets im Pilzmantel 156
Karpfen in Weinsauce 109
*Kartoffeln 202–203*
    Badische Bäckerkartoffeln 50
    Bärlauchsuppe mit
        Kartoffelcroûtons 34
    Béchamelkartoffeln 204
    Berliner Kartoffelsuppe 36
    Bouillonkartoffeln 204
    Bratkartoffeln 205
    Bubespitzle, Bauchstecherla,
        Schupfnudeln, Fingernudeln 203
    Fränkische Kartoffelcremesuppe 37

Halbseidene mit Leberwurst-
    füllung 201
Himmel und Erde 52
Hoppel-Poppel 83
Kartoffelpüree (Variationen) 249
Kartoffelsalat mit Speck-
    würfeln 82
Kartoffelsuppe mit Brunnen-
    kresse 37
Kartoffelsuppe mit Krabben 36
Rheinischer Kartoffelsalat 82
Rievkooche 205
Thüringer Kartoffelklöße 200
*Käse 68–69*
    Allgäuer Kässpatzen 206
    Käsekuchen 243
Kasseler mit Honigkruste 135
Kirschen
    Frischlingsrücken mit Ziegenkäse-
        kruste und Sauerkirschen 160
    Kirschenmichel 229
    Kirschkaltschale mit Schnee-
        klößchen 44
    Schwarzwälder Kirschtorte 243
*Kneipen 32–33*
*Knödel, Klöße und Spätzle 196–199*
Knödelsalat 201
Königsberger Klopse 139
*Kohl und Kraut 180*
    Grünkohl und Pinkel 178
    Kohlrouladen 139
    Rotkohl 183
    Überbackener Blumenkohl 177
    Wirsingstrudel 178
Krabbenbrot mit Rührei 85
*Kraut 180 (siehe auch Kohl)*
    Bayrisch Kraut 183
    Fränkischer Krautbraten 182
    Krautkrapfen 181
    Krautsalat 190
    Sauerkraut 181
Kräutersuppe oder Gründonners-
    tagssuppe 34
Krebse
    Gebackene Flusskrebse auf Nudel-
        risotto 113
*Kuntz, Karl-Emil 76*
Kürbis
    Kürbisgemüse mit Ingwer 175
    Kürbissoufflé 173
    Kürbissuppe 39
    Kürbis süßsauer 193
Kurländer Speckkuchen 79

**L**
Labskaus 53
*Lafer, Johann 224*
Lamm
    Geschmorte Lammschulter auf
        Kartoffeln 147
    Heidschnuckenkeule mit
        Wacholderrahm 147
Leber Berliner Art 144
Leberknödelsuppe 42
Leberspätzle 249
Leipziger Allerlei 46
Liebesknochen 238
Linsen
    Gepökelte Rinderzunge auf
        Rahmlinsen 145

Linsensuppe 30
Räucherfischsalat mit Linsen 62

**M**
Mangold
    Marinierter 172
    Zander im Mangoldmantel 110
*Marhencke, Ralf 208–209*
**Mark Brandenburg**
    Berliner Kartoffelsuppe 36
    Berliner Löffelerbsen 30
    Gänsebraten mit verschiedenen
        Füllungen 151
    Gratin von Teltower Rübchen 170
    Gurkenhappen süßsauer 193
    Karpfen in Weinsauce 109
    Kürbisgemüse mit Ingwer 175
    Kürbissuppe 39
    Kürbis süßsauer 193
    Weißsauer von der Seddiner
        Ente mit Teltower Rübchen,
        Rote-Bete-Apfelsalat und
        Apfeleis 129
Markklößchen 247
Matjes-Hamburger 67
Matjes mit grünen Bohnen 97
Matjes-Tatar 66
Maultaschen 210
Maultaschen mit Ochsenschwanz-
    füllung und Entenstopfleber 209
**Mecklenburg-Vorpommern**
    Arme Ritter 232
    Betenbarschsuppe 31
    Eingelegtes Gemüse 192
    Gänseweißsauer – Gänsesülze 70
    Gefüllter Gänsehals 153
    Geschmorte Putenkeule 149
    Graupensuppe mit Kräuter-
        schmand 42
    Kurländer Speckkuchen 79
    Räucherfischsalat mit Linsen 62
Meerrettichsauce 250
Millirahmstrudel 234
Milzschnitten 248
Möhrenbratlinge 176
Mohr im Hemd 231
Muscheln, rheinische 114

**N**
**Niedersachsen**
    Blaubeerpfannkuchen 234
    Bouillonkartoffeln 204
    Heidschnuckenkeule auf
        Wacholderrahm 147
    Käsekuchen 243
    Kasseler mit Honigkruste 135
    Steckrübeneintopf 48
Nudeln
    Nudelrisotto 113
    Nudelteig für Eiernudeln 250
    Pfifferlinge mit Eiernudeln 189

**O**
Obatzda 246
Ochsenmaulsalat 65
Ochsenschwanzragout 134

**P**
Petersilienwurzelsuppe mit Möhren-
    chips 31

**Pfalz**
    Fasane auf Traubensauce 154
    Kirschenmichel 229
    Saumagenwürstchen 77
    Walnuss-Honig-Eissoufflé mit
        marinierten Feigen 223
Pfannfisch 95
Pfannkuchen 249
Pichelsteiner 46
Pilze
    Gebackene Egerlinge 189
    Gebratener Aal mit Stein-
        pilzen 101
    Gefüllte Riesenchampignons 188
    Kaninchenfilet im Pilzmantel 156
    Pfifferlinge mit Eiernudeln 189
    Pilzragout 188

**Q**
Quark
    Angemachter 246
    Quarkkeulchen 233

**R**
Räucherfischsalat mit Linsen 62
Räucherfischstrudel 114
*Räuchern 62*
*Raue, Tim 128*
Rehmedaillons mit Zwiebelcreme
    und Birnen-Kartoffelpüree 161
*Restaurant 44 (Tim Raue) 128–129*
*Restaurant Krone (Karl-Emil*
    *Kuntz) 76*
**Rheinland**
    Gebratener Aal mit Steinpilzen 101
    Geschmortes Kaninchen 156
    Himmel und Erde 52
    Marinierter Mangold 172
    Rheinische Muscheln 114
    Rheinischer Kartoffelsalat 82
    Rheinischer Sauerbraten 133
    Rievkooche 205
    Spargel mit Sauce hollandaise 168
    Spekulatius 235
    Überbackener Blumenkohl 177
Rievkooche 205
Rindfleisch 119
    Bœflamott 131
    Brühe 247
    Gekochte Rinderbrust mit grüner
        Sauce 127
    Gepökelte Rinderzunge auf
        Rahmlinsen 145
    Rheinischer Sauerbraten 133
    Rindsrouladen 130
    Schwäbischer Rostbraten 131
Röstgemüse mit Ziegenkäse 187
Rote Bete
    Betenbarschsuppe 31
    Feldsalat mit Roter Bete 191
    Gefüllte Rote-Bete-Schnitzel 177
    Weißsauer von der Seddiner
        Ente mit Teltower Rübchen,
        Rote-Bete-Apfelsalat mit
        Apfeleis 129
Rote Grütze 220
Rotkohl 183
Rucola
    Hechtklößchen auf Rucola-
        schaum 107

**Ruhrgebiet**
Dicke Bohnen mit Speck 48
Geschmorte Täubchen 154
Schnippelbohnensuppe 27

**S**
**Saarland**
Hähnchen mit Brätfüllung und
Rieslingsauce 148
**Sachsen**
Altdeutsche Kräutertorte 185
Bienenstich 237
Dresdner Eierschecke 240
Gebratene Kalbshaxe 127
Gepökelte Rinderzunge auf
Rahmlinsen 145
Grießflammerie 233
Leipziger Allerlei 46
Mohr im Hemd 231
Quarkkeulchen 233
Schwarzwurzelauflauf 174
Serviettenknödel 213
Salate
Bunter Gemüsesalat 191
Bunter Salat mit Ziegenkäse 60
Feldsalat mit Roter Bete 191
Hamburger Heringssalat 66
Hopfensprossensalat 171
Kaiserstühler Löwenzahnsalat 60
Kartoffelsalat mit Speck-
würfeln 82
Knödelsalat 201
Krautsalat 190
Ochsenmaulsalat 65
Räucherfischsalat mit Linsen 62
Rheinischer Kartoffelsalat 82
Rote-Bete-Apfelsalat 128
Selleriesalat 190
Wurstsalate 65
Saucen
Béchamelsauce 250
Grüne Sauce 127
Rotweinsauce (Bischofssauce) 250
Sauce hollandaise 168
Schokoladensauce 250
Süße Saucen 250
Vanillesauce 250
Weinschaumsauce 250
Sauerbraten, rheinischer 133
Sauerkraut 180, 181
Sauerkrautsuppe mit Simsee-
fischen 29
Saumagenwürstchen 77
Saure Zipfel 74
*Schinkenkultur 134*
Schinkenterrine 73
**Schleswig-Holstein**
Angelschellfisch mit Senfsauce 98
Bratkartoffeln 205
Ente mit Lübscher Füllung 150
Fliederbeersuppe 45
Förtchen 232
Gefüllte Rote-Bete-Schnitzel 177
Grünkohl und Pinkel 178
Holsteiner Bohnen, Birnen und
Speck 50
Matjes-Tatar 66
Kartoffelsuppe mit Krabben 36
Kirschkaltschale mit
Schneeklößchen 44

Schneckenrahmsüppchen 39
Schnippelbohnensuppe 27
Scholle Finkenwerder Art 100
*Schreiegg's Post (Ralf Marhencke)*
*208–209*
Schupfnudeln 203
**Schwaben**
Allgäuer Kässpatzen 206
Apfelküchle 229
Feldsalat mit Roter Bete 191
Gaisburger Marsch 52
Gefüllte Kalbsbrust 126
Gefüllter Schweinebraten 124
Guglhupf 241
Hollerküchle 228
Kohlrouladen 139
Kräutersuppe oder
Gründonnerstagsuppe 34
Krautkrapfen 181
Maultaschen 210
Maultaschen mit Ochsen-
schwanzfüllung und Enten-
stopfleber 209
Ochsenmaulsalat 65
Saure Kutteln 145
Schupfnudeln 203
Schwäbische Hochzeitssuppe 24
Schwäbischer Rostbraten 131
Schwäbischer Träubles-
kuchen 239
Spätzle, Knöpfle 206
Spitzbuben 245
Zwetschgendatschi 236
Schwarzwälder Kirschtorte 243
Schwarzwurzelauflauf 174
Schweinefleisch 118
Gefüllter Schweinebraten 124
Kasseler mit Honigkruste 135
Spanferkelrücken 124
Schwemmklößchen 248
Selleriesalat 190
Semmelknödel 213
Semmelknödelgröstl 213
*Senf 72*
Serviettenknödel 213
*Seven Seas (Karlheinz Hauser) 92–93*
*Slow Food 41, 68*
Spanferkelrücken 124
*Spargel 168*
Spargel mit Sauce hollandaise 168
Spargelsuppe mit Kalbs-
nockerl 27
Spargeltorte 169
Spätzle, Knöpfle 206
Speck
Holsteiner Bohnen, Birnen
und Speck 50
Kurländer Speckkuchen 79
Spekulatius 245
Spinatsoufflé 173
Spitzbuben 245
Steckrübeneintopf 48
*Strauß- und Besenwirtschaften 32, 57*
Streuselkuchen 241
*Stromburg, Johann Lafers 224*
Strudelteig 249
*Süllberg (Seven Seas) 93*
*Süße Gerichte 216–219*
*Suppen und Eintöpfe 20–23*
Suppeneinlagen 24, 254

**T**
Tarte mit Ziegenkäse 69
Tatar 72
*Teestunde 237*
**Thüringen**
Forellenfilets blau auf Dill-Gurken-
Gemüse 106
Frischlingsrücken mit Ziegenkäse-
kruste und Sauerkirschen 160
Kaninchenfilets im Pilzmantel 156
Kräutersuppe oder Grün-
donnerstagsuppe 34
Petersilienwurzelsuppe mit
Möhrenchips 31
Pilzragout 188
Streuselkuchen 241
Thüringer Kartoffelklöße 200
Topinambur-Chips 174

**V**
Variationen von Räucherfisch-
Mousse 63

**W**
Waller im Wurzelsud 106
Walnuss-Honig-Eissoufflé mit
marinierten Feigen 223
*Weihnachtszeit 244*
Weihnachtsgebäck 244–245
Spekulatius 245
Spitzbuben 245
Zimtsterne 245
*Wein 102–105*
*Fischers Weingenuss & Tafelfreuden 132*
Hähnchen mit Brätfüllung und
Rieslingsauce 148
Karpfen in Weinsauce 109
Weißsauer von der Seddiner Ente
mit Teltower Rübchen, Rote-
Bete-Apfelsalat und Apfeleis 129
**Westfalen**
Bunter Salat mit Ziegenkäse 60
Dicke Bohne mit Speck 49
Hasenpfeffer mit Back-
pflaumen 157
Schinkenterrine 73
Schnippelbohnensuppe 27
Westfälisches Blindhuhn 50
*Wild 121*
Frischlingsrücken mit Ziegenkäse-
kruste und Sauerkirschen 160
Rehmedaillons mit Zwiebelcreme
und Birnen-Kartoffelpüree 161
Rosa gebratenes Rehfilet und
geschmortes Rehhäxle mit
Rhabarber-Confit 159
Wirsingstrudel 178
*Würste 74–75*

**Z**
Zander im Mangoldmantel 110
*Ziegenkäse 68–69*
Bunter Salat mit Ziegenkäse 60
Röstgemüse mit Ziegenkäse 187
Tarte mit Ziegenkäse 69
Zimtsterne 245
Zwetschgendatschi 236
Zwiebeln
Gefüllte Zwiebeln 186
Zwiebelkuchen 79

# DANKSAGUNG

Mein ganz besonderer Dank gilt meiner Lehrmeisterin und Freundin, der renommierten Kochbuchautorin und Journalistin Rotraud Degner. Vor nunmehr über 20 Jahren durfte ich an ihrem Kochbuch »So kocht Deutschland« mitarbeiten. Ihre unermüdlichen Recherchen und ihre Gründlichkeit haben mich immer begeistert und mich geprägt. Bei »Genießer unterwegs – Deutschland« stand sie mir mit ihrer großen Erfahrung und mit vielen wertvollen Tipps zu Seite. Wenn es um ihre Berliner Heimat und ihre Hamburger Wahlheimat ging, achtete sie akribisch darauf, dass die nord- und ostdeutschen Rezepte ja keinen bayerischen Akzent bekamen. Unsere vielen Gespräche waren eine große Hilfe für mich, die Geschichte der deutschen Küche noch besser zu verstehen.

Wie bei so vielen meiner Bücher konnte ich mich auch dieses Mal wieder hundertprozentig auf meine Mitarbeiterin und Freundin, die Redakteurin und Kunsthistorikerin Gertrud Köhn verlassen. Ihr unermüdliches Engagement, ihre Sachkenntnis und nicht zuletzt ihre fröhliche Herzlichkeit machten – wie immer – unsere Zusammenarbeit zu einem großen Vergnügen.

Armin Faber, der erfolgreiche »Fotoman« (wie er sich selber gerne bezeichnet), hat zusammen mit Thomas Pothmann nicht nur meine Rezepte sehr appetitlich in Szene gesetzt, sondern mit seinen wunderschönen Landschaftsaufnahmen dem Buch einen ganz besonders ansprechenden Charakter verliehen. Dafür, lieber Armin, meine Anerkennung und ein herzliches Dankeschön.

Harmonie ist für mich die beste Voraussetzung für ein erfolgreiches Buch. Mit dem Team vom Christian Verlag zu arbeiten war für mich eine reine Freude. Ich bedanke mich vor allem für die kulinarische Kompetenz von Florentine Schwabbauer, die mithalf, dass auch keine Region zu kurz kam, und natürlich bei Tanja Germann, die mit Geduld und sehr viel Einfühlungsvermögen alle an dem Buch Beteiligten harmonisch vereinte. Mein Dank gilt auch der Grafikerin Carmen Marchwinski, die mir das Schreiben durch ihre perfekt vorbereiteten Layouts erheblich erleichterte.

Und natürlich danke ich auch all jenen, die hinter den Kulissen die vielen wichtigen, oftmals nicht so augenscheinlichen Arbeiten an einem so umfassenden Werk pünktlich und perfekt erledigt haben.

Die Fotografen Armin Faber und Thomas Pothmann danken für offene Türen beim Café Faßbender in Bonn, bei der Metzgerei Süß in Weisenheim am Sand, bei der Bäckerei Hinkel in Düsseldorf, der Schwerter Senfmühle, der Kriemhildmühle Xanten. Außerdem herzlichen Dank an Thomas Kahl, der für das Coverfoto den Spanferkelrücken zubereitet und in Szene gesetzt hat.

Der Verlag bedankt sich sehr herzlich bei der **Firma Villeroy & Boch AG**, die unseren Fotografen freundlicherweise Geschirr und Besteck, Gläser und allerlei schöne Accessoires zur Verfügung gestellt hat.

Ein herzliches Dankeschön geht auch an Karin Nahr, die mit ihren liebevoll von Hand gezeichneten Aquarellen das Buch illustriert hat.

Konzept: Florentine Schwabbauer
Redaktion: Tanja Germann
Korrektur: Petra Tröger
Umschlaggestaltung: Caroline Georgiadis, Daphne Design
Lithographie: Reproline Genceller GmbH & Co. KG
Layout: Carmen Marchwinski
Satz: Wigel, München
Fotografie: Faber & Partner
Foodstyling: Laurent Overmans
Illustrationen: Karin Nahr

Copyright © 2005 by Christian Verlag, München
www.christian-verlag.de

Die Reihe *Genießer unterwegs* wurde konzipiert und produziert von Weldon Owen Inc., San Francisco, in Zusammenarbeit mit Williams-Sonoma Inc., San Francisco.

Druck und Bindung: Egedsa
Printed in Spain 2005

Alle deutschsprachigen Rechte vorbehalten.

ISBN 3-88472-637-4

## HINWEIS

**Bildnachweis:** Alle Bilder von Faber & Partner, außer: Vorsatz, S. 21, o.; S. 22; S. 33; S. 59 u.; S. 85 u.; S. 140; S. 162/163 Florentine Schwabbauer. S. 40; S. 41 o.; S. 142; S. 159; S. 202; S. 203 Monika Kellermann. S. 29; S. 69; S. 92; S. 128; S. 187; S. 208 privat. S. 17 Fremdenverkehrsamt München. S. 134 BVDF e.V.

**Seite 2:** Eine kleine Auswahl aus den vielen hundert in Deutschland erhältlichen Brotsorten. **Seite 4–5:** Die badische Weinstraße führt mitten durch die sonnenverwöhnte Ortenau, vorbei am malerischen Weindorf Durbach. **Seite 6–7:** Auf dem Münchner Viktualienmarkt ist alles zu haben: von Obst und Gemüse aus der Region über exotische Früchte bis hin zu feinen Delikatessen.